2013

CHINA RURAL STATISTICAL YEARBOOK

中国农村统计年鉴

国家统计局农村社会经济调查司 编

中国统计出版社
China Statistics Press

图书在版编目（CIP）数据

中国农村统计年鉴. 2013/ 国家统计局农村社会经济调查司编. -- 北京 : 中国统计出版社，2013.10
ISBN 978-7-5037-7011-1

Ⅰ. ①中 Ⅱ. ①国 Ⅲ. ①农村－统计资料－中国－2013－年鉴 Ⅳ. ① C832-54

中国版本图书馆 CIP 数据核字（2013）第 245570 号

中国农村统计年鉴—2013

作　　者 / 国家统计局农村社会经济调查司
责任编辑 / 许立舫
出版发行 / 中国统计出版社
通信地址 / 北京市丰台区西三环南路甲 6 号　邮政编码 /100073
电　　话 / 邮购（010）63376909　书店（010）68783171
网　　址 / http://csp.stats.gov.cn
印　　刷 / 河北天普润印刷厂
经　　销 / 新华书店
开　　本 /880×1230 毫米　1/16
字　　数 /850 千字
印　　张 /27.5
版　　别 /2013 年 10 月第 1 版
版　　次 /2013 年 10 月第 1 次印刷
定　　价 /248.00 元

《中国农村统计年鉴—2013》编辑委员会

编者说明

《中国农村统计年鉴—2013》由17部分组成：一、发展综述；二、综合与概要；三、农村基本情况与农业生产条件；四、农业生态与环境；五、农村投资；六、农林牧渔业总产值、中间消耗及增加值；七、主要农产品种植（养殖）面积与产量；八、农村市场与物价；九、农产品进出口；十、农产品成本与收益；十一、农村居民收入与消费；十二、农村文化、教育、卫生及社会服务；十三、国有农场；十四、区域农村经济；十五、各地区主要农村经济指标排序；十六、国外主要农业指标；十七、如何使用《中国农村统计年鉴》。

《中国农村统计年鉴—2013》收录了2012年农村社会经济统计资料及建国以后各关键历史年份全国主要统计数据。本年鉴中所涉及的全国性数据均未包括台湾省及港澳地区。

《中国农村统计年鉴—2013》中，执行新国民经济行业分类标准，自2003年起，农林牧渔业包括农林牧渔服务业。

《中国农村统计年鉴—2013》第十四部分的资料，仅包括县和县级市部分，没有包括市辖区部分资料。由于行政区划的调整和部分单位数据的修正，本书中不同区域农村经济历史数据也相应调整。

《中国农村统计年鉴—2013》第十六部分的资料，因国际组织数据库进行了调整，所以往年部分数据也随之做了修正，指标设置也有调整。

《中国农村统计年鉴—2013》中的符号："-"表示数据不足本表最小单位；"空格"表示缺或无该项数据；"#"表示其中项，未标年份的数据均为当年数据。

在本书的编辑过程中，得到了国务院有关部门、各省（自治区、直辖市）统计局和国家统计局各调查总队的大力支持，在此谨致谢意。

目录

第一部分　发展综述

第二部分　综合与概要

第三部分　农村基本情况与农业生产条件

第四部分　农业生态与环境

第五部分　农村投资

第六部分　农林牧渔业总产值、中间消耗及增加值

第七部分　主要农产品种植（养殖）面积与产量

第八部分　农村市场与物价

第九部分　农产品进出口

第十部分　农产品成本与收益

第十一部分　农村居民收入与消费

第十二部分　农村文化、教育、卫生及社会服务

第十三部分　国有农场

第十四部分　区域农村经济

第十五部分　各地区主要农村经济指标排序

第十六部分　国外主要农业指标

第十七部分　如何使用《中国农村统计年鉴》

发展综述

2012年农业发展综述

2012年，面对复杂严峻的国际经济形势和艰巨繁重的国内改革发展稳定任务，全国上下认真贯彻中央决策部署，进一步加大对“三农”事业的投入力度，圆满完成了农业农村发展的各项目标任务，粮食产量实现“九连增”，成功打破了丰歉波动的传统周期，棉油糖等经济作物全面丰收，确保了国家粮食安全、保障了重要农产品的有效供给，农业基础地位更加稳固。农业发展的良好形势，是党的十六大以来“三农”发展持续向好、快速推进喜人态势的承接和延续，为保持国民经济平稳较快发展奠定了坚实基础，为促进社会和谐稳定提供了有力支撑。

一、农业获得全面丰收

(一)农业产值稳定增长

2012年第一产业(包括农林牧渔服务业)产值为89453亿元，比上年增长4.9%。其中，种植业为46941亿元，比上年增长4.4%；林业为3447亿元，比上年增长6.9%；畜牧业为27189亿元，比上年增长5.2%；渔业为8706亿元，比上年增长5.1%。

从增加值来看，2012年第一产业(包括农林牧渔服务业)增加值为52374亿元，比上年增长4.5%。其中，种植业为30216亿元，比上年增长4.2%；林业为2281亿元，比上年增长6.6%；畜牧业为13128亿元，比上年增长5.2%；渔业增加值为5267亿元，比上年增长4.7%。

(二)粮食连续9年增产，总产再创历史新高

2012年全国粮食总产量11791亿斤，比上年增长3.2%。全国粮食作物平均单产353公斤/亩，提高2.6%。分季节看，2012年全国夏粮总产量达到2599亿斤，增长2.8%；早稻产量为666亿斤，增长1.6%；秋粮产量为8527亿斤，增长3.5%。分品种看，2012年全国稻谷产量4085亿斤，增产65亿斤；小麦产量2420亿斤，增产72亿斤；玉米产量4112亿斤，增产257亿斤。

表1 2000年以来粮食总产量变化情况

单位：亿斤、%

年份	粮食总产量	比上年增加	比上年增长
2000	9244	−924	−9.1
2001	9053	−191	−2.1
2002	9141	88	1.0
2003	8614	−527	−5.8
2004	9389	775	9.0
2005	9680	291	3.1
2006	9961	280	2.9
2007	10032	71	0.7
2008	10574	542	5.4
2009	10616	42	0.4
2010	10930	313	3.0
2011	11424	495	4.5
2012	11791	367	3.2

2012年粮食产量增长具有以下几个方面的特点：第一，季季增产。夏粮、早稻和秋粮全部实现增产。第二，粮食产量再创历史新高。在基数较高的基础上，粮食生产实现连续9年增产，成功打破了丰歉波动的传统周期，依靠国内生产确保国家粮食安全的能力增强。第三，玉米成为粮食作物第一大品种。玉米产量超过稻谷28亿斤，跃升为全国第一大粮食作物品种，在历史上尚属首次。第四，粮食主产区增产作用更为稳固。2012年，13个粮食主产省(区)[①]粮食产量合计为8922亿斤，增长2.7%，增产量占全国总增产量的64.7%。

(三)棉花、油料、糖料等重要经济作物实现同

① 粮食主产区包括：河北、内蒙古、辽宁、吉林、黑龙江、江苏、安徽、江西、山东、河南、湖北、湖南、四川。

时增产

2012年棉花、油料和糖料等重要经济作物延续上年的良好发展形势，再次实现同时增产，保障有效供给的能力显著增强。2012年棉花总产量为684万吨，增长3.8%。油料总产量为3437万吨，增长3.9%。其中，花生产量1669万吨，增长4%；油菜籽产量1401万吨，增长4.3%。糖料总产量为13485万吨，增长7.7%。

表2　2000年以来棉花、油料和糖料产量变化情况

单位：万吨

年份	棉花		油料		糖料	
	总产量	比上年增加	总产量	比上年增加	总产量	比上年增加
2000	442	59	2955	354	7635	
2001	532	91	2865	−90	8655	1020
2002	492	−41	2897	32	10293	1638
2003	486	−6	2811	−86	9642	−651
2004	632	146	3066	255	9571	−71
2005	571	−61	3077	11	9452	−119
2006	753	182	2640	−437	10460	1008
2007	762	9	2569	−72	12188	1728
2008	749	−13	2953	384	13420	1231
2009	638	−112	3154	202	12277	−1143
2010	596	−42	3230	76	12008	−269
2011	660	64	3307	77	12517	508
2012	684	24	3437	130	13485	968

（四）畜牧业平稳发展

2012年畜牧业平稳发展。根据主要畜禽监测调查，2012年全国肉类总产量为8387万吨，增长5.3%。2012年生猪生产恢复增长，猪肉产量增加。据统计，2012年全年生猪出栏6.98亿头，增长5.2%；猪肉产量5343万吨，增长5.6%。家禽生产较快发展，禽肉、禽蛋产量增加。全年家禽出栏120.8亿只，增长6.6%；禽肉产量1823万吨，增长6.7%。牛羊肉产量小幅增长，牛奶产量继续增加。2012年全国牛出栏4761万头，增长1.9%；牛肉产量662万吨，增长2.3%。全年羊出栏2.71亿只，增长1.6%；羊肉产量401万吨，增长2.0%。2012年全国牛奶产量3744万吨，增长2.3%。

二、农产品生产者价格稳中有升

在国内主要农产品供求总体处于紧平衡的背景下，加之农业生产资料价格持续上涨和劳动力成本不断攀升，农业生产成本增加，近年来我国农产品价格总体呈现出刚性上涨的格局。2012年全国农产品生产者价格[①]总水平比上年上涨2.7%。因主要农产品获得丰收，市场供给增多，偏紧的供求关系比上年得到较大改善，2012年农产品生产者价格涨幅比上年回落13.8个百分点。分季度看，1—4季度同比分别上涨9.2%、3%、0.1%和0.3%，第三、四季度涨幅缩小。农、林、渔类农产品生产者价格普遍高于上年，饲养动物及其产品中除生猪价格下跌外，其它产品生产者价格比上年上涨。

（一）农业产品生产者价格上涨4.8%

粮食生产者价格上涨4.8%。分季度看，1—4季度分别上涨5.6%、5.1%、3.8%和4.1%。分品种看，谷物生产者价格上涨4.8%，其中，小麦、稻谷和玉米分别上涨2.9%、4.1%和6.6%。豆类上

① 农产品生产者价格是指农业生产者首次直接出售其生产的农产品时实际获得的价格。

涨 3%，其中，大豆上涨 5.7%。薯类上涨 2.9%。分区域看，粮食主产区①生产者价格上涨 4.6%，主销区生产者价格上涨 4.9%，其他地区上涨 4.6%。从最低收购价政策②执行情况来看，四季度执行中晚稻最低收购价政策的 11 省（区）中籼稻均价为每市斤 1.31 元，比中晚籼稻最低收购价（国标三等质量标准，下同）高 0.06 元；晚籼稻均价为每市斤 1.35 元，比中晚籼稻最低收购价高 0.1 元；粳稻均价为每市斤 1.51 元，比粳稻最低收购价高 0.11 元。

棉花（籽棉）生产者价格下跌 1.9%。分季度看，1—2 季度生产者价格同比分别下跌 29.1%、18.9%，四季度上涨 1.5%。在棉花主产省中，新疆下跌 0.8%，山东和河南分别下跌 15.1%和 7.4%，安徽和湖北分别下跌 5.8%和 3%。

油料生产者价格上涨 5.2%。分季度看，1—4 季度分别上涨 8.2%、7.6%、4.4%和 4.5%。分品种看，花生上涨 8.1%，油菜籽上涨 5.2%，葵花籽上涨 3.2%，芝麻上涨 1.2%。

糖料生产者价格上涨 5%。分季度看，1—2 季度分别上涨 7.4%、7.1%，四季度上涨 0.4%。分品种看，甘蔗上涨 5.7%，甜菜上涨 1.3%。

蔬菜生产者价格上涨 9.9%。分季度看，1—4 季度分别上涨 10.9%、16.4%、9.1%和 3.9%。分种类看，叶菜类上涨 11.6%，白菜类上涨 7.2%，瓜菜类上涨 9.4%，根块类上涨 6.7%，葱蒜类蔬菜上涨 8.1%。食用菌下跌 1.6%。

水果生产者价格上涨 3.9%。分季度看，一季度生产者价格同比下跌 10.6%，二、三季度分别上涨 3.7%、11.4%，四季度下跌 0.6%。分品种看，苹果下跌 0.7%，梨上涨 2.7%，柑桔上涨 1.5%。

（二）林业产品生产者价格上涨 1.2%

分季度看，1—3 季度分别上涨 7.3%、0.2%、2.2%，四季度下跌 2.9%。分种类看，木材生产者价格上涨 4.2%；竹材上涨 3.8%；胶脂和果实类林产品下跌 17%，其中橡胶下跌 23.8%，松脂下跌 25.1%。

（三）饲养动物及其产品生产者价格下跌 0.3%

生猪生产者价格下跌 4.1%。分季度看，一季度生猪生产者价格同比上涨 19.2%，2—4 季度分别下跌 6.3%、19.2%和 11.8%。分区域来看，生猪主产省③生产者价格下跌 4.4%，其他省份下跌 3.7%。

活牛、活羊、家禽等产品生产者价格上涨。活牛和活羊生产者价格分别上涨 16.8%和 7.8%。活家禽生产者价格上涨 3.8%，其中，活鸡、活鸭和活鹅分别上涨 3.4%、4.9%和 4%。禽蛋生产者价格上涨 0.5%，其中，鸡蛋和鸭蛋均上涨 0.5%。生奶生产者价格上涨 3.9%。毛绒类产品生产者价格上涨 0.4%。

（四）渔业产品生产者价格上涨 6.2%

分季度看，1—4 季度分别上涨 11.5%、8.4%、3.7%和 4.1%。海水养殖产品生产者价格上涨 1%，海水捕捞产品上涨 10.9%；淡水养殖产品生产者价格上涨 6.8%，淡水捕捞产品上涨 7.2%。

三、粮食产量"九增长"的主要原因

（一）政策投入力度进一步加大

1. 中央财政"三农"投入持续快速增加

从中央确立了把解决好"三农"问题作为全党工作重中之重的战略思想以来，中央财政用于"三农"的资金投入总量不断增加、增幅不断加大、比重不断提高。在总量上，2012 年中央财政"三农"投入达到 12280 亿元，比 2003 年翻了两番多；在增幅上，中央财政"三农"投入年均增长 21%，高于同期中央财政支出年均增长 4.5 个百分点；在比重上，中央财政"三农"投入占中央财政支出的比重从 13.7%提高到 19.2%。

2. 国家继续实施农业"四项补贴"政策

2012 年国家继续实施粮食直补、农资综合补贴、良种补贴和农机具购置补贴政策，同时扩大补

---

① 粮食主产区包括河北、内蒙古、辽宁、吉林、黑龙江、江苏、安徽、江西、山东、河南、湖北、湖南、四川等 13 个省份；粮食主销区包括北京、天津、上海、浙江、福建、广东、海南等 7 个省份；其他地区指除上述主产区、主销区以外的省份。

② 2012 年执行中晚稻最低收购价政策预案的主产区有辽宁、吉林、黑龙江、江苏、安徽、江西、河南、湖北、湖南、广西和四川等 11 个省（区），但适用时间不同，江苏、安徽、江西、河南、湖北、湖南、广西和四川 8 省（区）为 2012 年 9 月 16 日至 2012 年 12 月 31 日，辽宁、吉林和黑龙江 3 省为 2012 年 11 月 16 日至 2013 年 3 月 31 日。

③ 生猪主产省包括河北、辽宁、江苏、浙江、安徽、江西、山东、河南、湖北、湖南、广东、广西、重庆、四川、云南等 15 个省份，其他省份为非生猪主产省。

贴范围，提高补贴标准。

粮食直补政策方面，2012 年中央财政安排 151 亿元资金，用于对种粮农民进行直接补贴，以提高农民种粮积极性，稳定粮食播种面积。2012 年中央财政粮食直补资金规模与上年基本持平。

良种补贴政策方面，水稻、小麦、玉米、棉花良种补贴实现 31 个省(区、市)全覆盖；大豆良种补贴在东北三省和内蒙古等 4 省(区)实行全覆盖；油菜良种补贴、青稞良种补贴、花生良种补贴在主产区实行全覆盖。小麦、玉米、大豆、油菜、青稞良种的补贴标准为每亩 10 元；早稻、中稻(一季稻)、晚稻、棉花、新疆维吾尔自治区和新疆生产建设兵团的小麦良种补贴标准为每亩 15 元；花生良种补贴大田生产为每亩 10 元，良种繁育为每亩 50 元。

农资综合补贴政策方面，2012 年中央财政共安排 1078 亿元资金，用于弥补种粮农民因农资价格上涨而增加的生产成本。和上年相比，2012 年农资综合补贴资金规模进一步扩大，增加了 218 亿元。

农机具购置补贴方面，2012 年中央财政大约安排了 200 亿元，用于对农户购置农业机械进行购置补贴，资金规模比上年增加 25 亿元。补贴范围以及补贴种类与上年基本一致。

3. 国家继续实施产粮(油)大县奖励政策

中央自 2005 年开始实施产粮大县奖励政策，目的是改善产粮大县的财政状况，充分调动地方政府重农抓粮的积极性，逐步建立粮食主产区和主销区之间的利益协调机制。实践证明，产粮大县奖励政策效果明显。2012 年中央财政合计安排资金 277.65 亿元，用于对产粮(油)大县进行奖励，资金规模比上年增加 41.65 亿元。

4. 继续提高粮食最低收购价水平

为进一步调动农民种粮积极性，稳定粮食播种面积，2012 年国家继续提高粮食最低收购价水平。根据有关部门公布的粮食最低收购价政策执行预案，2012 年每斤白小麦(三等，下同)、红小麦、混合麦最低收购价均为 1.02 元，比上年分别提高 0.07 元、0.09 元和 0.09 元，比上年分别增长了 7.4%、9.7%和 9.7%；每斤早籼稻(三等，下同)、中晚籼稻、粳稻最低收购价格分别为 1.20 元、1.25 元、1.40 元，比上年分别提高 0.18 元、0.18 元、0.12 元，比上年分别增长了 17.6%、16.8%和 9.4%。

5. 固定资产投资较快增长

2012 年全社会固定资产投资 374676 亿元，比上年增长 20.3%，扣除价格因素，实际增长 19.0%。其中，农户投资 9841 亿元，增长 8.3%。在固定资产投资(不含农户)中，第一产业投资 9004 亿元，比上年增长 32.2%。

(二)农业科技投入力度加大

2012 年中央 1 号文件聚焦农业科技问题，农业科技发展赢得难得发展机遇。国家大力推进农业科技创新，完善农业科技推广体系，农业科技对农业增产的作用加大。

1. 完善农业技术推广体系

为改善基层农技推广机构设施条件，2011 年中央财政安排了 10 亿元资金，用以建设基层农技推广体系，加上上年 2 亿元财政资金投入，合计对 8243 个乡镇农技推广机构的设施条件进行改善。2012 年国家继续加大投入力度，争取改善全国所有乡镇农业技术推广机构的设施条件。

2. 培养农业现代化人才

为加快培养现代农业和新农村建设急需的农业农村人才，2012 年国家重点从 5 个方面着手，加大支持和培养力度。一是支持农业科研杰出人才。重点扶持 150 名农业科研杰出人才，对他们进行专项经费支持，提高农业科技创新能力。二是扶持培养农业技术推广人才。扶持培养 3000 名有突出贡献的农业技术推广人才，提高农业科技转化率。三是培养农业企业家。对 3000 名农业产业化龙头企业和农民专业合作组织负责人进行培训，培养农村企业家，充分发挥龙头企业的辐射带动作用，提高农业生产的组织化和社会化程度。四是培育农村生产能手。选拔扶持 7000 名农业生产经营一线、具有一定产业规模和良好发展基础、示范带动能力强的农村生产能手，充分发挥能人的示范效应。五是培养和建立农村经纪人队伍。在主产区选拔扶持 3000 名农村经纪人，培养造就熟悉农产品流通政策、经营管理素质较高、经纪行为规范的农村经纪人队伍。

3. 培育新型农民，提高科技素质

开展职业技能培训。对种养大户，科技示范户，从事农业产前产中和产后服务以及从事农业经营和农村社会管理的农民进行培训；主要培训农业生产及管理技术、农产品产地贮藏保鲜及加工技术、农机操作及维修技术、沼气建设及维护技术、农业经营管理及农村社会管理知识等。

开展农业创业培训。对在农业领域有创业意愿的农民，特别是农村初中高中毕业后未能升学的两后生、返乡农民工、复转军人进行培训。主要培训创业技巧和相关农业知识。

4. 科技对粮食增产作用加强

2012年，农业关键技术推广应用力度加大，测土配方施肥、节水灌溉、病虫害专业化统防统治、玉米地膜覆盖等新栽培技术、新农艺应用范围扩大，农业科技应用水平进一步提高。11个冬小麦主产省中“一喷三防”面积1300.0多万公顷；小麦病虫专业化统防统治覆盖率从13.3%提高到22.8%；东北水稻大棚育秧和抗旱“坐水种”、南方早稻集中育秧和西南玉米覆膜面积共增加320.0多万公顷。

（三）生产条件有所改善

1. 测土配方项目加快推进

为改善土壤结构，培肥地力，近年来国家持续推广测土配方施肥项目。2012年，国家组织开展测土配方施肥技术普及行动，在全国范围内选择100个县（场）、1000个乡（镇）、10000个村实施测土配方施肥整县、整乡、整村推进，目标是测土配方施肥技术推广面积达到13亿亩、为1.8亿农户提供免费技术服务。

2. 农业灌溉条件继续改善

近两年，国家高度重视农业基础设施建设，加大投入力度，改善农田水利基础设施。2012年新增有效灌溉面积172万公顷，新增节水灌溉面积235万公顷。全年水资源总量28410亿立方米。全年平均降水量676毫米。年末全国422座大型水库蓄水总量2120亿立方米，比上年末多蓄水164亿立方米。全年总用水量6110亿立方米，与上年基本持平。其中，生活用水增长3.2%，工业用水下降0.8%，农业用水下降0.5%，生态补水增长7.2%。

3. 农业机械化水平提高

据农业部统计，2012年农机装备总量继续增加，装备结构和布局不断优化；耕种收综合机械化水平预计达到57%，比上年提高2个百分点以上；水稻插秧、玉米收获等机械化作业水平迅速提高，分别比上年提高4个百分点和6.5个百分点。

（四）粮食播种总面积增加，高产粮食品种面积扩大

2012年，全国粮食播种面积11120.5万公顷，增长0.6%。因播种面积增加增产粮食72亿斤。从主要粮食品种播种面积结构来看，高产作物稻谷和玉米播种面积增加，低产品种小麦和大豆的播种面积减少。据初步统计，2012年稻谷、玉米播种面积分别为3013.7万公顷和3503万公顷，比上年分别增加了8万公顷和148.8万公顷；小麦和大豆播种面积分别为2426.8万公顷和717.2万公顷，比上年分别减少了0.2万公顷和71.7万公顷。

（五）粮食主产区气候条件总体较好，粮食作物单产提高

从总体上看，2012年全国农业气候条件较好，没有发生大范围的旱涝灾害，关键农时的降水和光热配合较好，提高了粮食单产水平。2012年粮食因单产提高增产约296亿斤，单产提高对粮食增产的贡献率为80.5%。据国家气象局资料，春播期间和夏播后期大部分北方农区出现了明显降水过程，有利于秋收作物播种和出苗，夏季大部分地区雨热同季，有利于玉米、水稻丰产；春夏季长江流域及以南大部分地区降水较充沛，保障了稻谷的栽插用水。从光热条件来看，2012年全国大部分农区≥10℃积温比常年同期偏多，东北地区东部、华北大部、黄淮等地比上年年同期偏多100～200℃。充足的雨水和适宜的光温条件有利于促进粮食作物单产水平提高，玉米单产提高尤为明显。

（六）粮食劳动生产率提高

2012年，农业关键技术推广应用力度加大，测土配方施肥、节水灌溉、病虫害专业化统防统治、玉米地膜覆盖等新栽培技术、新农艺应用范围扩大，农业科技应用水平进一步提高。另外，农业机械化水平继续提高，良种、化肥、农药等现代要素大量地投入使用，显著提高了粮食劳动生产率。2012年全国平均每个劳动力的粮食产量为2328.3公斤，比上年提高了8.4%。

表3　2000年以来粮食劳动生产率

年　份	粮食总产量（亿斤）	第一产业就业人员数（万人）	每个劳动力平均粮食产量（公斤/人）
2000	9244	36042.5	1282.4
2001	9053	36398.5	1243.6
2002	9141	36640.0	1247.4
2003	8614	36204.4	1189.7
2004	9389	34829.8	1347.9
2005	9680	33441.9	1447.3
2006	9961	31940.6	1559.3
2007	10032	30731.0	1632.3

续表

年　份	粮食总产量(亿斤)	第一产业就业人员数(万人)	每个劳动力平均粮食产量(公斤/人)
2008	10574	29923.3	1766.9
2009	10616	28890.5	1837.3
2010	10930	27930.5	1956.7
2011	11424	26594.0	2147.9
2012	11791	25321.5	2328.3

说明：a. 因缺乏从事粮食生产的劳动力数量指标，这里使用第一产业就业人员来代替，实际的每个从事粮食生产的劳动力平均粮食产量应大于表中的近似数。b. 2000～2011 年第一产业就业人员数是国家统计局根据第六次全国人口普查资料及历年劳动力调查资料推算得到的，2012 年数据是根据 2011 相对于 2010 年的变化率推算得到的近似数。

四、农业生产发展中存在的主要问题

尽管粮食产量实现九连增、农业综合生产能力显著提高、现代农业建设取得较大进展，但总体来看，目前我国农业综合生产能力尚不稳固，农业依然是国民经济中的弱质行业，农业发展仍处于从传统农业向现代农业的转变阶段，确保国家粮食安全和保障重要农产品有效供给的任务依然较为艰巨。当前我国农业生产发展中存在的突出矛盾和主要问题有以下几个方面。

(一)农业现代化水平不高，与发达国家的差距仍较大

首先，农业基础设施薄弱的局面尚未得到根本改观。十六大以来，中央加大了对三农事业的投入力度，农业基础设施建设取得了一些进展。但由于历史欠账较多，以农田水利为重点的农业基础设施依然薄弱，农业生产抵御自然灾害的能力不强，还有相当部分地区的农业生产依然处于靠天吃饭状态。其次，农业科技贡献率低。尽管近年来科技对农业生产的支撑逐步加强，农业科技贡献率逐年提高，但和发达国家相比，仍有较大差距。据科技部统计，2012 年农业科技贡献率为 54.5%。而发达国家的农业科技贡献率一般在 70%至 80%之间，德国、英国、法国等则超过了 90%。再次，农业机械化水平也较低。近年来，农业机械化水平快速提高，但和发达国家相比，农业机械化率和机械化水平仍有较大差距。农业部统计结果表明，2012 年我国农作物耕种收综合机械率达到 57%。而发达国家已实现了生产全程机械化、自动化和信息化。

(二)资源环境约束趋紧，可持续发展的后劲不足

人均耕地面积小、水资源短缺且分布不均是我国农业生产发展面临的基本国情。随着工业化和城镇化的快速推进，工农争地争水的矛盾日益突出。同时，生态环境恶化，土地荒漠化、石漠化、水土流失现象严重，土壤有机质下降、肥力降低，耕地质量下降。工业生产方式粗放，水资源污染严重。农业生产发展的资源硬约束日益强化。农业发展方式粗放，主要依靠化肥、农药等投入品的大量使用来提高产量，环境污染和食品安全问题日益成为社会关注的焦点。

(三)农业发展的风险加大

随全球气候变暖，近年来极端气候条件日益增多，自然灾害呈重发频发态势，农业生产发展面临的自然风险增多。虽然近年来规模化种养快速发展，但千家万户的小规模生产方式依然是主体。近年来各地兴起的农民专业合作组织在发挥衔接小农生产和大市场对接方面发挥了重要作用，但仍存在着量少、覆盖面低、组织不完善等诸多的问题，尚未能够成为推动市场谈判、集中采购、信息服务、技术指导的主导力量。近年来屡次发生的棉花、油料、生猪等生产和市场价格的大起大落现象，充分表明农业生产的市场风险依然存在，且有进一步强化的趋势。另外，加入 WTO 后，我国农业的对外开放程度加大，农业生产和农产品市场供求不仅受国内生产和需求状况的影响，还日益受到国际市场因素的制约，国际风险加大。国际市场的供求状况、油价波动、游资炒作等因素对国内生产和供求的影响加深，部分农产品如大豆的国际开放度较高，对国际市场的依赖增强。

(四)青壮年劳动力紧缺的矛盾进一步凸显

随着工业化和城镇化的快速推进，大量有文化的青壮年农村劳动力转移到城镇就业，农业从业人员数量和所占比重呈下降趋势。由于乡村人口基数大，目前乡村劳动力总量依然过剩，劳动力转移就业的压力还较大，但是结构发生了明显变化，农业青壮年劳动力短缺、农忙季节性短缺、区域性短缺问题开始显现，农村劳动力进入总量过剩和结构性短缺并存阶段。在全社会从业人员中，乡村从业人员总数和所占比重逐年下降。据统计，2012 年末乡村就业人员数为 39602 万人，比上年减少 2.2%；占全国就业人数的比重为 51.6%，比上年降低了 1.4 个百分点。2011 年第一产业就业人数为 26594 万人，比上年下降了 4.8%；占就业人员数的比重为 34.8%，比上年降低了 1.9 个百分点。在农业就业人员中，以老人和妇女为主，青壮年劳动力紧缺，将来谁来种地的问题日益凸显。

五、几点建议

（一）加快推进现代农业建设，提高农业综合生产能力

十八大提出了促进工业化、信息化、城镇化、农业现代化同步发展的战略部署，强调加快发展现代农业，增强农业综合生产能力，是确保国家粮食安全和重要农产品有效供给的必由之路。发展现代农业要重点做好以下几个方面工作：一是加强农业基础设施建设。以完善农田水利基础设施为重点，加强土壤、农田整治、道路、农机服务、农资供给、农机推广以及农田林网等方面基础设施建设，提高农业生产抵御自然风险的能力，彻底改变"靠天吃饭"的不利局面；二是提高农业科技贡献率。科技进步是破解当前农业发展资源瓶颈和难题的根本出路，要加大投入力度，培养造就优秀的农业科研队伍；大力加强农业基础研究和前沿技术研究；着力突破农业技术瓶颈，在良种培育、节本降耗、节水灌溉、农机装备、新型肥药、疫病防控、加工贮运、循环农业、海洋农业、农村民生等方面取得一批重大实用技术成果；完善公益性农业技术推广体系、大力发展农业社会化服务，提高农业科技成果转化率；大力培训农村实用人才，提高农业从业人员的科技文化素质。三是稳步提高农业机械化水平。充分发挥农业机械集成技术、节本增效、推动规模经营的重要作用，不断拓展农机作业领域，提高农机服务水平。加大农业机械创新，促进农机农艺融合、农机化信息化融合；调整优化农机装备布局结构，主攻薄弱环节机械化，推广先进适用农机化装备技术。

（二）完善农业经营机制，提高农业发展活力

在稳定农村承包关系和农村基本经济制度的基础上，完善农业经营机制，提高农业发展活力。一是要发展多种形式的适度规模经营。坚持依法自愿有偿的原则，引导农村土地承包经营权有序流转，鼓励和支持承包土地向专业大户、家庭农场、农民合作社流转，发展多种形式的适度规模经营。二是转变农业生产经营方式。按照规模化、专业化、标准化发展要求，引导农户采用先进适用技术和现代生产要素，加快转变农业生产经营方式。三是大力发展农民专业合作社，提高农业生产组织化程度。四是建立健全农业社会化服务体系。完善基层农业技术服务体系，不断提升乡镇或区域性农业技术推广、动植物疫病防控、农产品质量监管等公共服务机构的服务能力；扶持农民合作社、专业服务公司、专业技术协会、农民用水合作组织、农民经纪人、涉农企业等新型农业社会化服务主体，鼓励新型主体为农业生产经营提供低成本、便利化、全方位的服务，发挥经营性服务组织的生力军作用。

（三）统筹城乡发展，引导生产要素合理配置

城乡差别较大、农业生产比较效益低下是大量青壮年劳动力转移就业的根本原因，破除城乡二元结构、提高农业生产比较效益是解决农村青壮年劳动力紧缺矛盾的根本举措。要加大城乡统筹发展力度，不断增强农村发展活力，逐步缩小城乡差距，实现城乡经济社会发展一体化新格局。要大力提高农业生产比较效益，增强种粮务农的吸引力。要构建城乡一体化的要素市场，通过价格杠杠引导土地、资本、劳动力有序流动，促进生产要素合理配置。

2

综合与概要

2—1　农村经济主要指标

指　　标	单位	1990年	1995年	2000年	2010年	2011年	2012年
一、农业机械总动力	亿瓦特	2870.8	3611.8	5257.4	9278.0	9773.5	10255.9
二、农林牧渔业总产值	亿元	7662.1	20340.9	24915.8	69319.8	81303.9	89453.0
三、农林牧渔业增加值	亿元	5062.0	12135.8	14944.7	40533.6	47486.1	52373.6
四、主要农产品产量							
粮食	万吨	44624	46661.8	46217.5	54647.7	57120.8	58958.0
棉花	万吨	450.8	476.8	441.7	596.1	658.9	683.6
油料	万吨	1613.2	2250.3	2954.8	3230.1	3306.8	3436.8
糖料	万吨	7214.5	7940.1	7635.3	12008.5	12516.5	13485.4
黄红麻	万吨	72.6	37.1	12.6	6.9	7.5	6.8
烤烟	万吨	225.9	207.2	223.8	273.1	287.0	312.6
猪牛羊肉	万吨	2513.5	4098.5	4743.2	6123.2	6101.0	6405.9
牛奶	万吨	415.7	576.4	827.4	3575.6	3657.8	3743.6
禽蛋	万吨	794.6	1676.7	2182.0	2762.7	2811.4	2861.2
水产品	万吨	1237	2517.2	4278.5	5373.0	5603.2	5907.7
水果	万吨	1874.4	4214.6	6225.1	21401.4	22768.2	24056.8
五、农村物价总指数(上年＝100)							
农产品生产价格总指数	%	97.4	119.9	96.4	110.9	116.5	102.7
农村商品零售价格指数	%	103.2	116.4	98.5	103.6	105.5	102.2
农业生产资料价格指数	%	105.5	127.4	99.1	102.9	111.3	105.6
农村居民消费价格指数	%	104.5	117.5	99.9	103.6	105.8	102.5
六、农村居民人均纯收入	元	686.3	1577.7	2253.4	5919.0	6977.3	7916.6
农村居民人均生活消费支出	元	584.6	1310.4	1670.1	4381.8	5221.1	5908.0
七、农村教育、卫生							
在校学生数							
#普通中学	万人	2739.0	2773.0	3586.3	1947.4	1266.3	1057.5
普通小学	万人	9595.6	9306.2	8503.7	5350.2	4065.2	3652.5
农民高等学校	人	353	966	800	1614	1366	1072
农民技术培训学校	万人	1050.0	4948.7	6209.6	3424.2	3497.0	3563.2
卫生院床位数	万张	72.3	73.3	73.5	99.4	102.6	109.9
卫生技术人员	万人	77.7	91.9	102.6	97.3	98.1	101.7

注：1. 2000年以前农产品生产价格总指数为农副产品收购价格指数。
2. 从2003年起，农林牧渔业总产值、增加值、中间消耗核算执行新国民经济行业分类标准，包括农林牧渔服务业。
3. 从2003年起，水果产量含果用瓜。
4. 2011年新疆生猪数据调整，全国生猪存栏、出栏、肉产量等指标相应变化，下同。

2—2 按人口平均的主要农产品产量

单位:千克/人

年 份	粮食	棉花	油料	糖料	猪牛羊肉	水产品
1949	208.9	0.8	4.7	5.2		0.8
1952	288.1	2.3	7.4	13.4		2.9
1957	306.0	2.6	6.6	18.7		4.9
1962	231.9	1.1	3.0	5.7		3.4
1965	272.0	2.9	5.1	21.5		4.2
1970	293.2	2.8	4.6	19.0		3.9
1975	310.5	2.6	4.9	20.9		4.8
1978	318.7	2.3	5.5	24.9		4.9
1980	326.7	2.8	7.8	29.7		4.6
1985	360.7	3.9	15.0	57.5		6.7
1990	393.1	4.0	14.2	63.6		10.9
1991	378.3	4.9	14.2	73.2		11.7
1992	380.0	3.9	14.1	75.6		13.4
1993	387.4	3.2	15.3	64.7		15.5
1994	373.5	3.6	16.7	61.6		17.9
1995	387.3	4.0	18.7	65.9		20.9
1996	414.4	3.5	18.2	68.7	30.3	23.1
1997	401.7	3.7	17.5	76.3	34.6	25.4
1998	412.5	3.6	18.6	78.8	37.0	27.2
1999	405.8	3.1	20.8	66.5	38.0	28.5
2000	366.0	3.5	23.4	60.5	37.6	29.4
2001	355.9	4.2	22.5	68.1	38.0	29.9
2002	357.0	3.8	22.6	80.4	38.5	30.9
2003	334.3	3.8	21.8	74.8	39.5	31.6
2004	362.2	4.9	23.7	73.8	40.4	32.8
2005	371.3	4.4	23.6	72.5	42.0	33.9
2006	379.9	5.7	20.2	79.8	42.6	35.0
2007	380.6	5.8	19.5	92.5	40.1	36.0
2008	399.1	5.7	22.3	101.3	42.4	37.0
2009	398.7	4.8	24.0	92.2	44.4	38.4
2010	408.7	4.5	24.2	89.8	45.8	40.2
2011	425.2	4.9	24.6	93.2	45.4	41.7
2012	436.5	5.1	25.4	99.8	47.4	43.7

注:按年平均人口计算。

2—2 续表

单位:千克/人

年 份	黄红麻	烤烟	水果	牛奶	禽蛋	茶叶
1952	0.3	0.4	4.3			0.14
1957	0.2	0.4	5.1			0.18
1962	0.1	0.2	4.1			0.11
1965	0.4	0.5	4.5			0.14
1970	0.2	0.5	4.6			0.17
1975	0.4	0.8	5.9	1.0		0.23
1978	1.1	1.1	6.9	0.9		0.28
1980	1.1	0.7	6.9	1.2		0.31
1985	3.9	2.0	11.1	2.4	5.1	0.41
1990	0.6	2.0	16.5	3.7	7.0	0.48
1991	0.4	2.3	18.9	4.0	8.0	0.47
1992	0.5	2.7	20.9	4.3	8.8	0.48
1993	0.6	2.6	25.6	4.2	10.0	0.51
1994	0.3	1.6	29.4	4.4	12.4	0.49
1995	0.3	1.6	35.0	4.8	13.9	0.49
1996	0.3	2.4	38.2	5.2	16.1	0.49
1997	0.3	3.2	41.4	4.9	15.4	0.50
1998	0.2	1.7	43.9	5.3	16.3	0.54
1999	0.1	1.7	49.8	5.7	17.0	0.54
2000	0.1	1.8	49.3	6.6	17.3	0.54
2001	0.1	1.6	52.3	8.1	17.4	0.55
2002	0.1	1.7	112.3	10.2	17.7	0.58
2003	0.1	1.6	112.7	13.6	18.1	0.60
2004	0.1	1.7	118.4	17.4	18.3	0.64
2005	0.1	1.9	123.6	21.1	18.7	0.72
2006	0.1	1.7	130.4	24.4	18.5	0.78
2007	0.1	1.7	137.6	26.7	19.2	0.88
2008	0.1	2.0	145.1	26.8	20.4	0.95
2009	0.1	2.1	153.2	26.4	20.6	1.02
2010	0.1	2.0	160.0	26.7	20.7	1.10
2011	0.1	2.1	169.5	27.2	20.9	1.21
2012	0.1	2.3	178.1	27.7	21.2	1.33

注:从 2002 年起,水果产量含果用瓜。

2—3 农村经济在国民经济中的地位

单位:亿元、%

年 份	国内生产总值	#第一产业	所占比重	社会消费品零售额	#县及县以下	所占比重
1952	679.0	342.9	50.5	276.8		
1957	1068.0	430.0	40.3	474.2		
1962	1149.3	453.1	39.4	604.0		
1965	1716.1	651.1	37.9	670.3		
1970	2252.7	793.3	35.2	858.0		
1975	2997.3	971.1	32.4	1271.1		
1978	3624.1	1027.5	28.4	1558.6	1053.4	67.6
1980	4517.8	1371.6	30.4	2140.0	1406.4	65.7
1981	4862.4	1559.5	32.1	2350.0	1506.7	64.1
1982	5294.7	1777.4	33.6	2570.0	1649.5	64.2
1983	5934.5	1978.4	33.3	2849.4	1792.1	62.9
1984	7171.0	2316.1	32.3	3376.4	2027.7	60.1
1985	8964.4	2564.4	28.6	4305.0	2430.5	56.5
1986	10202.2	2788.7	27.3	4950.0	2932.0	59.2
1987	11962.5	3233.0	27.0	5820.0	3393.0	58.3
1988	14928.3	3865.4	25.9	7440.0	4179.2	56.2
1989	16909.2	4265.9	25.2	8101.4	4434.6	54.7
1990	18547.9	5062.0	27.3	8300.1	4411.5	53.1
1991	21781.5	5342.2	24.5	9415.6	4885.8	51.9
1992	26923.5	5866.6	21.8	10993.7	5523.4	50.2
1993	35333.9	6963.8	19.7	12462.1	5237.2	42.0
1994	48197.9	9572.7	19.9	16264.7	6603.5	40.6
1995	60793.7	12135.8	20.0	20620.0	8243.3	40.0
1996	71176.6	14015.4	19.7	24774.1	9822.9	39.6
1997	78973.0	14441.9	18.3	27298.9	10648.5	39.0
1998	84402.3	14817.6	17.6	29152.5	11327.3	38.9
1999	89677.1	14770.0	16.5	31134.7	12043.1	38.7
2000	99214.6	14944.7	15.1	34152.6	13042.3	38.2
2001	109655.2	15781.3	14.4	37595.2	14051.8	37.4
2002	120332.7	16537.0	13.7	42027.0	15041.0	35.8
2003	135822.8	17381.7	12.8	45842.0	16065.0	35.0
2004	159878.3	21412.7	13.4	59501.0	19805.0	33.3
2005	184937.4	22420.0	12.1	67176.6	22082.0	32.9
2006	216314.4	24040.0	11.1	76410.0	24867.4	32.5
2007	265810.3	28627.0	10.8	89210.0	28799.3	32.3
2008	314045.4	33702.0	10.7	114830.1	34752.8	30.3
2009	340902.8	35225.9	10.3	132678.4	43584.2	32.8
2010	401512.8	40533.6	10.1	156998.4	50020.7	31.9
2011	473104.0	47486.1	10.1	183918.6	58499.1	31.8
2012	519655.1	52377.0	10.1	210307.0	67021.3	31.9

注:1. 社会消费品零售额,1992 年及以前为社会商品零售总额数据。

2. 根据最新修订的报表制度,2010 年以后县及县以下的数据为镇区与乡村之和。

3. 国内生产总值依据全国第一次经济普查结果进行了修订。

2—3 续表 1

单位:亿元、%

年 份	全国财政收入	#农业各税	所占比重	全国财政支出	#支农支出	所占比重
1970	662.9	32.0	4.8	649.4	49.4	7.6
1975	815.6	29.5	3.6	820.9	99.0	12.1
1978	1132.3	28.4	2.5	1122.1	150.7	13.4
1980	1159.9	27.7	2.4	1228.8	150.0	12.2
1981	1175.8	28.4	2.4	1138.4	110.2	9.7
1982	1212.3	29.4	2.4	1230.0	120.5	9.8
1983	1367.0	33.0	2.4	1409.5	132.9	9.4
1984	1642.9	34.8	2.1	1701.0	141.3	8.3
1985	2004.8	42.1	2.1	2004.3	153.6	7.7
1986	2122.0	44.5	2.1	2204.9	184.2	8.4
1987	2199.4	50.8	2.3	2262.2	195.7	8.7
1988	2357.2	73.7	3.1	2491.2	214.1	8.6
1989	2664.9	84.9	3.2	2823.8	265.9	9.4
1990	2937.1	87.9	3.0	3083.6	307.8	10.0
1991	3149.5	90.7	2.9	3386.6	347.6	10.3
1992	3483.4	119.2	3.4	3742.2	376.0	10.0
1993	4349.0	125.7	2.9	4642.3	440.5	9.5
1994	5218.1	231.5	4.4	5792.6	533.0	9.2
1995	6242.2	278.1	4.5	6823.7	574.9	8.4
1996	7408.0	369.5	5.0	7937.6	700.4	8.8
1997	8651.1	397.5	4.6	9233.6	766.4	8.3
1998	9876.0	398.8	4.0	10798.2	1154.8	10.7
1999	11444.1	423.5	3.7	13187.7	1085.8	8.2
2000	13395.2	465.3	3.5	15886.5	1231.5	7.8
2001	16386.0	481.7	2.9	18902.6	1456.7	7.7
2002	18903.6	717.9	3.8	22053.2	1580.8	7.2
2003	21715.3	871.8	4.0	24649.9	1754.5	7.1
2004	26396.5	902.2	3.4	28486.9	2337.6	8.2
2005	31649.3	936.4	3.0	33930.3	2450.3	7.2
2006	38760.2	1084.0	2.8	40422.7	3173.0	7.9
2007	51321.8	1439.1	2.8	49781.4	4318.3	8.7
2008	61330.4	1688.8	2.8	62592.7	5955.5	9.5
2009	68518.3	2448.9	3.6	76299.9	7253.1	9.5
2010	83101.5	3431.9	4.1	89874.2	8579.7	9.5
2011	103874.4	3932.6	3.8	109247.7	10497.7	9.6
2012	117253.5	—	—	125953.0	12387.6	9.8

注:农业各税包括耕地占用税、农林特产税(1994 年为农业特产税)、农业税、牧业税和契税。2007 年以后,农业各税仅包括烟叶税、契税和耕地占用税,从 2012 年起不再统计该指标。

2—3 续表 2

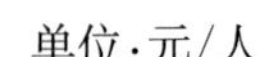
单位:元/人

年　份	全国居民消费水平			指数(1978 年=100)		城乡消费水平对比(农村居民=1)
		农村居民	城镇居民	农村居民	城镇居民	
1978	184	138	405	100.0	100.0	2.9
1980	238	178	489	115.4	110.2	2.7
1981	264	201	521	126.8	114.6	2.6
1982	288	223	536	138.3	115.4	2.4
1983	316	250	558	153.1	117.9	2.2
1984	361	287	618	172.8	127.2	2.2
1985	446	349	765	195.7	141.3	2.2
1986	497	378	872	200.3	150.8	2.3
1987	565	421	998	210.0	159.3	2.4
1988	714	509	1311	221.0	174.7	2.6
1989	788	549	1466	217.2	176.0	2.7
1990	833	560	1596	215.4	190.9	2.9
1991	932	602	1840	227.1	211.4	3.1
1992	1116	688	2262	246.5	245.3	3.3
1993	1393	805	2924	257.1	270.8	3.6
1994	1833	1038	3852	265.0	282.8	3.7
1995	2355	1313	4931	282.9	303.2	3.8
1996	2789	1626	5532	323.8	313.6	3.4
1997	3002	1722	5823	334.0	320.4	3.4
1998	3159	1730	6109	338.1	339.2	3.5
1999	3346	1766	6405	355.3	363.0	3.6
2000	3632	1860	6850	371.3	391.1	3.7
2001	3887	1969	7161	388.0	406.3	3.6
2002	4144	2062	7486	408.1	426.2	3.6
2003	4475	2103	8060	409.5	456.1	3.8
2004	5032	2319	8912	426.7	487.7	3.8
2005	5596	2657	9593	472.8	511.8	3.6
2006	6299	2950	10618	511.6	552.7	3.6
2007	7310	3347	12130	546.8	606.2	3.6
2008	8430	3901	13653	593.5	647.9	3.5
2009	9283	4163	14904	639.3	706.5	3.6
2010	10522	4700	16546	690.3	748.3	3.5
2011	12570	5870	19108	777.4	803.3	3.3
2012	14098	6515	21120	838.6	866.3	3.2

注:1. 绝对数按当年价格计算,指数按可比价格计算。

2. 本表数据来源于国民经济核算资料,与城乡住户抽样调查数据的指标口径不同。

2—3续表3

单位:元/人

年　份	农村居民家庭人均纯收入	指数(1978=100)	城镇居民家庭人均可支配收入	指数(1978=100)
1978	133.6	100.0	343.4	100.0
1980	191.3	139.0	477.6	127.0
1981	223.4	160.4	492.0	127.7
1982	270.1	192.3	527.0	134.1
1983	309.8	219.6	564.0	140.7
1984	355.3	249.5	651.0	158.1
1985	397.6	268.9	739.1	160.4
1986	423.8	277.6	899.6	182.5
1987	462.6	292.0	1002.2	186.9
1988	544.9	310.7	1181.4	182.5
1989	601.5	305.7	1375.7	182.8
1990	686.3	311.2	1510.2	198.1
1991	708.6	317.4	1700.6	212.4
1992	784.0	336.2	2026.6	232.9
1993	921.6	346.9	2577.4	255.1
1994	1221.0	364.3	3496.2	276.8
1995	1577.7	383.6	4283.0	290.3
1996	1926.1	418.1	4838.9	301.6
1997	2090.1	437.3	5160.3	311.9
1998	2162.0	456.1	5425.1	329.9
1999	2210.3	473.5	5854.0	360.6
2000	2253.4	483.4	6280.0	383.7
2001	2366.4	503.7	6859.6	416.3
2002	2475.6	527.9	7702.8	472.1
2003	2622.2	550.6	8472.2	514.6
2004	2936.4	588.0	9421.6	554.2
2005	3254.9	624.5	10493.0	607.4
2006	3587.0	670.7	11759.5	670.7
2007	4140.4	734.4	13785.8	752.3
2008	4760.6	793.2	15780.8	815.7
2009	5153.2	860.6	17174.7	895.4
2010	5919.0	954.4	19109.4	965.2
2011	6977.3	1063.2	21809.8	1046.3
2012	7916.6	1176.9	24564.7	1146.7

注:指数按可比价格计算。

2—4 各地区农村经济在国民经济中的地位

单位:%

地 区	第一产业增加值占地区生产总值比重	镇区及乡村消费品零售额占全社会消费品零售额的比重
北 京	0.8	6.5
天 津	1.3	17.1
河 北	12.0	49.8
山 西	5.8	45.8
内蒙古	9.1	31.7
辽 宁	8.7	20.2
吉 林	11.8	23.8
黑龙江	15.4	30.0
上 海	0.6	7.0
江 苏	6.3	28.7
浙 江	4.8	39.8
安 徽	12.7	42.5
福 建	9.0	27.3
江 西	11.7	48.5
山 东	8.6	39.2
河 南	12.7	42.2
湖 北	12.8	28.1
湖 南	13.6	39.1
广 东	5.0	23.6
广 西	16.7	41.3
海 南	24.9	28.6
重 庆	8.2	33.0
四 川	13.8	38.5
贵 州	13.1	35.1
云 南	16.0	35.2
西 藏	11.6	47.1
陕 西	9.5	32.6
甘 肃	13.8	39.5
青 海	9.4	30.6
宁 夏	8.6	35.0
新 疆	17.7	23.2

注:第一产业人员占就业人员比重为2010年数据。

2—5 各地区社会消费品零售额及占全国的比重

（按当年价计算）

单位:亿元

地　　区	社会消费品零售额	#镇区零售额	#乡村零售额
全国合计	**210307.0**	**39128.1**	**27893.2**
北　京	7702.8	380.0	122.4
天　津	3921.4	517.0	153.7
河　北	9254.0	2455.0	2152.6
山　西	4506.8	1240.3	824.3
内蒙古	4572.5	884.3	566.6
辽　宁	9346.6	1108.4	781.3
吉　林	4772.9	600.8	536.8
黑龙江	5491.0	970.6	675.5
上　海	7412.3	192.2	324.9
江　苏	18331.3	3426.9	1842.0
浙　江	13588.3	3272.7	2137.8
安　徽	5736.6	1424.2	1014.8
福　建	7256.5	1290.5	693.0
江　西	4027.2	1279.9	675.0
山　东	19651.9	3932.8	3772.2
河　南	10915.6	2709.0	1893.9
湖　北	9562.5	1238.8	1449.9
湖　南	7921.9	2359.4	737.6
广　东	22677.1	2440.0	2909.2
广　西	4516.6	1336.9	527.2
海　南	870.8	145.5	103.4
重　庆	4033.7	1136.8	195.7
四　川	9268.6	1798.7	1771.7
贵　州	2027.6	350.6	360.3
云　南	3511.6	766.9	468.3
西　藏	254.6	77.1	42.9
陕　西	4383.8	909.5	520.9
甘　肃	1906.5	376.6	376.5
青　海	476.0	86.2	59.6
宁　夏	548.8	145.6	46.5
新　疆	1858.6	275.2	156.7

2—6 各地区城乡居民收入水平

单位:元/人

地　区	农村居民家庭 人均纯收入	城镇居民家庭 人均可支配收入	城乡居民收入水平对比 (农村居民=1)
全国总计	**7916.6**	**24564.7**	**3.10**
北　京	16475.7	36468.8	2.21
天　津	14025.5	29626.4	2.11
河　北	8081.4	20543.4	2.54
山　西	6356.6	20411.7	3.21
内蒙古	7611.3	23150.3	3.04
辽　宁	9383.7	23222.7	2.47
吉　林	8598.2	20208.0	2.35
黑龙江	8603.8	17759.8	2.06
上　海	17803.7	40188.3	2.26
江　苏	12202.0	29677.0	2.43
浙　江	14551.9	34550.3	2.37
安　徽	7160.5	21024.2	2.94
福　建	9967.2	28055.2	2.81
江　西	7829.4	19860.4	2.54
山　东	9446.5	25755.2	2.73
河　南	7524.9	20442.6	2.72
湖　北	7851.7	20839.6	2.65
湖　南	7440.2	21318.8	2.87
广　东	10542.8	30226.7	2.87
广　西	6007.5	21242.8	3.54
海　南	7408.0	20917.7	2.82
重　庆	7383.3	22968.1	3.11
四　川	7001.4	20307.0	2.90
贵　州	4753.0	18700.5	3.93
云　南	5416.5	21074.5	3.89
西　藏	5719.4	18028.3	3.15
陕　西	5762.5	20733.9	3.60
甘　肃	4506.7	17156.9	3.81
青　海	5364.4	17566.3	3.27
宁　夏	6180.3	19831.4	3.21
新　疆	6393.7	17920.7	2.80

2—7 各地区城乡居民消费水平

单位:元/人

地　区	居民消费水平	农村居民	城镇居民	城乡居民消费水平对比（农村居民＝1）
北　京	30350	14664	32857	2.2
天　津	22984	11936	25569	2.1
河　北	10749	5766	16554	2.9
山　西	10829	6485	15091	2.3
内蒙古	15196	7032	21308	3.0
辽　宁	17999	8652	23065	2.7
吉　林	12276	6977	16873	2.4
黑龙江	11601	6445	15538	2.4
上　海	36893	18512	39095	2.1
江　苏	19452	11721	24101	2.1
浙　江	22845	13724	28259	2.1
安　徽	10978	5648	16131	2.9
福　建	16144	9596	20722	2.2
江　西	10573	6423	15327	2.4
山　东	15095	8212	21528	2.6
河　南	10380	5608	17104	3.1
湖　北	12283	6705	17296	2.6
湖　南	11740	6382	18060	2.8
广　东	21823	8898	28269	3.2
广　西	10519	5355	17457	3.3
海　南	10634	6020	15068	2.5
重　庆	13655	5741	19873	3.5
四　川	11280	7147	16649	2.3
贵　州	8372	4448	15441	3.5
云　南	9782	5645	16514	2.9
西　藏	5340	3098	12958	4.2
陕　西	11852	5783	18254	3.2
甘　肃	8542	4563	15048	3.3
青　海	10289	6116	15026	2.5
宁　夏	12120	5958	18223	3.1
新　疆	10675	5410	17442	3.2

注:本表数据来源于国民经济核算资料,与城乡住户抽样调查数据的指标口径不同。

2—8 主要农产品供需情况

一、粮食

年 份	生产量（万吨）	进口量（万吨）	出口量（万吨）	城镇居民人均消费（千克/人）	农村居民人均消费（千克/人）
1980	32056	1343	162		257.2
1981	32502	1481	126	145.4	256.1
1982	35450	1612	125	144.6	260.0
1983	38728	1344	196	144.5	259.9
1984	40731	1045	357	142.1	266.5
1985	37911	600	932	134.8	257.5
1986	39151	773	942	137.9	259.3
1987	40298	1628	737	133.9	259.4
1988	39408	1533	717	137.2	259.5
1989	40755	1658	656	133.9	262.3
1990	44624	1372	583	130.7	262.1
1991	43529	1345	1086	127.9	255.6
1992	44266	1175	1364	111.5	250.5
1993	45649	752	1535	97.8	251.8
1994	44510	920	1346	101.7	257.6
1995	46662	2081	214	97.0	256.1
1996	50450	1200	144	94.7	256.2
1997	49417	705	859	88.6	250.7
1998	51230	708	906	86.7	248.9
1999	50839	772	758	84.9	247.5
2000	46218	1357	1400	82.3	250.2
2001	45264	1738	903	79.7	238.6
2002	45706	1417	1514	78.5	236.5
2003	43070	2283	2230	79.5	222.4
2004	46947	2298	514	78.2	218.3
2005	48402	3286	1141	77.0	208.9
2006	49804	3186	723	75.9	205.6
2007	50160	3237	1118	77.6	199.5
2008	52871	4131	379	58.5	199.1
2009	53082	5223	329	81.3	189.3
2010	54648	6695	275	81.5	181.4
2011	57121	6390	288	80.7	170.7
2012	58958	8025	277	78.8	164.3

注：1984年及以前城镇居民人均消费量为全国城市居民人均消费量。

2—8 续表 1　　二、食用植物油

年　份	生产量（万吨）	进口量（万吨）	出口量（万吨）	城镇居民人均消费（千克/人）	农村居民人均消费（千克/人）
1980	222		3.1		1.4
1981	292	4.4	6.3	4.8	1.9
1982	345	5.6	10.2	5.8	2.1
1983	360	3.5	15.6	6.5	2.2
1984	382	1.4	13.1	7.1	2.5
1985	401	3.5	16.2	5.8	2.6
1986	441	19.8	16.6	6.2	2.6
1987	478	51.1	5.6	6.5	3.1
1988	480	21.4	2.6	7.0	3.3
1989	496	105.6	6.2	6.2	3.3
1990	544	112.0	14.0	6.4	3.5
1991	644	61.0	9.9	6.9	3.9
1992	661	42.0	6.8	6.7	4.1
1993	965	24.0	13.6	7.1	4.1
1994	723	163.0	27.0	7.5	4.1
1995	1144	353.0	49.6	7.1	4.3
1996	947	264.0	47.3	7.1	4.5
1997	894	285.8	86.1	7.2	4.7
1998	602	205.5	30.9	7.6	4.6
1999	734	208.0	9.7	7.8	4.6
2000	835	179.0	11.2	8.2	5.5
2001	1383	165.0	13.4	8.1	7.0
2002	1531	319.0	9.8	8.5	7.5
2003	1584	541.0	6.0	9.2	6.3
2004	1235	676.0	6.5	9.3	5.3
2005	1612	621.0	22.5	9.3	6.0
2006	1986	671.0	39.9	9.4	5.8
2007	2319	838.0	16.6	9.6	6.0
2008	2419	817.1	24.9	10.3	6.2
2009	3280	816.0	11.4	9.7	5.4
2010	3916	687.0	9.2	8.8	5.5
2011	4332	657.0	12.2	9.3	6.6
2012	5176	845.0	10.0	9.1	6.9

注：本表生产量为规模以上企业产量的快报数据。

2—8 续表 2

三、棉花

年　份	生产量（万吨）	进口量（万吨）	出口量（万吨）	全国人均产量（千克/人）
1980	270.7	88.5	0.9	2.8
1981	296.8	80.1	0.1	3.0
1982	359.8	47.3	0.4	3.5
1983	463.7	23.0	5.8	4.4
1984	625.8	4.0	18.9	5.9
1985	414.7	…	34.7	3.9
1986	354.0	…	55.8	3.2
1987	424.5	0.6	75.5	3.8
1988	414.9	3.5	46.8	3.7
1989	378.8	51.9	27.2	3.3
1990	450.8	42.0	16.7	3.9
1991	567.5	37.0	20.0	4.8
1992	450.8	28.0	14.5	3.8
1993	373.9	1.0	15.0	3.1
1994	434.0	52.6	11.1	3.6
1995	476.8	74.0	2.2	3.9
1996	420.0	6.5	0.4	3.4
1997	460.3	78.3	0.1	3.7
1998	450.1	20.9	4.5	3.6
1999	382.9	5.0	23.6	3.1
2000	441.7	4.7	29.2	3.5
2001	532.4	6.0	5.2	4.2
2002	491.6	18.0	15.0	3.8
2003	486.0	87.0	11.2	3.8
2004	632.0	191.0	0.9	4.9
2005	571.4	257.0	0.5	4.4
2006	753.3	364.0	1.3	5.2
2007	762.4	246.0	2.1	5.8
2008	749.2	211.0	1.6	5.7
2009	637.7	153.0	0.8	4.8
2010	596.1	284.0	0.6	4.5
2011	658.9	336.0	2.6	4.9
2012	683.6	513.0	1.8	5.1

2—8 续表 3

四、糖料

年　份	糖料生产量（万吨）	食糖进口量（万吨）	食糖出口量（万吨）	城镇居民人均食糖消费（千克/人）	农村居民人均食糖消费（千克/人）
1980	2911.2	91.2	30.1		1.1
1981	3602.8	102.9	12.5	2.9	1.1
1982	4359.4	217.7	6.7	2.8	1.2
1983	4103.3	190.0	6.0	2.8	1.3
1984	4780.3	123.0	5.2	2.9	1.3
1985	6046.8	191.0	18.4	2.5	1.5
1986	5852.5	118.0	26.6	2.6	1.6
1987	5550.3	183.0	45.2	2.5	1.7
1988	6187.4	371.0	24.8	2.6	1.4
1989	5803.8	158.0	43.0	2.4	1.5
1990	7214.5	113.0	57.0	2.1	1.5
1991	8418.7	101.0	34.3	1.8	1.4
1992	8808.0	110.0	167.0	1.9	1.5
1993	7624.2	45.0	185.0	1.8	1.4
1994	7346.0	155.2	94.7	1.9	1.3
1995	7940.0	295.0	48.0	1.7	1.3
1996	8360.0	125.0	66.5	1.7	1.4
1997	9380.0	78.3	37.9	1.6	1.4
1998	9790.4	50.8	43.6	1.8	1.4
1999	8334.1	42.0	36.7	1.8	1.5
2000	7635.3	64.1	41.5	1.7	1.3
2001	8655.1	120.0	19.6	1.7	1.4
2002	10293.0	118.3	32.6	—	1.6
2003	9642.0	78.0	10.3	—	1.2
2004	9528.0	121.0	8.5	—	1.1
2005	9451.9	139.0	35.8	—	1.1
2006	10460.0	137.0	15.4	—	1.1
2007	12188.2	119.0	11.1	—	1.1
2008	13419.6	78.0	6.2	—	1.1
2009	12276.6	106.0	6.4	—	1.1
2010	12008.5	177.0	9.4	—	1.0
2011	12516.5	292.0	5.9	—	1.0
2012	13485.4	375.0	4.7	—	1.2

农村基本情况与农业生产条件

3—1 全国乡村人口和乡村就业人员情况

单位：万人、%

年份	乡村人口		乡村就业人员数（年末）		
	人口数	占总人口比重		第一产业	第一产业人员所占比重
1978	79014	82.1	30638	28318	92.4
1980	79565	80.6	31836	29122	91.5
1985	80757	76.3	37065	31130	84.0
1990	84138	73.6	47708	38914	81.6
1991	84620	73.1	48026	39098	81.4
1992	84996	72.5	48291	38699	80.1
1993	85344	72.0	48546	37680	77.6
1994	85681	71.5	48802	36628	75.1
1995	85947	71.0	49025	35530	72.5
1996	85085	69.5	49028	34820	71.0
1997	84177	68.1	49039	34840	71.0
1998	83153	66.7	49021	35177	71.8
1999	82038	65.2	48982	35768	73.0
2000	80837	63.8	48934	36043	73.7
2001	79563	62.3	48674	36399	74.8
2002	78241	60.9	48121	36640	76.1
2003	76851	59.5	47506	36204	76.2
2004	75705	58.2	46971	34830	74.2
2005	74544	57.0	46258	33442	72.3
2006	73160	55.7	45348	31941	70.4
2007	71496	54.1	44368	30731	69.3
2008	70399	53.0	43461	29923	68.9
2009	68938	51.7	42506	28890	68.0
2010	67113	50.1	41418	27931	67.4
2011	65656	48.7	40506	26594	65.7
2012	64222	47.4	39602	25773	65.1

注：1. 本表人口 1981 年及以前数据为户籍统计数；1982、1990、2000、2010 年人口数据为当年人口普查数据推算数；其余年份人口数据为在年度人口抽样调查基础上，根据人口普查数据修订数(下表同)。

2. 本表全国乡村就业人员小计 1990 年及以后的数据为根据劳动力调查、人口普查的推算数，2001 年及以后数据根据第六次人口普查重新修订，因此与相应年份的分地区、分登记注册类型、分行业资料的分项数据之和不一致(下表同)。

3. 资料来源：《中国统计年鉴》。

3—2 各地区乡村人口和乡村就业人员

单位:万人、%

地　区	乡村人口		乡村就业人员数（年末）	
	人口数	占总人口比重		第一产业
全　国	**64222**	**47.4**	**39602**	**25773**
北　京	285	13.8		
天　津	261	18.5		
河　北	3877	53.2		
山　西	1760	48.7		
内蒙古	1052	42.3		
辽　宁	1508	34.4		
吉　林	1273	46.3		
黑龙江	1652	43.1		
上　海	254	10.7		
江　苏	2930	37.0		
浙　江	2016	36.8		
安　徽	3204	53.5		
福　建	1514	40.4		
江　西	2364	52.5		
山　东	4607	47.6		
河　南	5415	57.6		
湖　北	2687	46.5		
湖　南	3542	53.4		
广　东	3454	32.6		
广　西	2644	56.5		
海　南	429	48.4		
重　庆	1267	43.0		
四　川	4561	56.5		
贵　州	2215	63.6		
云　南	2828	60.7		
西　藏	238	77.3		
陕　西	1876	50.0		
甘　肃	1579	61.3		
青　海	301	52.6		
宁　夏	319	49.3		
新　疆	1251	56.0		

注:本表人口数据根据2012年人口变动情况抽样调查数据推算。

3－3 农村居民家庭劳动力文化状况

指　　标	单位	1990 年	1995 年	2000 年	2011 年	2012 年	2012 年为下列各年百分比（%）	
							1990 年	2011 年
平均每百个劳动力中：								
不识字或识字很少	人	20.73	13.47	8.09	5.47	5.30	25.6	96.9
小学程度	人	38.86	36.62	32.22	26.51	26.07	67.1	98.4
初中程度	人	32.84	40.10	48.07	52.97	53.03	161.5	100.1
高中程度	人	6.96	8.61	9.31	9.86	10.01	143.8	101.5
中专程度	人	0.51	0.96	1.83	2.54	2.66	522.0	104.9
大专及大专以上	人	0.10	0.24	0.48	2.65	2.93	2929.6	110.4

3—4 各地区农村居民家庭劳动力文化状况

单位：人

地　　区	平均每百个劳动力中：					
	不识字或识字很少	小学程度	初中程度	高中程度	中专程度	大专及大专以上
全国总计	**5.3**	**26.1**	**53.0**	**10.0**	**2.7**	**2.9**
北　　京	1.0	6.3	48.8	20.9	9.5	13.5
天　　津	2.2	16.5	63.2	11.1	3.4	3.7
河　　北	2.4	18.2	60.4	13.6	2.5	2.9
山　　西	3.1	21.0	57.1	11.9	3.4	3.5
内 蒙 古	5.1	26.3	52.1	11.3	1.9	3.3
辽　　宁	1.4	22.7	66.6	5.0	1.6	2.7
吉　　林	2.5	31.9	55.8	6.6	1.4	1.8
黑 龙 江	2.4	29.6	60.4	5.4	1.0	1.2
上　　海	2.0	18.4	53.2	11.1	6.6	8.6
江　　苏	5.4	23.6	53.4	11.1	2.8	3.8
浙　　江	6.7	29.5	44.5	11.7	2.0	5.7
安　　徽	8.6	24.3	55.3	7.6	1.8	2.5
福　　建	3.9	31.0	47.7	10.1	3.1	4.2
江　　西	4.3	29.7	51.5	8.9	2.9	2.6
山　　东	3.5	18.7	57.2	13.2	3.8	3.6
河　　南	5.1	16.5	61.0	12.1	2.5	2.9
湖　　北	4.0	23.9	54.1	11.6	3.2	3.1
湖　　南	2.9	26.3	50.8	13.9	3.2	2.9
广　　东	2.8	22.1	55.6	11.8	4.1	3.7
广　　西	2.8	25.0	57.2	9.9	3.0	2.1
海　　南	3.6	18.1	61.4	12.7	2.5	1.7
重　　庆	4.3	30.9	52.1	8.7	2.1	1.9
四　　川	7.7	33.8	48.7	6.6	1.9	1.3
贵　　州	10.4	38.1	43.7	4.3	2.0	1.6
云　　南	8.8	41.2	40.7	6.0	2.0	1.3
西　　藏	36.0	56.8	6.1	0.7	0.3	0.0
陕　　西	6.1	21.7	54.6	10.8	3.0	3.8
甘　　肃	10.7	26.8	45.6	11.3	2.9	2.8
青　　海	18.3	43.9	28.4	5.6	1.5	2.3
宁　　夏	14.2	32.2	42.4	7.3	1.8	2.1
新　　疆	2.4	29.8	56.9	6.0	2.6	2.3

3—5 各地区农村居民家庭劳动力文化程度

（按人均纯收入分组）

单位：%

地　区	劳动力文化程度构成					
	不识字或识字很少	小学程度	初中程度	高中程度	中专程度	大专及大专以上
全国总计	**5.3**	**26.1**	**53.0**	**10.0**	**2.7**	**2.9**
10000元以上地区						
上　海	2.0	18.4	53.2	11.1	6.6	8.6
北　京	1.0	6.3	48.8	20.9	9.5	13.5
浙 江 省	6.7	29.5	44.5	11.7	2.0	5.7
天　津	2.2	16.5	63.2	11.1	3.4	3.7
江　苏	5.4	23.6	53.4	11.1	2.8	3.8
广　东	2.8	22.1	55.6	11.8	4.1	3.7
5000～10000元地区						
福　建	3.9	31.0	47.7	10.1	3.1	4.2
山　东	3.5	18.7	57.2	13.2	3.8	3.6
辽　宁	1.4	22.7	66.6	5.0	1.6	2.7
黑 龙 江	2.4	29.6	60.4	5.4	1.0	1.2
吉　林	2.5	31.9	55.8	6.6	1.4	1.8
河　北	2.4	18.2	60.4	13.6	2.5	2.9
湖　北	4.0	23.9	54.1	11.6	3.2	3.1
江　西	4.3	29.7	51.5	8.9	2.9	2.6
内 蒙 古	5.1	26.3	52.1	11.3	1.9	3.3
河　南	5.1	16.5	61.0	12.1	2.5	2.9
湖　南	2.9	26.3	50.8	13.9	3.2	2.9
海　南	3.6	18.1	61.4	12.7	2.5	1.7
重　庆	4.3	30.9	52.1	8.7	2.1	1.9
安　徽	8.6	24.3	55.3	7.6	1.8	2.5
四　川	7.7	33.8	48.7	6.6	1.9	1.3
新　疆	2.4	29.8	56.9	6.0	2.6	2.3
山　西	3.1	21.0	57.1	11.9	3.4	3.5
宁　夏	14.2	32.2	42.4	7.3	1.8	2.1
广　西	2.8	25.0	57.2	9.9	3.0	2.1
陕　西	6.1	21.7	54.6	10.8	3.0	3.8
西　藏	36.0	56.8	6.1	0.7	0.3	0.0
云　南	8.8	41.2	40.7	6.0	2.0	1.3
青　海	18.3	43.9	28.4	5.6	1.5	2.3
5000元以下地区						
贵　州	10.4	38.1	43.7	4.3	2.0	1.6
甘　肃	10.7	26.8	45.6	11.3	2.9	2.8

3－6 主要农业机械年末拥有量

年 份	农用机械总动力（亿瓦）	大中型拖拉机（台）	小 型拖拉机（万台）	大中型拖拉机配套农具（万部）	联 合收获机（台）	渔用机动船	
						（艘）	（万千瓦）
1957	12.1	14674			1789	1485	7.6
1962	75.7	54938	0.1	19.2	5906	5657	33.3
1965	109.9	72599	0.4	25.8	6704	7789	47.1
1970	216.5	125498	7.8	34.6	8002	14200	73.0
1975	747.9	344518	59.9	90.8	12551	33701	157.1
1978	1175.0	557358	137.3	119.2	18987	47176	213.6
1979	1337.9	666823	167.1	131.3	23026	52225	230.2
1980	1474.6	744865	187.4	136.9	27045	61022	258.5
1981	1568.0	792032	203.7	139.0	31268	73586	293.2
1982	1661.4	812447	228.7	137.4	33904	95692	322.3
1983	1802.2	840776	275.0	130.8	35728	120167	326.8
1984	1949.7	853914	329.8	117.0	35861	143430	335.2
1985	2091.3	852357	382.4	112.8	34573	172582	367.2
1986	2295.0	866463	452.6	100.6	30945	205923	424.0
1987	2483.6	880952	530.0	103.5	33802	238628	486.0
1988	2657.5	870187	595.8	97.1	35004	262126	545.0
1989	2806.7	848220	654.3	99.1	36582	289205	609.0
1990	2870.8	813521	698.1	97.4	38719	320927	696.0
1991	2938.9	784466	730.4	99.1	43996	329843	733.4
1992	3030.8	758904	750.7	104.4	51075	335875	786.1
1993	3181.7	721216	788.3	100.1	56304	334656	804.4
1994	3380.3	693154	823.7	98.0	63918	351327	831.1
1995	3611.8	671846	864.6	99.1	75351	376813	965.7
1996	3854.7	670848	918.9	105.0	96378	358869	864.1
1997	4201.6	689051	1048.5	115.7	141312	400010	1084.0
1998	4520.8	725215	1122.1	120.4	182629	411322	1174.4
1999	4899.6	784216	1200.3	132.0	226036	417379	1253.1
2000	5257.4	974547	1264.4	140.0	262578	459888	1338.7
2001	5517.2	829900	1305.1	146.9	282871	480125	1379.7
2002	5793.0	911670	1339.4	157.9	310147	485693	1381.2
2003	6038.7	980560	1377.7	169.8	365041	478123	1425.9
2004	6402.8	1118636	1454.9	188.7	410520	486878	1384.2
2005	6839.8	1395981	1526.9	226.2	480378	439604	1376.1
2006	7252.2	1718247	1567.9	261.5	565578	492126	1498.3
2007	7659.0	2062731	1619.1	308.3	633784	524848	1605.3
2008	8219.0	2995214	1722.4	435.4	743474	—	—
2009	8749.6	3515757	1750.9	542.1	858372	—	—
2010	9278.0	3921723	1785.8	612.9	992062	—	—
2011	9773.5	4406471	1811.3	699.0	1113708	—	—
2012	10255.9	4852400	1797.2	763.5	1278821		

注：1. 自2000年起，大中型拖拉机、联合收获机、渔用机动船统计口径变化，数字有调整。

2. 自2008年起使用农业部农机化司统计数字，取消渔用机动船指标。（以下表同）

3—7 主要农业机械年末拥有量及增长情况

指　标	单位	1990年	1995年	2000年	2011年	2012年	2012年为2011年百分比(%)
一、农用机械总动力	**万千瓦**	**28707.7**	**36118.1**	**52573.6**	**97734.7**	**102559.0**	**104.9**
柴油发动机动力	万千瓦		24176.3	39140.0	78536.3	82365.0	104.9
汽油发动机动力	万千瓦		3433.9	3128.9	2872.4	3124.1	108.8
电动机动力	万千瓦		8443.7	10126.7	16259.4	16985.3	104.5
其他机械动力	万千瓦		64.2	89.9	66.6	84.5	127.0
二、主要农业机械与设备							
大中型拖拉机	万台	81.4	67.2	97.5	440.6	485.2	110.1
小型拖拉机	万台	698.1	864.6	1264.4	1811.3	1797.2	99.2
大中型拖拉机配套农具	万部	97.4	99.1	140.0	699.0	763.5	109.2
小型拖拉机配套农具	万部	648.8	958.0	1788.8	3062.0	3080.6	100.6
农用排灌电动机	万台	430.8	535.2	741.3	1213.0	1248.8	102.9
农用排灌柴油机	万台	411.1	491.2	688.1	968.4	982.3	101.4
联合收获机	万台	3.9	7.5	26.2	111.4	127.9	114.8
机动脱粒机	万台	493.3	605.9	876.2	1001.9	1042.3	104.0
机电井	万眼			435.8	464.9	483.2	103.9
节水灌溉类机械	万套	39.3	58.6	91.9	168.5	182.6	108.4
农用水泵	万台	723.9	903.5	1392.5	2173.8	2211.5	101.7

注:从2002年起大中型拖拉机中不包括变形拖拉机。

3－8 各地区主要农业机械年末拥有量

地区	农用机械总动力（万千瓦）		大中型拖拉机（台）	
	2011年	2012年	2011年	2012年
全国总计	**97734.7**	**102559.0**	**4406471**	**4852400**
北京	265.2	241.1	8864	7400
天津	583.9	568.1	14300	15000
河北	10349.2	10553.8	193374	213700
山西	2927.3	3056.1	88900	97800
内蒙古	3172.7	3280.6	547661	579400
辽宁	2399.9	2526.9	174200	190600
吉林	2355.0	2554.7	350700	395900
黑龙江	4097.8	4552.9	732100	808900
上海	105.7	112.7	6100	6500
江苏	4106.1	4214.6	106800	115900
浙江	2461.2	2489.4	9583	10700
安徽	5657.1	5902.8	145320	164500
福建	1250.8	1286.8	2900	2900
江西	4200.0	4599.7	18000	20500
山东	12098.3	12419.9	454300	476900
河南	10515.8	10872.7	310700	338500
湖北	3571.2	3842.2	130774	138400
湖南	4935.6	5189.2	88998	97300
广东	2414.8	2496.7	19600	22500
广西	3033.1	3195.9	26850	30500
海南	444.3	479.7	34600	41000
重庆	1140.3	1162.0	3600	3700
四川	3426.1	3694.0	107500	115000
贵州	1851.4	2106.7	31222	39200
云南	2628.4	2874.5	243300	267700
西藏	427.9	465.0	36465	51400
陕西	2182.9	2350.2	89100	94100
甘肃	2136.5	2279.1	92900	116200
青海	430.7	435.0	9060	10100
宁夏	768.7	787.3	32100	37500
新疆	1796.7	1968.9	296600	342700

3—8 续表 1

地　　区	小型拖拉机（台）		大中型拖拉机配套农具（部）	
	2011 年	2012 年	2011 年	2012 年
全国总计	**18112663**	**17972300**	**6989501**	**7635200**
北　京	11653	7300	14603	13500
天　津	27800	23100	20600	21900
河　北	1491000	1462700	379600	409700
山　西	316100	333800	184700	200500
内蒙古	479091	439300	869986	939200
辽　宁	282600	308400	223700	251900
吉　林	637700	660700	680900	747900
黑龙江	688300	664500	946600	1044700
上　海	5200	4500	15800	16800
江　苏	1234100	987100	191700	198300
浙　江	168081	162700	13800	16100
安　徽	2380554	2327800	276958	326100
福　建	111800	108200	3100	3100
江　西	463800	533200	23500	29000
山　东	2017900	2029700	945100	985600
河　南	3557600	3539400	732000	802200
湖　北	1064835	1115600	240134	257400
湖　南	214963	219600	32504	35800
广　东	345900	327300	27500	32800
广　西	397222	425800	39129	45200
海　南	49600	50200	13600	14800
重　庆	7659	7700	2900	2900
四　川	124700	125500	39000	44300
贵　州	66362	73100	13779	14300
云　南	355200	371200	38600	45400
西　藏	133658	136500	21043	31800
陕　西	179700	184800	149700	164100
甘　肃	490700	548500	262400	261800
青　海	275885	277100	5765	6700
宁　夏	184000	182100	61400	70500
新　疆	349000	334900	519400	600900

3—8 续表 2

地　　区	小型拖拉机配套农具（部）		农用排灌电动机（台）	
	2011 年	2012 年	2011 年	2012 年
全国总计	**30620134**	**30806220**	**12130377**	**12488100**
北　　京	8444	7200	40691	39200
天　　津	38200	37700	68500	65800
河　　北	1993800	1954600	1487600	1498800
山　　西	433500	462400	136900	142600
内 蒙 古	898523	895400	171330	176200
辽　　宁	445100	472400	831800	817100
吉　　林	1828300	1861800	198900	201100
黑 龙 江	1229400	1196200	114200	123000
上　　海	4500	3800	13300	13100
江　　苏	1735900	1556400	400400	406000
浙　　江	185588	172300	881893	874500
安　　徽	5374702	5391800	1141383	1142300
福　　建	123400	129700	59300	62400
江　　西	331200	376900	407600	439200
山　　东	3169700	3223000	1214648	1246000
河　　南	6734600	6798700	1086100	1093600
湖　　北	2119683	2145100	627940	645000
湖　　南	105156	104500	900045	956000
广　　东	384000	367300	339500	347600
广　　西	524241	587900	318101	268700
海　　南	42300	48400	36000	36200
重　　庆	2600	2600	745000	751000
四　　川	122900	118500	117500	281100
贵　　州	26145	28800	190550	210900
云　　南	305100	320800	91600	108700
西　　藏	79162	85800	900	900
陕　　西	265800	285600	295800	314500
甘　　肃	997000	1051800	124400	130500
青　　海	243690	244600	2596	2300
宁　　夏	233500	239620	21400	26700
新　　疆	634000	634600	64500	67100

3—8 续表 3

单位:台

地区	农用排灌柴油机		农用水泵		联合收获机	
	2011 年	2012 年	2011 年	2012 年	2011 年	2012 年
全国总计	**9683914**	**9823100**	**21737862**	**22115400**	**1113708**	**1278821**
北　京	1989	2000	38535	34500	2167	2200
天　津	38600	38300	89700	88400	4700	5600
河　北	1093600	1052800	1722200	1721500	85900	101400
山　西	26000	26700	146900	150900	17500	22100
内蒙古	200692	205700	376447	386700	10998	15900
辽　宁	215600	239000	1297100	1273300	7900	10900
吉　林	269500	266000	478000	467700	21900	30700
黑龙江	250800	260300	450200	464600	56400	76200
上　海	0	100	13300	13200	2400	2600
江　苏	184000	189200	634900	662900	103500	118100
浙　江	87282	86100	937098	918700	18399	18800
安　徽	395299	398700	1741989	1734600	118047	128500
福　建	96900	99000	158400	166400	5300	6300
江　西	772200	821000	797400	816100	50200	61900
山　东	1817292	1814900	2951590	2967100	200962	214900
河　南	539800	547300	2237900	2228700	157800	177100
湖　北	256181	253700	894751	1033000	55407	66900
湖　南	1276589	1301400	2208613	2221400	76480	84700
广　东	404500	417800	749900	753900	19000	20800
广　西	504347	484800	839981	845200	19609	22200
海　南	173000	178500	179400	184700	3700	4200
重　庆	146000	146200	954000	961500	3748	4500
四　川	470200	487700	641300	757600	14100	18500
贵　州	184549	199500	405896	431800	695	1100
云　南	185800	204400	256200	275800	4314	5100
西　藏	3319	5300	4400	5000	5168	5300
陕　西	51800	53900	313600	321900	29400	32200
甘　肃	18900	23900	106600	111400	4100	4900
青　海	475	500	5562	3700	1214	1300
宁　夏	4700	4800	36900	40300	5900	6900
新　疆	14000	13600	69100	72900	6800	7021

3—8 续表 4

地　区	机动脱粒机（部）		节水灌溉类机械（套）	
	2011 年	2012 年	2011 年	2012 年
全国总计	**10018720**	**10423200**	**1684763**	**1825600**
北　京	4364	4200	11119	10500
天　津	20700	21400	2700	2700
河　北	207100	211900	45000	49400
山　西	70800	81600	10000	11300
内 蒙 古	101211	101500	60758	61700
辽　宁	133600	137700	116000	123300
吉　林	165600	168900	30400	34000
黑 龙 江	164900	168800	33300	36200
上　海	6300	2800	7300	7500
江　苏	209200	183900	38300	49600
浙　江	1026412	858900	26960	25500
安　徽	369240	361700	197240	199700
福　建	100800	102700	13400	15200
江　西	843400	863400	102800	138500
山　东	397528	400900	494476	486900
河　南	542300	536700	179800	197300
湖　北		242800	28802	47700
湖　南	1327741	1274300	6646	8600
广　东	565900	550800	118800	104000
广　西	849724	885400	36676	61300
海　南	33200	44400	3400	7800
重　庆	616000	618600	1100	1200
四　川	1158500	1266500	20800	21900
贵　州	194655	303300	9165	8600
云　南	318500	339200	10100	11200
西　藏	46737	47100		
陕　西	302300	346400	17800	22000
甘　肃	143328	195800	10000	12300
青　海	23580	25000	2021	2800
宁　夏	19300	20800	5300	5300
新　疆	55800	55800	44600	61600

3—9 农村电力、灌溉面积、化肥施用量情况

年 份	乡村(农村)办水电站		农村用电量(亿千瓦时)	有效灌溉面积(千公顷)	化肥施用量(万吨)
	个数(个)	装机容量(万千瓦)			
1952	98	0.8	0.5	19959.0	7.8
1957	544	2.0	1.4	27339.0	37.3
1962	7436	25.2	16.1	30545.0	63.0
1965			37.1		194.2
1978	82387	228.4	253.1	44965.0	884.0
1979	83224	276.3	282.7	45003.1	1086.3
1980	80319	304.1	320.8	44888.1	1269.4
1981	74017	336.0	369.9	44573.8	1334.9
1982	66256	353.0	396.9	44176.9	1513.4
1983	62328	346.3	435.2	44644.1	1659.8
1984	60062	361.5	464.0	44453.0	1739.8
1985	55754	380.2	508.9	44035.9	1775.8
1986	54136	387.9	586.7	44225.8	1930.6
1987	51978	394.1	658.8	44403.0	1999.3
1988	51558	461.1	712.0	44375.9	2141.5
1989	50862	416.8	790.5	44917.2	2357.1
1990	52387	428.8	844.5	47403.1	2590.3
1991	49644	456.9	963.2	47822.1	2805.1
1992	48082	478.7	1107.1	48590.1	2930.2
1993	45153	481.9	1244.9	48727.9	3151.9
1994	48722	503.6	1473.9	48759.1	3317.9
1995	40699	519.5	1655.7	49281.6	3593.7
1996	37743	533.7	1812.7	50381.6	3827.9
1997	36117	562.5	1980.1	51238.5	3980.7
1998	33185	634.8	2042.2	52295.6	4083.7
1999	31678	664.1	2173.4	53158.4	4124.3
2000	29962	698.5	2421.3	53820.3	4146.4
2001	29183	896.6	2610.8	54249.4	4253.8
2002	27633	812.2	2993.4	54354.9	4339.4
2003	26696	862.3	3432.9	54014.2	4411.6
2004	27115	993.8	3933.0	54478.4	4636.6
2005	26726	1099.2	4375.7	55029.3	4766.2
2006	27493	1243.0	4895.8	55750.5	4927.7
2007	27664	1366.6	5509.9	56518.3	5107.8
2008	44433	5127.4	5713.2	58471.7	5239.0
2009	44804	5512.1	6104.4	59261.4	5404.4
2010	45815	5924.0	6632.3	60347.7	5561.7
2011	45151	6212.3	7139.6	61681.6	5704.2
2012	45799	6568.6	7508.5	63036.4	5838.8

注:2008年起乡村办水电站统计口径变更为农村水电。农村水电是指装机容量5万千瓦及以下水电站和配套电网。(以下表同)

3—10　农村电力和农田水利建设情况

指　　标	单位	1990年	1995年	2000年	2011年	2012年	2012年为2011年百分比(%)
一、乡村办水电站	个	**52387**	**40699**	**29962**	**45151**	**45799**	**101.4**
装机容量	万千瓦	428.8	519.5	698.5	6212.3	6568.6	105.7
发电量	亿千瓦时		134.1	205.0	1756.7	2172.9	123.7
二、农村用电量	**亿千瓦时**	**844.5**	**1655.7**	**2421.3**	**7139.6**	**7508.5**	**105.2**
三、农田水利建设情况							
有效灌溉面积	千公顷	47403.1	49281.2	53820.3	61681.6	63036.4	102.2
旱涝保收面积	千公顷	33638.5	36118.8	38336.3	43383.4	43848.7	101.1
机电排灌面积	千公顷	27148.3	32205.3	35954.1	41464.7	42491.4	102.5

注:2008年起乡村办水电站统计口径变更为农村水电,统计口径与往年不可比。

3—11　农用化肥、农膜、柴油和农药使用量

指　　标	单位	1990年	1995年	2000年	2011年	2012年	2012年为2011年百分比(%)
一、化肥施用量(折纯量)	**万吨**	**2590.3**	**3593.7**	**4146.4**	**5704.2**	**5838.8**	**102.4**
氮　肥	万吨	1638.4	2021.9	2161.5	2381.4	2399.9	100.8
磷　肥	万吨	462.4	632.4	690.5	819.2	828.6	101.1
钾　肥	万吨	147.9	268.5	376.5	605.1	617.7	102.1
复合肥	万吨	341.6	670.8	917.9	1895.1	1990.0	105.0
二、农用塑料薄膜使用量	**万吨**	**48.2**	**91.5**	**133.5**	**229.5**	**238.3**	**103.9**
#地膜使用量	万吨		47.0	72.2	124.5	131.1	105.3
地膜覆盖面积	千公顷		6493.0	10624.8	19790.5	17582.5	88.8
三、农用柴油使用量	**万吨**		**1087.8**	**1405.0**	**2057.4**	**2107.6**	**102.4**
四、农药使用量	**万吨**	**73.3**	**108.7**	**128.0**	**178.7**	**180.6**	**101.1**

3—12 各地区农村电力和农田水利建设情况

地区	乡村办水电站（个）		装机容量（万千瓦）		发电量（万千瓦时）		农村用电量（亿千瓦时）	
	2011年	2012年	2011年	2012年	2011年	2012年	2011年	2012年
全国总计	**45151**	**45799**	**6212.3**	**6568.6**	**17566867**	**21729246**	**7139.6**	**7508.5**
北京	72	72	4.3	4.3	2418	2418	45.4	47.3
天津	1	1	0.6	0.6	1283	1972	51.3	51.6
河北	239	242	37.9	38.2	43023	50475	559.2	593.9
山西	161	145	17.8	17.9	28887	35689	86.6	95.0
内蒙古	38	39	8.0	8.8	14602	16481	52.3	55.2
辽宁	173	176	31.3	38.8	88562	112062	366.3	373.4
吉林	231	241	45.2	49.9	118762	163304	42.5	46.1
黑龙江	77	80	26.0	29.4	47933	60376	58.2	64.3
上海	0	0	0.0	0.0	0	0	204.3	209.0
江苏	131	136	5.1	6.1	8103	7087	1606.8	1696.4
浙江	3189	3206	376.8	383.0	840546	1174390	848.0	869.9
安徽	823	841	91.9	97.5	177611	219308	117.3	128.8
福建	6536	6576	703.9	726.1	1882212	2824686	270.6	312.9
江西	3586	3743	275.4	290.5	628689	942758	77.3	84.6
山东	107	128	7.9	8.4	12448	14653	456.5	465.8
河南	547	515	38.2	46.1	79403	106298	281.8	290.0
湖北	1764	1787	296.1	322.7	745140	762624	112.3	112.3
湖南	4219	4313	540.1	557.2	1356717	1956985	106.0	110.2
广东	9645	9708	705.6	715.7	1567208	2174508	1134.9	1187.5
广西	2311	2349	395.3	405.5	949351	1257162	56.2	63.3
海南	322	324	35.7	36.8	122518	126683	7.1	8.6
重庆	1365	1450	177.8	200.8	495646	541896	70.4	73.8
四川	4172	4264	761.8	814.2	3067068	3269403	148.6	156.0
贵州	1370	1408	232.9	259.3	614174	819356	48.0	54.5
云南	1653	1784	890.4	963.7	2837884	3065809	66.8	73.8
西藏	358	313	16.7	16.4	33007	37023	0.9	1.0
陕西	610	617	101.2	108.7	352885	373664	131.3	142.5
甘肃	754	760	181.0	202.0	695028	747596	45.1	47.8
青海	231	239	82.1	86.6	359893	380411	4.1	4.5
宁夏	1	3	0.3	0.5	800	1900	12.0	12.8
新疆	461	335	113.6	121.8	351514	426251	71.6	75.8
水利部属	4	4	11.3	11.3	43555	56018	0.0	

3—12 续表 单位:千公顷

地　区	有效灌溉面积		旱涝保收面积		机电排灌面积	
	2011 年	2012 年	2011 年	2012 年	2011 年	2012 年
全国总计	**61681.6**	**63036.4**	**43383.4**	**43848.7**	**41464.7**	**42491.4**
北　京	209.3	207.5	187.9	186.7	214.2	213.3
天　津	338.0	337.0	224.9	226.4	378.6	378.0
河　北	4596.6	4603.1	3659.8	3678.6	4502.6	4506.5
山　西	1319.9	1319.1	750.0	758.0	1011.8	1022.4
内蒙古	3072.4	3125.2	1542.5	1548.1	3097.1	3153.6
辽　宁	1588.4	1698.8	1042.3	1005.9	1387.6	1481.1
吉　林	1807.5	1851.9	1116.2	1140.5	1597.6	1639.0
黑龙江	4332.7	4776.5	2337.4	2531.2	4430.1	4851.8
上　海	199.6	199.0	190.4	189.8	197.6	197.2
江　苏	3817.9	3929.7	3048.3	3257.0	3390.5	3541.4
浙　江	1456.8	1471.0	1098.3	1097.7	1055.1	1050.6
安　徽	3547.7	3585.1	2643.6	2667.3	3035.4	3071.6
福　建	967.5	968.5	670.9	662.7	162.3	193.5
江　西	1867.7	1907.1	1508.3	1520.4	573.3	578.0
山　东	4986.9	5058.1	3645.8	3666.4	4558.1	4623.7
河　南	5150.4	5205.6	4099.9	4159.7	4079.0	4071.2
湖　北	2455.7	2548.9	1791.2	1803.0	1402.6	1394.7
湖　南	2762.4	2715.8	2265.5	2220.7	1187.8	1146.5
广　东	1873.2	1874.4	1410.7	1380.2	622.2	630.7
广　西	1529.2	1541.3	1167.6	1166.6	274.3	288.6
海　南	247.5	256.8	147.1	135.0	17.1	18.2
重　庆	692.9	703.0	349.6	353.9	183.6	188.1
四　川	2600.8	2662.7	1772.9	1792.7	283.3	287.5
贵　州	1201.2	1214.6	659.3	638.1	80.1	70.8
云　南	1634.2	1677.9	935.4	943.0	183.6	182.8
西　藏	245.3	251.0	9.2	7.9	4.9	5.8
陕　西	1274.3	1277.2	812.8	814.2	826.7	829.4
甘　肃	1291.8	1297.6	1002.8	1003.9	472.0	481.0
青　海	251.7	251.7	151.5	151.7	32.6	32.6
宁　夏	477.6	491.4	398.8	373.1	173.1	144.0
新　疆	3884.6	4029.1	2742.5	2768.6	2049.9	2217.8

3—13 各地区农用化肥施用量

（按折纯法计算）

单位：万吨

地 区	农用化肥施用量		1. 氮肥		2. 磷肥	
	2011 年	2012 年	2011 年	2012 年	2011 年	2012 年
全国总计	**5704. 2**	**5838. 8**	**2381. 4**	**2399. 9**	**819. 2**	**828. 6**
北 京	13. 8	13. 7	6. 8	6. 5	0. 9	0. 8
天 津	24. 4	24. 5	11. 4	11. 1	3. 9	4. 0
河 北	326. 3	329. 3	152. 4	151. 7	47. 1	46. 6
山 西	114. 6	118. 3	39. 3	39. 0	19. 3	19. 1
内蒙古	176. 9	189. 0	81. 0	82. 8	30. 0	31. 9
辽 宁	144. 6	146. 9	69. 7	68. 3	12. 2	12. 2
吉 林	195. 2	206. 7	69. 4	71. 0	6. 8	7. 0
黑龙江	228. 4	240. 3	81. 9	86. 0	49. 1	51. 1
上 海	12. 0	11. 0	6. 4	5. 4	0. 8	0. 8
江 苏	337. 2	331. 0	173. 9	169. 2	47. 5	46. 2
浙 江	92. 1	92. 2	51. 6	51. 2	11. 9	11. 8
安 徽	329. 7	333. 5	114. 4	114. 1	36. 1	36. 5
福 建	120. 9	120. 9	47. 6	47. 2	17. 0	16. 9
江 西	140. 8	141. 3	43. 8	42. 9	22. 2	22. 7
山 东	473. 6	476. 3	158. 6	159. 6	49. 7	48. 6
河 南	673. 7	684. 4	245. 3	245. 5	120. 9	121. 7
湖 北	354. 9	354. 9	159. 1	159. 1	65. 3	65. 3
湖 南	242. 5	249. 1	112. 2	112. 3	27. 3	27. 9
广 东	241. 3	245. 4	101. 5	102. 8	21. 7	21. 8
广 西	242. 7	249. 0	70. 8	72. 5	29. 6	30. 5
海 南	47. 7	45. 5	13. 8	14. 3	3. 1	3. 2
重 庆	95. 6	96. 0	50. 0	49. 9	18. 0	18. 4
四 川	251. 2	253. 0	128. 8	128. 0	50. 6	50. 8
贵 州	94. 1	98. 2	50. 9	52. 3	10. 9	11. 3
云 南	200. 5	210. 2	103. 2	106. 8	29. 6	30. 6
西 藏	4. 8	5. 0	1. 5	1. 7	1. 2	1. 0
陕 西	207. 3	239. 8	91. 4	98. 3	17. 8	18. 5
甘 肃	87. 2	92. 1	37. 9	39. 7	17. 0	17. 1
青 海	8. 3	9. 3	3. 7	3. 8	1. 3	1. 3
宁 夏	38. 2	39. 4	17. 7	18. 2	4. 2	4. 4
新 疆	183. 7	192. 7	85. 5	88. 9	46. 3	48. 9

3—13 续表 单位:万吨

地区	3. 钾肥		4. 复合肥	
	2011年	2012年	2011年	2012年
全国总计	**605.1**	**617.7**	**1895.1**	**1990.0**
北京	0.7	0.7	5.4	5.7
天津	1.7	1.7	7.4	7.7
河北	27.0	27.2	99.7	103.8
山西	9.0	9.3	47.0	50.8
内蒙古	14.7	14.4	49.9	58.8
辽宁	12.4	12.9	50.4	53.6
吉林	13.2	14.4	105.8	114.4
黑龙江	34.1	35.7	63.4	67.5
上海	0.6	0.5	4.2	4.3
江苏	20.4	20.1	95.4	95.5
浙江	7.4	7.2	21.3	21.9
安徽	32.8	32.5	146.4	150.4
福建	24.5	24.4	31.9	32.3
江西	21.3	21.1	53.5	54.6
山东	45.7	43.7	219.7	224.4
河南	63.4	64.6	244.1	252.7
湖北	31.2	31.2	99.3	99.3
湖南	41.2	42.6	61.8	66.3
广东	47.4	48.3	70.7	72.5
广西	54.8	56.0	87.5	90.1
海南	7.5	8.0	23.2	20.1
重庆	5.6	5.3	21.4	22.5
四川	17.3	17.5	53.2	55.1
贵州	7.9	9.1	24.4	25.4
云南	19.8	22.0	47.8	50.8
西藏	0.5	0.6	1.6	1.7
陕西	21.8	23.0	76.3	100.0
甘肃	6.8	7.8	25.6	27.5
青海	0.4	0.4	3.0	3.9
宁夏	2.4	2.2	14.0	14.7
新疆	11.7	13.2	40.1	41.7

3－14 各地区农用塑料薄膜使用量

地　　区	农用塑料薄膜使用量（吨）		地膜使用量（吨）		地膜覆盖面积（公顷）	
	2011 年	2012 年	2011 年	2012 年	2011 年	2012 年
全国总计	**2294536**	**2383002**	**1244845**	**1310822**	**19790495**	**17582456**
北　　京	13268	12549	3728	3447	20966	303382
天　　津	12568	12401	5696	5355	86524	85122
河　　北	123785	126941	65900	68248	1096617	1159059
山　　西	41531	45864	29483	32330	514067	551018
内 蒙 古	60660	69234	48622	55131	889061	945317
辽　　宁	143348	145054	38110	40032	296068	311489
吉　　林	57069	56700	25517	28228	169177	182362
黑 龙 江	75589	84590	29888	33165	324573	353067
上　　海	20489	19300	6167	5714	24004	23397
江　　苏	106440	112550	41904	44016	568904	586547
浙　　江	58416	62287	26580	28403	163109	166380
安　　徽	86114	91171	39231	40479	437166	437245
福　　建	57814	58692	27261	28157	128800	132690
江　　西	47710	50275	27340	29093	133735	158657
山　　东	318317	318055	138669	137006	2505055	2401509
河　　南	151616	155169	73364	73096	1028338	1050864
湖　　北	65044	65044	36838	36838	3642560	411760
湖　　南	73729	79536	50131	55313	617755	701081
广　　东	44035	44430	22606	23241	122499	129919
广　　西	37403	39699	28184	30293	359557	404718
海　　南	19387	21394	10342	11160	32233	34054
重　　庆	39332	40928	20673	20916	299991	310492
四　　川	122227	126827	84716	87788	948856	987373
贵　　州	40857	44062	24943	29798	253103	257862
云　　南	91229	101280	73009	81866	945601	1015100
西　　藏	1032	1152	739	931	3846	3405
陕　　西	37912	39077	19894	20535	426649	435661
甘　　肃	143989	150374	76063	87177	1100860	1223620
青　　海	5406	5329	4149	4308	42954	51307
宁　　夏	15244	15282	9007	9366	185150	185821
新　　疆	182977	187756	156091	159392	2422718	2582178

3—15 各地区农用柴油和农药使用量

地 区	农用柴油使用量(万吨)		农药使用量(吨)	
	2011 年	2012 年	2011 年	2012 年
全国总计	**2057.4**	**2107.6**	**1787002**	**1806057**
北 京	4.0	3.9	3936	3879
天 津	15.9	16.0	3796	3808
河 北	279.2	290.9	83006	84831
山 西	30.7	30.8	28382	29810
内蒙古	60.5	65.0	24474	29924
辽 宁	70.4	71.9	56565	59053
吉 林	63.9	66.8	45595	51239
黑龙江	133.6	139.2	77958	80511
上 海	13.6	12.0	6295	5817
江 苏	100.0	103.0	86500	83675
浙 江	195.1	196.2	63854	62874
安 徽	70.4	72.0	117475	116741
福 建	85.0	85.4	58276	57846
江 西	26.3	27.6	99537	100413
山 东	185.2	179.6	164812	161955
河 南	111.1	112.3	128747	128289
湖 北	61.8	61.8	139524	139524
湖 南	39.5	40.6	120431	122980
广 东	77.4	75.6	114082	113878
广 西	59.8	61.7	66229	67784
海 南	22.8	22.0	46854	39637
重 庆	17.2	19.0	20324	19480
四 川	43.4	45.8	61910	60317
贵 州	9.7	10.2	14469	14450
云 南	72.6	77.9	48157	55326
西 藏	4.2	4.8	963	923
陕 西	80.0	82.2	12410	12952
甘 肃	29.6	33.1	68413	73748
青 海	6.2	6.4	1995	1805
宁 夏	20.8	22.1	2692	2740
新 疆	67.6	72.1	19340	19848

3—16 各地区农村居民家庭年末拥有主要生产性固定资产原值

单位:元/户

地　　区	合计	一、农业	二、林业	三、牧业	四、渔业
全国总计	**16974.1**	**7680.3**	**40.9**	**3541.3**	**143.6**
北　　京	12767.1	1598.3	100.5	1842.7	117.1
天　　津	17508.6	3654.4	123.0	2700.0	7.8
河　　北	17904.8	7641.0	5.3	1966.4	15.5
山　　西	9808.4	3844.0	9.8	1247.4	
内 蒙 古	29389.6	15181.2	12.6	10681.8	
辽　　宁	24997.9	13205.4	14.6	4199.8	165.6
吉　　林	24937.9	15472.0	0.3	6285.5	10.8
黑 龙 江	31507.9	24782.9		3394.6	2.7
上　　海	4146.1	760.3	4.2	1116.0	135.3
江　　苏	14541.0	3578.3	19.1	1455.6	284.1
浙　　江	22767.8	3182.2	18.5	3629.6	104.5
安　　徽	15134.4	8602.4	78.8	1598.7	112.9
福　　建	11821.4	3565.6	49.9	2387.4	738.3
江　　西	9999.3	4889.0	19.3	1920.8	108.4
山　　东	19168.1	10162.1	59.6	1865.7	70.5
河　　南	12980.7	7144.2	2.2	1786.0	25.0
湖　　北	10813.1	5135.0	23.0	1999.4	289.1
湖　　南	8904.3	2775.9	5.9	2358.8	38.6
广　　东	8516.7	2098.0	52.1	1882.4	310.0
广　　西	11851.6	6518.0	24.6	2273.0	177.0
海　　南	11387.1	2412.8	459.5	2199.5	3757.4
重　　庆	12295.7	6907.9	102.5	2569.2	74.1
四　　川	13759.2	5745.8	30.9	4331.4	110.0
贵　　州	11957.3	4564.6	76.9	3315.6	
云　　南	19020.9	8314.7	188.9	5869.2	36.2
西　　藏	52935.1	18872.6	92.1	24751.1	
陕　　西	12273.1	4590.1	1.8	1264.3	32.4
甘　　肃	19486.4	10900.9	49.4	2174.1	
青　　海	21919.3	7457.8		8205.5	
宁　　夏	24266.2	11192.6		4828.9	56.1
新　　疆	35070.4	18340.4	31.3	10713.8	

3—16续表1 单位:元/户

地区	五、采矿业	六、制造业	七、电力煤气与水的生产及供应	八、建筑业	九、交通运输仓储和邮电业	十、批发和零售贸易业
全国总计	**72.8**	**1009.1**	**27.6**	**361.2**	**2283.4**	**1058.8**
北京		2351.0		573.3	3205.1	1245.4
天津	428.6	4566.9		214.3	2606.3	2333.2
河北	29.0	2110.3		460.8	2837.3	1796.3
山西		105.0		152.9	2450.2	801.6
内蒙古		72.8		252.0	2030.0	377.5
辽宁	44.2	979.3	1.3	605.6	3805.0	1380.5
吉林		56.8		439.3	1334.1	896.9
黑龙江	4.5	72.8		56.6	1463.3	1197.6
上海		940.8		100.0	715.0	285.8
江苏		3974.5		617.0	2117.2	1800.3
浙江	230.0	7198.1	61.5	759.5	3422.3	2569.4
安徽	40.3	532.6	19.7	384.8	1783.3	1478.9
福建	263.6	491.9		156.7	2299.8	1314.5
江西	17.4	239.1	2.4	260.6	1686.5	411.4
山东	49.5	2183.2	0.3	297.7	1889.5	1334.4
河南	96.5	329.4		145.8	1850.7	863.2
湖北	29.3	317.2	2.6	297.5	1860.8	503.2
湖南	110.8	260.7	0.6	257.9	1962.1	545.2
广东	15.7	281.4	645.2	476.8	1385.5	906.9
广西	36.4	217.1		241.7	1604.4	337.5
海南		392.5	0.9	36.7	726.4	1226.3
重庆	10.1	244.9		422.9	1140.2	550.9
四川	14.2	290.0	3.0	105.2	1411.9	721.2
贵州	41.5	64.4		188.9	2506.7	741.3
云南	1.3	220.4		76.7	3755.6	368.6
西藏	6.8	26.3	2.0	1607.6	6344.4	1026.5
陕西	55.0	210.5		416.9	3266.5	1495.3
甘肃		93.6		22.5	2536.7	1065.4
青海		84.3		238.9	3525.1	1443.8
宁夏		221.8		445.9	5323.6	1973.9
新疆	1133.5	155.0		1434.2	2310.5	521.7

3—16 续表 2

单位:元/户

地　　区	十一、住宿和餐饮业	十二、居民服务与其他服务业	十三、教育	十四、卫生、社会保障和福利业	十五、文化、体育和娱乐业	十六、其他
全国总计	**221.0**	**261.1**	**32.2**	**71.0**	**18.0**	**151.7**
北　　京	1148.8	546.8		20.0		18.0
天　　津	271.4	405.6		197.1		
河　　北	158.6	533.1	45.9	118.6	28.0	158.8
山　　西	174.5	589.5		67.4	94.3	271.8
内 蒙 古	421.4	69.9	6.3	68.9		215.1
辽　　宁	85.0	360.4	9.3	93.1	9.3	39.7
吉　　林	168.8	127.0		110.5		36.1
黑 龙 江	10.0	181.6	4.9	150.9		185.6
上　　海	41.7	47.1				
江　　苏	176.4	328.2	15.4	47.2	14.2	113.5
浙　　江	166.3	792.7	196.3	59.1	195.2	182.6
安　　徽	176.0	191.1	24.0	13.0	14.0	83.7
福　　建	72.9	314.0	0.7	97.9	3.8	64.5
江　　西	121.0	103.5	9.8	58.3	9.9	141.8
山　　东	287.3	289.9	30.0	134.3		514.2
河　　南	246.0	182.0	54.3	143.3		112.1
湖　　北	114.7	174.2	0.9	25.5	8.6	32.1
湖　　南	107.2	276.1	4.9	75.3	20.9	103.5
广　　东	72.0	299.3	1.8	26.2	2.3	61.0
广　　西	89.2	78.8	53.2	4.6		196.1
海　　南	16.9	85.0	3.3	51.9	0.3	17.6
重　　庆	90.7	8.9	32.8	66.3	2.8	71.4
四　　川	544.4	312.8	51.0	34.7	20.5	32.2
贵　　州	75.4	52.0	140.6	79.0	1.3	109.1
云　　南	33.5	13.1		59.8		83.1
西　　藏	6.5	67.7				131.7
陕　　西	112.7	405.5		27.5	22.5	371.9
甘　　肃	1923.1	271.5		166.1	6.7	276.4
青　　海	46.4	107.5		34.7		775.3
宁　　夏	15.6	123.1		7.6		77.0
新　　疆	77.6	122.3	150.8	12.9		66.4

3—17　各地区耕地面积及占全国的比重(2008年)

地　　区	耕地面积(总资源)(千公顷)	占全国比重(%)
31省(自治区、直辖市)合计	**121715.9**	**100.00**
北　　京	231.7	0.19
天　　津	441.1	0.36
河　　北	6317.3	5.19
山　　西	4055.8	3.33
内 蒙 古	7147.2	5.87
辽　　宁	4085.3	3.36
吉　　林	5534.6	4.55
黑 龙 江	11830.1	9.72
上　　海	244.0	0.20
江　　苏	4763.8	3.91
浙　　江	1920.9	1.58
安　　徽	5730.2	4.71
福　　建	1330.1	1.09
江　　西	2827.1	2.32
山　　东	7515.3	6.17
河　　南	7926.4	6.51
湖　　北	4664.1	3.83
湖　　南	3789.4	3.11
广　　东	2830.7	2.33
广　　西	4217.5	3.47
海　　南	727.5	0.60
重　　庆	2235.9	1.84
四　　川	5947.4	4.89
贵　　州	4485.3	3.69
云　　南	6072.1	4.99
西　　藏	361.6	0.30
陕　　西	4050.3	3.33
甘　　肃	4658.8	3.83
青　　海	542.7	0.45
宁　　夏	1107.1	0.91
新　　疆	4124.6	3.39

注:本表数据来源于国土资源部。2008年度土地变更调查截止时点为2008年12月31日。

3—18 各地区耕地面积构成(2008年)

单位:%

地　区	耕　地	水　田	水浇地	旱　地
全国总计	**100.0**	**26.0**	**19.0**	**55.1**
北　京	100.0	3.0	76.3	20.8
天　津	100.0	11.9	49.3	38.8
河　北	100.0	2.4	55.7	42.0
山　西	100.0	0.3	21.8	77.9
内蒙古	100.0	1.2	26.9	72.0
辽　宁	100.0	15.8	3.8	80.4
吉　林	100.0	12.7	1.3	86.1
黑龙江	100.0	10.9	1.1	88.0
上　海	100.0	77.1	22.4	0.6
江　苏	100.0	60.0	15.3	24.7
浙　江	100.0	78.5	2.0	19.5
安　徽	100.0	46.2	3.4	50.5
福　建	100.0	80.6	3.8	15.5
江　西	100.0	82.0	4.1	13.8
山　东	100.0	1.7	60.3	38.0
河　南	100.0	8.8	39.9	51.3
湖　北	100.0	54.3	5.5	40.2
湖　南	100.0	76.9	1.3	21.8
广　东	100.0	70.5	3.5	26.0
广　西	100.0	51.4	0.4	48.2
海　南	100.0	53.2	2.0	44.9
重　庆	100.0	48.7	0.4	50.8
四　川	100.0	48.3	0.7	51.0
贵　州	100.0	31.8	0.5	67.7
云　南	100.0	25.2	1.4	73.4
西　藏	100.0	3.1	71.4	25.5
陕　西	100.0	4.8	21.6	73.6
甘　肃	100.0	0.3	21.8	77.9
青　海	100.0	0.0	34.1	65.9
宁　夏	100.0	4.1	32.5	63.4
新　疆	100.0	1.7	93.3	5.0

4

农业生态与环境

4—1 全国自然保护区情况

项 目	单 位	1997年	1999年	2000年	2005年	2010年	2011年	2012年
1. 自然保护区数	个	926	1146	1227	2349	2588	2640	2669
国家级	个	124	155	155	243	319	335	363
省级	个	392	404	433	773	859		
市级	个	84	138	154	421	418		
县级	个	326	449	479	912	992		
2. 自然保护区总面积	万公顷	7698	8815	9821	14995	14944	14971	14979
国家级	万公顷	2647	5816	5806	8899	9268	9315	9415
省级	万公顷	4606	2265	3031	4487	4175		
市级	万公顷	66	163	253	502	468		
县级	万公顷	379	571	730	1107	1033		
3. 自然保护区占辖区面积比重	%	7.6	8.8	9.9	15.0	14.9	14.9	14.9
4. 珍稀濒危动物繁殖场数	个	1015	940	992	164			
5. 珍稀植物引种栽培场数	个	72	72	50	77			
6. 生态示范区个数	个	130	222	220	528			
#国家级	万公顷	130	154	158	233			

注：因环境保护部报表制度调整，2010年以后部分数据暂空。

4—2 农村环境情况

指 标	2000	2001	2008	2009	2010	2011	2012
农村改水累计受益人口(万人)	88112	86113	89447	90251	90834	89971	91208
农村改水累计受益率(%)	92.4	91.0	93.6	94.3	94.9	94.2	95.3
累计使用卫生厕所户数(万户)	9572	11405	15166	16056	17138	18019	18628
卫生厕所普及率(%)	44.8	46.1	59.7	63.2	67.4	69.2	71.7
累计使用卫生公厕户数(万户)		852.8	2739.5	2970.7	2827.7	2972.8	2896.6
农村沼气池产气量(亿立方米)	25.9	29.8	118.4	130.8	139.7	152.8	157.6
太阳能热水器(万平方米)	1107.8	1319.4	4758.7	4997.1	5498.3	6231.9	6801.8
太阳灶(台)	332390	388599	1356755	1484271	1617233	2139454	2207246

4－3 各地区自然保护基本情况

地　区	自然保护区		
	个数 （个）	面积 （万公顷）	占辖区面积比重 （%）
全国总计	**2669**	**14978.7**	**14.9**
北　京	20	13.4	8.0
天　津	8	9.1	8.1
河　北	43	69.3	3.6
山　西	46	116.1	7.4
内蒙古	184	1368.9	11.6
辽　宁	105	267.4	12.4
吉　林	39	232.9	12.4
黑龙江	224	675.2	14.9
上　海	4	9.4	5.2
江　苏	30	56.7	4.1
浙　江	32	19.7	1.5
安　徽	104	52.4	3.8
福　建	93	46.4	3.1
江　西	200	126.0	7.6
山　东	86	108.2	4.7
河　南	34	73.5	4.4
湖　北	65	95.5	5.1
湖　南	129	128.5	6.1
广　东	368	355.3	6.7
广　西	78	145.3	6.0
海　南	50	273.5	7.0
重　庆	57	85.0	10.3
四　川	167	897.4	18.5
贵　州	129	95.2	5.4
云　南	159	285.4	7.5
西　藏	47	4136.9	33.9
陕　西	57	116.3	5.7
甘　肃	59	734.7	16.2
青　海	11	2182.2	30.2
宁　夏	14	53.6	10.3
新　疆	27	2149.4	13.0

资料来源：环境保护部。

4—4 各地区农村改水、改厕情况

地 区	累计已改水受益人口（万人）	自来水累计受益人口	累计使用卫生厕所户数（万户）	卫生厕所普及率（%）
全 国	**91208.4**	**71417.2**	**18627.5**	**71.7**
北 京	268.3	267.1	115.2	97.0
天 津	378.7	370.3	115.2	93.3
河 北	5317.7	4670.3	838.4	55.8
山 西	2174.1	1895.6	349.9	52.2
内蒙古	1448.3	955.9	181.8	46.0
辽 宁	2130.4	1610.9	433.8	64.2
吉 林	1542.1	1260.8	332.4	75.5
黑龙江	2096.3	1423.0	441.4	70.7
上 海	332.8	332.8	126.0	98.0
江 苏	4855.6	4855.6	1428.2	90.9
浙 江	3506.2	3373.0	1105.9	91.5
安 徽	5205.1	2942.8	849.6	59.2
福 建	2597.3	2382.6	635.6	88.5
江 西	3383.0	2248.2	709.9	84.4
山 东	6925.2	6408.3	1848.5	88.3
河 南	7738.4	5056.7	1378.0	72.9
湖 北	4456.8	3287.8	807.1	76.7
湖 南	4948.4	3747.9	961.7	64.8
广 东	5969.8	5238.6	1321.8	88.6
广 西	3449.9	2632.4	767.3	72.8
海 南	644.2	525.2	110.6	70.0
重 庆	2543.6	2325.5	441.9	60.8
四 川	6435.8	4073.7	1388.0	67.4
贵 州	2743.6	2244.5	381.1	43.9
云 南	3407.6	2526.8	564.6	58.7
西 藏				
陕 西	2767.9	1563.5	366.7	51.5
甘 肃	1973.4	1324.2	325.7	66.5
青 海	324.9	296.0	55.4	62.6
宁 夏	388.4	324.5	60.5	59.2
新 疆	1079.7	1079.7	140.9	64.0
新疆兵团	175.1	173.4	44.7	65.2

资料来源：卫生部。

4—5 各地区农村可再生资源利用情况

地　区	沼气池产气总量（万立方米）	#沼气工程	太阳能热水器（万平方米）	太阳房（万平方米）	太阳灶（台）	生活污水净化沼气池（个）
全　国	**1576147.0**	**198359.8**	**6801.8**	**2353.0**	**2207246**	**208551**
北　京	2617.3	2400.0	78.8	93.1	1222	
天　津	3726.5	2261.9	35.2	0.9		8
河　北	95207.9	7602.0	585.6	149.6	36059	159
山　西	19144.4	2137.4	403.9	0.2	18242	28
内　蒙	13217.6	2878.7	56.8	101.2	45880	5
辽　宁	15775.3	1868.8	116.8	535.3	1039	
吉　林	4065.9	545.7	51.5	289.4	1235	3
黑龙江	9659.4	4532.4	68.3	449.0	511	
上　海	799.4	799.4	78.2	5.0		
江　苏	31245.7	9958.1	729.5	5.5		34866
浙　江	19717.3	13053.3	554.9			75403
安　徽	32158.2	7090.0	503.1			1505
福　建	32307.5	9720.0	40.7			1111
江　西	62846.3	7442.3	151.4			1947
山　东	93713.5	16811.2	1055.3	17.5	6690	159
河　南	139053.3	29293.1	444.0	1.9	4	649
湖　北	105506.3	5842.5	292.4			1287
湖　南	96579.3	6343.0	164.0	6.7		2045
广　东	35202.6	15658.0	29.9	1.2	22	6445
广　西	158080.7	3037.1	67.1			354
海　南	32595.1	9175.3	389.9			
重　庆	44987.4	2773.5	26.9			17186
四　川	225288.0	27824.5	122.0	2.2	121728	64756
贵　州	69224.0	2695.4	48.6			332
云　南	131599.4	409.8	261.8		264	139
西　藏	6183.8	120.0	127.9		371615	
陕　西	33380.3	1626.8	147.5	1.5	223836	123
甘　肃	38324.3	1647.2	82.4	239.3	730301	34
青　海	3456.3	84.0	3.2	428.0	241318	
宁　夏	6520.4	1091.5	32.5	16.0	395471	7
新　疆	13109.2	1200.9	51.4	9.4	11809	
新疆兵团	854.6	436.1	0.2			

资料来源：农业部。

4—6 全国林业重点工程历年完成造林面积

单位：千公顷

年 份	合计	天然林保护工程	退耕还林工程		京津风沙源治理工程
			退耕还林工程合计	其中：退耕地造林	
1979～1985年	10109.80				
1986年	1106.73				
1987年	1064.80				
1988年	1063.93				
1989年	1001.80				
1990年	1662.06				
"七五"小计	5899.32				
1991年	2082.20				
1992年	2308.00				
1993年	2602.10				132.80
1994年	2729.59				139.79
1995年	2862.17				168.59
"八五"小计	12584.06				441.18
1996年	2669.49				164.95
1997年	2642.61				215.95
1998年	2856.00	290.35			231.58
1999年	3275.63	477.56	447.93	381.47	211.58
2000年	3345.92	426.37	683.60	328.42	280.27
"九五"小计	14789.65	1194.28	1131.53	709.89	1104.33
2001年	3160.18	948.08	870.99	386.14	217.32
2002年	6777.38	856.08	4423.61	2039.77	676.38
2003年	8262.78	688.26	6196.13	3085.93	824.43
2004年	4802.85	641.45	3217.54	824.90	473.27
2005年	3109.10	424.81	1898.36	667.39	408.25
"十五"小计	26112.30	3558.68	16606.63	7004.13	2599.64
2006年	2810.80	774.82	1050.53	218.49	409.54
2007年	2681.65	732.88	1056.02	59.46	315.13
2008年	3437.50	1009.02	1189.70	2.16	469.04
2009年	4596.24	1360.91	886.67	0.74	434.82
2010年	3669.65	885.48	982.62	0.33	439.13
"十一五"小计	17195.84	4763.11	5165.52	281.19	2067.66
2011年	3093.87	553.56	730.18	0.06	545.19
2012年	2753.93	485.20	655.27	0.00	541.69

注：1. 本表数据从2001年开始，将原有的16个工程整合形成10个重点林业工程。太行山绿化工程1990年造林面积354.60千公顷系指1984—1990年的造林面积，其中1990年造林面积为109.73千公顷；京津风沙源治理工程1993—2000年数据为原全国防沙治沙工程数据。

2. 1993—2011年造林面积合计项包含速生丰产用材林工程造林，自2012年起该工程造林不作为林业重点生态工程统计。下表与此相同。3. 根据《造林技术规程》(GB/T 15776—2006)，本表自2006年起将无林地和疏林地新封山育林面积计入造林总面积。

4－6 续表

单位：千公顷

年　份	三北及长江流域等防护林工程						
	小　计	三北防护林体系工程	长江中上游防护林体系工程	沿海防护林体系工程	珠江流域防护林体系工程	太行山绿化工程	平原绿化工程
1979～1985年	10109.80	10109.80					
1986年	1106.73	1106.73					
1987年	1064.80	1064.80					
1988年	1063.93	1063.93					
1989年	1001.80	956.07	45.73				
1990年	1662.06	983.33	324.13			354.60	
"七五"小计	5899.32	5174.86	369.86			354.60	
1991年	2082.20	1170.47	462.40	223.60		225.73	
1992年	2308.00	1255.20	584.60	235.80		232.40	
1993年	2211.80	1160.00	573.00	131.20		275.20	72.40
1994年	2366.48	1255.49	546.00	152.78		358.22	53.99
1995年	2450.71	1333.26	535.71	103.27		427.04	51.43
"八五"小计	11419.19	6174.42	2701.71	846.65		1518.59	177.82
1996年	2316.73	1342.28	463.96	72.17		402.46	35.86
1997年	2233.46	1266.12	447.75	63.48	56.72	366.32	33.07
1998年	2196.02	1243.96	448.60	60.29	39.85	343.74	59.58
1999年	2032.46	1245.41	369.84	44.48	32.09	293.36	47.28
2000年	1708.80	1053.16	206.94	56.91	30.68	298.51	62.60
"九五"小计	10487.47	6150.93	1937.09	297.33	159.34	1704.39	238.39
2001年	1034.92	541.71	162.72	90.90	27.05	141.29	71.25
2002年	775.63	453.76	110.29	55.71	46.55	76.15	33.16
2003年	533.54	275.30	108.75	38.56	44.71	50.05	16.18
2004年	448.32	232.34	113.28	30.18	31.76	30.92	9.85
2005年	368.20	217.89	65.94	22.68	30.67	28.52	2.50
"十五"小计	3160.62	1721.00	560.98	238.03	180.74	326.93	132.94
2006年	566.82	326.83	78.67	16.96	28.82	114.67	0.87
2007年	574.22	381.53	76.40	23.85	17.42	73.93	1.10
2008年	765.77	497.95	72.25	74.25	36.97	80.28	4.07
2009年	1893.08	1255.87	222.13	212.18	82.06	119.16	1.67
2010年	1360.65	928.24	118.81	173.24	66.83	69.22	4.30
"十一五"小计	5160.54	3390.42	568.26	500.48	232.10	457.27	12.01
2011年	1264.03	737.78	204.84	209.89	72.29	36.58	2.64
2012年	1071.77	678.74	157.94	145.39	51.58	38.12	

4—7 各地区林业重点工程建设情况

单位:公顷

地 区	总 计	天然林保护工程	退耕还林工程		
			合 计	其中:退耕地造林面积	其中:荒山荒地造林面积
全国合计	**2753932**	**485203**	**655271**		**461090**
北 京	19230				
天 津	5357				
河 北	165268		15038		17959
山 西	178972	40180	49168		47154
内 蒙 古	700942	116496	39972		30305
辽 宁	117970		24663		9997
吉 林	21079		7266		6933
黑 龙 江	111785		37041		6707
上 海					
江 苏	16582				
浙 江	12800				
安 徽	37322		21233		14236
福 建	17475				
江 西	32194		18772		10107
山 东	46110				
河 南	65172	4667	24845		24845
湖 北	86586	23300	32850		26252
湖 南	52485		23987		11995
广 东	38827				
广 西	40581		17532		14532
海 南	3517		1400		1400
重 庆	47671	24669	23002		10335
四 川	68331	51997	16334		9667
贵 州	41333	19333	15333		10000
云 南	174687	40491	125036		117433
西 藏	20276	3333	8057		3092
陕 西	193165	74930	47764		32829
甘 肃	122421	44474	20937		10071
青 海	81711	22664	16200		5533
宁 夏	45003	18669	8333		7667
新 疆	175747		47175		18708

注:退耕还林工程中包括军事管理区 13333 公顷荒山荒地造林。

4—7 续表 单位:公顷

地 区	三北及长江流域防护林建设工程							京津风沙源治理工程
	合计	三北防护林四期工程	长江流域防护林二期工程	沿海防护林体系二期工程	珠江流域防护林二期工程	太行山绿化防护林二期工程	平原绿化二期工 程	
全国合计	**1071768**	**678737**	**157942**	**145394**	**51578**	**38117**		**541690**
北 京	2053	333	—	—	—	1720		17177
天 津	5357	1864	—	3493	—	—		—
河 北	70260	30999	—	23281	—	15980		79970
山 西	66639	52224	—	—	—	14415		22985
内蒙古	122916	122916	—	—	—	—		421558
辽 宁	93307	68881	—	24426	—	—		—
吉 林	13813	13813	—	—	—	—		—
黑龙江	74744	74744	—	—	—	—		—
上 海	—	—	—	—	—	—		—
江 苏	16582	—	6617	9965	—	—		—
浙 江	12800	—	3775	9025	—	—		—
安 徽	16089	—	16089	—	—	—		—
福 建	17475	—	4715	12760	—	—		—
江 西	13422	—	11421	—	2001	—		—
山 东	46110	—	19050	27060	—	—		—
河 南	35660	—	29658	—	—	6002		—
湖 北	30436	—	30436	—	—	—		—
湖 南	28498	—	23357	—	5141	—		—
广 东	38827	—	—	26702	12125	—		—
广 西	23049	—	—	6565	16484	—		—
海 南	2117	—	—	2117	—	—		—
重 庆	—	—	—	—	—	—		—
四 川	—	—	—	—	—	—		—
贵 州	6667	—	—	—	6667	—		—
云 南	9160	—	—	—	9160	—		—
西 藏	8886	—	8886	—	—	—		—
陕 西	70471	66533	3938	—	—	—		—
甘 肃	57010	57010	—	—	—	—		—
青 海	42847	42847	—	—	—	—		—
宁 夏	18001	18001	—	—	—	—		—
新 疆	128572	128572	—	—	—	—		—

4—8 灌区、水库、除涝、治水情况

指　　标	单 位	1990 年	1995 年	2000 年	2009 年	2010 年	2011 年	2012 年
年底万亩以上灌区数	处	5363	5562	5683	5844	5795	5824	5906
#3.3 万公顷以上	处	72	74	101	125	131	129	128
2.0～3.3 万公顷	处	76	99	141	210	218	219	230
灌区有效灌溉面积	万公顷	2123.1	2249.9	2449.3	2956.2	2941.5	2974.8	2933.2
#3.3 万公顷以上	万公顷	604.7	631.4	788.3	1082.8	1091.8	1099.9	1042.2
2.0～3.3 万公顷	万公顷	189.6	244.4	344.0	474.7	474.0	479.6	484.1
水库	座	81527	82915	83260	87151	87873	88605	89220
大型水库	座	366	387	420	544	552	567	573
中型水库	座	2499	2593	2704	3259	3269	3346	3379
小型水库	座	78662	79935	80136	83348	84052	84692	85268
水库库容量	亿立方米	4660	4797	5183	7064	7162	7201	7211
大型水库	亿立方米	3397	3493	3843	5506	5594	5602	5609
中型水库	亿立方米	690	719	746	921	930	954	955
小型水库	亿立方米	573	585	593	636	638	645	647
节水灌溉面积	万公顷			1638.9	2575.5	2731.4	2917.9	3121.7
除涝面积	万公顷	1933.7	2006.5	2098.9	2158.4	2169.2	2172.2	2185.7
水土流失治理面积	万公顷	5300.0	6690.0	8096.0	10454.5	10680.0	10966.4	11186.2
堤防长度	万公里	22.0	24.7	27.0	29.1	29.4	30.0	30.6
堤防保护耕地面积	万公顷	3200.0	3060.9	3960.0	4654.7	4683.1	4595.6	4259.7

注：1. 2012 年相关数据为初步统计数据，未与第一次全国水利普查数据衔接。
2. 万亩以上灌区处数与有效灌溉面积统计口径为按有效灌溉面积达到万亩统计。

4—9 各地区水利设施和除涝、治水面积

地　　区	水库数（座）	水库库容量（亿立方米）	除涝面积（千公顷）	水土流失治理面积（千公顷）
全国总计	**89220**	**7211.0**	**21857.3**	**111862.8**
北　　京	82	95.0	149.8	602.8
天　　津	28	26.5	376.7	54.2
河　　北	1076	162.4	1649.7	6411.5
山　　西	637	68.7	89.1	5290.6
内 蒙 古	503	174.1	277.0	11574.6
辽　　宁	905	358.1	993.1	6678.1
吉　　林	1649	320.3	1022.9	3691.3
黑 龙 江	930	179.1	3365.6	4979.8
上　　海			57.5	
江　　苏	917	189.7	2812.0	1191.9
浙　　江	4250	400.1	501.4	2515.5
安　　徽	5325	286.5	2297.3	2245.0
福　　建	3385	189.4	138.2	1485.4
江　　西	9830	295.6	382.8	4822.4
山　　东	6342	218.2	2681.6	4781.3
河　　南	2472	401.8	1980.3	4510.9
湖　　北	5902	998.7	1245.8	4760.4
湖　　南	12288	430.3	412.2	2857.3
广　　东	7486	430.4	521.0	1428.6
广　　西	4348	378.4	214.0	2019.5
海　　南	1035	100.7	21.1	38.7
重　　庆	2907	81.1		2440.0
四　　川	6768	216.4	95.1	6744.4
贵　　州	2084	358.8	55.7	3513.6
云　　南	5634	142.6	260.1	6175.6
西　　藏	73	13.3	22.3	42.8
陕　　西	1045	77.4	132.9	9512.3
甘　　肃	313	103.1	12.5	8244.7
青　　海	158	342.0		856.5
宁　　夏	266	27.5	45.7	1851.2
新　　疆	582	144.8	43.9	541.9

注：2012年相关数据为初步统计数据，未与第一次全国水利普查数据衔接。

4—10 全国受灾和成灾面积

单位：千公顷

年 份	受灾面积	旱 灾	洪涝灾	成灾面积	旱 灾	洪涝灾
1952	9137	4236	2794	4433	2589	1844
1957	29149	17205	8083	14983	7400	6032
1962	37175	20808	9810	17286	8691	6318
1965	20804	13631	5587	11223	8107	2813
1970	9974	5723	3129	3295	1931	1234
1975	35379	24832	6817	10239	5318	3467
1978	50807	32641	3109	24457	16564	2012
1979	39367	24646	5757	15790	9316	2868
1980	50025	21901	9687	29777	14174	6070
1981	39786	25693	8625	18743	12134	3973
1982	33133	20697	8361	16117	9972	4397
1983	34713	16089	12162	16209	7586	5747
1984	31887	15819	10632	15607	7015	5395
1985	44365	22989	14197	22705	10063	8949
1986	47135	31042	9155	23656	14765	5601
1987	42086	24920	8686	20393	13033	4104
1988	50874	32904	11949	24503	15303	6128
1989	46991	29358	11328	24449	15262	5917
1990	38474	18175	11804	17819	7805	5605
1991	55472	24914	24596	27814	10559	14614
1992	51332	32981	9422	25895	17047	4463
1993	48827	21097	16390	23134	8656	8608
1994	55046	30423	17328	31382	17050	10744
1995	45824	23455	12734	22268	10402	7604
1996	46991	20152	18147	21234	6247	10855
1997	53429	33516	11415	30307	20012	5839
1998	50145	14236	22292	25181	5060	13785
1999	49980	30156	9020	26734	16614	5071
2000	54688	40541	7323	34374	26784	4321
2001	52215	38472	6042	31793	23698	3614
2002	46946	22124	12288	27160	13174	7388
2003	54506	24852	19208	32516	14470	12289
2004	37106	17253	7314	16297	8482	3747
2005	38818	16028	10932	19966	8479	6047
2006	41091	20738	8003	24632	13411	4569
2007	48992	29386	10463	25064	16170	5105
2008	39990	12137	6477	22284	6798	3656
2009	47214	29259	7613	21234	13197	3162
2010	37426	13259	17525	18538	8987	7024
2011	32471	16304	6863	12441	6599	2840
2012	24962	9340	7730	11475	3509	4145

4—11 全国受灾、成灾和绝收面积

单位:千公顷

指 标	1990年	1995年	2000年	2011年	2012年	2012年为2011年百分比(%)
一、受灾面积	38474	45824	54688	32471	24962	76.9
旱 灾	18175	23455	40541	16304	9340	57.3
洪涝灾	11804	12734	7323	6863	7730	112.6
风雹灾	6354	4479	2307	3309	2781	84.0
冷冻灾	2141	3578	2795	4447	1618	36.4
台风灾			1722	1547	3491	225.7
二、成灾面积	17819	22268	34374	12441	11475	92.2
旱 灾	7805	10402	26784	6599	3509	53.2
洪涝灾	5605	7604	4321	2840	4145	146.0
风雹灾	3415	2076	1162	1348	1368	101.5
冷冻灾	994	1791	1032	1291	795	61.6
台风灾			1075	364	1658	455.0
三、绝收面积		5618	10148	2892	1826	63.2
旱 灾		2121	8006	1505	374	24.8
洪涝灾		2627	1324	779	889	114.2
风雹灾		561	321	302	213	70.6
冷冻灾		194	260	211	143	67.7
台风灾			237	94	206	219.2

4—12 各地区受灾面积

单位：千公顷

地区	受灾面积合计		旱灾		洪涝灾	
	2011年	2012年	2011年	2012年	2011年	2012年
全国总计	**32471**	**24962**	**16304**	**9340**	**6863**	**7730**
北京	56	71	2		40	58
天津	8	134	3		4	118
河北	1383	1329	856	430	227	358
山西	1015	931	477	404	241	261
内蒙古	2037	2061	1131	454	390	966
辽宁	450	355	7		256	18
吉林	616	633	252	304	58	70
黑龙江	1537	2429	703	1200	234	350
上海	24	15			17	
江苏	1032	698	482	367	290	157
浙江	431	554	4		284	145
安徽	1317	1153	687	616	396	290
福建	133	159	56		9	82
江西	1075	674	518		447	343
山东	2117	1823	1295	673	568	342
河南	1478	1389	1020	1002	287	359
湖北	2580	1719	1205	939	891	631
湖南	2375	1234	1191		503	756
广东	502	417	113		43	73
广西	1438	575	407	77	161	150
海南	517	61	33			1
重庆	816	405	388	62	204	329
四川	1528	944	553	222	519	644
贵州	2570	542	1823	133	111	301
云南	1989	1578	1231	1073	108	374
西藏	18	14			5	7
陕西	763	509	260	228	370	209
甘肃	1267	1017	916	498	102	195
青海	286	155	185	33	28	36
宁夏	435	260	367	104	9	61
新疆	678	1126	142	522	63	45

4—12续表

地区	风雹灾		冷冻灾		台风灾	
	2011年	2012年	2011年	2012年	2011年	2012年
全国总计	**3309**	**2781**	**4447**	**1618**	**1547**	**3491**
北京	14	13				
天津	2	16				
河北	261	269	40	254		17
山西	193	123	105	142		
内蒙古	346	244	169	398		
辽宁	42	32	26		120	305
吉林	108	52	199	7		200
黑龙江	519	187	81			693
上海					7	15
江苏	205	34	3		53	140
浙江	1	1	127	30	15	378
安徽	89	22	145	1		223
福建	2	17	17	1	50	59
江西	9	84	100	141		106
山东	107	215	21		127	592
河南	146	20	24			8
湖北	161	38	323	74		36
湖南	21	336	660	140		2
广东	6	29	54		287	315
广西	5	7	430	1	435	340
海南		13	29		454	46
重庆	17	15	207			
四川	95	47	361	30		
贵州	84	88	552	20		
云南	141	73	510	40		17
西藏	10	7	3	1		
陕西	127	63	6	9		
甘肃	201	220	48	103		
青海	66	49	7	36		
宁夏	55	36	5	60		
新疆	279	432	195	127		

4—13 各地区成灾面积

单位：千公顷

地　　区	成灾面积合计		旱　　灾		洪涝灾	
	2011 年	2012 年	2011 年	2012 年	2011 年	2012 年
全国总计	**12441**	**11475**	**6599**	**3509**	**2840**	**4145**
北　　京	18	47			13	38
天　　津	3	83	2		2	83
河　　北	528	753	372	213	88	251
山　　西	545	475	263	101	102	192
内 蒙 古	909	1362	484	189	220	769
辽　　宁	173	283			117	3
吉　　林	222	218	140	166	21	8
黑 龙 江	683	829	291	416	69	2
上　　海	9	8			9	
江　　苏	333	370	241	222	58	53
浙　　江	159	253	2		132	60
安　　徽	199	556	21	276	122	171
福　　建	48	87	23		6	43
江　　西	427	398	140		235	275
山　　东	416	572	201	176	187	85
河　　南	380	326	211	163	92	150
湖　　北	790	766	408	383	253	333
湖　　南	955	633	470		226	539
广　　东	118	196	6		13	31
广　　西	638	305	201	41	174	75
海　　南	198	39	8		16	1
重　　庆	281	224	152	28	81	187
四　　川	721	398	300	125	263	235
贵　　州	1364	221	1181	41	47	153
云　　南	773	581	592	435	33	106
西　　藏	4	7			1	4
陕　　西	292	188	97	68	166	89
甘　　肃	712	489	573	182	59	143
青　　海	42	87	19	19	14	16
宁　　夏	154	103	124	47	2	32
新　　疆	348	619	75	218	19	21

4—13 续表

地区	风雹灾		冷冻灾		台风灾	
	2011年	2012年	2011年	2012年	2011年	2012年
全国总计	**1348**	**1368**	**1291**	**795**	**364**	**1658**
北京	6	10				
天津						
河北	60	124	8	157		9
山西	129	82	50	101		
内蒙古	184	192	22	212		
辽宁	16	22	8		32	257
吉林	38	34	24	2		8
黑龙江	297	95	26			316
上海						8
江苏	16	13			17	83
浙江			22	12	4	181
安徽	23	13	33	1		95
福建		13	2		17	31
江西	2	39	51	37		48
山东	18	48	1		8	262
河南	75	13	2			
湖北	39	25	90	25		1
湖南	11	53	248	41		
广东	4	18	30		66	148
广西	1	5	207	1	56	183
海南		8	9		165	30
重庆	4	9	43			
四川	28	27	130	11		
贵州	36	24	100	3		
云南	49	31	99	9		
西藏	2	3	1			
陕西	29	27		3		
甘肃	55	106	25	58		
青海	9	28		24		
宁夏	25	20	3	4		
新疆	194	285	59	95		

农村投资

5—1 国家财政用于农业的支出

单位:亿元

年 份	"三农"支出	支持农业生产支出	粮食、农资、良种、农机具四项补贴	农村社会事业发展支出	农业支出占财政支出的比重(%)
1952	9.0	2.7			5.1
1957	23.5	8.0			7.7
1962	38.2	19.3			12.5
1965	55.0	17.3			11.8
1970	49.4	15.9			7.6
1975	99.0	42.5			12.1
1978	150.7	77.0			13.4
1980	150.0	82.1			12.2
1985	153.6	101.0			7.7
1986	184.2	124.3			8.4
1987	195.7	134.2			8.7
1988	214.1	158.7			8.6
1989	265.9	197.1			9.4
1990	307.8	221.8			10.0
1991	347.6	243.6			10.3
1992	376.0	269.0			10.0
1993	440.5	323.4			9.5
1994	533.0	399.7			9.2
1995	574.9	430.2			8.3
1996	700.4	510.1			8.8
1997	766.4	560.8			8.3
1998	1154.8	626.0			10.7
1999	1085.8	677.5			8.2
2000	1231.5	766.9			7.8
2001	1456.7	918.0			7.7
2002	1580.8	1102.7			7.2
2003	1754.5	1134.9			7.1
2004	2337.6	1693.8			8.2
2005	2450.3	1792.4			7.2
2006	3173.0	2161.4			7.9
2007	4318.3	1801.7	513.6	1415.8	8.7
2008	5955.5	2260.1	1030.4	2072.8	9.5
2009	7253.1	2679.2	1274.5	2723.2	9.5
2010	8579.7	3427.3	1225.9	3350.3	9.5
2011	10497.7	4089.7	1406.0	4381.5	9.6
2012	12387.6	4785.1	1643.0	5339.1	9.8

注:1. 从1998年开始,"农业基本建设支出"包括增发国债安排的支出。

2. 从2007年起,国家财政支农支出因报表制度调整,口径与往年不同,本表中的支农支出仅为中央财政用于"三农"的支出。

5—2 农业基本建设投资和新增固定资产

单位:亿元、%

年 份	农业基本建设投资	#水利基建投资	农业基本建设投资占基本建设投资比重	水利基本建设投资占农业基本建设投资比重	农林牧渔水利新增固定资产
“一五”时期	**41.8**	**24.3**	**7.1**	**58.1**	**34.5**
“二五”时期	**135.7**	**96.6**	**11.3**	**71.2**	**84.6**
1963—1965年	74.5	28.9	17.6	38.8	60.6
“三五”时期	**104.3**	**70.1**	**10.7**	**67.3**	**53.8**
“四五”时期	**173.1**	**117.1**	**9.8**	**67.7**	**92.6**
“五五”时期	**246.1**	**157.2**	**10.5**	**63.9**	**152.8**
#1980年	52.0	27.1	9.3	52.0	35.4
“六五”时期	**172.8**	**93.0**	**5.1**	**53.8**	**140.5**
1981年	29.2	13.6	6.6	46.5	23.1
1982年	34.1	17.5	6.1	51.2	23.8
1983年	35.5	21.1	6.0	59.6	36.6
1984年	37.1	20.7	5.0	55.7	27.1
1985年	36.9	20.2	3.4	54.5	30.0
“七五”时期	**241.2**	**143.7**	**3.3**	**59.6**	**174.7**
1986年	35.1	22.9	3.0	65.2	30.3
1987年	42.1	27.0	3.1	64.1	30.9
1988年	46.2	23.6	3.0	51.2	30.6
1989年	50.7	29.5	3.3	58.3	37.2
1990年	67.2	40.7	4.0	60.5	45.7
“八五”时期	**697.8**	**440.7**	**3.0**	**63.1**	**417.8**
1991年	85.0	50.2	4.0	59.0	50.2
1992年	111.0	68.3	3.7	61.5	62.9
1993年	127.8	81.6	2.8	63.8	77.2
1994年	154.9	98.2	2.4	63.4	91.6
1995年	219.1	142.5	3.1	65.0	135.9
“九五”时期	**3143.2**	**1993.7**	**5.6**	**63.4**	**1725.0**
1996年	317.9	206.6	3.7	65.0	153.2
1997年	412.7	258.8	4.2	62.7	211.7
1998年	637.1	411.7	5.4	64.6	288.7
1999年	835.5	536.5	6.7	64.2	498.4
2000年	940.0	580.1	7.0	61.7	572.9
“十五”时期					
2001年	993.4	558.8	6.8	56.3	506.5
2002年	1291.6	703.8	7.3	54.5	636.8
2003年	1097.7	680.9	4.8	62.0	702.1
2004年	—	—	—	—	877.5

5—3 农村集体单位和农村居民个人固定资产投资额

单位：亿元、%

年 份	全社会固定资产投资总额	#农村集体单位固定资产投资	占全社会固定资产投资比重	#农村居民个人固定资产投资	占全社会固定资产投资比重
“六五”	**7997.6**	**699.8**	**8.8**	**1527.4**	**19.1**
1981年	961.0	83.7	8.7	166.3	17.3
1982年	1230.4	131.4	10.7	198.5	16.1
1983年	1430.1	110.7	7.7	305.1	21.3
1984年	1832.9	174.8	9.5	379.1	20.7
1985年	2543.2	199.2	7.8	478.4	18.8
“七五”时期	**19744.0**	**1818.3**	**9.2**	**3903.9**	**19.8**
1986年	3120.6	245.4	8.1	574.8	19.0
1987年	3791.7	365.7	10.0	695.4	19.1
1988年	4753.8	456.7	10.2	865.2	19.2
1989年	4410.4	384.4	9.3	892.0	21.6
1990年	4517.0	366.1	8.2	876.5	19.7
“八五”时期	**62211.3**	**7476.4**	**12.0**	**6712.9**	**10.8**
1991年	5594.5	494.0	9.0	1042.6	18.9
1992年	8080.1	994.9	12.7	1005.5	12.8
1993年	13072.3	1631.2	13.1	1137.7	9.1
1994年	17042.1	1988.6	12.1	1519.2	9.3
1995年	20019.3	2367.7	11.8	2007.9	10.0
“九五”时期	**138734.5**	**16225.9**	**11.7**	**13596.6**	**9.8**
1996年	22913.6	2802.3	12.2	2540.0	11.1
1997年	24941.1	3055.6	12.3	2691.2	10.8
1998年	28406.2	3233.3	11.4	2681.5	9.4
1999年	29855.0	3343.1	11.2	2779.6	9.3
2000年	32918.0	3791.6	11.5	2904.3	8.8
“十五”时期					
2001年	37213.5	4235.7	11.4	2976.6	8.0
2002年	43499.9	4887.9	11.2	3123.2	7.2
2003年	55566.6	6553.9	11.8	3201.0	5.8
2004年	70072.7	8086.5	11.5	3362.7	4.8
2005年	88604.0	9737.9	11.0	3940.6	4.4
“十一五”时期					
2006年	109998.2	12193.3	11.1	4436.2	4.0
2007年	137323.9	14736.2	10.7	5123.3	3.7
2008年	172828.4	18138.3	10.5	5951.8	3.4
2009年	224598.8	23243.9	10.3	7434.5	3.3
2010年	278121.9	28805.0	10.4	7886.0	2.8
“十二五”时期					
2011年	311485.1	30277.5	9.7	9089.1	2.9
2012年	374676.0			9840.6	2.6

注：农村集体单位固定资产投资从2012年没有数据。

5—4 农村居民家庭经营费用现金支出

单位：元/人、%

指　　标	1990年	1995年	2000年	2011年	2012年	2012年为下列各年百分比	
						1990年	2011年
家庭经营费用现金支出	162.9	454.7	544.5	2269.2	2483.0	1524.3	109.4
一、第一产业生产支出	146.4	410.7	462.9	1896.8	2071.6	1414.8	109.2
农业生产支出	99.5	261.4	286.5	1116.1	1228.4	1235.1	110.1
林业生产支出	0.8	2.1	4.2	24.9	25.4	3346.3	102.3
牧业生产支出	43.2	138.3	155.7	698.1	753.2	1744.3	107.9
渔业生产支出	3.0	8.8	16.5	57.7	64.5	2136.9	111.8
二、第二产业生产支出	4.2	13.8	27.0	124.9	140.2	3315.2	112.3
工业生产支出	3.8	10.6	21.3	93.7	105.8	2775.9	112.8
建筑业支出	0.4	3.2	5.8	31.2	34.5	8207.6	110.5
三、第三产业生产支出	12.3	30.3	54.6	247.5	271.2	2214.0	109.6
交通运输邮电业支出	7.5	16.3	26.2	105.6	109.8	1471.9	104.0
批发和零售贸易餐饮业支出	2.0	7.4	13.9	104.1	121.6	6050.2	116.8
社会服务业支出	0.9	2.5	3.8	20.0	21.8	2425.9	109.0
文教卫生业支出			1.1	7.3	8.0		109.4
其他支出	1.9	4.2	9.5	10.4	10.0	532.9	96.3

5—5 农村居民家庭购买生产性固定资产现金支出

单位：元/人、%

指　　标	1990年	1995年	2000年	2011年	2012年	2012年为下列各年百分比	
						1990年	2011年
购买生产性固定资产现金支出	20.1	62.3	63.9	261.8	267.8	1329.9	102.3
#购买生产用建筑材料				30.2	31.4		104.0
购买生产用房				4.4	2.7		61.9
购买生产用役畜、产品畜		12.7	11.8	25.6	26.5		103.6
农林牧渔业机械	6.6	20.0	18.3	102.2	113.9	1723.6	111.4
工业机械	1.4	3.2	4.3	8.5	10.1	739.3	119.3
运输机械		16.5	21.9	68.4	56.5		82.6
购买其他生产性固定资产				22.5	26.7		118.7

5—6 各地区农村居民家庭生产投入现金支出

单位:元/人

地区	1.家庭经营费用现金支出		2.购买生产性固定资产支出	
	2011年	2012年	2011年	2012年
全国总计	**2269.2**	**2483.0**	**261.8**	**267.8**
北京	2176.8	2138.8	85.0	23.1
天津	2910.0	3491.6	164.8	199.4
河北	2406.8	2584.2	307.1	206.4
山西	1347.1	1417.6	156.9	146.2
内蒙古	3955.3	4652.0	700.7	626.4
辽宁	4590.0	4949.2	609.3	571.2
吉林	4806.4	5452.1	889.7	966.7
黑龙江	6137.0	6998.1	716.6	788.9
上海	920.2	938.3	5.3	16.1
江苏	2462.0	2576.8	156.6	174.1
浙江	3484.5	3343.3	181.2	230.0
安徽	1763.9	1971.1	174.8	250.5
福建	1608.5	1789.7	87.0	125.3
江西	1803.6	1911.1	164.4	173.0
山东	3176.5	3539.3	294.7	205.3
河南	1811.6	1996.7	138.7	199.3
湖北	2051.7	2285.7	228.1	236.9
湖南	1833.6	1859.7	160.9	189.0
广东	1481.0	1712.5	105.3	107.2
广西	1861.2	1981.1	215.5	233.5
海南	1935.2	2160.2	90.5	62.8
重庆	1214.6	1433.4	74.8	58.8
四川	1796.8	1747.6	128.9	150.6
贵州	941.6	1132.1	210.0	183.2
云南	1858.0	2013.2	272.2	265.6
西藏	411.4	418.8	443.7	326.5
陕西	1618.4	1823.1	215.5	266.2
甘肃	1419.9	1711.4	215.4	175.9
青海	1257.8	1076.8	306.6	288.7
宁夏	2230.8	2543.2	409.1	465.3
新疆	5465.4	6536.0	769.8	1014.4

5—7 各地区农村居民家庭总支出

（按人均纯收入分组）

单位:元/人

地 区	总支出	1.家庭经营费用支出	2.购置生产性固定资产支出	3.建造生产性固定资产雇工工资支出	4.税费支出	5.生活消费支出	6.财产性支出	7.转移性支出
全国总计	**9605.5**	**2626.0**	**267.8**	**4.8**	**10.0**	**5908.0**	**9.9**	**779.0**
10000元以上地区								
上 海	14727.2	947.4	16.1		1.2	11971.5		1791.0
北 京	15292.8	2143.5	23.1	0.5	40.4	11878.9	7.2	1199.2
浙江省	15794.0	3360.9	230.0	3.3	4.3	10652.7	57.5	1485.3
天 津	12663.2	3498.4	199.4	3.1	13.7	8336.5	0.7	611.4
江 苏	13219.5	2603.1	174.1	4.6	32.3	9138.2	11.0	1256.3
广 东	9795.6	1741.6	107.2	2.0	1.2	7458.6	1.3	483.8
5000～10000元地区								
福 建	10132.1	1824.5	125.3	5.5	3.0	7401.9	15.1	756.9
山 东	11462.9	3606.7	205.3	18.3	23.9	6776.0	5.0	827.8
辽 宁	13327.0	5175.8	571.2	11.3	9.6	5998.4	22.8	1538.0
黑龙江	14225.4	7164.1	788.9	2.4	3.3	5718.0	3.0	545.7
吉 林	14480.0	5789.9	966.7	4.1	4.9	6186.2	2.2	1526.2
河 北	8927.0	2647.8	206.4	2.2	27.9	5364.1	10.5	668.0
湖 北	8923.7	2402.7	236.9	3.1	11.1	5726.7	11.1	532.1
江 西	7872.0	1935.0	173.0	2.0	2.5	5129.5	14.1	615.9
内蒙古	13379.9	5357.1	626.4	6.6	3.6	6382.0	5.9	998.3
河 南	7852.1	2009.5	199.3	3.1	2.1	5032.1	2.3	603.7
湖 南	9356.8	1984.9	189.0	1.4	11.6	5870.1	5.5	1294.4
海 南	7379.1	2175.0	62.8	15.6	2.8	4776.3	0.2	346.4
重 庆	7942.2	1740.7	58.8	8.3	6.0	5018.6	6.2	1103.5
安 徽	8562.6	2026.6	250.5	9.6	4.4	5556.0	3.3	712.3
四 川	8366.1	2059.3	150.6	6.6	20.9	5366.7	13.5	748.4
新 疆	13536.1	6683.0	1014.4	3.9	6.4	5301.3	9.9	517.3
山 西	7946.1	1556.6	146.2	0.8	2.9	5566.2	12.2	661.1
宁 夏	9707.1	2851.2	465.3	7.2	0.7	5351.4	15.3	1016.0
广 西	7753.5	2132.6	233.5	2.7	6.5	4933.6	5.8	438.7
陕 西	8071.2	1927.5	266.2	1.2	6.9	5114.7	16.7	738.0
西 藏	3968.3	622.2	326.5		5.9	2967.6		46.2
云 南	7746.0	2396.4	265.6	6.5	7.8	4561.3	19.2	489.2
青 海	7406.6	1238.5	288.7	8.5	1.7	5338.9	3.0	527.3
5000元以下地区								
贵 州	6370.2	1367.0	183.2	1.3	8.0	3901.7	8.2	900.8
甘 肃	6657.4	1849.6	175.9	3.6	2.1	4146.2	6.5	473.4

5—8 农村居民个人固定资产投资情况

单位:亿元

指 标	2010 年	2011 年	2012 年
农村固定资产投资完成额	**7886.0**	**9089.1**	**9840.6**
一、按投资构成分			
1. 建筑工程	5729.1	6535.5	6999.5
#水利	17.0	10.7	11.1
住宅	5262.2	6040.7	6568.5
2. 安装工程	31.5	15.6	16.9
3. 设备工具器具购置	1426.7	1572.3	1785.8
# 生产设备	864.3	1044.8	1255.0
4. 其他	698.7	965.7	1038.3
二、按投资方向分			
农业	1368.9	1938.6	2224.0
采掘业	8.4	0.2	2.1
制造业	118.4	146.5	146.1
电力、燃气及水的生产和供应业	3.7	0.5	0.7
建筑业	209.9	117.3	53.6
交通运输、仓储和邮政业	553.8	525.8	563.5
信息传输、计算机服务和软件业	7.1	0.3	0.7
批发和零售业	48.1	59.7	47.7
住宿和餐饮业	37.7	37.8	45.9
金融业			
房地产业	5308.5	6022.4	6519.9
租赁和商务服务业	2.8	2.9	5.7
科学研究、技术服务和地质勘查业			
水利、环境和公共设施管理业	5.6	2.4	3.2
居民服务和其他服务业	188.7	224.2	219.3
教育	4.3	4.2	4.8
卫生、社会保障和社会福利业	2.9	0.0	0.2
文化、体育和娱乐业	17.2	6.4	3.1
公共管理和社会组织	0.1		
国际组织			

注:5—8 到 5—11 表为农村住户固定资产投资抽样调查资料。

5—9 各地区农村居民个人固定资产投资完成额

单位:亿元

指标	2010年	2011年	2012年
全国总计	**7886.0**	**9089.1**	**9840.6**
北京	52.1	59.1	47.5
天津	26.4	27.0	21.5
河北	460.8	609.1	556.7
山西	217.9	235.4	278.4
内蒙古	91.2	112.2	126.0
辽宁	249.4	294.8	300.9
吉林	174.8	215.1	249.3
黑龙江	316.7	317.5	319.3
上海	2.0	2.1	3.0
江苏	377.7	379.2	380.5
浙江	507.8	533.6	553.4
安徽	439.1	447.8	482.0
福建	206.1	233.8	257.4
江西	305.3	333.7	395.8
山东	697.8	842.3	936.2
河南	786.6	834.6	891.4
湖北	302.8	362.0	429.6
湖南	362.5	473.2	557.0
广东	353.3	470.0	501.3
广西	338.3	409.8	463.4
海南	38.4	58.1	80.9
重庆	94.6	106.4	125.8
四川	566.9	534.5	509.7
贵州	159.1	209.5	212.9
云南	219.8	258.2	277.6
西藏			
陕西	220.3	322.1	338.7
甘肃	103.6	95.7	105.0
青海	49.4	69.7	74.8
宁夏	46.6	55.6	63.8
新疆	118.5	187.2	300.8

5—10 各地区农村居民个人固定资产投资结构情况

单位:亿元

指标	投资额	建筑工程	#住宅	设备工具器具购置	#生产设备
全国总计	**9840.6**	**6999.5**	**6568.5**	**1785.8**	**1255.0**
北京	47.5	44.0	39.4	0.8	0.5
天津	21.5	10.2	10.0	6.7	5.9
河北	556.7	401.7	365.2	73.3	52.7
山西	278.4	190.2	186.0	68.9	48.9
内蒙古	126.0	31.9	25.3	41.8	37.8
辽宁	300.9	201.3	178.3	49.9	10.6
吉林	249.3	52.9	46.7	92.2	73.2
黑龙江	319.3	87.2	78.0	156.4	145.2
上海	3.0	2.7	2.6	0.2	0.2
江苏	380.5	228.8	213.7	114.0	92.3
浙江	553.4	482.7	458.4	52.2	45.2
安徽	482.0	368.3	352.8	106.8	87.6
福建	257.4	220.2	204.1	34.4	21.8
江西	395.8	311.4	299.7	34.6	22.6
山东	936.2	584.4	536.2	213.0	81.0
河南	891.4	793.3	753.3	90.0	89.5
湖北	429.6	335.1	309.1	65.0	45.7
湖南	557.0	476.0	461.8	60.1	19.7
广东	501.3	377.2	372.1	34.8	15.9
广西	463.4	341.5	325.0	72.7	51.3
海南	80.9	73.7	68.9	2.1	0.9
重庆	125.8	78.9	68.8	5.2	4.8
四川	509.7	389.7	331.8	70.2	35.9
贵州	212.9	159.7	158.6	34.3	17.5
云南	277.6	188.0	174.7	49.5	44.1
西藏					
陕西	338.7	236.4	231.3	81.7	56.3
甘肃	105.0	76.9	72.1	18.1	11.9
青海	74.8	63.0	61.4	9.8	8.4
宁夏	63.8	38.8	38.2	22.0	12.5
新疆	300.8	153.6	145.0	125.0	114.9

5—11　各地区农村居民个人固定资产投资投向情况

单位:亿元

地　　区	投资额	农业	制造业	建筑业	交通运输、仓储和邮政业	房地产业	居民服务和其他服务业
全国总计	**9840.6**	**2224.0**	**146.1**	**53.6**	**563.5**	**6519.95**	**219.3**
北　　京	47.5	7.7			0.3	39.4	0.1
天　　津	21.5	5.9	4.8		0.8	10.0	0.1
河　　北	556.7	152.6	4.7		20.6	365.2	13.7
山　　西	278.4	52.6	0.0	0.5	32.5	186.0	2.1
内 蒙 古	126.0	90.1	4.1		4.2	25.2	2.4
辽　　宁	300.9	73.4	3.1	12.3	25.7	178.3	8.1
吉　　林	249.3	171.4	0.0		19.0	46.7	12.1
黑 龙 江	319.3	211.5			20.7	78.0	9.2
上　　海	3.0	0.4			0.0	2.6	
江　　苏	380.5	72.4	30.5	0.2	36.1	158.6	51.2
浙　　江	553.4	41.7	28.3	0.7	19.4	458.4	2.6
安　　徽	482.0	77.5	3.1	2.6	43.4	352.8	2.3
福　　建	257.4	25.1	2.4	3.0	12.3	204.1	0.2
江　　西	395.8	58.1	1.6	3.6	11.9	306.6	12.8
山　　东	936.2	220.8	44.1	2.1	66.2	584.4	6.5
河　　南	891.4	79.2	4.9	5.3	30.5	745.0	22.4
湖　　北	429.6	90.3	3.4		19.2	309.1	7.5
湖　　南	557.0	70.9	5.1	11.7	22.8	422.3	15.7
广　　东	501.3	116.0			18.9	359.1	7.3
广　　西	463.4	95.5	2.6		21.4	325.0	18.9
海　　南	80.9	10.8			1.3	68.9	0.0
重　　庆	125.8	56.4	0.0		0.4	68.8	0.1
四　　川	509.7	139.1	1.9		34.3	331.8	2.6
贵　　州	212.9	35.0		0.1	16.7	158.6	2.4
云　　南	277.6	62.6	0.5	0.2	0.0	183.9	4.5
西　　藏							
陕　　西	338.7	48.9	0.5	8.7	28.0	232.6	10.1
甘　　肃	105.0	18.7	0.1	2.6	4.7	74.0	4.3
青　　海	74.8	5.7	0.2		3.9	63.0	0.0
宁　　夏	63.8	11.3	0.1		14.3	38.2	
新　　疆	300.8	122.7	0.0		33.9	143.4	0.1

农林牧渔业总产值、中间消耗及增加值

6—1 农林牧渔业增加值和指数

年份	农林牧渔业增加值（亿元）	指数	
		以1978年为100	以上年为100
1978	1027.5	100.0	104.1
1980	1371.6	104.5	98.5
1985	2564.4	155.4	101.8
1990	5062.0	190.7	107.3
1991	5342.2	195.2	102.4
1992	5866.6	203.1	104.1
1993	6963.8	211.2	104.0
1994	9572.7	219.6	104.0
1995	12135.8	229.5	104.5
1996	14015.4	241.2	105.1
1997	14441.9	251.6	104.3
1998	14817.6	260.4	103.5
1999	14770.0	267.7	102.8
2000	14944.7	274.1	102.4
2001	15781.3	281.8	102.8
2002	16537.0	290.0	102.9
2003	17381.7	297.3	102.5
2004	21412.7	316.0	106.3
2005	22420.0	332.4	105.2
2006	24040.0	349.0	105.0
2007	28627.0	361.9	103.7
2008	33702.2	381.8	105.5
2009	35225.9	397.8	104.2
2010	40533.6	414.9	104.3
2011	47486.1	429.4	104.3
2012	52373.6	448.8	104.5

注：1. 根据新国民经济行业分类标准，对农林牧渔业增加值历史数据进行了调整，农林牧渔业增加值包括农林牧渔服务业增加值。
2. 根据第二次农业普查结果，对2005—2006年农林牧渔业增加值进行了修正。
3. 农林牧渔业增加值增长速度为可比增长速度。
4. 2008年农林牧渔业增加值最终核实数为33702.2亿元。2009年《中国统计年鉴》使用的34000亿元为初步核实数。

6—2 农林牧渔业总产值、增加值、中间消耗及构成

（按当年价格计算）

指　　标	总产值	增加值	中间消耗	#农林牧渔业物质消耗	#农林牧渔业生产服务支出
一、绝对数（亿元）					
农林牧渔业合计	89453.0	52373.6	37079.4	31879.2	5195.0
#农业	46940.5	30216.1	16724.3	14021.7	2698.7
林业	3447.1	2281.3	1165.8	893.1	272.7
牧业	27189.4	13128.4	14061.0	13042.3	1018.7
渔业	8706.0	5266.9	3439.1	2836.5	602.6
二、构成（%）					
（以农林牧渔业合计为100）					
农林牧渔业合计	100.0	100.0	100.0	100.0	100.0
# 农业	52.5	57.7	45.1	44.0	51.9
林业	3.9	4.4	3.1	2.8	5.2
牧业	30.4	25.1	37.9	40.9	19.6
渔业	9.7	10.1	9.3	8.9	11.6

注：物质消耗、生产服务支出未包括西藏。

6—3 各地区农林牧渔业总产值、增加值和中间消耗

（按当年价格计算）

单位：亿元

地区	农林牧渔业			农业		
	总产值	增加值	中间消耗	总产值	增加值	中间消耗
全国	**89453.0**	**52373.6**	**37079.4**	**46940.5**	**30216.1**	**16724.3**
北京	395.7	150.2	245.5	166.3	76.0	90.3
天津	375.6	171.6	204.0	196.0	95.1	100.9
河北	5340.1	3186.7	2153.4	3095.3	2093.2	1002.1
山西	1304.3	698.3	605.9	847.4	479.3	368.2
内蒙古	2449.3	1448.6	1000.8	1172.0	764.6	407.4
辽宁	4062.4	2155.8	1906.6	1539.6	930.1	609.6
吉林	2502.0	1412.1	1089.9	1166.6	772.2	394.4
黑龙江	3952.3	2113.7	1838.6	2315.6	1478.1	837.5
上海	321.7	127.8	193.9	171.5	73.7	97.8
江苏	5808.8	3418.3	2390.5	2966.7	2031.3	935.4
浙江	2658.7	1667.9	990.8	1229.4	887.8	341.6
安徽	3728.3	2178.7	1549.6	1867.6	1151.8	715.9
福建	3007.4	1776.7	1230.7	1263.7	797.1	466.6
江西	2399.3	1520.2	879.0	1003.2	667.0	336.2
山东	7945.8	4281.7	3664.0	3960.6	2329.9	1630.7
河南	6679.0	3769.5	2909.5	3958.9	2315.8	1643.1
湖北	4732.1	2848.8	1883.3	2488.1	1594.8	893.2
湖南	4904.1	3004.2	1899.9	2651.7	1857.1	794.6
广东	4656.8	2847.3	1809.6	2229.3	1555.7	673.5
广西	3490.7	2172.6	1318.1	1724.0	1181.9	542.1
海南	1082.1	711.5	370.6	460.7	298.6	162.1
重庆	1402.0	940.0	462.0	841.8	628.4	213.4
四川	5433.1	3297.2	2136.0	2764.9	1915.5	849.4
贵州	1436.6	891.9	544.7	864.9	561.3	303.5
云南	2680.2	1654.6	1025.7	1398.2	935.0	463.2
西藏	118.3	80.3	38.0	53.4	35.0	18.4
陕西	2303.2	1370.2	933.0	1526.3	944.1	582.2
甘肃	1358.2	780.5	577.6	984.2	580.7	403.6
青海	263.9	176.8	87.1	117.1	69.5	47.6
宁夏	385.1	199.4	185.7	240.5	135.9	104.6
新疆	2275.7	1320.6	955.1	1675.0	979.9	695.1

6—3 续表 1

地　区	林业			牧业		
	总产值	增加值	中间消耗	总产值	增加值	中间消耗
全　国	**3447.1**	**2281.3**	**1165.8**	**27189.4**	**13128.4**	**14061.0**
北　京	54.8	23.5	31.3	154.2	44.1	110.0
天　津	2.8	1.6	1.1	105.0	44.0	61.0
河　北	77.9	55.7	22.1	1747.7	825.3	922.4
山　西	79.1	32.2	46.9	298.8	149.6	149.3
内蒙古	97.8	67.2	30.5	1118.9	578.8	540.1
辽　宁	128.7	75.2	53.4	1621.2	655.1	966.1
吉　林	98.1	61.4	36.7	1130.4	516.6	613.8
黑龙江	134.5	62.3	72.2	1350.7	506.5	844.2
上　海	9.5	3.0	6.6	72.6	25.8	46.8
江　苏	99.7	55.2	44.5	1226.2	490.5	735.7
浙　江	142.1	103.8	38.4	549.0	248.7	300.3
安　徽	209.5	145.9	63.6	1119.7	554.4	565.4
福　建	256.5	165.1	91.4	481.3	250.7	230.5
江　西	228.9	177.5	51.4	752.7	397.3	355.4
山　东	107.0	75.5	31.5	2285.9	946.7	1339.2
河　南	140.9	84.9	55.9	2255.6	1233.5	1022.1
湖　北	100.1	50.6	49.4	1334.0	765.7	568.3
湖　南	260.0	192.3	67.7	1488.6	675.8	812.8
广　东	222.7	166.0	56.8	1134.1	514.4	619.7
广　西	245.3	187.7	57.6	1072.8	530.0	542.8
海　南	137.9	93.4	44.5	214.1	125.4	88.7
重　庆	43.5	31.8	11.7	453.9	232.2	221.7
四　川	151.5	104.1	47.4	2269.9	1122.4	1147.4
贵　州	54.2	37.0	17.2	421.5	245.7	175.8
云　南	225.8	151.3	74.5	913.0	498.9	414.0
西　藏	2.6	1.6	0.9	59.0	41.7	17.3
陕　西	58.4	37.2	21.3	598.7	322.9	275.8
甘　肃	20.1	9.3	10.7	231.7	158.0	73.7
青　海	4.6	2.9	1.6	137.1	101.3	35.8
宁　夏	9.8	3.4	6.3	105.7	44.8	60.9
新　疆	43.0	22.5	20.5	485.4	281.5	203.9

6—3 续表 2

地　区	渔　业		
	总产值	增加值	中间消耗
全　国	**8706.0**	**5266.9**	**3439.1**
		10.1	
北　京	13.0	4.5	8.4
天　津	61.7	29.4	32.3
河　北	177.7	105.1	72.7
山　西	8.4	4.6	3.8
内蒙古	26.1	17.4	8.7
辽　宁	618.7	402.3	216.4
吉　林	34.1	20.9	13.2
黑龙江	77.9	29.2	48.7
上　海	57.5	21.4	36.1
江　苏	1235.4	682.3	553.1
浙　江	687.0	402.6	284.4
安　徽	384.4	253.4	131.0
福　建	903.4	504.3	399.1
江　西	333.1	233.2	99.9
山　东	1267.1	771.2	495.8
河　南	86.4	58.3	28.1
湖　北	626.2	379.5	246.7
湖　南	279.9	182.2	97.7
广　东	914.0	546.5	367.5
广　西	331.7	225.1	106.6
海　南	236.3	176.1	60.1
重　庆	45.0	35.1	9.9
四　川	163.8	103.8	59.9
贵　州	28.2	17.8	10.4
云　南	63.1	38.8	24.3
西　藏	0.2	0.1	0.2
陕　西	14.6	8.3	6.3
甘　肃	1.8	1.2	0.6
青　海	0.6	0.4	0.1
宁　夏	13.4	5.1	8.2
新　疆	15.3	6.5	8.7

6—4 各地区分部门农林牧渔业增加值

（按当年价格计算）

单位：亿元

地　　区	合　　计	#农　业	林　业	牧　业	渔　业
全国总计	**52373.6**	**30216.1**	**2281.3**	**13128.4**	**5266.9**
					10.1
北　　京	150.2	76.0	23.5	44.1	4.5
天　　津	171.6	95.1	1.6	44.0	29.4
河　　北	3186.7	2093.2	55.7	825.3	105.1
山　　西	698.3	479.3	32.2	149.6	4.6
内 蒙 古	1448.6	764.6	67.2	578.8	17.4
辽　　宁	2155.8	930.1	75.2	655.1	402.3
吉　　林	1412.1	772.2	61.4	516.6	20.9
黑 龙 江	2113.7	1478.1	62.3	506.5	29.2
上　　海	127.8	73.7	3.0	25.8	21.4
江　　苏	3418.3	2031.3	55.2	490.5	682.3
浙　　江	1667.9	887.8	103.8	248.7	402.6
安　　徽	2178.7	1151.8	145.9	554.4	253.4
福　　建	1776.7	797.1	165.1	250.7	504.3
江　　西	1520.2	667.0	177.5	397.3	233.2
山　　东	4281.7	2329.9	75.5	946.7	771.2
河　　南	3769.5	2315.8	84.9	1233.5	58.3
湖　　北	2848.8	1594.8	50.6	765.7	379.5
湖　　南	3004.2	1857.1	192.3	675.8	182.2
广　　东	2847.3	1555.7	166.0	514.4	546.5
广　　西	2172.6	1181.9	187.7	530.0	225.1
海　　南	711.5	298.6	93.4	125.4	176.1
重　　庆	940.0	628.4	31.8	232.2	35.1
四　　川	3297.2	1915.5	104.1	1122.4	103.8
贵　　州	891.9	561.3	37.0	245.7	17.8
云　　南	1654.6	935.0	151.3	498.9	38.8
西　　藏	80.3	35.0	1.6	41.7	0.1
陕　　西	1370.2	944.1	37.2	322.9	8.3
甘　　肃	780.5	580.7	9.3	158.0	1.2
青　　海	176.8	69.5	2.9	101.3	0.4
宁　　夏	199.4	135.9	3.4	44.8	5.1
新　　疆	1320.6	979.9	22.5	281.5	6.5

6—5 各地区分部门农林牧渔业增加值构成

（按当年价格计算）

单位：%

地　区	合　计	#农　业	林　业	牧　业	渔　业
全国总计	**100.0**	**57.7**	**4.4**	**25.1**	**10.1**
北　京	100.0	50.6	15.6	29.4	3.0
天　津	100.0	55.4	1.0	25.6	17.1
河　北	100.0	65.7	1.7	25.9	3.3
山　西	100.0	68.6	4.6	21.4	0.7
内蒙古	100.0	52.8	4.6	40.0	1.2
辽　宁	100.0	43.1	3.5	30.4	18.7
吉　林	100.0	54.7	4.3	36.6	1.5
黑龙江	100.0	69.9	2.9	24.0	1.4
上　海	100.0	57.7	2.3	20.2	16.7
江　苏	100.0	59.4	1.6	14.3	20.0
浙　江	100.0	53.2	6.2	14.9	24.1
安　徽	100.0	52.9	6.7	25.4	11.6
福　建	100.0	44.9	9.3	14.1	28.4
江　西	100.0	43.9	11.7	26.1	15.3
山　东	100.0	54.4	1.8	22.1	18.0
河　南	100.0	61.4	2.3	32.7	1.5
湖　北	100.0	56.0	1.8	26.9	13.3
湖　南	100.0	61.8	6.4	22.5	6.1
广　东	100.0	54.6	5.8	18.1	19.2
广　西	100.0	54.4	8.6	24.4	10.4
海　南	100.0	42.0	13.1	17.6	24.8
重　庆	100.0	66.8	3.4	24.7	3.7
四　川	100.0	58.1	3.2	34.0	3.1
贵　州	100.0	62.9	4.2	27.5	2.0
云　南	100.0	56.5	9.1	30.2	2.3
西　藏	100.0	43.6	2.0	51.9	0.1
陕　西	100.0	68.9	2.7	23.6	0.6
甘　肃	100.0	74.4	1.2	20.2	0.2
青　海	100.0	39.3	1.7	57.3	0.3
宁　夏	100.0	68.1	1.7	22.5	2.6
新　疆	100.0	74.2	1.7	21.3	0.5

6—6 各地区分部门农林牧渔业增加值率

（以该部门总产值为100）

单位：%

地 区	农林牧渔业	农 业	林 业	牧 业	渔 业
全国总计	**58.5**	**64.4**	**66.2**	**48.3**	**60.5**
北 京	38.0	45.7	42.9	28.6	35.0
天 津	45.7	48.5	58.8	41.9	47.6
河 北	59.7	67.6	71.6	47.2	59.1
山 西	53.5	56.6	40.7	50.0	55.0
内蒙古	59.1	65.2	68.8	51.7	66.6
辽 宁	53.1	60.4	58.5	40.4	65.0
吉 林	56.4	66.2	62.6	45.7	61.3
黑龙江	53.5	63.8	46.3	37.5	37.5
上 海	39.7	43.0	31.1	35.6	37.2
江 苏	58.8	68.5	55.4	40.0	55.2
浙 江	62.7	72.2	73.0	45.3	58.6
安 徽	58.4	61.7	69.7	49.5	65.9
福 建	59.1	63.1	64.4	52.1	55.8
江 西	63.4	66.5	77.5	52.8	70.0
山 东	53.9	58.8	70.6	41.4	60.9
河 南	56.4	58.5	60.3	54.7	67.5
湖 北	60.2	64.1	50.6	57.4	60.6
湖 南	61.3	70.0	74.0	45.4	65.1
广 东	61.1	69.8	74.5	45.4	59.8
广 西	62.2	68.6	76.5	49.4	67.9
海 南	65.8	64.8	67.7	58.6	74.5
重 庆	67.0	74.6	73.0	51.2	78.0
四 川	60.7	69.3	68.7	49.4	63.4
贵 州	62.1	64.9	68.3	58.3	63.2
云 南	61.7	66.9	67.0	54.7	61.5
西 藏	67.8	65.5	63.7	70.6	29.9
陕 西	59.5	61.9	63.6	53.9	57.0
甘 肃	57.5	59.0	46.5	68.2	68.8
青 海	67.0	59.3	64.1	73.9	79.7
宁 夏	51.8	56.5	35.3	42.4	38.5
新 疆	58.0	58.5	52.3	58.0	42.7

6—7　各地区分部门农林牧渔业中间消耗

（按当年价格计算）　　单位：亿元

地　区	合　计	#农　业	林　业	牧　业	渔　业
全国合计	**37079.4**	**16724.3**	**1165.8**	**14061.0**	**3439.1**
北　京	245.5	90.3	31.3	110.0	8.4
天　津	204.0	100.9	1.1	61.0	32.3
河　北	2153.4	1002.1	22.1	922.4	72.7
山　西	605.9	368.2	46.9	149.3	3.8
内蒙古	1000.8	407.4	30.5	540.1	8.7
辽　宁	1906.6	609.6	53.4	966.1	216.4
吉　林	1089.9	394.4	36.7	613.8	13.2
黑龙江	1838.6	837.5	72.2	844.2	48.7
上　海	193.9	97.8	6.6	46.8	36.1
江　苏	2390.5	935.4	44.5	735.7	553.1
浙　江	990.8	341.6	38.4	300.3	284.4
安　徽	1549.6	715.9	63.6	565.4	131.0
福　建	1230.7	466.6	91.4	230.5	399.1
江　西	879.0	336.2	51.4	355.4	99.9
山　东	3664.0	1630.7	31.5	1339.2	495.8
河　南	2909.5	1643.1	55.9	1022.1	28.1
湖　北	1883.3	893.2	49.4	568.3	246.7
湖　南	1899.9	794.6	67.7	812.8	97.7
广　东	1809.6	673.5	56.8	619.7	367.5
广　西	1318.1	542.1	57.6	542.8	106.6
海　南	370.6	162.1	44.5	88.7	60.1
重　庆	462.0	213.4	11.7	221.7	9.9
四　川	2136.0	849.4	47.4	1147.4	59.9
贵　州	544.7	303.5	17.2	175.8	10.4
云　南	1025.7	463.2	74.5	414.0	24.3
西　藏	38.0	18.4	0.9	17.3	0.2
陕　西	933.0	582.2	21.3	275.8	6.3
甘　肃	577.6	403.6	10.7	73.7	0.6
青　海	87.1	47.6	1.6	35.8	0.1
宁　夏	185.7	104.6	6.3	60.9	8.2
新　疆	955.1	695.1	20.5	203.9	8.7

6—8 各地区分部门农林牧渔业中间消耗构成

（按当年价格计算）

单位：%

地　区	合计	#农　业	林　业
全国合计	**100.0**	**45.1**	**3.1**
北　京	100.0	36.8	12.8
天　津	100.0	49.5	0.6
河　北	100.0	46.5	1.0
山　西	100.0	60.8	7.7
内蒙古	100.0	40.7	3.1
辽　宁	100.0	32.0	2.8
吉　林	100.0	36.2	3.4
黑龙江	100.0	45.6	3.9
上　海	100.0	50.4	3.4
江　苏	100.0	39.1	1.9
浙　江	100.0	34.5	3.9
安　徽	100.0	46.2	4.1
福　建	100.0	37.9	7.4
江　西	100.0	38.2	5.8
山　东	100.0	44.5	0.9
河　南	100.0	56.5	1.9
湖　北	100.0	47.4	2.6
湖　南	100.0	41.8	3.6
广　东	100.0	37.2	3.1
广　西	100.0	41.1	4.4
海　南	100.0	43.7	12.0
重　庆	100.0	46.2	2.5
四　川	100.0	39.8	2.2
贵　州	100.0	55.7	3.1
云　南	100.0	45.2	7.3
西　藏	100.0	48.4	2.4
陕　西	100.0	62.4	2.3
甘　肃	100.0	69.9	1.9
青　海	100.0	54.7	1.9
宁　夏	100.0	56.3	3.4
新　疆	100.0	72.8	2.1

6—8 续表

单位：%

地　区	牧　业	渔　业	农林牧渔服务业
全国合计	**37.9**	**9.3**	**4.6**
北　京	44.8	3.4	2.2
天　津	29.9	15.8	4.2
河　北	42.8	3.4	6.2
山　西	24.6	0.6	6.2
内蒙古	54.0	0.9	1.4
辽　宁	50.7	11.4	3.2
吉　林	56.3	1.2	2.9
黑龙江	45.9	2.6	2.0
上　海	24.1	18.6	3.5
江　苏	30.8	23.1	5.1
浙　江	30.3	28.7	2.6
安　徽	36.5	8.5	4.8
福　建	18.7	32.4	3.5
江　西	40.4	11.4	4.1
山　东	36.5	13.5	4.6
河　南	35.1	1.0	5.5
湖　北	30.2	13.1	6.7
湖　南	42.8	5.1	6.7
广　东	34.2	20.3	5.1
广　西	41.2	8.1	5.2
海　南	23.9	16.2	4.1
重　庆	48.0	2.1	1.1
四　川	53.7	2.8	1.5
贵　州	32.3	1.9	6.9
云　南	40.4	2.4	4.8
西　藏	45.5	0.4	3.2
陕　西	29.6	0.7	5.1
甘　肃	12.8	0.1	15.4
青　海	41.1	0.1	2.2
宁　夏	32.8	4.4	3.1
新　疆	21.3	0.9	2.8

6—9 各地区分部门农林牧渔业中间消耗占产值的比重

（以该部门总产值为100）

单位：%

地区	农林牧渔业	农业	林业
全国总计	**41.5**	**35.6**	**33.8**
北京	62.0	54.3	57.1
天津	54.3	51.5	41.2
河北	40.3	32.4	28.4
山西	46.5	43.4	59.3
内蒙古	40.9	34.8	31.2
辽宁	46.9	39.6	41.5
吉林	43.6	33.8	37.4
黑龙江	46.5	36.2	53.7
上海	60.3	57.0	68.9
江苏	41.2	31.5	44.6
浙江	37.3	27.8	27.0
安徽	41.6	38.3	30.3
福建	40.9	36.9	35.6
江西	36.6	33.5	22.5
山东	46.1	41.2	29.4
河南	43.6	41.5	39.7
湖北	39.8	35.9	49.4
湖南	38.7	30.0	26.0
广东	38.9	30.2	25.5
广西	37.8	31.4	23.5
海南	34.2	35.2	32.3
重庆	33.0	25.4	27.0
四川	39.3	30.7	31.3
贵州	37.9	35.1	31.7
云南	38.3	33.1	33.0
西藏	32.2	34.5	36.3
陕西	40.5	38.1	36.4
甘肃	42.5	41.0	53.5
青海	33.0	40.7	35.9
宁夏	48.2	43.5	64.7
新疆	42.0	41.5	47.7

6—9 续表 单位:%

地　区	牧　业	渔　业	农林牧渔服务业
全国总计	**51.7**	**39.5**	**53.3**
北　京	71.4	65.0	72.5
天　津	58.1	52.4	84.7
河　北	52.8	40.9	55.6
山　西	50.0	45.0	53.6
内蒙古	48.3	33.4	40.6
辽　宁	59.6	35.0	39.6
吉　林	54.3	38.7	43.6
黑龙江	62.5	62.5	49.0
上　海	64.4	62.8	63.1
江　苏	60.0	44.8	43.4
浙　江	54.7	41.4	51.0
安　徽	50.5	34.1	50.2
福　建	47.9	44.2	42.0
江　西	47.2	30.0	44.4
山　东	58.6	39.1	51.3
河　南	45.3	32.5	67.5
湖　北	42.6	39.4	68.4
湖　南	54.6	34.9	56.8
广　东	54.6	40.2	58.7
广　西	50.6	32.1	59.0
海　南	41.4	25.5	45.7
重　庆	48.8	22.0	29.4
四　川	50.6	36.6	38.3
贵　州	41.7	36.8	55.7
云　南	45.4	38.5	61.9
西　藏	29.4	70.1	36.2
陕　西	46.1	43.0	45.2
甘　肃	31.8	31.2	74.0
青　海	26.1	20.3	41.6
宁　夏	57.6	61.5	36.0
新　疆	42.0	57.3	47.1

6－10　分项农林牧渔业中间消耗

单位:亿元

指　　标	1990 年	1997 年	2010 年	2011 年	2012
中间消耗总计		**9615.5**	**28786.2**	**33817.8**	**37079.4**
一、物质消耗	**2508.2**	**8864.8**	**24836.5**	**29182.5**	**31879.2**
#用种量	245.7	854.8	3011.4	3538.3	4006.4
饲料	995.2	3708.5	10096.1	12309.1	13011.9
肥料	601.2	1634.0	4468.8	4985.0	5551.2
燃料	152.0	544.7	1760.4	2076.1	2284.1
农药	70.7	259.7	630.2	721.7	806.4
农膜		121.9	391.6	455.4	548.6
畜牧用药			256.4	313.2	333.7
用电量	61.6	365.0	1075.2	1190.4	1352.6
小农机			392.8	451.1	499.4
对物质生产部门的劳务支出					
二、生产服务支出			**3943.2**	**4627.7**	**5195.0**

注:1. 从 2003 年起,物质消耗项下的"对物质生产部门的劳务支出"调至"生产服务支出"项下。
2. 物质消耗和生产服务支出分项 2010、2011 年未包括重庆、西藏和青海,2012 年未包括西藏。

6—11 各地区农林牧渔业增加值、中间消耗及占农林牧渔业总产值比重

（按当年价格计算）

单位:亿元

地　区	农林牧渔业增加值	占农林牧渔业总产值比重(%)	农林牧渔业中间消耗	占农林牧渔业总产值比重(%)
全国总计	**52373.6**	**58.5**	**37079.4**	**41.5**
北　京	150.2	38.0	245.5	62.0
天　津	171.6	45.7	204.0	54.3
河　北	3186.7	59.7	2153.4	40.3
山　西	698.3	53.5	605.9	46.5
内蒙古	1448.6	59.1	1000.8	40.9
辽　宁	2155.8	53.1	1906.6	46.9
吉　林	1412.1	56.4	1089.9	43.6
黑龙江	2113.7	53.5	1838.6	46.5
上　海	127.8	39.7	193.9	60.3
江　苏	3418.3	58.8	2390.5	41.2
浙　江	1667.9	62.7	990.8	37.3
安　徽	2178.7	58.4	1549.6	41.6
福　建	1776.7	59.1	1230.7	40.9
江　西	1520.2	63.4	879.0	36.6
山　东	4281.7	53.9	3664.0	46.1
河　南	3769.5	56.4	2909.5	43.6
湖　北	2848.8	60.2	1883.3	39.8
湖　南	3004.2	61.3	1899.9	38.7
广　东	2847.3	61.1	1809.6	38.9
广　西	2172.6	62.2	1318.1	37.8
海　南	711.5	65.8	370.6	34.2
重　庆	940.0	67.0	462.0	33.0
四　川	3297.2	60.7	2136.0	39.3
贵　州	891.9	62.1	544.7	37.9
云　南	1654.6	61.7	1025.7	38.3
西　藏	80.3	67.8	38.0	32.2
陕　西	1370.2	59.5	933.0	40.5
甘　肃	780.5	57.5	577.6	42.5
青　海	176.8	67.0	87.1	33.0
宁　夏	199.4	51.8	185.7	48.2
新　疆	1320.6	58.0	955.1	42.0

6—12 农林牧渔业总产值

（按当年价格计算）

单位:亿元

年 份	农林牧渔业总 产 值	#农业产值	林业产值	牧业产值	渔业产值
1952	461.0	396.0	7.3	51.7	6.1
1957	537.0	443.9	17.5	65.4	10.2
1962	584.0	494.7	13.0	63.8	12.6
1965	833.0	684.3	22.3	111.5	14.8
1970	1021.0	838.4	28.6	136.6	17.4
1975	1260.0	1020.5	39.2	178.4	21.9
1978	1397.0	1117.6	48.1	209.3	22.1
1980	1922.6	1454.1	81.4	354.2	32.9
1985	3619.5	2506.4	188.7	798.3	126.1
1990	7662.1	4954.3	330.3	1967.0	410.6
1991	8157.0	5146.4	367.9	2159.2	483.5
1992	9084.7	5588.0	422.6	2460.5	613.5
1993	10995.5	6605.1	494.0	3014.4	882.0
1994	15750.5	9169.2	611.1	4672.0	1298.2
1995	20340.9	11884.6	709.9	6045.0	1701.3
1996	22353.7	13539.8	778.0	6015.5	2020.4
1997	23788.4	13852.5	817.8	6835.4	2282.7
1998	24541.9	14241.9	851.3	7025.8	2422.9
1999	24519.1	14106.2	886.3	6997.6	2529.0
2000	24915.8	13873.6	936.5	7393.1	2712.6
2001	26179.6	14462.8	938.8	7963.1	2815.0
2002	27390.8	14931.5	1033.5	8454.6	2971.1
2003	29691.8	14870.1	1239.9	9538.8	3137.6
2004	36239.0	18138.4	1327.1	12173.8	3605.6
2005	39450.9	19613.4	1425.5	13310.8	4016.1
2006	40810.8	21522.3	1610.8	12083.9	3970.5
2007	48893.0	24658.2	1861.6	16124.9	4457.5
2008	58002.2	28044.2	2152.9	20583.6	5203.4
2009	60361.0	30777.5	2193.0	19468.4	5626.4
2010	69319.8	36941.1	2595.5	20825.7	6422.4
2011	81303.9	41988.6	3120.7	25770.7	7568.0
2012	89453.0	46940.5	3447.1	27189.4	8706.0

注:2009年按照新的《统计用产品分类目录》对数据进行了调整(后同)。

6—13 农林牧渔业总产值构成

（按当年价格计算）

单位：%

年 份	农林牧渔业	农业产值	林业产值	牧业产值	渔业产值
1952	100.0	85.9	1.6	11.2	1.3
1957	100.0	82.7	3.3	12.2	1.9
1962	100.0	84.7	2.2	10.9	2.2
1965	100.0	82.2	2.7	13.4	1.8
1970	100.0	82.1	2.8	13.4	1.7
1975	100.0	81.0	3.1	14.2	1.7
1978	100.0	80.0	3.4	15.0	1.6
1979	100.0	78.1	3.6	16.8	1.5
1980	100.0	75.6	4.2	18.4	1.7
1981	100.0	75.0	4.5	18.4	2.0
1982	100.0	75.1	4.4	18.4	2.1
1983	100.0	75.4	4.6	17.6	2.3
1984	100.0	74.1	5.0	18.3	2.6
1985	100.0	69.2	5.2	22.1	3.5
1986	100.0	69.1	5.0	21.8	4.1
1987	100.0	67.6	4.7	22.8	4.8
1988	100.0	62.5	4.7	27.3	5.5
1989	100.0	62.8	4.4	27.6	5.3
1990	100.0	64.7	4.3	25.7	5.4
1991	100.0	63.1	4.5	26.5	5.9
1992	100.0	61.5	4.7	27.1	6.8
1993	100.0	60.1	4.5	27.4	8.0
1994	100.0	58.2	3.9	29.7	8.2
1995	100.0	58.4	3.5	29.7	8.4
1996	100.0	60.6	3.5	26.9	9.0
1997	100.0	58.2	3.4	28.7	9.6
1998	100.0	58.0	3.5	28.6	9.9
1999	100.0	57.5	3.6	28.5	10.3
2000	100.0	55.7	3.8	29.7	10.9
2001	100.0	55.2	3.6	30.4	10.8
2002	100.0	54.5	3.8	30.9	10.8
2003	100.0	50.1	4.2	32.1	10.6
2004	100.0	50.1	3.7	33.6	9.9
2005	100.0	49.7	3.6	33.7	10.2
2006	100.0	52.7	3.9	29.6	9.7
2007	100.0	50.4	3.8	33.0	9.1
2008	100.0	48.4	3.7	35.5	9.0
2009	100.0	51.0	3.6	22.8	9.3
2010	100.0	53.3	3.7	30.0	9.3
2011	100.0	51.6	3.8	31.7	9.3
2011	100.0	52.5	3.9	30.4	9.7

注：2006 年为根据农普调整的数据。

6—14 农林牧渔业分项产值及构成

（按当年价格计算）

指　　标	绝对数(亿元)		构成(%)	
	2011 年	2012 年	2011 年	2012 年
农林牧渔业总产值	**81303.9**	**89453.0**	**100.0**	**100.0**
一、农业产值	**41988.6**	**46940.5**	**51.6**	**52.5**
（一）谷物及其他作物	20151.3	21750.7	24.8	24.3
谷物	12076.1	13333.8	14.9	14.9
薯类	1349.1	1376.9	1.7	1.5
油料	1888.9	2187.2	2.3	2.4
豆类	929.0	855.5	1.1	1.0
棉花	1574.5	1477.8	1.9	1.7
麻类	24.7	24.3	0.0	0.0
糖料	644.9	685.9	0.8	0.8
烟草	522.2	621.0	0.6	0.7
其他农作物	1142.0	1187.4	1.4	1.3
（二）蔬菜园艺作物	14130.8	16232.0	17.4	18.1
#蔬菜（含菜用瓜）	12437.6	14236.1	15.3	15.9
食用菌	944.7	1155.0	1.2	1.3
花卉	473.6	540.7	0.6	0.6
盆景园艺	284.1	301.2	0.3	0.3
（三）水果、坚果、茶、饮料和香料	6903.5	8002.0	8.5	8.9
#水果	5569.8	6290.6	6.9	7.0
坚果	466.9	638.4	0.6	0.7
茶及饮料原料	752.2	933.4	0.9	1.0
香料原料	114.6	118.1	0.1	0.1
（四）中草药材	790.8	954.5	1.0	1.1
二、林业产值	**3120.7**	**3447.1**	**3.8**	**3.9**
（一）林木的培育和种植	1107.5	1296.1	1.4	1.4
（二）竹木采运	941.9	998.8	1.2	1.1
（三）林产品	1063.4	1152.2	1.3	1.3
三、牧业产值	**25770.7**	**27189.4**	**31.7**	**30.4**
（一）牲畜饲养	5782.0	6559.6	7.1	7.3
#牛的饲养	2299.0	2653.6	2.8	3.0
羊的饲养	1713.2	2010.0	2.1	2.2
（二）猪的饲养	12225.4	12435.9	15.0	13.9
（三）家禽饲养	6586.2	6895.5	8.1	7.7
（四）狩猎和捕捉动物	26.8	29.0	0.0	0.0
（五）其他畜牧业	1150.3	1266.0	1.4	1.4
四、渔业产值	**7568.0**	**8706.0**	**9.3**	**9.7**
（一）海水产品	3425.0	3987.8	4.2	4.5
其中：养殖	1574.7	1766.4	1.9	2.0
（二）淡水产品	4142.8	4717.9	5.1	5.3
其中：养殖	3032.6	3367.4	3.7	3.8

6—15 各地区农林牧渔业总产值

（按当年价格计算） 单位:亿元

地区	农林牧渔业总产值		农业产值	
	2011 年	2012 年	2011 年	2012 年
全国总计	**81303.9**	**89453.0**	**41988.6**	**46940.5**
北京	363.1	395.7	163.4	166.3
天津	349.5	375.6	179.9	196.0
河北	4895.9	5340.1	2775.3	3095.3
山西	1207.6	1304.3	767.1	847.4
内蒙古	2204.5	2449.3	1057.8	1172.0
辽宁	3633.6	4062.4	1307.2	1539.6
吉林	2275.1	2502.0	1020.4	1166.6
黑龙江	3223.5	3952.3	1801.8	2315.6
上海	314.6	321.7	165.1	171.5
江苏	5237.4	5808.8	2640.9	2966.7
浙江	2534.9	2658.7	1152.0	1229.4
安徽	3459.7	3728.3	1714.8	1867.6
福建	2730.9	3007.4	1136.2	1263.7
江西	2207.3	2399.3	917.8	1003.2
山东	7409.7	7945.8	3843.6	3960.6
河南	6218.6	6679.0	3599.9	3958.9
湖北	4252.9	4732.1	2299.3	2488.1
湖南	4508.2	4904.1	2391.7	2651.7
广东	4384.4	4656.8	2042.2	2229.3
广西	3323.4	3490.7	1602.5	1724.0
海南	1002.4	1082.1	401.0	460.7
重庆	1265.3	1402.0	751.2	841.8
四川	4932.7	5433.1	2454.3	2764.9
贵州	1165.5	1436.6	655.3	864.9
云南	2306.5	2680.2	1124.7	1398.2
西藏	109.4	118.3	49.6	53.4
陕西	2058.6	2303.2	1360.7	1526.3
甘肃	1187.8	1358.2	848.5	984.2
青海	230.8	263.9	102.9	117.1
宁夏	354.7	385.1	223.6	240.5
新疆	1955.4	2275.7	1437.9	1675.0

6—15续表

地　　区	林业产值		牧业产值		渔业产值	
	2011年	2012年	2011年	2012年	2011年	2012年
全国总计	**3120.7**	**3447.1**	**25770.7**	**27189.4**	**7568.0**	**8706.0**
北　　京	18.9	54.8	162.7	154.2	11.5	13.0
天　　津	2.5	2.8	98.5	105.0	58.6	61.7
河　　北	58.8	77.9	1674.0	1747.7	163.6	177.7
山　　西	73.5	79.1	295.7	298.8	7.5	8.4
内 蒙 古	93.2	97.8	998.3	1118.9	23.5	26.1
辽　　宁	107.4	128.7	1521.1	1621.2	560.0	618.7
吉　　林	81.9	98.1	1074.5	1130.4	31.1	34.1
黑 龙 江	110.2	134.5	1189.9	1350.7	58.9	77.9
上　　海	7.6	9.5	77.4	72.6	54.7	57.5
江　　苏	92.8	99.7	1190.5	1226.2	1060.4	1235.4
浙　　江	134.1	142.1	546.3	549.0	655.8	687.0
安　　徽	182.1	209.5	1083.5	1119.7	346.2	384.4
福　　建	237.7	256.5	479.2	481.3	782.6	903.4
江　　西	206.1	228.9	734.3	752.7	272.2	333.1
山　　东	100.0	107.0	2171.9	2285.9	999.1	1267.1
河　　南	127.3	140.9	2198.4	2255.6	72.5	86.4
湖　　北	86.1	100.1	1205.8	1334.0	508.8	626.2
湖　　南	239.1	260.0	1425.6	1488.6	255.0	279.9
广　　东	208.7	222.7	1146.4	1134.1	843.0	914.0
广　　西	217.4	245.3	1096.6	1072.8	303.1	331.7
海　　南	161.4	137.9	207.1	214.1	204.6	236.3
重　　庆	38.1	43.5	425.3	453.9	34.9	45.0
四　　川	130.1	151.5	2127.2	2269.9	147.2	163.8
贵　　州	46.7	54.2	381.9	421.5	19.9	28.2
云　　南	245.7	225.8	808.2	913.0	55.9	63.1
西　　藏	2.4	2.6	54.1	59.0	0.2	0.2
陕　　西	42.3	58.4	553.4	598.7	10.6	14.6
甘　　肃	17.2	20.1	210.6	231.7	1.6	1.8
青　　海	4.2	4.6	119.3	137.1	0.2	0.6
宁　　夏	9.3	9.8	97.6	105.7	10.2	13.4
新　　疆	38.1	43.0	415.0	485.4	14.2	15.3

6—16 各地区农业分项产值

（按当年价格计算）

单位:亿元

地区	农业	1.谷物及其他作物	#谷物	#小麦	稻谷	玉米
全国	**46940.5**	**21750.7**	**13333.8**	**2641.0**	**5714.9**	**4424.5**
北京	166.3	29.2	23.6	5.8	0.1	17.5
天津	196.0	68.2	47.8	16.2	4.2	27.4
河北	3095.3	1059.1	656.5	284.9	14.8	338.1
山西	847.4	348.5	270.6	56.0	0.1	193.8
内蒙古	1172.0	876.5	528.1	43.5	24.4	360.4
辽宁	1539.6	705.3	599.7	1.1	145.5	313.0
吉林	1166.6	892.4	718.9	0.0	175.6	526.1
黑龙江	2315.6	1856.2	1478.0	15.5	746.8	710.4
上海	171.5	41.6	35.6	5.3	28.4	0.6
江苏	2966.7	1261.0	948.9	229.2	568.1	62.2
浙江	1229.4	280.0	187.0	5.3	171.2	7.8
安徽	1867.6	1137.3	797.4	304.0	388.8	96.4
福建	1263.7	290.0	146.2	0.2	140.9	3.0
江西	1003.2	627.7	495.9	1.0	490.1	3.6
山东	3960.6	1661.4	893.4	473.2	20.7	396.1
河南	3958.9	1839.7	1136.8	645.0	123.6	365.3
湖北	2488.1	1208.2	605.3	105.0	443.3	54.9
湖南	2651.7	1078.4	758.2	1.3	710.5	44.4
广东	2229.3	719.1	353.1	0.1	324.2	32.1
广西	1724.0	920.2	374.5	0.0	319.5	54.1
海南	460.7	94.9	42.6	0.0	38.4	3.1
重庆	841.8	360.5	199.5	8.5	115.1	60.6
四川	2764.9	1203.8	676.0	102.2	388.1	166.8
贵州	864.9	389.4	198.5	12.6	114.3	79.1
云南	1398.2	758.9	307.4	18.9	154.7	133.0
西藏	53.4	26.0	22.0	5.0	0.1	0.6
陕西	1526.3	460.4	275.5	99.3	25.9	122.3
甘肃	984.2	459.3	216.7	61.3	0.8	98.3
青海	117.1	61.4	16.7	7.9	0.0	4.0
宁夏	240.5	110.5	70.2	14.9	18.6	36.0
新疆	1675.0	925.5	253.4	117.9	18.2	113.2

6—16续表1

地区	#薯类	#油料	花生	油菜籽	#豆类	大豆
全国	**1376.9**	**2187.2**	**1125.3**	**809.6**	**855.5**	**640.8**
北京	0.8	1.2	1.1	0.0	0.5	0.5
天津	0.4	0.6	0.5	0.0	1.3	1.2
河北	83.5	100.8	92.4	1.7	14.3	11.2
山西	21.2	10.3	1.1	0.3	13.7	7.5
内蒙古	93.5	76.7	1.7	13.1	74.8	50.2
辽宁	6.1	72.7	71.0	0.0	18.9	14.4
吉林	60.4	57.2	37.0	0.0	35.3	26.6
黑龙江	64.5	22.5	5.2	0.1	238.3	228.0
上海	0.1	0.7	0.1	0.6	0.5	0.3
江苏	41.3	89.4	26.7	57.2	39.6	26.7
浙江	18.1	19.2	4.6	13.7	16.1	11.8
安徽	17.9	132.6	59.0	64.8	62.0	55.0
福建	45.3	22.9	21.0	1.5	11.7	8.3
江西	8.9	58.1	28.7	25.6	16.3	11.4
山东	59.4	215.3	213.6	1.6	22.4	21.9
河南	46.6	372.3	302.8	40.8	42.1	35.9
湖北	62.3	205.0	57.9	127.1	30.9	19.7
湖南	22.6	145.5	21.8	120.0	18.5	7.1
广东	118.1	73.4	72.7	0.5	12.6	9.6
广西	37.7	38.8	37.0	0.7	12.3	7.8
海南	19.4	5.5	5.3	0.0	1.0	0.3
重庆	63.8	34.4	8.7	24.5	30.8	12.7
四川	178.9	227.5	37.9	189.1	24.6	17.7
贵州	31.8	40.1	4.2	35.1	12.5	4.1
云南	47.6	33.9	4.3	26.4	48.0	14.4
西藏	0.1	2.7	0.0	2.7	0.5	0.1
陕西	61.6	42.1	7.6	24.4	26.5	18.4
甘肃	118.1	34.5	0.2	16.0	13.2	6.4
青海	16.1	15.6	0.0	15.2	4.1	0.0
宁夏	17.3	9.9	0.0	0.2	1.3	0.3
新疆	13.4	25.6	1.2	6.6	11.0	11.0

6—16 续表 2

地　区	#棉花	#麻类	#糖料	#烟草
全　国	**1477.8**	**24.3**	**685.9**	**621.0**
北　京	0.1	0.0	0.0	0.0
天　津	17.1	0.0	0.0	0.0
河　北	130.0	0.0	2.3	0.6
山　西	3.7	0.0	2.3	2.0
内蒙古	0.3	0.0	7.9	1.5
辽　宁	0.1	0.0	1.8	4.7
吉　林	1.0	0.0	1.4	8.5
黑龙江	0.0	0.2	9.6	13.7
上　海	0.5	0.0	0.2	0.0
江　苏	93.8	0.2	2.4	0.0
浙　江	3.7	0.0	7.8	0.5
安　徽	84.2	1.4	3.7	6.9
福　建	0.0	0.0	2.4	33.2
江　西	12.1	1.0	5.8	10.5
山　东	203.9	0.0	0.0	14.3
河　南	70.4	1.8	3.0	56.6
湖　北	172.7	2.0	2.1	27.4
湖　南	64.0	1.4	9.6	54.5
广　东	0.0	1.8	75.5	12.0
广　西	0.2	7.5	383.7	6.7
海　南	0.0	0.3	22.0	1.2
重　庆	0.0	1.2	2.0	17.1
四　川	1.9	3.0	6.3	41.8
贵　州	0.4	0.0	24.6	67.8
云　南	0.1	0.7	83.8	227.0
西　藏	0.0	0.0	0.0	0.0
陕　西	9.4	0.1	0.1	11.7
甘　肃	31.5	0.1	1.0	0.6
青　海	0.0	0.0	0.0	0.1
宁　夏	0.0	0.0	0.0	0.2
新　疆	576.7	1.4	24.8	0.0

6—16 续表 3

地　区	2. 蔬菜园艺	蔬菜	食用菌	花卉	3. 水果、坚果、饮料和香料作物	苹果	梨	柑橘
全　国	**16232.0**	**14236.1**	**1155.0**	**540.7**	**8002.0**	**1265.2**	**457.0**	**828.6**
北　京	74.1	56.1	6.3	8.3	62.8	8.5	6.2	16.1
天　津	106.9	93.7	8.2	5.0	20.8	2.4	0.9	
河　北	1469.4	1333.9	110.7	6.7	531.2	103.7	95.7	0.0
山　西	225.0	213.5	7.4	3.7	232.5	123.8	19.7	0.0
内蒙古	235.2	225.0	9.1	0.6	45.9	5.3	2.7	0.0
辽　宁	578.7	521.5	34.5	20.6	240.8	103.4	32.4	0.0
吉　林	211.7	206.0	4.9	0.1	58.6	6.6	3.1	0.0
黑龙江	358.0	139.3	218.6	0.1	97.2	9.0	1.7	0.0
上　海	92.8	75.0	10.7	5.0	37.0	0.0	2.3	2.6
江　苏	1440.1	1265.4	76.6	34.6	254.3	13.8	16.0	1.4
浙　江	547.5	341.2	40.2	156.1	360.4	0.0	15.4	45.5
安　徽	464.7	430.8	12.8	6.5	230.8	11.6	21.3	0.8
福　建	584.7	384.3	144.9	40.3	371.5	0.0	6.4	67.8
江　西	277.9	243.8	10.3	4.9	93.2	0.0	3.7	50.5
山　东	1371.9	1295.3	25.2	12.7	883.6	271.9	37.0	0.0
河　南	1438.1	1185.7	199.1	38.3	603.5	115.7	27.7	0.6
湖　北	949.0	846.1	77.8	4.6	285.1	0.3	14.4	90.3
湖　南	1069.7	1044.3	6.5	1.1	384.2	0.0	5.3	110.7
广　东	988.7	883.2	13.8	65.4	494.8	0.0	1.9	117.7
广　西	484.7	421.2	42.0	14.1	282.6	0.0	4.9	38.2
海　南	212.6	189.7	0.1	22.8	152.0	0.0	0.0	2.3
重　庆	350.3	321.4	10.0	8.6	108.9	0.2	9.9	42.9
四　川	1007.4	911.0	54.4	30.0	500.7	20.5	55.7	206.0
贵　州	388.0	381.6	1.8	3.9	54.7	0.9	3.6	6.0
云　南	296.8	252.3	4.5	39.2	253.1	6.8	8.7	20.6
西　藏	8.6	9.0	0.3	0.0	0.9	0.2	0.0	0.0
陕　西	419.4	395.9	19.2	2.9	593.6	317.2	21.4	8.6
甘　肃	251.2	248.1	2.1	1.0	208.9	104.5	7.0	0.1
青　海	30.9	29.9	0.4	0.7	1.4	0.2	0.1	0.0
宁　夏	71.0	66.4	2.4	2.0	38.0	6.0	0.3	0.0
新　疆	226.9	225.3	0.5	0.8	519.0	32.6	31.4	0.0

6—16 续表 4

地区	茶及其他饮料	#茶	香料作物	中药材
全国	**933.4**	**915.7**	**118.1**	**954.5**
北京			0.2	0.2
天津			0.0	0.0
河北			3.1	35.6
山西	0.1	0.1	3.4	41.4
内蒙古				14.4
辽宁				14.9
吉林				3.8
黑龙江				4.3
上海				0.0
江苏	40.7	40.7	0.0	11.3
浙江	114.7	114.7	0.0	41.4
安徽	41.9	40.9	0.1	34.9
福建	161.7	161.7	0.4	17.6
江西	8.7	8.7	0.0	4.5
山东	5.0	5.0	8.3	43.6
河南	133.1	133.1	5.6	77.7
湖北	80.7	80.7	1.6	45.7
湖南	101.5	101.5	0.6	119.4
广东	18.5	18.5	4.9	26.6
广西	22.6	22.6	13.1	36.6
海南	0.6	0.6	6.2	1.3
重庆	11.6	11.6	17.4	22.0
四川	94.8	94.4	10.5	52.9
贵州	19.0	17.1	1.3	32.8
云南	54.5	40.8	4.2	89.3
西藏	0.0	0.1	0.1	16.6
陕西	22.7	22.7	15.6	52.9
甘肃	1.1	0.4	19.9	64.9
青海			0.1	23.5
宁夏			0.3	21.0
新疆			1.1	3.5

6—17 各地区林业分项产值

（按当年价格计算）

单位:亿元

地 区	林业产值	1.林木的培育和种植	2.竹木采运	#村及村以下	3.林产品
全 国	**3447.1**	**1296.1**	**998.8**	**584.9**	**1152.2**
北 京	54.8	53.5	1.2	1.1	0.0
天 津	2.8	2.4	0.4	0.4	0.0
河 北	77.9	65.2	4.6	2.7	8.1
山 西	79.1	78.8	0.3	0.0	0.0
内蒙古	97.8	74.8	16.8	0.0	6.2
辽 宁	128.7	67.9	29.7	23.9	31.1
吉 林	98.1	22.6	57.4	5.0	18.1
黑龙江	134.5	88.6	29.5	4.0	16.4
上 海	9.5	9.1	0.1	0.0	0.3
江 苏	99.7	73.7	16.0	9.7	10.1
浙 江	142.1	11.6	58.7	41.6	71.8
安 徽	209.5	77.7	63.0	30.0	68.9
福 建	256.5	30.5	127.5	101.2	98.4
江 西	228.9	76.1	43.6	31.4	109.2
山 东	107.0	45.9	20.5	18.4	40.6
河 南	140.9	68.0	50.0	15.7	22.9
湖 北	100.1	49.0	36.8	31.1	14.2
湖 南	260.0	75.0	55.2	0.0	129.8
广 东	222.7	25.8	79.3	76.5	117.6
广 西	245.3	29.3	144.1	107.0	71.9
海 南	137.9	11.6	6.6	0.1	119.7
重 庆	43.5	20.1	4.0	2.5	19.3
四 川	151.5	80.0	50.9	20.5	20.5
贵 州	54.2	6.9	14.5	10.3	32.8
云 南	225.8	51.5	79.3	45.6	95.0
西 藏	2.6	1.1	1.4	1.2	0.0
陕 西	58.4	33.7	4.7	3.3	20.0
甘 肃	20.1	15.9	0.6	0.2	3.6
青 海	4.6	3.8	0.1	0.0	0.7
宁 夏	9.8	8.1	0.2	0.0	1.5
新 疆	43.0	37.9	1.8	1.3	3.4

6—18 各地区畜牧业分项产值

(按当年价格计算)

单位:亿元

地区	牧业产值	1.牲畜饲养	牛	羊	奶产品
全国	**27189.4**	**6559.6**	**2653.6**	**2010.0**	**1335.2**
北京	154.2	41.8	11.7	7.0	22.2
天津	105.0	34.2	8.0	2.7	23.4
河北	1747.7	604.9	238.2	189.9	163.6
山西	298.8	103.8	27.4	40.1	27.1
内蒙古	1118.9	884.6	137.2	393.7	305.3
辽宁	1621.2	489.8	225.8	90.7	46.4
吉林	1130.4	405.6	219.3	28.5	15.9
黑龙江	1350.7	599.0	252.1	144.5	181.5
上海	72.6	16.1	0.3	3.8	12.0
江苏	1226.2	92.6	11.9	46.4	25.1
浙江	549.0	21.5	3.0	9.7	8.5
安徽	1119.7	160.5	76.1	74.8	7.8
福建	481.3	36.7	11.1	14.8	10.8
江西	752.7	60.8	45.9	3.9	7.0
山东	2285.9	429.5	204.7	122.1	97.2
河南	2255.6	765.9	420.0	172.3	111.7
湖北	1334.0	119.1	72.0	23.1	7.2
湖南	1488.6	89.3	44.0	41.9	3.3
广东	1134.1	27.0	16.0	2.7	8.2
广西	1072.8	67.5	52.7	10.3	4.4
海南	214.1	19.0	13.4	5.0	0.1
重庆	453.9	29.2	19.3	6.5	3.0
四川	2269.9	257.2	106.2	112.6	27.0
贵州	421.5	85.3	64.3	18.4	2.3
云南	913.0	158.6	99.4	40.5	14.5
西藏	59.0	55.8	31.8	11.7	7.7
陕西	598.7	213.2	50.6	57.8	90.7
甘肃	231.7	120.6	48.4	48.9	16.0
青海	137.1	109.2	32.0	55.0	18.3
宁夏	105.7	81.3	26.4	23.8	28.4
新疆	485.4	380.3	84.5	206.5	38.8

6—18续表

单位:亿元

地区	2.猪的饲养	3.家禽饲养	#肉禽	禽蛋	4.狩猎和捕猎动物	5.其他畜牧业
全国	**12435.9**	**6895.5**	**4080.2**	**2773.9**	**29.0**	**1266.0**
北京	52.8	51.2	30.9	20.3		8.4
天津	40.9	29.8	15.9	14.0		0.1
河北	560.5	454.7	135.1	319.6	0.0	127.6
山西	118.4	69.2	14.7	54.5	0.0	7.4
内蒙古	148.7	82.7	40.2	42.5		2.9
辽宁	464.8	576.8	313.4	263.4	1.0	88.7
吉林	366.4	342.4	264.0	78.4	2.6	13.4
黑龙江	490.7	232.1	119.6	112.5		28.9
上海	38.9	15.0	9.8	5.2		2.5
江苏	464.8	540.5	326.7	210.1	2.0	126.4
浙江	381.3	96.5	58.0	38.5	1.7	48.2
安徽	585.1	314.0	185.2	128.7	4.6	55.5
福建	326.7	95.1	73.9	21.2	3.3	19.6
江西	485.0	184.4	127.7	56.8	2.9	19.6
山东	924.4	727.5	363.6	363.8	1.3	203.2
河南	963.6	470.4	160.4	308.0	1.6	54.2
湖北	865.0	341.7	182.8	158.9	0.5	7.8
湖南	1017.0	334.7	145.8	189.0	4.2	43.3
广东	617.9	428.9	393.1	35.8	1.9	58.4
广西	560.6	318.9	295.4	23.5		125.8
海南	114.8	70.6	67.2	3.4	0.3	9.4
重庆	250.8	141.7	96.4	45.3	0.0	32.2
四川	1198.4	677.8	478.4	163.8	0.3	136.1
贵州	273.9	60.4	46.3	14.1	0.1	1.8
云南	635.9	104.9	86.8	18.1	0.1	13.5
西藏	2.4	0.9	0.3	0.6		0.0
陕西	288.2	71.6	24.0	47.6	0.4	25.3
甘肃	93.8	15.9	6.8	9.1		1.4
青海	20.4	3.8	1.8	2.0	0.0	0.5
宁夏	15.6	8.3	3.5	4.8		0.5
新疆	68.4	33.1	12.7	20.5	0.2	3.4

6—19 各地区渔业分项产值

（按当年价格计算）

单位:亿元

地 区	渔业产值	1.海水产品	#养殖	鱼 类	甲壳类	贝 类	藻 类
全 国	**8706.0**	**3987.8**	**1766.4**	**1226.8**	**1122.4**	**947.2**	**102.8**
北 京	13.0	1.0		1.0			
天 津	61.7	11.9	4.8	6.9	4.8	0.2	
河 北	177.7	110.0	66.2	24.1	55.8	23.2	
山 西	8.4						
内蒙古	26.1						
辽 宁	618.7	448.7	240.4	102.4	160.2	144.9	22.8
吉 林	34.1						
黑龙江	77.9						
上 海	57.5	17.9		11.9	2.2	0.0	0.0
江 苏	1235.4	344.2	183.7	83.3	74.7	161.1	3.6
浙 江	687.0	484.5	129.3	205.3	153.3	72.7	6.7
安 徽	384.4						
福 建	903.4	717.1	0.0	253.6	190.5	189.1	26.8
江 西	333.1						
山 东	1267.1	1008.0	648.8	299.4	183.7	274.1	39.1
河 南	86.4						
湖 北	626.2						
湖 南	279.9						
广 东	914.0	445.8	325.6	195.3	211.0	29.1	3.8
广 西	331.7	193.3	108.0	43.7	86.3	52.8	
海 南	236.3	205.5	59.6				
重 庆	45.0						
四 川	163.8						
贵 州	28.2						
云 南	63.1						
西 藏	0.2						
陕 西	14.6						
甘 肃	1.8						
青 海	0.6						
宁 夏	13.4						
新 疆	15.3						

6—19续表

地　　区	2.内陆水产品	#养殖	鱼　类	甲壳类	贝　类
全　　国	**4717.9**	**3367.4**	**3210.0**	**1066.1**	**55.2**
北　　京	12.0	11.1	9.0	0.1	0.0
天　　津	49.8	48.0	33.4	16.1	0.1
河　　北	67.7	55.2	48.2	14.8	0.1
山　　西	8.4	8.0	8.3		
内 蒙 古	26.1	17.9	25.5	0.2	
辽　　宁	170.1	93.5	116.0	39.4	13.2
吉　　林	34.1	31.4	33.9		
黑 龙 江	77.9	68.1	76.9	0.5	0.4
上　　海	39.5	38.3	10.4	23.7	
江　　苏	891.2	794.1	369.4	447.5	13.5
浙　　江	202.5	185.9	88.5	42.9	2.1
安　　徽	384.4	297.8	211.3	140.5	7.9
福　　建	186.3	0.0	159.7	19.6	2.2
江　　西	333.1	296.7	217.1	33.5	3.0
山　　东	259.1	234.9	219.4	35.3	0.9
河　　南	86.4	81.4	75.5	7.1	0.1
湖　　北	626.2	0.0	459.5	121.2	3.9
湖　　南	279.9	202.7	232.4	20.0	3.9
广　　东	468.3	454.5	366.8	96.7	1.8
广　　西	138.4	125.3	120.5	1.9	0.8
海　　南	30.8	30.5			
重　　庆	45.0	40.8	44.3	0.5	0.1
四　　川	163.8	126.3	152.3	1.6	0.4
贵　　州	28.2	23.8	26.6	0.9	0.3
云　　南	63.1	57.1	60.0	1.6	0.5
西　　藏	0.2	0.2			
陕　　西	14.6	14.1	14.5		
甘　　肃	1.8	1.8	1.8		
青　　海	0.6	0.6	0.6		
宁　　夏	13.4	13.3	13.0	0.4	
新　　疆	15.3	14.0	15.3		

6—20 四大地区农林牧渔业总产值及构成

（按当年价格计算）

指　标	东部地区		中部地区		西部地区		东北地区	
	2011 年	2012 年	2011 年	2012 年	2011 年	2012 年	2011 年	2012 年
一、绝对数(亿元)								
农林牧渔业总产值	**29222.9**	**31592.8**	**21854.2**	**23747.1**	**21094.5**	**23596.4**	**9132.3**	**10516.8**
＃ 农业	14499.5	15739.4	11690.7	12817.0	11669.0	13362.2	4129.4	5021.9
林业	1022.4	1111.0	914.2	1018.4	884.6	956.5	299.5	361.3
牧业	7754.3	7970.1	6943.3	7249.5	7287.6	7867.5	3785.5	4102.3
渔业	4834.0	5553.0	1462.3	1718.5	621.6	703.7	650.1	730.8
二、构成(%)								
农林牧渔业总产值	**100.0**	**100.0**	**100.0**	**100.0**	**100.0**	**100.0**	**100.0**	**100.0**
＃农业	49.6	49.8	53.5	54.0	55.3	56.6	45.2	47.8
林业	3.5	3.5	4.2	4.3	4.2	4.1	3.3	3.4
牧业	26.5	25.2	31.8	30.5	34.5	33.3	41.5	39.0
渔业	16.5	17.6	6.7	7.2	2.9	3.0	7.1	6.9

6—21　农林牧渔业总产值

单位:亿元

年　份	农林牧渔业总　产　值	农业产值	林业产值	牧业产值	渔业产值
			(按1957年不变价格计算)		
1952	417.0	364.9	2.9	47.9	1.3
1957	536.7	455.5	9.3	69.0	2.9
1962	430.3	370.8	7.3	44.5	
1965	589.6	484.8	12.0	82.7	10.1
1970	716.3	596.8	16.0	92.6	10.9
			(按1970年不变价格计算)		
1975	1202.4	966.8	37.1	179.4	19.1
1978	1288.7	1031.0	44.4	193.0	20.3
			(按1980年不变价格计算)		
1980	1964.5	1491.6	94.5	339.6	38.8
1985	2912.2	2133.4	146.4	563.3	69.1
			(按1990年不变价格计算)		
1990	8151.2	5190.8	378.4	2048.8	533.2
1991	8451.8	5239.6	408.6	2229.7	573.9
1992	8989.1	5461.3	439.9	2426.1	661.8
1993	9692.9	5747.2	475.3	2686.8	783.6
1994	10525.9	5933.8	517.3	3134.4	940.4
1995	11670.7	6405.0	543.4	3599.1	1123.2
1996	12127.0	6901.6	574.0	3371.2	1280.2
1997	12942.4	7210.0	593.1	3711.7	1427.6
1998	13712.8	7564.6	610.4	3984.5	1553.2
1999	14351.4	7891.1	629.6	4165.9	1664.9
2000	14863.9	7999.8	663.4	4428.3	1772.4
2001	15494.0	8288.3	658.6	4705.6	1841.5
2002	16259.7	8611.7	705.2	4988.5	1954.3
2003	16997.2	8005.5	818.7	5564.3	2067.1
			(按可比价格计算)		
2004	31905.2	16133.4	1264.8	10225.1	3327.4
2005	38291.2	18890.5	1369.4	13128.8	3841.6
2006	40007.5	20645.2	1513.4	12381.8	3812.7
2007	42409.1	22363.2	1721.9	12462.1	4134.7
2008	51692.8	25836.7	2011.9	17213.6	4723.4
2009	60566.5	29291.8	2343.3	21173.0	5514.4
2010	63031.2	32036.9	2340.5	20266.3	5938.8
2011	72410.2	39022.5	2792.6	21181.8	6711.2
2012	85297.7	43835.6	3329.2	27117.1	7957.6

注:1.从2004年起,农林牧渔业总产值使用可比价格计算。
2.2006年为农业普查调整数。

6—22 农林牧渔业总产值指数

(以 1952 年为 100)

年 份	农林牧渔业总产值	农业产值	林业产值	牧业产值	渔业产值
1949	65.2	64.6	55.2	70.4	46.2
1952	100.0	100.0	100.0	100.0	100.0
1957	128.7	124.8	320.7	144.1	223.1
1962	103.2	101.6	251.7	92.9	592.3
1965	141.4	132.9	413.8	172.7	776.9
1970	171.8	163.6	551.7	193.3	838.5
1975	192.4	179.4	745.5	232.2	1150.3
1978	206.2	191.3	892.2	249.8	1222.5
1980	224.9	203.6	1014.8	306.4	1270.7
1985	333.4	291.2	1572.1	508.2	2263.0
1990	420.5	356.7	1601.1	704.4	4238.2
1991	436.0	360.1	1728.5	766.5	4562.1
1992	463.0	375.3	1861.1	834.1	5260.5
1993	500.0	394.9	2010.4	923.8	6222.5
1994	543.0	407.5	2189.3	1078.1	7467.0
1995	602.2	439.7	2298.8	1237.7	8915.6
1996	658.9	474.0	2428.1	1379.0	10161.8
1997	703.2	495.2	2508.7	1518.3	11331.4
1998	745.0	519.6	2582.0	1629.9	12328.6
1999	779.7	542.0	2664.6	1704.0	13215.0
2000	807.8	549.6	2808.5	1811.4	14074.0
2001	842.0	569.4	2788.4	1924.8	14622.3
2002	883.6	591.6	2985.6	2040.5	15518.0
2003	918.9	591.6	3194.6	2183.3	16293.9
2004	987.8	641.9	3258.5	2340.5	17271.5
2005	1044.1	668.2	3362.8	2523.1	18394.1
2006	1100.7	704.2	3550.5	2649.3	19496.5
2007	1143.2	731.7	3795.6	2718.2	20451.8
2008	1208.7	766.7	4102.1	2901.7	21671.7
2009	1264.3	796.0	4395.3	3069.9	22927.1
2010	1320.2	828.3	4681.9	3195.5	24198.4
2011	1379.0	875.0	5037.5	3250.2	25286.6
2012	1446.8	913.5	5374.0	3420.0	26588.4

注:本表按可比价格计算。

6—23 各地区农林牧渔业总产值指数

（以上年为100，按可比价格计算）

地区	农林牧渔总产值	#农业产值	林业产值	牧业产值	渔业产值
全国合计	**104.9**	**104.4**	**106.7**	**105.2**	**105.1**
北京	102.9	94.9	244.2	94.5	100.9
天津	103.2	101.8	108.2	106.6	102.3
河北	104.0	103.6	105.5	104.7	104.1
山西	105.6	105.9	102.2	104.9	109.8
内蒙古	105.7	105.8	104.9	105.7	103.6
辽宁	104.9	106.7	105.3	103.1	104.4
吉林	105.9	104.6	103.1	107.1	104.2
黑龙江	106.7	105.8	106.8	107.9	107.8
上海	100.5	100.4	112.9	98.3	100.9
江苏	104.8	104.5	102.8	105.3	104.4
浙江	101.8	101.0	99.4	101.9	103.2
安徽	105.6	105.8	105.4	105.6	103.5
福建	104.3	103.9	103.1	105.3	104.6
江西	104.6	102.7	106.4	105.0	108.3
山东	104.5	102.5	103.4	107.7	104.1
河南	104.5	104.2	104.9	104.6	105.8
湖北	105.6	103.6	108.1	107.7	108.8
湖南	103.0	101.2	105.0	104.7	105.5
广东	103.7	103.8	106.3	102.0	104.9
广西	105.7	106.0	108.8	104.5	105.5
海南	106.3	105.1	106.8	106.9	106.7
重庆	105.1	105.1	109.9	103.4	120.0
四川	104.5	104.7	108.3	103.8	106.8
贵州	109.3	112.0	107.1	105.3	123.2
云南	107.0	105.4	110.0	107.8	114.1
西藏	103.6	103.0	102.4	104.5	97.5
陕西	106.0	105.9	109.8	105.5	118.6
甘肃	106.4	107.0	103.1	104.2	102.0
青海	105.4	105.7	109.6	104.8	279.2
宁夏	106.0	105.6	104.8	104.9	116.3
新疆	107.4	106.8	107.6	109.8	104.1

注：本表按可比价格计算。

6－24 各地区农林牧渔业总产值及占全国的比重

（按可比价格计算）

地　　区	农林牧渔业总产值	2012年比2011年增减百分比(%)	占全国的比重(%)
全国合计	**85297.7**	**4.9**	**100.0**
北　　京	373.8	2.9	0.4
天　　津	360.8	3.2	0.4
河　　北	5094.1	4.0	6.0
山　　西	1274.8	5.6	1.5
内 蒙 古	2330.8	5.7	2.7
辽　　宁	3811.6	4.9	4.5
吉　　林	2408.8	5.9	2.8
黑 龙 江	3439.7	6.7	4.0
上　　海	316.0	0.5	0.4
江　　苏	5488.3	4.8	6.4
浙　　江	2580.6	1.8	3.0
安　　徽	3652.5	5.6	4.3
福　　建	2849.6	4.3	3.3
江　　西	2309.0	4.6	2.7
山　　东	7743.0	4.5	9.1
河　　南	6495.4	4.5	7.6
湖　　北	4489.4	5.6	5.3
湖　　南	4643.4	3.0	5.4
广　　东	4548.2	3.7	5.3
广　　西	3513.8	5.7	4.1
海　　南	1065.2	6.3	1.2
重　　庆	1329.8	5.1	1.6
四　　川	5156.8	4.5	6.0
贵　　州	1274.4	9.3	1.5
云　　南	2468.8	7.0	2.9
西　　藏	113.3	3.6	0.1
陕　　西	2182.6	6.0	2.6
甘　　肃	1263.2	6.4	1.5
青　　海	243.4	5.4	0.3
宁　　夏	375.8	6.0	0.4
新　　疆	2101.0	7.4	2.5

6－25　各地区农林牧渔业总产值

（按可比价格计算）

单位：亿元

地　　区	农林牧渔业总产值	农业产值	林业产值	牧业产值	渔业产值
全国总计	**85297.7**	**43835.6**	**3329.2**	**27117.1**	**7957.6**
北　　京	373.8	155.0	46.2	153.8	11.6
天　　津	360.8	183.1	2.7	105.0	60.0
河　　北	5094.1	2874.4	62.0	1752.1	170.2
山　　西	1274.8	812.5	75.1	310.2	8.3
内 蒙 古	2330.8	1119.5	97.7	1055.6	24.4
辽　　宁	3811.6	1394.7	113.1	1568.2	584.9
吉　　林	2408.8	1067.5	84.4	1151.1	32.4
黑 龙 江	3439.7	1906.3	117.7	1283.9	63.5
上　　海	316.0	165.7	8.6	76.1	55.2
江　　苏	5488.3	2759.7	95.5	1253.5	1107.1
浙　　江	2580.6	1164.1	133.2	556.6	676.7
安　　徽	3652.5	1814.3	191.9	1144.2	358.3
福　　建	2849.6	1181.0	245.1	504.4	818.9
江　　西	2309.0	942.5	219.3	771.0	294.8
山　　东	7743.0	3941.3	103.4	2340.2	1040.3
河　　南	6495.4	3751.6	133.6	2299.7	76.7
湖　　北	4489.4	2381.4	93.1	1298.3	553.6
湖　　南	4643.4	2421.1	251.1	1492.6	269.1
广　　东	4548.2	2120.6	221.7	1169.0	884.5
广　　西	3513.8	1698.8	236.5	1145.5	319.7
海　　南	1065.2	421.5	172.4	221.5	218.4
重　　庆	1329.8	789.8	41.9	439.8	41.9
四　　川	5156.8	2569.6	140.9	2208.0	157.2
贵　　州	1274.4	734.0	50.0	402.1	24.5
云　　南	2468.8	1185.4	270.2	871.5	63.8
西　　藏	113.3	51.1	2.4	56.5	0.2
陕　　西	2182.6	1440.9	46.5	584.1	12.6
甘　　肃	1263.2	907.6	17.8	219.5	1.6
青　　海	243.4	108.7	4.6	125.1	0.6
宁　　夏	375.8	236.2	9.8	102.4	11.9
新　　疆	2101.0	1535.3	41.0	455.7	14.7

6—26 农林牧渔业分项产值及增幅

（按可比价格计算）

指　　标	绝对数 （亿元）	比上年增长幅度 （%）
农林牧渔业总产值	**85297.7**	**4.9**
农业产值	**43835.6**	**4.4**
谷物及其他作物	20710.4	2.8
蔬菜园艺作物	14889.0	5.4
水果、坚果、饮料和香料作物	7342.2	6.4
中药材	891.1	12.7
林业产值	**3329.2**	**6.7**
林木的培育和种植	1178.6	7.5
竹木采运	942.7	2.9
林产品	1145.6	9.9
牧业产值	**27117.1**	**5.2**
牲畜饲养	5691.2	6.0
猪的饲养	12869.4	5.8
家禽饲养	6851.0	4.7
狩猎和捕捉动物	27.5	3.9
其他畜牧业	1217.3	6.2
渔业产值	**7957.6**	**5.1**
海水产品	3589.7	4.8
内陆水域水产品	4367.6	6.1

6—27 各地区农业分项产值

（按可比价格计算）

单位:亿元

地　区	农　业	谷物及其他作物	蔬菜及园艺	水果坚果及饮料	中药材
全　国	**43835.6**	**20710.4**	**14889.0**	**7342.2**	**891.1**
北　京	155.0	27.5	69.6	57.6	0.2
天　津	183.1	67.5	95.0	20.6	0.0
河　北	2874.4	1059.1	1290.0	490.3	34.9
山　西	812.5	333.4	212.6	225.4	41.1
内蒙古	1119.5	839.6	231.3	38.1	10.5
辽　宁	1394.7	672.2	482.6	225.9	14.1
吉　林	1067.5	810.1	176.2	49.5	31.7
黑龙江	1906.3	1530.3	290.6	81.9	3.5
上　海	165.7	40.2	89.6	35.9	0.0
江　苏	2759.7	1188.5	1317.6	243.1	10.5
浙　江	1164.1	276.2	518.2	336.0	33.8
安　徽	1814.3	1115.0	434.6	228.8	35.8
福　建	1181.0	273.7	529.3	362.4	15.6
江　西	942.5	622.4	247.5	67.0	5.5
山　东	3941.3	1652.2	1441.7	797.4	50.0
河　南	3751.6	1784.2	1370.5	529.4	67.6
湖　北	2381.4	1184.9	891.5	255.3	49.6
湖　南	2421.1	991.6	967.1	364.2	98.2
广　东	2120.6	691.2	902.1	497.9	29.4
广　西	1698.8	951.7	424.2	287.6	35.2
海　南	421.5	88.4	189.3	142.6	1.1
重　庆	789.8	332.3	323.8	112.2	21.6
四　川	2569.6	1149.1	950.3	425.6	44.7
贵　州	734.0	380.7	272.6	51.5	29.2
云　南	1185.4	663.0	258.0	207.5	56.9
西　藏	51.1	24.9	8.2	0.9	15.9
陕　西	1440.9	445.2	396.5	551.5	47.7
甘　肃	907.6	457.3	221.0	171.9	57.4
青　海	108.7	59.8	26.5		20.7
宁　夏	236.2	105.9	67.0	38.1	25.2
新　疆	1535.3	891.9	193.6	446.2	3.5

6—28 各地区林业分项产值

（按可比价格计算）

单位:亿元

地　　区	林业产值	林木的培育和种植	竹木采运	林产品
全　　国	**3329.2**	**1178.6**	**942.7**	**1145.6**
北　　京	46.2	44.9	1.2	
天　　津	2.7	2.3	0.4	
河　　北	62.0	49.4	4.5	8.1
山　　西	75.1	74.8	0.3	
内 蒙 古	97.7	75.6	16.1	
辽　　宁	113.1	59.9		
吉　　林	84.4	16.9	49.4	18.1
黑 龙 江	117.7	74.9	28.5	14.3
上　　海	8.6	8.2	0.1	0.3
江　　苏	95.5	70.3	15.4	9.7
浙　　江	133.2	11.0	55.6	66.6
安　　徽	191.9	68.0	61.4	62.5
福　　建	245.1	30.8	124.0	90.3
江　　西	219.3	75.9	41.0	102.3
山　　东	103.4	44.1	19.8	39.4
河　　南	133.6	66.5	50.0	17.1
湖　　北	93.1	46.4	34.5	12.3
湖　　南	251.1	71.9	53.6	125.6
广　　东	221.7	23.7	81.5	116.4
广　　西	236.5	20.3	145.1	71.1
海　　南	172.4	9.8	6.3	156.3
重　　庆	41.9	19.3	3.8	18.8
四　　川	140.9	69.8	55.9	16.7
贵　　州	50.0	6.3	13.4	30.3
云　　南	270.2	52.7	72.9	144.6
西　　藏	2.4	1.0	1.4	0.0
陕　　西	46.5	25.2	4.4	16.9
甘　　肃	17.8	13.9	0.5	3.3
青　　海	4.6			
宁　　夏	9.8	8.1	0.2	1.5
新　　疆	41.0	36.5	1.4	3.1

6－29 各地区畜牧业分项产值

（按可比价格计算）

单位：亿元

地 区	牧业产值	牲畜饲养	猪的饲养	家禽饲养	捕 猎	其他畜牧业
全 国	**27117.1**	**5691.2**	**12869.4**	**6851.0**	**27.5**	**1217.3**
北 京	153.8	39.5	56.4	49.5		8.4
天 津	105.0	31.8	43.4	29.7		0.1
河 北	1752.1	553.5	578.1	491.6		128.8
山 西	310.2	94.7	129.0	79.2		7.3
内蒙古	1055.6	834.8	141.2	76.7		2.8
辽 宁	1568.2	456.7	467.7	557.1	1.0	85.7
吉 林	1151.1	389.3	410.4	338.1	2.0	11.2
黑龙江	1283.9	532.9	502.6	222.8		25.7
上 海	76.1	15.2	44.2	14.4		2.4
江 苏	1253.5	86.7	487.8	556.6	1.9	120.6
浙 江	556.6	20.5	389.8	91.9	1.7	52.7
安 徽	1144.2	147.1	627.7	307.5	4.7	57.2
福 建	504.4	34.1	353.3	94.6	3.5	18.9
江 西	771.0	58.1	519.2	172.4	2.4	19.0
山 东	2340.2	424.4	979.6	734.4	1.3	200.6
河 南	2299.7	688.9	1058.0	497.0	1.6	54.2
湖 北	1298.3	88.2	859.6	342.9	0.5	7.1
湖 南	1492.6	91.3	1030.1	325.8	4.0	41.4
广 东	1169.0	20.8	659.6	424.3	1.8	62.5
广 西	1145.5	59.9	636.7	323.3		125.6
海 南	221.5	19.8	124.3	67.7	0.3	9.4
重 庆	439.8	28.4	246.1	133.3		32.0
四 川	2208.0	219.7	1230.2	651.7	0.3	106.1
贵 州	402.1	76.1	265.4	58.8	0.1	1.8
云 南	871.5	138.7	613.2	106.8	0.1	12.7
西 藏	56.5	53.4	2.3	0.9		
陕 西	584.1	204.0	284.4	73.9	0.4	21.3
甘 肃	219.5	110.1	92.0	16.1		1.3
青 海	125.1	96.3	20.4	3.3		
宁 夏	102.4	76.4	16.7	8.8		0.5
新 疆	455.7					

6—30 各地区渔业分项产值

（按可比价格计算）

单位：亿元

地 区	渔业产值	海水产品	内陆水产品
全 国	**7957.6**	**3589.7**	**4367.6**
北 京	11.6	0.9	10.7
天 津	60.0	11.4	48.5
河 北	170.2	108.5	61.7
山 西	8.3		8.3
内蒙古	24.4		24.4
辽 宁	584.9	422.2	162.6
吉 林	32.4		32.4
黑龙江	63.5		63.5
上 海	55.2	17.1	38.1
江 苏	1107.1	295.5	811.7
浙 江	676.7	482.0	194.7
安 徽	358.3		358.3
福 建	818.9	639.8	179.1
江 西	294.8		294.8
山 东	1040.3	829.0	211.2
河 南	76.7		76.7
湖 北	553.6		553.6
湖 南	269.1		269.1
广 东	884.5	419.4	465.1
广 西	319.7	176.4	143.3
海 南	218.4	187.4	30.9
重 庆	41.9		41.9
四 川	157.2		157.2
贵 州	24.5		24.5
云 南	63.8		63.8
西 藏	0.2		
陕 西	12.6		12.6
甘 肃	1.6		1.6
青 海	0.6		0.6
宁 夏	11.9		11.9
新 疆	14.7		14.7

主要农产品种植（养殖）面积与产量

7—1 主要农作物播种面积

单位：千公顷

年份	农作物总播种面积	粮食面积	稻谷	小麦	玉米	大豆	薯类
1952	141256	123979	28382	24780	12566	11679	8688
1957	157244	133633	32241	27542	14943	12748	10495
1962	140229	121621	26935	24075	12819	9504	12171
1965	143291	119627	29825	24709	15671	8593	11175
1970	143487	119267	32358	25458	15831	7985	10717
1975	149545	121062	35729	27661	18598	6999	10969
1978	150104	120587	34421	29183	19961	7144	11796
1980	146380	117234	33878	28844	20087	7226	10153
1985	143626	108845	32070	29218	17694	7718	8572
1990	148362	113466	33064	30753	21401	7560	9121
1991	149586	112314	32590	30948	21574	7041	9078
1992	149007	110560	32090	30496	21044	7221	9057
1993	147741	110509	30355	30235	20694	9454	9220
1994	148241	109544	30171	28981	21152	9222	9270
1995	149879	110060	30744	28860	22776	8127	9519
1996	152381	112548	31406	29611	24498	7471	9797
1997	153969	112912	31765	30057	23775	8346	9785
1998	155706	113787	31214	29774	25239	8500	10000
1999	156373	113161	31283	28855	25904	7962	10355
2000	156300	108463	29962	26653	23056	9307	10538
2001	155708	106080	28812	24664	24282	9482	10217
2002	154636	103891	28202	23908	24634	8720	9881
2003	152415	99410	26508	21997	24068	9313	9702
2004	153553	101606	28379	21626	25446	9589	9457
2005	155488	104278	28847	22793	26358	9591	9503
2006	152149	104958	28938	23613	28463	9304	7877
2007	153464	105638	28919	23721	29478	8754	8082
2008	156266	106793	29241	23617	29864	9127	8427
2009	158614	108986	29627	24291	31183	9190	8636
2010	160675	109876	29873	24257	32500	8516	8750
2011	162283	110573	30057	24270	33542	7889	8906
2012	163416	111205	30137	24268	35030	7172	8886

7—1 续表

年　份	棉　花	花　生	油菜籽	芝　麻	黄红麻	甘　蔗	甜　菜	烤　烟
1952	5576	1804	1863		158	183	35	186
1957	5775	2541	2308		143	267	159	355
1962	3497	1301	1361		62	154	83	176
1965	5003	1846	1822		113	351	171	325
1970	4997	1709	1453		135	387	199	291
1975	4955	1877	2313		297	523	303	460
1978	4866	1768	2600	638	412	549	331	613
1980	4920	2339	2844	776	314	480	443	397
1985	5140	3318	4494	1052	992	965	560	1077
1990	5588	2907	5503	669	300	1009	670	1342
1991	6538	2880	6133	680	270	1164	783	1562
1992	6835	2976	5976	746	277	1246	660	1849
1993	4985	3379	5300	754	274	1088	599	1835
1994	5528	3776	5783	690	176	1057	698	1302
1995	5422	3809	6907	642	147	1125	695	1309
1996	4722	3616	6734	594	147	1207	638	1683
1997	4491	3722	6475	615	162	1311	612	2161
1998	4459	4039	6527	630	93	1401	583	1200
1999	3726	4268	6899	697	65	1303	341	1216
2000	4041	4856	7494	784	50	1185	329	1269
2001	4810	4991	7095	758	52	1248	406	1181
2002	4184	4921	7143	759	55	1393	424	1192
2003	5111	5057	7221	687	41	1409	248	1139
2004	5693	4745	7271	624	32	1378	190	1145
2005	5062	4662	7278	593	31	1354	210	1245
2006	5816	3956	5984	564	31	1378	189	1088
2007	5926	3945	5642	486	33	1586	216	1066
2008	5754	4246	6594	472	26	1743	246	1230
2009	4949	4377	7278	476	24	1697	186	1265
2010	4849	4527	7370	447	19	1686	219	1231
2011	5038	4581	7347	437	19	1721	227	1351
2012	4688	4639	7432	437	18	1795	236	1480

7—2 主要农作物播种面积及增减情况

单位：千公顷

指 标	1990 年	1995 年	2000 年	2011 年	2012 年	2012 年为2011 年百分比(%)
农作物总播种面积	148362	149879	156300	162283	163416	100.7
一、粮食作物	113466	110060	108463	110573	111205	100.6
1.谷物		89310	85264	91016	92612	101.8
稻谷	33064	30744	29962	30057	30137	100.3
小麦	30753	28860	26653	24270	24268	100.0
玉米	21401	22776	23056	33542	35030	104.4
谷子	2278	1522	1250	745	736	98.7
高粱	1545	1215	889	500	623	124.6
其他谷物		4192	3454	1901	1815	95.5
2.豆类		11232	12660	10651	9709	91.2
#大豆	7560	8127	9307	7889	7172	90.9
杂豆		3105	3353	2763	2538	91.9
3.薯类	9121	9519	10538	8906	8886	99.8
#马铃薯	2865	3434	4723	5424	5532	102.0
二、油料作物	10900	13101	15400	13855	13930	100.5
#花生	2907	3809	4856	4581	4639	101.2
油菜籽	5503	6907	7494	7347	7432	101.1
芝麻	669	642	784	437	437	100.0
胡麻籽	703	621	498	322	318	98.7
向日葵	713	813	1229	940	889	94.5
三、棉花	5588	5422	4041	5038	4688	93.1
四、麻类	495	376	262	118	101	85.6
#黄红麻	300	147	50	19	18	91.0
苎麻	81	97	96	84	69	82.2
大麻	21	16	13	6	5	92.5
亚麻	87	113	96	6	7	113.4
五、糖料	1679	1820	1514	1948	2030	104.2
甘蔗	1009	1125	1185	1721	1795	104.3
甜菜	670	695	329	227	236	104.1
六、烟叶	1593	1470	1437	1461	1597	109.2
#烤烟	1342	1309	1269	1351	1480	109.6
七、药材	153	279	676	1385	1560	112.6
八、蔬菜、瓜类	7059	10616	17231	22028	22761	103.3
#蔬菜	6338	9515	15237	19639	20353	103.6
九、其他农作物	7429	6736	7352	5876	5544	94.3
#青饲料	1862	1825	2142	2083	2061	98.9

7－3 主要农作物播种面积构成

（以农作物总播种面积为100）

单位：%

指　标	1990年	1995年	2000年	2011年	2012年
农作物总播种面积	100.0	100.0	100.0	100.0	100.0
一、粮食作物	76.5	73.4	69.4	68.1	68.1
1.谷物		59.6	54.6	56.1	56.7
稻谷	22.3	20.5	19.2	18.5	18.4
小麦	20.7	19.3	17.1	15.0	14.9
玉米	14.4	15.2	14.8	20.7	21.4
谷子	1.5	1.0	0.8	0.5	0.5
高粱	1.0	0.8	0.6	0.3	0.4
其他谷物		2.8	2.2	1.2	1.1
2.豆类		7.5	8.1	6.6	5.9
#大豆	5.1	5.4	6.0	4.9	4.4
杂豆		2.1	2.1	1.7	1.6
3.薯类	6.1	6.4	6.7	5.5	5.4
#马铃薯	1.9	2.3	3.0	3.3	3.4
二、油料作物	7.3	8.7	9.9	8.5	8.5
#花生	2.0	2.5	3.1	2.8	2.8
油菜籽	3.7	4.6	4.8	4.5	4.5
芝麻	0.5	0.4	0.5	0.3	0.3
胡麻籽	0.5	0.4	0.3	0.3	0.2
向日葵	0.5	0.5	0.8	0.6	0.5
三、棉花	3.8	3.6	2.6	3.1	2.9
四、麻类	0.3	0.3	0.2	0.1	0.1
#黄红麻	0.2	0.1	...	0.0	0.0
苎麻	...	0.1	0.1	0.1	0.0
大麻	...	...	...	0.0	0.0
亚麻	0.1	0.1	0.1	0.0	0.0
五、糖料	1.1	1.2	1.0	1.2	1.2
甘蔗	0.7	0.8	0.8	1.1	1.1
甜菜	0.5	0.5	0.2	0.1	0.1
六、烟叶	1.1	1.0	0.9	0.9	1.0
#烤烟	0.9	0.9	0.8	0.8	0.9
七、药材	0.1	0.2	0.4	0.9	1.0
八、蔬菜、瓜类	4.8	7.1	11.1	13.6	13.9
#蔬菜	4.3	6.3	9.7	12.1	12.5
九、其他农作物	4.2	4.5	4.7	3.6	3.4
#青饲料	1.3	1.2	1.4	1.3	1.3

7—4 各地区农作物总播种面积

单位：千公顷

地　区	1990 年	1995 年	2000 年	2011 年	2012 年	2012 年为 2011 年百分比(%)
全国总计	**148361.5**	**149879.4**	**156299.8**	**162283.2**	**163415.7**	**100.7**
北　京	590.3	553.2	457.3	302.6	282.7	93.4
天　津	573.2	572.7	533.1	468.0	479.0	102.3
河　北	8786.7	8720.1	9024.4	8773.7	8781.8	100.1
山　西	4016.3	3895.6	4042.4	3797.4	3808.1	100.3
内蒙古	4722.4	5079.4	5914.4	7109.9	7154.0	100.6
辽　宁	3618.9	3623.7	3622.0	4145.7	4210.6	101.6
吉　林	4039.8	4059.8	4542.2	5222.3	5315.1	101.8
黑龙江	8558.5	8647.4	9329.5	12222.9	12237.0	100.1
上　海	631.1	542.1	520.7	400.6	387.9	96.8
江　苏	8259.2	7909.0	7944.9	7663.2	7651.6	99.8
浙　江	4384.7	3923.0	3554.3	2462.7	2324.2	94.4
安　徽	8313.6	8354.2	9005.8	9022.9	8969.6	99.4
福　建	2745.9	2835.1	2793.3	2285.8	2263.1	99.0
江　西	5758.1	5950.6	5650.8	5486.8	5524.9	100.7
山　东	10882.6	10837.3	11147.3	10865.4	10867.0	100.0
河　南	11889.7	12136.8	13136.9	14258.6	14262.2	100.0
湖　北	7361.1	7413.7	7584.1	8009.6	8078.9	100.9
湖　南	7951.8	7840.4	8002.1	8402.0	8511.9	101.3
广　东	5671.5	5304.3	5156.9	4572.0	4629.6	101.3
广　西	5141.3	5745.7	6260.7	5996.5	6082.6	101.4
海　南	821.3	870.0	906.0	838.3	854.6	101.9
重　庆			3590.8	3413.1	3477.7	101.9
四　川	12475.3	12838.8	9609.1	9565.6	9657.0	101.0
贵　州	3578.3	4203.1	4696.7	5021.2	5182.9	103.2
云　南	4492.1	4958.9	5786.0	6667.5	6920.4	103.8
西　藏	213.5	219.3	231.1	241.4	244.0	101.0
陕　西	4859.8	4496.9	4555.4	4181.0	4238.3	101.4
甘　肃	3611.3	3773.3	3740.2	4094.8	4099.8	100.1
青　海	544.7	568.8	553.7	547.7	554.2	101.2
宁　夏	888.9	956.0	1016.5	1260.4	1241.2	98.5
新　疆	2979.5	3050.2	3391.6	4983.5	5123.9	102.8

7—5 各地区粮食播种面积及增减情况

单位：千公顷

地 区	1990 年	1995 年	2000 年	2011 年	2012 年	2012 年为 2011 年百分比(%)
全国总计	**113465.9**	**110060.4**	**108462.5**	**110573.0**	**111204.6**	**100.6**
北 京	484.4	434.1	308.3	209.4	193.9	92.6
天 津	457.9	443.3	345.9	310.8	322.9	103.9
河 北	6827.8	6829.5	6918.7	6286.1	6302.4	100.3
山 西	3290.3	3151.5	3186.5	3287.9	3291.5	100.1
内 蒙 古	3874.5	4143.2	4435.9	5561.5	5589.4	100.5
辽 宁	3121.6	3030.9	2858.6	3169.8	3217.3	101.5
吉 林	3525.9	3576.9	3833.7	4545.1	4610.3	101.4
黑 龙 江	7420.0	7500.2	7852.5	11502.9	11519.5	100.1
上 海	417.1	343.9	258.8	186.3	187.6	100.7
江 苏	6363.0	5755.2	5304.3	5319.2	5336.6	100.3
浙 江	3266.0	2814.4	2300.3	1254.1	1251.6	99.8
安 徽	6246.1	5852.5	6183.8	6621.5	6622.0	100.0
福 建	2080.6	2017.3	1828.5	1226.8	1201.1	97.9
江 西	3699.3	3509.3	3322.0	3650.1	3675.9	100.7
山 东	8151.9	8131.6	7363.2	7145.8	7202.3	100.8
河 南	9316.1	8810.0	9029.6	9859.9	9985.2	101.3
湖 北	5200.0	4776.7	4156.2	4122.1	4180.1	101.4
湖 南	5365.7	5115.6	5029.9	4879.6	4908.0	100.6
广 东	3996.3	3472.3	3311.1	2530.4	2540.2	100.4
广 西	3639.9	3662.7	3655.9	3072.8	3069.1	99.9
海 南	567.5	574.9	542.0	430.6	438.6	101.9
重 庆			2773.4	2259.4	2259.6	100.0
四 川	9827.7	9933.7	6854.5	6440.5	6468.2	100.4
贵 州	2543.2	2864.5	3151.3	3055.6	3054.3	100.0
云 南	3622.3	3643.0	4238.7	4326.9	4399.6	101.7
西 藏	191.7	188.2	201.4	170.2	170.9	100.4
陕 西	4134.7	3807.7	3821.5	3134.9	3127.5	99.8
甘 肃	2875.1	2928.7	2798.2	2833.7	2839.4	100.2
青 海	400.3	384.3	322.7	279.4	280.2	100.3
宁 夏	723.5	761.8	807.1	852.4	828.3	97.2
新 疆	1835.5	1602.5	1468.2	2047.5	2131.2	104.1

7—6 各地区粮食播种面积

（按季节分）

单位：千公顷

地 区	夏收粮食		早 稻		秋收粮食	
	2011 年	2012 年	2011 年	2012 年	2011 年	2012 年
全国总计	**27557.6**	**27589.1**	**5749.5**	**5764.9**	**77265.9**	**77850.6**
北 京	58.2	52.2			151.2	141.7
天 津	112.3	113.1			198.5	209.8
河 北	2431.6	2444.7			3854.5	3857.7
山 西	730.8	709.0			2557.1	2582.5
内 蒙 古					5561.5	5589.4
辽 宁	64.1	63.8			3105.7	3153.5
吉 林					4545.1	4610.3
黑 龙 江					11502.9	11519.5
上 海	70.5	73.7			115.8	113.9
江 苏	2361.5	2377.2			2957.7	2959.4
浙 江	182.2	177.9	111.8	110.7	960.2	962.9
安 徽	2425.7	2458.6	256.2	237.5	3939.7	3925.9
福 建	88.4	88.6	204.1	201.1	934.3	911.5
江 西	61.2	61.9	1384.3	1389.5	2204.7	2224.5
山 东	3595.5	3626.9			3550.4	3575.5
河 南	5353.3	5366.7			4506.5	4618.5
湖 北	1304.3	1348.5	346.4	351.8	2471.4	2479.8
湖 南	195.7	187.9	1395.3	1424.7	3288.6	3295.5
广 东	228.1	231.5	927.9	935.7	1374.5	1372.9
广 西	87.0	95.5	941.3	929.8	2044.5	2043.8
海 南	73.0	73.4	140.4	143.5	217.2	221.8
重 庆	520.4	515.5			1739.0	1744.1
四 川	1804.0	1813.0	1.1	1.1	4635.4	4654.1
贵 州	972.6	989.8			2083.0	2064.5
云 南	1157.9	1171.2	40.9	39.5	3128.1	3188.9
西 藏					170.2	170.9
陕 西	1314.7	1286.7			1820.2	1840.8
甘 肃	1032.3	965.3			1801.4	1874.1
青 海					279.4	280.2
宁 夏	229.8	201.3			622.7	627.0
新 疆	1102.8	1095.2			944.7	1036.0

7—7 各地区粮食播种面积

（按品种分）

单位：千公顷

地 区	谷 物		#稻 谷		#小 麦		#玉 米	
	2011 年	2012 年	2011 年	2012 年	2011 年	2012 年	2011 年	2012 年
全国总计	**91015.8**	**92612.4**	**30057.0**	**30137.1**	**24270.4**	**24268.3**	**33541.7**	**35029.8**
北 京	200.8	186.2	0.2	0.2	58.1	52.2	140.5	132.0
天 津	296.8	309.6	14.2	14.6	112.3	113.1	169.0	179.3
河 北	5836.2	5863.4	83.0	85.9	2396.1	2410.0	3035.8	3049.1
山 西	2774.3	2776.9	1.0	1.0	710.1	689.0	1646.7	1669.0
内蒙古	3819.3	4068.0	90.0	89.3	567.9	609.6	2669.6	2833.7
辽 宁	2943.3	2995.4	659.6	661.8	6.9	6.8	2134.6	2206.7
吉 林	3976.9	4161.6	691.2	701.2	3.2		3134.2	3284.3
黑龙江	7865.9	8510.1	2945.6	3069.8	297.8	210.1	4587.4	5190.6
上 海	179.0	180.7	106.1	105.1	59.8	56.6	4.2	3.8
江 苏	4926.6	4955.9	2248.6	2254.2	2112.4	2132.6	414.3	418.9
浙 江	1033.0	1004.3	894.8	832.6	72.6	74.5	30.9	62.0
安 徽	5485.0	5498.3	2230.8	2215.1	2383.0	2415.5	818.8	822.5
福 建	895.0	880.2	845.3	827.6	2.8	2.5	42.6	45.4
江 西	3359.6	3378.6	3317.7	3328.3	10.9	11.9	25.7	28.1
山 东	6739.0	6793.7	124.5	123.9	3593.5	3625.9	2995.9	3018.1
河 南	9055.4	9152.8	638.0	648.2	5323.3	5340.0	3025.0	3100.0
湖 北	3627.7	3702.8	2036.2	2017.9	1013.6	1065.5	549.7	593.3
湖 南	4455.0	4493.2	4066.3	4095.1	40.4	35.3	327.1	342.0
广 东	2121.6	2129.4	1940.9	1949.4	1.0	0.9	173.1	172.5
广 西	2665.8	2658.7	2078.5	2057.6	1.5	1.5	565.9	580.5
海 南	342.2	352.0	318.6	324.4			23.5	27.5
重 庆	1316.4	1305.4	686.5	687.0	138.4	125.4	466.9	468.4
四 川	4787.1	4769.7	2007.9	1997.8	1259.3	1234.1	1363.1	1371.1
贵 州	1829.0	1829.1	681.5	683.0	257.6	259.8	787.8	775.2
云 南	3118.4	3167.9	1073.5	1082.9	437.9	442.2	1409.0	1456.9
西 藏	163.1	163.8	1.0	1.0	37.6	37.7	4.2	4.4
陕 西	2582.4	2587.1	120.9	123.3	1136.7	1127.6	1177.8	1167.4
甘 肃	1956.9	1963.1		5.6	861.6	833.9	838.7	902.7
青 海	159.1	163.5			94.0	94.2	20.5	22.9
宁 夏	589.1	576.6	83.9	84.3	202.1	179.0	231.1	245.9
新 疆	1916.1	2034.5	70.6	69.2	1078.0	1081.0	728.0	855.7

7—7 续表

地区	豆类		#大豆		薯类		#马铃薯	
	2011年	2012年	2011年	2012年	2011年	2012年	2011年	2012年
全国总计	**10651.4**	**9709.4**	**7888.5**	**7171.7**	**8905.8**	**8885.9**	**5424.0**	**5531.9**
北京	6.3	5.5	5.4	4.7	2.4	2.1		
天津	12.8	12.2	12.4	11.8	1.2	1.1		
河北	179.3	171.8	136.1	127.6	270.6	267.3	170.6	166.7
山西	321.3	324.3	198.0	199.7	192.3	190.3	171.6	168.9
内蒙古	1022.5	840.0	687.6	616.7	719.7	681.3	712.7	681.3
辽宁	143.4	139.9	120.2	115.8	83.1	82.0	56.4	54.9
吉林	481.9	370.0	304.8	230.0	86.3	81.9	81.0	76.4
黑龙江	3386.7	2764.0	3201.7	2663.8	250.3	245.5	250.3	245.5
上海	6.2	5.9	3.4	2.9	1.1	1.0		
江苏	333.1	320.5	219.7	210.5	59.4	60.2		
浙江	124.4	138.5	51.1	88.5	96.8	108.8	59.2	55.5
安徽	969.0	960.3	885.9	876.7	167.6	163.5	10.7	15.7
福建	80.6	81.9	62.5	63.7	251.2	239.0	76.1	77.2
江西	154.2	157.1	95.2	99.0	136.2	140.3	2.6	14.9
山东	166.2	163.6	156.2	146.4	240.7	245.0		
河南	505.9	520.5	445.7	460.5	298.7	311.9		
湖北	190.7	177.7	101.6	95.3	303.6	299.6	220.3	221.0
湖南	171.3	168.4	92.3	90.5	253.3	246.5	93.0	91.2
广东	77.2	80.2	59.7	62.0	331.6	330.6	40.7	49.3
广西	168.8	154.5	111.9	94.4	238.3	255.9	53.1	44.8
海南	8.5	8.4	3.6	3.4	79.9	78.2	0.2	0.0
重庆	224.6	230.1	95.4	99.2	718.4	724.1	344.2	350.2
四川	441.1	477.2	225.0	223.1	1212.3	1221.3	601.1	746.7
贵州	314.0	305.8	131.3	133.8	912.6	919.4	667.0	676.3
云南	574.6	572.5	125.3	127.1	633.9	659.2	496.4	516.7
西藏	6.5	6.3	0.2	0.2	0.6	0.8	0.6	0.7
陕西	225.3	223.4	174.4	166.8	327.1	317.0	281.2	267.0
甘肃	199.6	191.3	91.0	90.7	677.2	684.9	677.2	684.9
青海	32.3	33.1			88.1	83.7	88.1	83.7
宁夏	38.9	36.0	13.2	11.9	224.5	215.7	224.5	215.7
新疆	84.3	68.8	77.8	55.2	47.1	28.0	45.4	26.7

7—8 各地区油料播种面积

单位:千公顷

地　区	油料合计		#花　生		#油菜籽	
	2011年	2012年	2011年	2012年	2011年	2012年
全国总计	**13855.1**	**13929.8**	**4581.4**	**4638.5**	**7347.4**	**7431.9**
北　京	4.9	4.5	4.4	4.0		
天　津	2.2	1.9	1.5	1.4		
河　北	453.1	454.0	360.2	354.5	21.0	19.0
山　西	150.0	145.9	8.9	9.3	5.9	4.2
内蒙古	717.0	764.7	17.6	16.7	218.7	270.7
辽　宁	392.0	376.7	377.1	359.6	0.4	0.5
吉　林	245.1	266.6	118.5	141.5		
黑龙江	148.6	117.3	22.4	24.8	0.5	0.4
上　海	8.6	8.2	0.8	0.8	7.6	7.3
江　苏	552.3	527.7	100.2	95.9	441.3	421.3
浙　江	196.0	189.4	19.0	18.5	171.6	165.6
安　徽	878.3	843.6	188.9	187.5	640.4	609.6
福　建	112.5	113.6	99.6	100.3	11.6	11.9
江　西	732.4	744.2	157.9	160.7	542.6	551.9
山　东	806.7	796.0	797.1	787.1	8.7	8.0
河　南	1578.9	1573.6	1010.6	1007.1	383.5	380.4
湖　北	1429.6	1501.5	192.2	239.8	1141.4	1167.3
湖　南	1295.5	1321.7	118.9	110.6	1167.2	1201.3
广　东	343.3	352.2	334.4	343.2	6.7	6.6
广　西	202.7	217.4	179.5	188.8	15.5	20.1
海　南	40.4	39.7	38.6	37.9		
重　庆	257.1	271.0	50.4	58.3	196.2	204.6
四　川	1232.8	1249.7	258.6	262.0	964.2	981.4
贵　州	536.1	547.5	38.9	41.0	489.0	497.0
云　南	342.3	343.3	48.6	48.8	272.9	281.2
西　藏	24.0	24.0	0.1	0.1	23.9	23.9
陕　西	300.8	302.3	32.1	32.9	203.3	202.1
甘　肃	351.1	336.4	1.1	1.0	184.8	175.0
青　海	167.9	164.4			163.6	160.0
宁　夏	88.7	88.4		0.1	0.4	1.2
新　疆	264.3	242.3	3.5	4.4	64.5	59.6

7—9 各地区棉花和麻类播种面积

单位：千公顷

地区	棉花		麻类		#黄红麻	
	2011 年	2012 年	2011 年	2012 年	2011 年	2012 年
全国总计	**5037.8**	**4688.1**	**118.3**	**101.2**	**19.3**	**17.6**
北京	0.4	0.2				
天津	60.0	55.4				
河北	632.5	578.3	0.3	0.3	0.3	0.3
山西	53.3	37.4	0.2	0.1		
内蒙古	1.6	1.0				
辽宁	0.4	0.3				
吉林	6.7	4.2	0.3	0.1		
黑龙江			2.6	1.8		
上海	2.5	2.0				
江苏	239.2	170.6	0.8	0.7		
浙江	21.7	20.9	0.1	0.1	0.1	0.1
安徽	350.4	304.9	9.4	9.0	4.7	4.7
福建	0.1	0.1	0.1	0.1	0.1	0.1
江西	82.0	85.0	6.2	5.7	0.2	0.2
山东	752.6	689.9	0.1			
河南	396.7	256.7	8.1	6.6	8.1	6.6
湖北	488.7	472.9	14.5	12.1	0.1	0.1
湖南	192.4	172.2	17.7	10.4	0.2	0.2
广东			0.2	0.1	0.2	0.1
广西	2.3	2.2	4.7	4.6	4.2	4.1
海南			0.2	0.1	0.2	0.1
重庆	0.1	0.1	9.6	6.8	0.1	0.1
四川	16.0	14.6	33.8	31.6	0.9	0.9
贵州	1.6	1.7	0.7	0.6		
云南	0.3	0.3	2.9	3.1		
西藏						
陕西	50.3	48.3	0.5	0.5		
甘肃	47.9	48.2	1.7	1.8		
青海						
宁夏						
新疆	1638.1	1720.8	3.8	4.8		

7—10 各地区糖料播种面积

单位:千公顷

地 区	糖料合计		1.甘蔗		2.甜菜	
	2011年	2012年	2011年	2012年	2011年	2012年
全国总计	**1947.8**	**2030.4**	**1721.2**	**1794.7**	**226.6**	**235.8**
北 京						
天 津						
河 北	12.5	14.2			12.5	14.2
山 西	5.6	8.5			5.6	8.5
内蒙古	39.2	43.7			39.2	43.7
辽 宁	1.8	1.9			1.8	1.9
吉 林	5.0	6.7			5.0	6.7
黑龙江	82.0	73.0			82.0	73.0
上 海	0.2	0.2	0.2	0.2		
江 苏	1.6	1.7	1.6	1.6		
浙 江	11.3	11.0	11.3	11.0		
安 徽	5.4	5.2	5.4	5.2		
福 建	9.2	9.3	9.2	9.3		
江 西	14.0	13.8	14.0	13.8		
山 东						
河 南	4.0	4.0	4.0	4.0		
湖 北	7.8	7.8	7.8	7.8		
湖 南	14.5	14.5	14.5	14.5		
广 东	160.3	165.4	160.3	165.4		
广 西	1091.6	1128.0	1091.6	1128.0		
海 南	60.5	62.4	60.5	62.4		
重 庆	3.4	3.4	3.4	3.4		
四 川	18.8	14.9	18.7	14.8	0.2	0.1
贵 州	12.0	21.8	12.0	21.8		
云 南	306.7	331.5	306.7	331.5		
西 藏						
陕 西	0.1	0.1	0.1	0.1		
甘 肃	4.8	5.0			4.8	5.0
青 海						
宁 夏						
新 疆	75.4	82.6			75.4	82.6

7—11 各地区烟叶和药材播种面积

单位：千公顷

地　区	烟叶合计		#烤　烟		药　材	
	2011年	2012年	2011年	2012年	2011年	2012年
全国总计	**1461.4**	**1596.5**	**1351.0**	**1480.5**	**1385.2**	**1560.5**
北　京					2.6	2.5
天　津						
河　北	2.9	3.2	2.3	2.6	33.7	35.0
山　西	3.2	3.1	3.2	3.1	23.2	27.8
内蒙古	4.2	3.8	3.1	2.6	28.9	27.9
辽　宁	10.8	11.8	9.7	10.8	23.4	31.4
吉　林	22.3	25.1	11.1	12.1	30.8	29.7
黑龙江	35.0	38.0	31.8	33.6	51.1	47.4
上　海					0.5	0.4
江　苏	0.1				12.6	11.5
浙　江	1.2	1.1			31.6	31.2
安　徽	11.4	13.2	11.2	13.0	74.4	81.7
福　建	67.9	70.1	67.4	69.6	12.8	15.3
江　西	20.0	23.8	19.4	22.9	19.9	20.0
山　东	33.6	39.9	33.3	39.9	28.7	29.6
河　南	124.7	125.4	124.7	125.4	123.1	122.7
湖　北	67.2	72.1	47.7	52.1	119.8	138.0
湖　南	104.8	111.8	99.2	107.3	61.2	62.6
广　东	24.2	23.9	22.0	21.8	13.6	15.7
广　西	16.5	18.8	12.7	14.8	63.9	70.1
海　南	0.1	0.2	0.1	0.2	4.2	5.8
重　庆	46.2	50.0	38.9	38.0	82.3	100.9
四　川	117.1	122.0	98.4	104.0	98.8	101.8
贵　州	212.2	249.2	200.0	237.0	44.4	74.7
云　南	495.3	545.2	476.0	525.8	70.7	92.4
西　藏						
陕　西	36.2	40.2	35.7	40.0	90.3	135.9
甘　肃	3.7	4.1	3.0	3.3	185.6	189.6
青　海	0.2	0.2			19.0	21.1
宁　夏	0.4	0.4	0.4	0.4	11.5	10.8
新　疆					22.9	27.1

7—12 各地区蔬菜、瓜果类和青饲料播种面积

单位：千公顷

地区	蔬菜		瓜果类		青饲料	
	2011年	2012年	2011年	2012年	2011年	2012年
全国总计	**19639.2**	**20352.6**	**2389.3**	**2408.2**	**2082.9**	**2060.8**
北京	66.8	64.1	8.2	7.7	3.5	2.6
天津	87.1	88.9	5.6	5.5	0.7	0.6
河北	1157.9	1203.0	105.2	106.7	63.2	60.0
山西	228.6	247.8	24.8	23.3	19.3	18.2
内蒙古	270.8	288.4	66.2	62.8	224.7	230.8
辽宁	465.4	487.1	50.4	53.4	6.6	4.7
吉林	236.9	237.4	52.3	51.1	1.8	1.9
黑龙江	223.1	249.9	61.7	57.8	67.2	53.4
上海	136.3	134.2	14.1	11.5	7.2	8.1
江苏	1260.2	1323.4	140.4	143.5	28.5	29.1
浙江	624.5	623.3	106.0	101.4	8.3	7.7
安徽	789.0	810.6	171.1	172.6	33.2	36.3
福建	679.4	692.2	36.1	36.0	55.4	55.0
江西	535.5	547.5	72.8	74.5	81.9	75.3
山东	1791.2	1806.0	273.4	277.1	1.1	2.4
河南	1720.1	1730.3	329.1	330.6	5.8	4.7
湖北	1062.2	1138.7	99.0	101.5	294.3	269.8
湖南	1193.8	1239.2	136.3	139.5	197.3	201.6
广东	1208.8	1229.2	41.9	42.0	58.5	62.2
广西	1040.7	1075.4	106.9	112.0	27.6	29.9
海南	225.0	229.5	32.2	32.9	0.4	0.5
重庆	618.6	652.7	21.5	21.8	72.4	70.3
四川	1205.6	1253.9	49.6	50.2	209.9	198.6
贵州	708.5	774.3	25.1	26.6	147.0	152.6
云南	735.1	803.8	28.4	27.7	181.3	177.2
西藏	22.4	23.7	0.1	0.2	23.9	24.0
陕西	458.3	477.1	78.4	74.3	20.9	17.2
甘肃	415.4	454.0	50.5	52.0	97.5	98.7
青海	42.0	48.8	0.7	0.6	35.6	34.4
宁夏	107.3	111.6	82.2	81.3	51.8	72.0
新疆	322.6	306.9	118.8	130.1	56.5	60.9

7—13 各地区主要农作物播种面积构成

（以农作物总播种面积为 100）

单位:%

地　区	粮　食	棉　花	油　料	糖　料	烟　叶	蔬　菜	瓜果类
全国总计	**68.1**	**2.9**	**8.5**	**1.2**	**1.0**	**12.5**	**1.5**
北　京	68.6	0.1	1.6			22.7	2.7
天　津	67.4	11.6	0.4			18.6	1.1
河　北	71.8	6.6	5.2	0.2		13.7	1.2
山　西	86.4	1.0	3.8	0.2	0.1	6.5	0.6
内蒙古	78.1		10.7	0.6	0.1	4.0	0.9
辽　宁	76.4		8.9		0.3	11.6	1.3
吉　林	86.7	0.1	5.0	0.1	0.5	4.5	1.0
黑龙江	94.1		1.0	0.6	0.3	2.0	0.5
上　海	48.4	0.5	2.1			34.6	3.0
江　苏	69.7	2.2	6.9			17.3	1.9
浙　江	53.8	0.9	8.1	0.5		26.8	4.4
安　徽	73.8	3.4	9.4	0.1	0.1	9.0	1.9
福　建	53.1		5.0	0.4	3.1	30.6	1.6
江　西	66.5	1.5	13.5	0.2	0.4	9.9	1.3
山　东	66.3	6.3	7.3		0.4	16.6	2.6
河　南	70.0	1.8	11.0		0.9	12.1	2.3
湖　北	51.7	5.9	18.6	0.1	0.9	14.1	1.3
湖　南	57.7	2.0	15.5	0.2	1.3	14.6	1.6
广　东	54.9		7.6	3.6	0.5	26.6	0.9
广　西	50.5		3.6	18.5	0.3	17.7	1.8
海　南	51.3		4.6	7.3		26.9	3.8
重　庆	65.0		7.8	0.1	1.4	18.8	0.6
四　川	67.0	0.2	12.9	0.2	1.3	13.0	0.5
贵　州	58.9		10.6	0.4	4.8	14.9	0.5
云　南	63.6		5.0	4.8	7.9	11.6	0.4
西　藏	70.0		9.8			9.7	0.1
陕　西	73.8	1.1	7.1		0.9	11.3	1.8
甘　肃	69.3	1.2	8.2	0.1	0.1	11.1	1.3
青　海	50.6		29.7			8.8	0.1
宁　夏	66.7		7.1			9.0	6.6
新　疆	41.6	33.6	4.7	1.6		6.0	2.5

7－14　主要农作物产品产量

单位：万吨

年　份	粮食总产量	#稻　谷	#小　麦	#玉　米	#大　豆	#薯　类
1949	11318	4865	1381	1242	509	985
1952	16392	6843	1813	1685	952	1633
1957	19505	8678	2364	2144	1005	2192
1962	15441	6299	1667	1626	651	2345
1965	19453	8772	2522	2366	614	1986
1970	23996	10999	2919	3303	871	2668
1975	28452	12556	4531	4722	724	2857
1978	30477	13693	5384	5595	757	3174
1979	33212	14375	6273	6004	746	2846
1980	32056	13991	5521	6260	794	2873
1981	32502	14396	5964	5921	933	2597
1982	35450	16160	6847	6056	903	2705
1983	38728	16887	8139	6821	976	2925
1984	40731	17826	8782	7341	970	2848
1985	37911	16857	8581	6383	1050	2604
1986	39151	17222	9004	7086	1161	2534
1987	40298	17426	8590	7924	1247	2821
1988	39408	16911	8543	7735	1165	2697
1989	40755	18013	9081	7893	1023	2730
1990	44624	18933	9823	9682	1100	2743
1991	43529	18381	9595	9877	971	2716
1992	44266	18622	10159	9538	1030	2844
1993	45649	17751	10639	10270	1531	3181
1994	44510	17593	9930	9928	1600	3025
1995	46662	18523	10221	11199	1350	3263
1996	50454	19510	11057	12747	1322	3536
1997	49417	20073	12329	10431	1473	3192
1998	51230	19871	10973	13295	1515	3604
1999	50839	19849	11388	12809	1425	3641
2000	46218	18791	9964	10600	1541	3685
2001	45264	17758	9387	11409	1541	3563
2002	45706	17454	9029	12131	1651	3666
2003	43070	16066	8649	11583	1539	3513
2004	46947	17909	9195	13029	1740	3558
2005	48402	18059	9745	13937	1635	3469
2006	49804	18172	10847	15160	1508	2701
2007	50160	18603	10930	15230	1273	2808
2008	52871	19190	11246	16591	1554	2980
2009	53082	19510	11512	16397	1498	2995
2010	54648	19576	11518	17725	1508	3114
2011	57121	20100	11740	19278	1449	3273
2012	58958	20424	12102	20561	1305	3293

7—15　主要农作物产品产量及增减情况

单位：万吨

指　　标	1990 年	1995 年	2000 年	2011 年	2012 年	2012 年为 2011 年百分比（%）
一、粮食作物	44624.3	46661.8	46217.5	57120.8	58958.0	103.2
1.谷物		41611.6	40522.4	51939.4	53934.7	103.8
稻谷	18933.1	18522.6	18790.8	20100.1	20423.6	101.6
小麦	9822.9	10220.7	9963.6	11740.1	12102.3	103.1
玉米	9681.9	11198.6	10600.0	19278.1	20561.4	106.7
谷子	457.5	301.9	212.5	156.7	179.6	114.6
高粱	567.5	475.6	258.2	205.1	255.6	124.6
其他谷物		892.3	697.3	459.3	412.3	89.8
2.豆类		1787.5	2010.0	1908.4	1730.5	90.7
#大豆	1100.0	1350.2	1540.9	1448.5	1305.0	90.1
杂豆		437.3	469.1	459.9	425.6	92.5
3.薯类	2743.3	3262.6	3685.2	3273.1	3292.8	100.6
#马铃薯	648.4	914.4	1325.5	1765.8	1855.2	105.1
二、油料作物	1613.2	2250.3	2954.8	3306.8	3436.8	103.9
#花生	636.8	1023.5	1443.7	1604.6	1669.2	104.0
油菜籽	695.8	977.7	1138.1	1342.6	1400.7	104.3
芝麻	46.9	58.3	81.1	60.5	63.9	105.6
胡麻籽	53.5	36.4	34.4	35.9	39.1	108.9
向日葵	133.9	126.9	195.4	231.3	232.3	100.4
三、棉花	450.8	476.8	441.7	659.8	683.6	103.6
四、麻类	109.7	89.7	52.9	29.6	26.1	88.4
#黄红麻	72.6	37.1	12.6	7.5	6.8	91.1
苎麻	8.9	14.7	16.1	15.8	13.0	82.2
大麻	3.2	2.2	1.7	1.6	1.5	92.0
亚麻	24.2	35.2	21.4	3.9	3.8	96.8
五、糖料	7214.5	7940.1	7635.3	12516.5	13485.4	107.7
甘蔗	5762.0	6541.7	6828.0	11443.5	12311.4	107.6
甜菜	1452.5	1398.4	807.3	1073.1	1174.0	109.4
六、烟叶	262.7	231.4	255.2	313.2	340.7	108.8
#烤烟	225.9	207.2	223.8	287.0	312.6	108.9
七、蔬菜				67929.7	70883.1	104.3
八、瓜果类				8684.9	8952.4	103.1

7—16 各地区粮食总产量

单位:万吨

地　区	1990 年	1995 年	2000 年	2011 年	2012 年	2012 年为 2011 年百分比(%)
全国总计	**44624.3**	**46661.8**	**46217.5**	**57120.8**	**58958.0**	**103.2**
北　京	264.6	259.8	144.2	121.8	113.8	93.4
天　津	188.9	207.5	124.1	161.8	161.8	100.0
河　北	2276.9	2739.2	2551.1	3172.6	3246.6	102.3
山　西	969.0	917.1	853.4	1193.0	1274.1	106.8
内蒙古	973.0	1055.4	1241.9	2387.5	2528.5	105.9
辽　宁	1494.7	1423.5	1140.0	2035.5	2070.5	101.7
吉　林	2046.5	1992.4	1638.0	3171.0	3343.0	105.4
黑龙江	2312.5	2552.1	2545.5	5570.6	5761.5	103.4
上　海	239.5	210.4	174.0	122.0	122.4	100.4
江　苏	3230.8	3286.3	3106.6	3307.8	3372.5	102.0
浙　江	1586.1	1430.9	1217.7	781.6	769.8	98.5
安　徽	2457.2	2580.7	2472.1	3135.5	3289.1	104.9
福　建	879.6	919.7	854.7	672.8	659.3	98.0
江　西	1658.2	1607.4	1614.6	2052.8	2084.8	101.6
山　东	3354.9	4246.4	3837.7	4426.3	4511.4	101.9
河　南	3303.7	3466.5	4101.5	5542.5	5638.6	101.7
湖　北	2475.0	2463.8	2218.5	2388.5	2441.8	102.2
湖　南	2651.4	2691.6	2767.9	2939.4	3006.5	102.3
广　东	1896.9	1734.8	1760.1	1361.0	1396.3	102.6
广　西	1363.1	1508.2	1528.5	1429.9	1484.9	103.8
海　南	169.6	201.8	199.6	188.0	199.5	106.1
重　庆			1106.9	1126.9	1138.5	101.0
四　川	4266.8	4365.0	3372.0	3291.6	3315.0	100.7
贵　州	721.0	948.9	1161.3	876.9	1079.5	123.1
云　南	1057.2	1188.9	1467.8	1673.6	1749.1	104.5
西　藏	55.5	70.0	96.2	93.7	94.9	101.2
陕　西	1070.7	913.4	1089.1	1194.7	1245.1	104.2
甘　肃	690.7	644.2	713.5	1014.6	1109.7	109.4
青　海	114.0	114.2	82.7	103.4	101.5	98.2
宁　夏	190.1	203.2	252.7	359.0	375.0	104.5
新　疆	666.2	718.5	783.7	1224.7	1273.0	103.9

7—17 各地区分季粮食作物产量

单位:万吨

地区	夏收粮食		早稻		秋收粮食	
	2011年	2012年	2011年	2012年	2011年	2012年
全国总计	**12638.7**	**12993.7**	**3275.4**	**3329.1**	**41206.7**	**42635.1**
北京	28.4	27.5			93.4	86.3
天津	54.2	55.8			107.6	106.0
河北	1290.1	1353.1			1882.5	1893.5
山西	242.2	261.1			950.8	1013.0
内蒙古					2387.5	2528.5
辽宁	43.7	30.9			1991.8	2039.6
吉林					3171.0	3343.0
黑龙江					5570.6	5761.5
上海	28.3	29.0			93.6	93.4
江苏	1117.2	1143.5			2190.6	2229.0
浙江	64.8	62.5	68.3	66.8	648.5	640.5
安徽	1221.2	1301.5	137.2	132.0	1777.1	1855.6
福建	33.9	34.3	122.8	121.1	516.2	504.0
江西	8.9	9.2	785.6	800.2	1258.3	1275.4
山东	2104.7	2179.9			2321.6	2331.5
河南	3131.5	3186.0			2411.0	2452.6
湖北	425.8	447.4	197.1	208.9	1765.6	1785.5
湖南	58.5	57.5	806.4	818.7	2074.5	2130.3
广东	106.5	107.7	527.4	534.3	727.1	754.3
广西	27.1	29.0	530.4	544.9	872.4	911.0
海南	29.0	29.5	73.9	76.4	85.2	93.6
重庆	156.3	154.2			970.7	984.4
四川	577.0	587.6	0.7	0.7	2713.9	2726.7
贵州	210.4	222.0			666.5	857.5
云南	251.2	243.5	25.8	25.1	1396.6	1480.5
西藏					93.7	94.9
陕西	455.1	472.5			739.6	772.6
甘肃	319.5	323.8			695.1	785.9
青海					103.4	101.5
宁夏	65.5	64.9			293.4	310.1
新疆	587.7	580.0			637.0	693.0

7—18 各地区分品种粮食作物产量

单位:万吨

地区	谷物		#稻谷		#小麦		#玉米	
	2011年	2012年	2011年	2012年	2011年	2012年	2011年	2012年
全国总计	**51939.4**	**53934.7**	**20100.1**	**20423.6**	**11740.1**	**12102.3**	**19278.1**	**20561.4**
北京	119.3	111.6	0.2	0.1	28.4	27.4	90.3	83.6
天津	159.5	159.8	10.7	11.2	54.2	55.8	94.4	92.5
河北	3032.3	3102.7	60.2	49.8	1276.1	1337.7	1639.6	1649.5
山西	1138.4	1214.7	0.5	0.6	240.3	259.2	854.6	903.9
内蒙古	2012.2	2180.9	77.9	73.3	170.9	188.4	1632.1	1784.4
辽宁	1933.5	1986.5	505.1	507.8	3.7	3.2	1360.3	1423.5
吉林	3015.3	3221.7	623.5	532.0	1.3		2339.0	2578.8
黑龙江	4858.2	5147.9	2062.1	2171.2	103.8	70.0	2675.8	2887.9
上海	119.6	120.1	88.9	89.1	24.1	22.6	2.8	2.5
江苏	3186.4	3252.0	1864.2	1900.1	1023.2	1048.8	226.2	230.2
浙江	704.6	678.0	649.0	608.3	27.0	27.1	14.6	29.1
安徽	2974.0	3123.3	1387.1	1393.5	1215.7	1294.0	362.6	427.5
福建	533.2	524.2	514.1	503.8	0.8	0.7	16.6	18.0
江西	1964.3	1992.8	1950.1	1976.0	2.2	2.3	10.5	12.6
山东	4194.9	4285.8	104.0	103.4	2103.9	2179.5	1978.7	1994.5
河南	5308.1	5431.4	474.5	492.6	3123.0	3177.4	1696.5	1747.8
湖北	2249.2	2315.6	1616.9	1651.4	344.8	370.8	276.2	282.6
湖南	2779.5	2843.2	2575.4	2631.6	10.2	8.6	188.5	197.3
广东	1178.5	1208.8	1096.9	1126.6	0.3	0.3	78.9	79.7
广西	1333.2	1396.5	1084.1	1142.0	0.2	0.2	244.7	250.6
海南	155.4	167.1	145.1	155.8			10.3	11.3
重庆	799.2	799.1	493.5	498.0	42.4	38.5	257.0	256.3
四川	2753.7	2741.0	1527.1	1536.1	436.0	437.0	701.6	701.3
贵州	615.6	820.1	303.9	402.4	50.4	52.4	243.7	342.3
云南	1368.9	1436.5	668.7	644.6	98.9	88.3	598.2	700.0
西藏	91.0	92.2	0.6	0.5	24.9	24.6	2.8	2.6
陕西	1069.8	1119.5	84.5	87.4	410.9	435.5	550.7	566.9
甘肃	750.9	837.1		3.9	247.5	278.5	425.6	504.1
青海	59.4	61.9			35.4	35.2	15.2	17.0
宁夏	309.7	328.1	70.8	71.3	63.0	62.0	172.4	191.2
新疆	1171.7	1234.8	60.6	59.4	576.6	576.5	517.7	592.1

7—18续表

地　区	豆　类		#大　豆		薯　类		#马铃薯	
	2011年	2012年	2011年	2012年	2011年	2012年	2011年	2012年
全国总计	**1908.4**	**1730.5**	**1448.5**	**1305.0**	**3273.1**	**3292.8**	**1765.8**	**1855.2**
北　京	1.2	1.0	1.1	0.9	1.3	1.2		
天　津	1.7	1.5	1.7	1.4	0.6	0.5		
河　北	35.7	32.5	29.5	25.9	104.6	111.5	47.9	61.8
山　西	24.4	27.6	16.2	18.2	30.2	31.9	24.9	26.2
内蒙古	171.3	162.9	137.2	122.0	204.0	184.7	196.5	184.7
辽　宁	37.0	34.2	34.1	31.2	65.0	49.8	39.8	27.4
吉　林	101.3	52.6	78.8	40.8	54.5	68.7	49.5	63.9
黑龙江	577.8	479.6	541.3	463.4	134.7	134.0	134.7	134.0
上　海	1.5	1.5	0.9	0.8	0.8	0.8		
江　苏	82.8	81.2	57.6	55.3	38.6	39.3		
浙　江	31.6	36.6	14.0	25.2	45.4	55.2	22.8	22.6
安　徽	115.0	120.5	107.5	113.0	46.5	45.4		7.5
福　建	19.9	20.8	15.3	15.9	119.7	114.3	28.7	29.6
江　西	28.7	29.8	20.7	21.5	59.9	62.2	1.0	8.3
山　东	43.3	39.9	40.6	37.4	188.1	185.8		
河　南	95.2	84.6	88.0	78.1	139.3	122.6		
湖　北	39.5	32.2	23.9	20.6	99.8	94.0	68.1	68.5
湖　南	41.1	38.4	23.5	21.5	118.8	124.8	35.6	36.2
广　东	18.2	20.1	13.5	15.3	164.2	167.4	20.2	24.8
广　西	28.9	23.6	20.1	15.3	67.8	64.8	17.9	18.3
海　南	2.3	2.4	0.9	0.7	30.3	30.0	0.1	
重　庆	43.5	45.0	18.7	19.6	284.2	294.4	116.1	118.3
四　川	96.2	93.6	48.0	51.9	441.7	480.4	216.5	275.0
贵　州	22.0	23.6	7.1	7.8	239.3	235.8	189.4	179.7
云　南	125.7	129.7	24.3	26.9	178.9	183.0	159.5	175.0
西　藏	2.4	2.3	0.1	0.1	0.4	0.5	0.4	0.4
陕　西	44.6	43.1	37.7	36.0	80.3	82.5	65.6	66.7
甘　肃	34.8	33.1	15.8	16.3	228.9	239.5	228.9	239.5
青　海	7.1	7.1			36.9	32.5	36.9	32.5
宁　夏	4.7	4.7	3.2	0.5	44.5	42.2	44.5	42.2
新　疆	29.1	25.0	27.1	21.6	24.0	13.2	20.5	12.2

7—19 各地区油料产量

单位:吨

地 区	油料合计		#花 生		#油菜籽	
	2011年	2012年	2011年	2012年	2011年	2012年
全国总计	**33067571**	**34367660**	**16046363**	**16691582**	**13425566**	**14007307**
北 京	13922	13405	13228	12400	6	1
天 津	6631	5646	5195	4595		
河 北	1417786	1428283	1289166	1269417	30203	29690
山 西	187044	195672	21799	20321	5888	6570
内蒙古	1338765	1450797	30552	31985	240235	306659
辽 宁	1197565	1208739	1165363	1165335	758	937
吉 林	695563	807183	360189	466895		
黑龙江	232691	225158	56938	70447	1313	1056
上 海	18647	17313	2132	2046	16385	15120
江 苏	1440526	1469468	369975	360200	1052453	1091272
浙 江	398538	383010	53577	53418	335900	320853
安 徽	2137502	2276936	843418	868553	1227783	1343182
福 建	274630	280735	257026	262223	15903	16780
江 西	1135852	1170753	437498	448133	666568	687541
山 东	3410001	3509513	3385850	3486528	21895	20823
河 南	5323635	5695117	4297921	4540254	773187	876064
湖 北	3047171	3196621	687422	743412	2203900	2300323
湖 南	2152868	2078154	319716	277524	1819606	1785723
广 东	918994	966063	908468	955209	7940	8077
广 西	501400	544867	474564	512906	16084	20068
海 南	99351	103621	97508	101537		
重 庆	465073	501142	101123	113261	351400	377102
四 川	2784476	2877615	627455	648165	2143669	2220860
贵 州	788503	873827	60654	78553	718090	781764
云 南	607467	628374	70407	74912	518445	534987
西 藏	63515	63310	239	262	63276	63047
陕 西	589665	603300	92771	97614	383621	399403
甘 肃	635194	670036	2956	3996	331446	339294
青 海	332854	352246			326924	345316
宁 夏	184097	180321		123	900	2839
新 疆	667647	590436	13253	21356	151789	111956

7－20　各地区棉花和麻类产量

单位：吨

地　　区	棉　　花		麻类合计		#黄红麻	
	2011年	2012年	2011年	2012年	2011年	2012年
全国总计	**6597745**	**6835975**	**295508**	**261215**	**75182**	**68467**
北　京	515	272				
天　津	72275	57567				
河　北	653445	564404	729	780	688	738
山　西	63364	46981	207	42		
内蒙古	2328	1552	57	3		
辽　宁	736	560	151			
吉　林	12088	7983	199	141		
黑龙江			11630	10166		
上　海	4812	3811				
江　苏	246795	220470	1779	2013	92	
浙　江	32357	29891	305	305	244	250
安　徽	378000	293973	25789	27026	13994	15878
福　建	73	71	394	386	314	312
江　西	142853	152203	9926	9071	988	804
山　东	784586	698490	281	45	201	2
河　南	382350	256868	43504	36699	43465	36655
湖　北	525800	545300	28853	26442	343	245
湖　南	235786	250600	42249	23917	557	600
广　东			440	327	440	327
广　西	2271	2206	12266	11067	10795	9541
海　南			1027	997	1027	997
重　庆	94	91	14455	10186	100	103
四　川	14600	13314	61013	57385	1917	1986
贵　州	1029	1200	607	805	8	10
云　南	445	481	10529	10170	8	8
西　藏						
陕　西	67447	67202	654	690	1	11
甘　肃	75958	81028	2068	2510		
青　海						
宁　夏						
新　疆	2897738	3539458	26396	30042		

7－21　各地区糖料产量

单位:吨

地　　区	糖料合计		1.甘　　蔗		2.甜　　菜	
	2011年	2012年	2011年	2012年	2011年	2012年
全国总计	**125165421**	**134854276**	**114434620**	**123113920**	**10730801**	**11740356**
北　　京						
天　　津						
河　　北	465164	594297			465164	594297
山　　西	324347	407752			324347	407752
内 蒙 古	1577178	1679264			1577178	1679264
辽　　宁	77977	97317			77977	97317
吉　　林	162734	209410			162734	209410
黑 龙 江	2749830	2731176			2749830	2731176
上　　海	10894	10140	10894	10140		
江　　苏	96073	97531	96073	97231		300
浙　　江	711121	701425	711121	701425		
安　　徽	216360	206108	216352	206108	8	
福　　建	559721	564711	559721	564711		
江　　西	628475	615764	628475	615764		
山　　东	166	72			166	72
河　　南	266897	268803	266897	268803		
湖　　北	324883	310822	324883	310775		47
湖　　南	722298	738307	722298	738307		
广　　东	13900283	14692105	13900283	14692105		
广　　西	72699640	78297134	72699640	78297134		
海　　南	3877682	4159197	3877682	4159197		
重　　庆	118048	118823	118048	118823		
四　　川	879575	615307	876886	613404	2689	1903
贵　　州	436224	1280784	436045	1280599	179	185
云　　南	18987767	20437844	18987767	20437795		50
西　　藏						
陕　　西	1556	1667	1556	1599		68
甘　　肃	180827	246503			180827	246503
青　　海	110	35			110	35
宁　　夏	90	88			90	88
新　　疆	5189502	5771889			5189502	5771889

7—22 各地区烟叶和蔬菜产量

单位：吨

地区	烟叶合计		#烤烟		蔬菜	
	2011年	2012年	2011年	2012年	2011年	2012年
全国总计	**3132408**	**3406524**	**2869547**	**3126229**	**679296746**	**708830560**
北京	7	7			2968701	2799020
天津					4312955	4477016
河北	6812	7019	4159	4550	73843022	76951323
山西	11021	9939	10971	9935	9819032	10733368
内蒙古	15429	14237	12681	11768	14401687	14762943
辽宁	29846	33621	26423	30537	28325107	29775976
吉林	72300	81286	30361	32353	9713801	9575386
黑龙江	85320	96888	77532	88166	7899314	8664146
上海					4082408	4069320
江苏	225	81	68	51	45868841	49845992
浙江	2943	2578			18156147	18198063
安徽	30966	35858	30236	35004	22139877	23274970
福建	143264	148193	142172	147119	16234116	16739331
江西	45505	52472	44497	50338	11657454	12131089
山东	87814	103419	87197	103401	91809332	93860081
河南	292453	306762	292357	306762	67097382	70116764
湖北	140962	146056	96459	99109	33586000	35063784
湖南	246529	246995	233474	236475	33374000	34809082
广东	56321	58077	50556	52235	28509924	29827067
广西	29114	34382	21979	27043	22464013	23567183
海南	50	160	50	160	4690592	4990010
重庆	93608	102908	75928	76062	14079653	15093438
四川	249297	274494	200398	227081	35736467	37647249
贵州	343244	392768	325037	373081	12500528	13756279
云南	1055660	1150017	1018239	1110461	13400000	14726600
西藏					600705	655905
陕西	77770	91917	76749	91495	14325047	15256183
甘肃	12111	12976	9897	10938	13205952	14604216
青海	1710	1310			1446133	1587488
宁夏	2127	2100	2127	2100	4387053	4711062
新疆		5		5	18661504	16560227

7—23 主要农作物单位面积产量

单位:千克/公顷、%

指　　标	1990 年	1995 年	2000 年	2011 年	2012 年	2011 年为 2010 年百分比
一、粮食作物	3933	4240	4261	5165.9	5301.8	102.6
1. 谷物		4659	4753	5706.6	5823.7	102.1
稻谷	5726	6025	6272	6687.3	6776.9	101.3
小麦	3194	3541	3738	4837.2	4986.9	103.1
玉米	4524	4917	4598	5747.5	5869.7	102.1
谷子	2008	1982	1700	2102.5	2439.7	116.0
高粱	3674	3914	2904	4100.1	4100.9	100.0
其他谷物		2129	2019	2415.8	2271.5	94.0
2. 豆类		1591	1588	1791.7	1782.3	99.5
#大豆	1455	1661	1656	1836.3	1819.6	99.1
杂豆		1408	1399	1664.5	1677.0	100.7
3. 薯类	3008	3428	3497	3675.2	3705.6	100.8
#马铃薯	2263	2663	2806	3255.6	3353.7	103.0
二、油料作物	1480	1718	1919	2386.7	2467.2	103.4
#花生	2191	2687	2973	3502.5	3598.5	102.7
油菜籽	1264	1415	1519	1827.3	1884.8	103.1
芝麻	702	908	1034	1385.3	1463.2	105.6
胡麻籽	761	586	690	1113.5	1228.5	110.3
向日葵	1878	1562	1590	2459.7	2614.1	106.3
三、棉花	807	879	1093	1309.6	1458.1	111.3
四、麻类	2216	2386	2024	2498.0	2580.7	103.3
#黄红麻	2421	2534	2516	3896.3	3898.7	100.1
苎麻	1104	1515	1685	1886.2	1888.2	100.1
大麻	1524	1399	1324	2765.9	2751.8	99.5
亚麻	2775	3119	2229	6472.3	5523.6	85.3
五、糖料	42965	43630	50426	64260.5	66416.3	103.4
甘蔗	57118	58133	57626	66485.1	68600.3	103.2
甜菜	21668	20132	24518	47361.1	49792.8	105.1
六、烟叶	1650	1574	1776	2143.4	2133.7	99.5
#烤烟	1683	1584	1763	2124.1	2111.6	99.4

7—24 各地区分季粮食作物单位面积产量

单位：千克/公顷

地区	夏收粮食		早稻		秋收粮食	
	2011年	2012年	2011年	2012年	2011年	2012年
全国总计	**4586.3**	**4709.7**	**5696.9**	**5774.8**	**5333.1**	**5476.5**
北京	4882.2	5257.5			6174.7	6093.6
天津	4827.6	4929.3			5421.6	5052.4
河北	5305.5	5534.9			4883.9	4908.4
山西	3314.2	3682.3			3718.3	3922.7
内蒙古					4292.9	4523.7
辽宁	6817.5	4843.3			6413.4	6467.6
吉林					6976.8	7251.2
黑龙江					4842.8	5001.5
上海	4018.4	3934.3			8081.8	8199.3
江苏	4730.8	4810.3			7406.4	7531.9
浙江	3557.8	3512.4	6111.3	6037.2	6753.7	6651.4
安徽	5034.5	5293.7	5354.6	5557.0	4510.8	4726.6
福建	3831.3	3869.8	6014.6	6020.4	5524.7	5529.1
江西	1453.8	1483.3	5675.3	5758.8	5707.4	5733.5
山东	5853.8	6010.4			6539.0	6520.8
河南	5849.6	5936.6			5350.0	5310.4
湖北	3265.0	3318.1	5689.3	5937.7	7144.1	7200.2
湖南	2989.3	3060.3	5779.4	5746.5	6308.0	6464.4
广东	4668.3	4652.1	5683.6	5710.5	5290.1	5493.9
广西	3112.3	3036.6	5634.9	5860.4	4267.2	4457.4
海南	3970.6	4015.8	5259.6	5326.4	3923.1	4221.3
重庆	3002.3	2990.8			5581.8	5644.0
四川	3198.4	3241.0	6363.6	6363.6	5854.7	5858.7
贵州	2163.6	2242.5			3199.6	4153.8
云南	2169.4	2079.1	6312.7	6352.8	4464.6	4642.7
西藏					5508.7	5553.7
陕西	3461.7	3672.1			4063.3	4197.1
甘肃	3095.2	3354.4			3858.7	4193.5
青海					3699.2	3622.7
宁夏	2852.3	3224.0			4712.2	4945.8
新疆	5329.2	5296.0			6743.0	6689.2

7—25 各地区分品种粮食作物单位面积产量

单位:千克/公顷

地区	谷物		#稻谷		#小麦		#玉米	
	2011年	2012年	2011年	2012年	2011年	2012年	2011年	2012年
全国总计	**5706.6**	**5823.7**	**6687.3**	**6776.9**	**4837.2**	**4986.9**	**5747.5**	**5869.7**
北京	5943.2	5991.2	6521.7	6443.9	4883.0	5257.9	6429.4	6330.9
天津	5375.3	5159.9	7528.1	7657.5	4827.6	4929.3	5584.3	5155.3
河北	5195.7	5291.7	7248.9	5798.4	5325.9	5550.9	5401.1	5409.8
山西	4103.4	4374.1	4902.0	5940.6	3383.9	3761.8	5189.7	5415.7
内蒙古	5268.5	5361.0	8657.4	8201.1	3010.0	3091.0	6113.7	6297.1
辽宁	6569.2	6631.8	7657.7	7673.0	5362.3	4705.9	6372.6	6450.9
吉林	7581.8	7741.6	9019.9	7587.5	4213.8		7462.8	7851.7
黑龙江	6176.2	6049.1	7000.7	7072.8	3485.4	3333.3	5832.9	5563.8
上海	6680.1	6646.4	8378.6	8481.3	4031.1	3983.8	6603.3	6596.9
江苏	6467.6	6561.9	8290.2	8428.9	4843.5	4917.8	5458.6	5495.3
浙江	6821.3	6750.4	7253.6	7305.6	3720.0	3638.1	4715.6	4700.7
安徽	5422.2	5680.4	6217.8	6291.1	5101.6	5357.0	4428.1	5197.4
福建	5956.9	5955.6	6082.2	6087.2	2883.4	2874.2	3903.7	3970.9
江西	5846.8	5898.4	5877.8	5936.9	2011.0	1924.1	4089.7	4484.8
山东	6224.9	6308.4	8347.5	8345.8	5854.7	6011.0	6604.7	6608.6
河南	5861.8	5934.2	7437.3	7599.2	5866.6	5950.1	5608.3	5637.9
湖北	6199.9	6253.7	7941.0	8183.7	3401.5	3479.9	5024.9	4762.2
湖南	6239.1	6327.8	6333.5	6426.3	2524.8	2428.4	5762.8	5767.5
广东	5554.9	5676.9	5651.4	5779.1	3000.0	3225.8	4559.6	4620.3
广西	5001.2	5252.6	5215.7	5550.2	1418.9	1333.3	4324.6	4317.0
海南	4541.7	4747.8	4554.9	4801.5			4375.5	4121.0
重庆	6070.9	6121.8	7188.8	7248.9	3063.4	3066.3	5504.0	5471.1
四川	5752.3	5746.7	7605.5	7689.0	3462.2	3541.0	5147.1	5114.9
贵州	3365.7	4483.5	4459.8	5892.5	1955.6	2016.9	3093.6	4415.3
云南	4389.8	4534.5	6229.2	5952.7	2257.8	1996.8	4245.7	4804.7
西藏	5581.3	5627.7	6000.0	5567.0	6625.0	6512.1	6626.5	6023.0
陕西	4142.5	4327.0	6987.3	7082.4	3615.0	3862.2	4675.7	4856.1
甘肃	3837.1	4264.1		7019.7	2872.6	3339.6	5074.3	5584.5
青海	3735.9	3786.9			3760.5	3735.5	7420.6	7410.6
宁夏	5257.7	5690.3	8429.6	8457.9	3116.3	3463.7	7461.1	7775.5
新疆	6114.8	6069.5	8590.5	8574.3	5349.3	5333.2	7110.9	6919.4

7—25 续表 单位：千克/公顷

地区	豆类		#大豆		薯类		#马铃薯	
	2011年	2012年	2011年	2012年	2011年	2012年	2011年	2012年
全国总计	**1791.7**	**1782.3**	**1836.3**	**1819.6**	**3675.2**	**3705.6**	**3255.6**	**3353.7**
北京	1879.0	1761.6	2011.2	1880.8	5446.8	5740.7		
天津	1348.4	1217.3	1366.2	1216.2	4827.6	4811.3		
河北	1992.3	1889.4	2169.2	2032.1	3864.3	4170.1	2809.7	3703.6
山西	759.5	851.1	820.0	911.5	1570.8	1673.8	1452.5	1548.6
内蒙古	1675.6	1939.3	1995.8	1977.5	2834.5	2711.2	2757.0	2711.2
辽宁	2580.2	2443.8	2836.9	2695.3	7821.9	6073.2	7056.7	4993.2
吉林	2101.4	1420.9	2584.7	1775.6	6318.8	8386.1	6112.6	8361.5
黑龙江	1706.0	1735.2	1690.6	1739.5	5378.8	5460.5	5378.9	5460.5
上海	2467.7	2558.9	2674.4	2752.6	7433.6	7938.1		
江苏	2485.7	2532.1	2622.1	2628.1	6493.0	6533.7		
浙江	2541.0	2646.4	2747.7	2850.2	4688.9	5074.9	3849.3	4065.2
安徽	1186.8	1254.9	1213.4	1289.0	2773.2	2774.0		4764.3
福建	2474.1	2534.1	2441.7	2493.3	4765.6	4783.5	3768.3	3832.1
江西	1857.5	1899.4	2178.4	2168.3	4394.0	4429.8	3759.7	5564.5
山东	2602.6	2435.8	2599.3	2556.7	7816.4	7583.3		
河南	1880.9	1624.7	1975.5	1696.6	4663.3	3930.8		
湖北	2073.1	1813.0	2348.7	2157.2	3287.8	3137.1	3091.3	3098.7
湖南	2396.7	2282.8	2546.0	2371.3	4690.1	5065.5	3828.0	3972.6
广东	2355.3	2510.9	2258.9	2460.1	4952.5	5062.8	4968.0	5024.3
广西	1711.1	1527.5	1797.9	1621.0	2847.2	2532.2	3362.8	4093.8
海南	2729.4	2812.3	2494.8	2185.1	3792.7	3837.1	4145.6	4411.9
重庆	1936.2	1957.2	1955.0	1973.3	3956.7	4065.5	3374.4	3377.4
四川	2180.9	1961.4	2133.3	2325.0	3643.5	3933.8	3601.7	3683.0
贵州	700.4	771.7	541.5	585.9	2622.4	2565.0	2839.3	2657.8
云南	2188.3	2264.7	1942.2	2116.2	2822.7	2776.0	3212.7	3386.7
西藏	3643.4	3613.3	3529.4	3000.0	5806.5	5696.2	6545.5	5753.4
陕西	1980.6	1930.2	2162.8	2158.9	2455.3	2603.5	2333.9	2498.1
甘肃	1744.4	1729.5	1740.1	1798.6	3380.1	3496.7	3380.1	3496.7
青海	2185.1	2148.3			4188.5	3884.3	4188.5	3884.3
宁夏	1214.4	1305.6	2444.3	420.2	1982.9	1956.4	1982.9	1956.4
新疆	3453.6	3639.3	3485.4	3901.9	5082.8	4708.6	4511.6	4574.7

7—26 各地区油料作物单位面积产量

单位：千克/公顷

地　区	油料合计		#花　生		#油菜籽	
	2011年	2012年	2011年	2012年	2011年	2012年
全国总计	**2386.7**	**2467.2**	**3502.5**	**3598.5**	**1827.3**	**1884.8**
北　京	2852.9	2958.3	2986.0	3070.3		
天　津	2960.3	3003.2	3558.2	3282.1		
河　北	3128.8	3145.7	3578.9	3580.5	1436.2	1564.4
山　西	1247.2	1341.5	2443.9	2188.8	991.2	1574.9
内蒙古	1867.2	1897.1	1738.9	1913.0	1098.7	1132.7
辽　宁	3054.7	3208.9	3090.5	3240.4	2071.0	1952.1
吉　林	2838.5	3028.0	3040.6	3300.8		
黑龙江	1566.4	1919.2	2540.7	2844.0	2574.5	2575.6
上　海	2178.4	2116.5	2665.0	2589.9	2150.3	2076.9
江　苏	2608.2	2784.8	3692.0	3756.0	2385.0	2590.2
浙　江	2033.5	2022.4	2819.8	2882.3	1958.0	1938.0
安　徽	2433.7	2698.9	4464.9	4633.5	1917.2	2203.4
福　建	2440.3	2472.1	2581.2	2613.5	1369.0	1411.6
江　西	1551.0	1573.3	2771.3	2788.4	1228.4	1245.9
山　东	4227.0	4408.8	4247.7	4429.7	2525.4	2608.4
河　南	3371.7	3619.1	4252.9	4508.2	2016.4	2302.9
湖　北	2131.5	2129.0	3577.2	3100.1	1930.9	1970.6
湖　南	1661.9	1572.3	2688.7	2509.3	1558.9	1486.5
广　东	2676.6	2743.0	2716.4	2783.5	1181.3	1226.9
广　西	2473.9	2506.8	2644.3	2716.4	1037.8	1000.3
海　南	2458.6	2608.3	2525.3	2677.3		
重　庆	1808.9	1849.1	2007.2	1942.0	1791.0	1843.5
四　川	2258.7	2302.6	2426.4	2474.3	2223.2	2263.1
贵　州	1470.7	1596.0	1559.2	1915.2	1468.5	1573.1
云　南	1774.7	1830.5	1447.8	1536.6	1899.7	1902.5
西　藏	2644.3	2635.7	2390.4	2018.1	2645.3	2639.1
陕　西	1960.1	1995.7	2894.6	2965.2	1886.8	1976.4
甘　肃	1809.1	1991.6	2711.9	4119.6	1793.9	1938.4
青　海	1982.1	2142.6			1998.6	2158.4
宁　夏	2076.7	2040.2		1808.8	2142.9	2379.7
新　疆	2526.2	2436.4	3767.8	4894.9	2354.4	1877.2

7—27　各地区棉花和麻类作物单位面积产量

单位：千克/公顷

地　区	棉　花		麻类合计		＃黄红麻	
	2011 年	2012 年	2011 年	2012 年	2011 年	2012 年
全国总计	**1309.6**	**1458.1**	**2498.0**	**2580.7**	**3896.3**	**3898.7**
北　京	1170.5	1135.2				
天　津	1204.2	1038.9				
河　北	1033.0	976.1	2209.1	2241.4	2219.4	2236.4
山　西	1188.4	1257.4	1380.0	602.0		
内蒙古	1446.9	1495.2	2035.7	1000.0		
辽　宁	1821.8	1842.1	15100.0			
吉　林	1812.3	1919.0	796.0	1007.1		
黑龙江			4507.8	5585.7		
上　海	1940.3	1934.4				
江　苏	1031.6	1292.1	2280.8	2757.5	4600.0	
浙　江	1489.0	1429.2	3112.2	2772.7	3596.4	3125.0
安　徽	1078.9	964.1	2753.5	3015.6	2997.9	3412.4
福　建	697.0	692.9	3021.5	2979.9	3275.4	3254.5
江　西	1743.0	1790.4	1598.4	1592.2	4490.9	4757.4
山　东	1042.5	1012.5	4014.3	2250.0	6700.0	2000.0
河　南	963.9	1000.8	5351.0	5552.0	5352.8	5562.2
湖　北	1076.0	1153.2	1988.5	2187.1	3430.0	2722.2
湖　南	1179.8	1455.5	2381.6	2306.4	3096.6	3002.0
广　东			2365.6	2378.8	2365.6	2378.8
广　西	973.8	1009.6	2631.6	2431.8	2570.9	2332.2
海　南			6846.7	6794.6	6846.7	6794.6
重　庆	636.6	636.4	1504.6	1490.3	1390.4	1551.7
四　川	913.1	912.3	1805.0	1813.5	2216.2	2246.6
贵　州	642.7	704.6	928.1	1376.1	666.7	769.2
云　南	1647.8	1651.5	3668.6	3268.9		1950.0
西　藏						
陕　西	1341.4	1391.3	1334.7	1408.2		1100.0
甘　肃	1585.1	1681.8	1195.4	1364.1		
青　海						
宁　夏						
新　疆	1769.0	2056.8	7013.4	6286.8		

7—28 各地区糖料作物单位面积产量

单位:千克/公顷

地区	糖料合计		1.甘蔗		2.甜菜	
	2011年	2012年	2011年	2012年	2011年	2012年
全国总计	**64261**	**66416**	**66485**	**68600**	**47361**	**49793**
北京						
天津						
河北	37243	41911			37243	41911
山西	57816	47718			57816	47718
内蒙古	40222	38421			40222	38421
辽宁	44482	52041			44482	52041
吉林	32482	31443			32482	31443
黑龙江	33526	37439			33526	37439
上海	64082	63375	64082	63375		
江苏	58940	59110	58940	60019		
浙江	62764	63737	62764	63737		
安徽	39919	39735	39925	39735		
福建	60904	60662	60904	60662		
江西	44891	44747	44891	44747		
山东		24000				24000
河南	67398	67709	67398	67709		
湖北	41652	39951	41652	40100		
湖南	49814	51094	49814	51094		
广东	86736	88805	86736	88805		
广西	66599	69411	66599	69411		
海南	64073	66604	64073	66604		
重庆	34903	35199	34903	35199		
四川	46694	41227	46945	41357	17020	20462
贵州	36301	58684	36410	58794	4366	4205
云南	61902	61654	61902	61654		16533
西藏						
陕西	31120	27783	31120	31980		6800
甘肃	37361	49007			37361	49007
青海	11000				11000	
宁夏		44000				44000
新疆	68800	69854			68800	69854

7—29 茶叶、水果产量

单位:万吨

年 份	茶叶产量	水果产量	苹 果	柑 桔	梨	葡 萄	香 蕉
1952	8.2	244.3	11.8	20.7	39.4	4.8	11.0
1957	11.2	324.7	22.2	32.2	50.4	8.5	7.3
1962	7.4	271.2	22.5	20.6	44.3	8.4	3.5
1965	10.1	323.9	31.8	25.4	51.1	10.0	14.5
1970	13.6	374.5	79.8	24.2	65.4	8.5	16.6
1975	21.1	538.1	158.3	33.6	108.7	12.3	16.5
1978	26.8	657.0	227.5	38.3	151.7	10.4	8.5
1979	27.7	701.5	286.9	58.2	143.8	12.6	7.4
1980	30.4	679.3	236.3	71.3	146.6	11.0	6.1
1981	34.3	780.1	300.6	79.8	159.3	14.8	12.6
1982	39.7	771.3	243.0	93.9	175.5	18.6	20.1
1983	40.1	948.7	354.1	129.6	179.5	24.7	20.7
1984	41.4	984.5	294.1	149.9	210.0	29.4	30.0
1985	43.2	1163.9	361.4	180.8	213.7	36.1	63.1
1986	46.1	1347.7	333.7	254.8	234.8	44.2	125.1
1987	50.8	1667.9	426.4	322.4	248.9	64.1	202.9
1988	54.5	1666.1	434.4	256.0	272.1	79.2	183.0
1989	53.5	1831.9	449.9	456.1	256.5	87.4	140.4
1990	54.0	1874.4	431.9	485.5	235.3	85.9	145.6
1991	54.2	2176.1	454.0	633.3	249.8	91.6	198.1
1992	56.0	2440.1	655.6	516.0	284.6	112.5	245.1
1993	60.0	3011.2	907.0	656.1	321.7	135.5	270.1
1994	58.8	3499.8	1112.9	680.5	404.2	152.2	289.8
1995	58.8	4214.6	1400.8	822.5	494.2	174.2	312.5
1996	59.3	4652.8	1704.7	845.7	580.7	188.3	253.6
1997	61.3	5089.3	1721.9	1010.2	641.5	203.2	289.2
1998	66.5	5452.9	1948.1	859.0	727.5	235.8	351.8
1999	67.6	6237.6	2080.2	1078.7	774.2	270.8	419.4
2000	68.3	6225.1	2043.1	878.3	841.2	328.2	494.1
2001	70.2	6658.0	2001.5	1160.7	879.6	368.0	527.2
2002	74.5	6952.0	1924.1	1199.0	930.9	447.9	555.7
2003	76.8	14517.4	2110.2	1345.4	979.8	517.6	590.3
2004	83.5	15340.9	2367.5	1495.8	1064.2	567.5	605.6
2005	93.5	16120.1	2401.1	1591.9	1132.4	579.4	651.8
2006	102.8	17102.0	2605.9	1789.8	1198.6	627.1	690.1
2007	116.5	18136.3	2786.0	2058.3	1289.5	669.7	779.7
2008	125.8	19220.2	2984.7	2331.3	1353.8	715.1	783.5
2009	135.9	20395.5	3168.1	2521.1	1426.3	794.1	883.4
2010	147.5	21401.5	3326.4	2645.2	1505.3	854.9	956.1
2011	162.3	22768.2	3598.5	2944.0	1579.5	906.7	1040.0
2012	179.0	24056.8	3849.1	3167.8	1707.3	1054.3	1155.8

注:2003年起,水果产量包括种植业中的瓜果类产量(后同)。

7—30 茶叶、水果主要品种面积和产量及增减情况

指　　标	单　位	1990 年	1995 年	2000 年	2011 年	2012 年	2012 年为2011 年百分比(%)
一、茶叶生产情况							
年末实有茶园面积	千公顷	1061.3	1115.3	1089.0	2112.6	2279.9	107.9
茶叶产量	吨	540070	588553	683324	1623214	1789753	110.3
绿茶	吨	332502	413784	498057	1137646	1247827	109.7
青茶	吨	33411	55372	67608	199747	217879	109.1
红茶	吨	109680	52003	47294	113679	132416	116.5
黑茶	吨	25026	17476	22558	63459	79836	125.8
黄茶	吨				391	179	99.2
白茶	吨				14267	10244	116.8
其他茶	吨	39451	49918	47807	94024	101371	107.8
二、水果生产情况							
年末果园面积	千公顷	5178.7	8097.6	8931.6	11830.6	12139.9	102.6
#香蕉园	千公顷	108.8	190.2	249.2	386.0	394.7	102.2
苹果园	千公顷	1633.1	2953.1	2254.1	2177.3	2231.3	102.5
柑桔园	千公顷	1061.2	1214.1	1271.8	2288.3	2306.3	100.8
梨园	千公顷	480.7	859.4	1014.6	1085.5	1088.6	100.3
葡萄园	千公顷	122.6	152.5	283.0	596.9	665.6	111.5
园林水果产量	万吨	1874.4	4214.6	6225.1	14083.3	15104.4	107.3
#香蕉	万吨	145.6	312.5	494.1	1040.0	1155.8	111.1
苹果	万吨	431.9	1400.8	2043.1	3598.5	3849.1	107.0
柑桔	万吨	485.5	822.5	878.3	2944.0	3167.8	107.6
梨	万吨	235.3	494.2	841.2	1579.5	1707.3	108.1
葡萄	万吨	85.9	174.2	328.2	906.7	1054.3	116.3
菠萝	万吨	46.3	53.9	85.7	119.1	128.7	108.1
红枣	万吨	42.3	78.2	130.6	542.7	588.7	108.5
柿子	万吨	62.5	96.9	159.2	318.7	341.8	107.2

7—31 各地区茶园面积和茶叶产量

单位：千公顷、吨

地区	年末实有茶园面积		本年采摘面积		茶叶产量		绿茶	
	2011年	2012年	2011年	2012年	2011年	2012年	2011年	2012年
全国总计	**2112.6**	**2279.9**	**1644.7**	**1735.2**	**1623214**	**1789753**	**1137646**	**1247827**
北京								
天津								
河北								
山西								
内蒙古								
辽宁								
吉林								
黑龙江								
上海								
江苏	32.3	34.0	26.7	28.8	14580	15371	12028	12674
浙江	182.0	183.0	164.4	164.6	169724	174840	163794	168731
安徽	138.0	149.7	122.3	131.0	87598	95374	81412	89150
福建	211.3	221.5	186.0	195.5	295976	320958	106376	110064
江西	59.0	65.5	45.3	49.9	32734	38662	24696	29317
山东	18.8	20.8	12.7	14.3	10704	13323	10704	13323
河南	78.5	87.6	71.9	73.5	49447	51374	44352	45496
湖北	243.0	260.1	174.7	189.4	184165	206984	148509	165004
湖南	102.5	108.8	83.3	86.8	132787	135346	67426	58363
广东	41.1	41.8	37.2	37.9	59637	63095	25300	25741
广西	53.8	55.6	45.7	47.0	44410	49359	32830	34087
海南	1.1	1.0	1.0	0.8	1241	1196	1112	1011
重庆	34.7	35.1	25.4	25.8	27895	31372	22302	24059
四川	239.2	266.6	167.2	186.7	186207	210201	147168	171628
贵州	196.4	251.5	95.8	121.3	58381	74359	47850	63161
云南	380.0	389.7	290.3	308.7	238337	271704	172411	199817
西藏	0.2	0.2	0.1		8	31	2	3
陕西	90.8	97.1	90.8	69.2	28430	35195	28430	35195
甘肃	10.0	10.2	4.0	4.0	944	1002	944	1002
青海								
宁夏								
新疆								

7—31 续表 1

单位:千公顷、吨

地　区	青　茶		红　茶		黑　茶	
	2011 年	2012 年	2011 年	2012 年	2011 年	2012 年
全国总计	**199747**	**217879**	**113679**	**132416**	**63459**	**79836**
北　京						
天　津						
河　北						
山　西						
内蒙古						
辽　宁						
吉　林						
黑龙江						
上　海						
江　苏			2353	2452		
浙　江			1330	1370	3067	3159
安　徽	70	70	4228	4422		
福　建	157450	172690	22707	27365		
江　西	1040	1530	4450	5123	46	46
山　东						
河　南			5095	5878		
湖　北	3948	4116	19374	21746	8492	11363
湖　南	3535	3582	15401	15890	37652	48010
广　东	27252	30143	1279	1338		
广　西	336	362	5626	8720	789	949
海　南			83	134		
重　庆	29	30	2856	3101		1883
四　川	4061	4558	2584	3195	13040	14403
贵　州	43	132	881	950	4	23
云　南	1983	666	25433	30731	369	
西　藏						
陕　西						
甘　肃						
青　海						
宁　夏						
新　疆						

7—31 续表 2　　　　单位：千公顷、吨

地　区	黄茶		白茶		其他茶	
	2011 年	2012 年	2011 年	2012 年	2011 年	2012 年
全国总计	**391**	**179**	**14267**	**10244**	**94024**	**101371**
北　京						
天　津						
河　北						
山　西						
内蒙古						
辽　宁						
吉　林						
黑龙江						
上　海						
江　苏					199	245
浙　江	201				1533	1579
安　徽			7815	48	1687	1684
福　建	15		211	9284	1628	1555
江　西		12		286	2276	2348
山　东						
河　南			95			
湖　北	14		3	151	3747	4604
湖　南	8	10	5798	4	8756	9487
广　东		8				5865
广　西					4829	5240
海　南					46	51
重　庆	145		262		2708	2299
四　川	8	145	83	268	18947	16004
贵　州		4		203	9512	9886
云　南					38142	40490
西　藏					6	27
陕　西						
甘　肃						
青　海						
宁　夏						
新　疆						

7－32 各地区果园面积

单位：千公顷

地 区	年末实有果园面积		#香蕉园		#苹果园	
	2011年	2012年	2011年	2012年	2011年	2012年
全国总计	**11830.6**	**12139.9**	**386.0**	**394.7**	**2177.3**	**2231.3**
北 京	63.5	62.5			7.8	7.8
天 津	32.9	33.7			4.5	4.7
河 北	1047.4	1051.8			236.7	235.7
山 西	322.6	342.4			144.7	150.7
内蒙古	66.8	70.9			18.9	18.1
辽 宁	359.9	368.5			134.0	139.0
吉 林	55.3	53.8			12.8	13.6
黑龙江	35.0	35.3			10.9	11.6
上 海	20.9	21.3				
江 苏	203.0	209.8			35.8	34.3
浙 江	320.9	321.5				
安 徽	110.0	116.5			16.8	15.5
福 建	531.2	534.9	27.6	27.2		
江 西	381.6	392.8				
山 东	592.0	596.3			276.3	279.6
河 南	465.5	466.7			180.5	178.8
湖 北	398.8	400.7			1.9	2.0
湖 南	537.1	546.0				
广 东	1096.6	1100.2	125.5	125.3		
广 西	970.0	997.2	85.1	87.1		
海 南	182.8	179.8	65.2	60.9		
重 庆	264.8	282.2	0.1	0.1	1.4	1.0
四 川	580.9	608.2	1.3	1.4	30.5	32.9
贵 州	169.0	193.0	1.4	1.5	6.5	9.6
云 南	348.5	392.5	79.8	91.3	31.9	40.6
西 藏	2.2	2.0			1.4	1.3
陕 西	1121.2	1160.2			623.2	645.2
甘 肃	430.0	446.9			274.8	283.9
青 海	5.1	6.8			2.0	1.7
宁 夏	124.9	130.3			40.5	39.8
新 疆	990.3	1015.2			83.3	83.9

7—32 续表

单位：千公顷

地区	#柑桔园		#梨园		#葡萄园	
	2011 年	2012 年	2011 年	2012 年	2011 年	2012 年
全国总计	**2288.3**	**2306.3**	**1085.5**	**1088.6**	**596.9**	**665.6**
北京			9.1	9.1	3.0	3.2
天津			3.7	4.1	5.2	
河北			193.4	194.0	73.7	76.8
山西			33.5	35.1	9.7	10.0
内蒙古			5.8	7.5	7.4	8.2
辽宁			98.8	98.8	27.4	35.3
吉林			14.8	13.7	12.2	12.3
黑龙江			4.6	4.0	3.0	4.0
上海	7.5	7.3	1.8	1.9	4.6	5.0
江苏	3.4	3.5	39.5	39.4	25.4	31.2
浙江	112.2	109.4	24.4	23.7	22.5	25.5
安徽	2.7	3.0	36.5	37.3	9.6	13.5
福建	175.8	179.6	22.0	22.0	6.3	6.9
江西	308.0	317.3	26.5	27.1		4.2
山东			43.8	42.5	35.8	37.5
河南	10.8	11.0	49.6	52.0	30.2	29.6
湖北	244.5	243.6	48.8	37.3	8.5	10.2
湖南	390.8	400.0	33.1	33.3	20.1	22.3
广东	290.0	254.7	7.7	7.8		
广西	206.6	217.1	20.7	21.3	20.7	24.5
海南	5.2	5.3				
重庆	147.5	161.4	35.9	34.9	5.6	6.3
四川	267.8	271.6	81.9	83.3	20.7	24.9
贵州	43.2	45.0	45.4	48.1	11.1	13.3
云南	36.5	39.5	48.9	52.2	19.2	27.1
西藏			0.1	0.1		
陕西	35.5	36.7	49.2	48.6	31.6	35.2
甘肃	0.3	0.3	33.3	36.3	20.8	26.0
青海			0.8	0.9	0.1	0.1
宁夏			2.3	2.0	27.1	29.2
新疆			69.9	70.2	135.5	143.3

7—33 各地区水果产量

单位:吨

地　区	水果产量		#香　蕉		#苹　果	
	2011年	2012年	2011年	2012年	2011年	2012年
全国总计	**227681826**	**240568362**	**10399962**	**11557950**	**35984832**	**38490692**
北　京	1208688	1136046			104626	103017
天　津	626403	581884			55256	49639
河　北	17191569	18148959			2926425	3114632
山　西	6178592	6773343			3339390	3752442
内蒙古	3014485	2834959			105730	143736
辽　宁	8107396	8942903			2396805	2634128
吉　林	2257127	2174695			144152	166735
黑龙江	2798833	2685767			113984	150661
上　海	879659	871885			42	6
江　苏	7570796	7959762			616738	601221
浙　江	7123550	7038397				
安　徽	8466233	8853972			411238	386624
福　建	6878809	7088280	869735	902580	306	240
江　西	5805771	5712906				
山　东	28508309	29245112			8379378	8710375
河　南	24141243	25350384			4203235	4367005
湖　北	8551834	8856769			9903	10573
湖　南	8688300	9092495				
广　东	13142834	13900933	3848889	4031646		
广　西	12229769	13250320	2057463	2302754		
海　南	4036916	4287054	1892265	2091019		
重　庆	2611260	2911934	1850	1026	5711	4960
四　川	7766357	8216309	36499	39910	456775	488292
贵　州	1280320	1477241	5900	6072	21668	24856
云　南	4764253	5811229	1687361	2182944	252886	322445
西　藏	13538	13565			5453	4442
陕　西	15871424	16938187			9029316	9650885
甘　肃	5190792	5649920			2276003	2487504
青　海	44373	36795			5773	5880
宁　夏	2372843	2505379			408903	489412
新　疆	10359550	12220977			715136	820982

7—33 续表 1

单位：吨

地 区	#柑 桔		#梨		#葡 萄	
	2011 年	2012 年	2011 年	2012 年	2011 年	2012 年
全国总计	**29440355**	**31677960**	**15794801**	**17073026**	**9067464**	**10543154**
北 京			161712	162632	41552	41316
天 津			39276	36218	122956	106929
河 北			4068629	4450544	1125481	1241764
山 西			590119	663588	259294	258450
内 蒙 古			77229	74924	74116	81359
辽 宁			1401586	1547193	672695	769027
吉 林			133163	112603	142394	148090
黑 龙 江			40224	37259	62120	83443
上 海	176846	242781	31671	37359	95429	102861
江 苏	51025	58030	729747	748219	392234	485652
浙 江	1944436	1935604	385684	390500	527356	605773
安 徽	28843	34064	1004351	1069300	259177	316334
福 建	3004118	3034072	197218	205745	111966	127623
江 西	3567102	3364641	134816	140594	33152	42757
山 东			1227380	1190939	985070	1050223
河 南	39443	40414	1005027	1043927	500852	552024
湖 北	3309737	3853103	462901	536352	151896	204864
湖 南	4204175	4834943	150889	154253	118860	132291
广 东	3786809	4145462	73849	77982		
广 西	3549753	3840460	241557	257690	272250	318859
海 南	45385	54759				
重 庆	1533332	1715248	303782	340983	54055	62757
四 川	3194008	3408007	923356	960290	243379	249751
贵 州	208140	227366	195363	217178	80351	86969
云 南	450390	517258	364142	416326	356139	543478
西 藏	499	527	1170	1150	399	423
陕 西	342801	368010	881483	896932	363839	464710
甘 肃	3505	3212	333848	333281	124666	227891
青 海				4708	97	103
宁 夏			28900	14161	140965	146925
新 疆			605731	950197	1754725	2090508

7－33 续表 2

单位：吨

地　区	#菠　萝		#红　枣		#柿　子	
	2011 年	2012 年	2011 年	2012 年	2011 年	2012 年
全国总计	**1191062**	**1287095**	**5426762**	**5887121**	**3187239**	**3417586**
北　京			11031	10916	46990	44235
天　津			34026	34754	7712	8662
河　北			1253857	1258911	470458	503927
山　西			577772	549325	107102	126404
内蒙古				498		
辽　宁			110298	163444		
吉　林						
黑龙江						
上　海			1312	1113	1287	1211
江　苏			11738	13413	133589	146188
浙　江					50434	52216
安　徽			17993	16933	135262	162836
福　建	39095	37808	19	27	178157	198677
江　西					19089	20259
山　东			1016000	981121	162118	162890
河　南			401262	405960	496033	542599
湖　北			31340	32127	57391	58261
湖　南			26385	24723	18331	19138
广　东	769137	821022			135063	137944
广　西	29341	30483	21271	22416	672793	737551
海　南	316684	342721				
重　庆	505		4972	5428	13180	13733
四　川			13831	14614	46797	48152
贵　州	1		1461	1844	12456	14596
云　南	36299.1	55061	12109	14235	61600	65236
西　藏						
陕　西			637270	678978	341867	332894
甘　肃			119354	131114	19529	19976
青　海						
宁　夏			65477	71250		
新　疆			1057983	1453977		

7—33 续表 3 单位：吨

地 区	#瓜果类		#西 瓜		#甜 瓜	
	2011 年	2012 年	2011 年	2012 年	2011 年	2012 年
全国总计	**86848810**	**89523979**	**68893471**	**70712675**	**12784727**	**13315830**
北 京	378007	340210.7	354929	309727	12439	14935
天 津	296935	275659	244019	227780	32309	28672
河 北	5140816	5288582	3897585	3950023	759386	848203
山 西	625462	704876	541805	573067	63431	108199
内 蒙 古	2546076	2280568	1816803	1568904	662662	634787
辽 宁	2363536	2613731	1294350	1310270	571462	699600
吉 林	1650799	1577210	1115786	1030487	498735	520588
黑 龙 江	2256497	2118363	1456138	1311369	583244	628305
上 海	477417	390339.9	370307	304845	89755	66565
江 苏	4884959	5147541	3821498	3866351	594688	624118
浙 江	3129308	2911559	2643099	2381192	228199	247369
安 徽	6048331	6240745	5109446	5255441	445208	490401
福 建	819483	830060	668707	680321	88259	89401
江 西	1929232	2010118	1580318	1602961	111046	126365
山 东	13623347	14006911	10798155	11051267	1980393	2102638
河 南	15805419	16646085	13467108	14677562	2198596	1820012
湖 北	3334045	3439595	2771017	2952942	415108	408985
湖 南	3389351	3555093	3015706	3181381	333376	330711
广 东	1092285	1110028	790187	843501	101191	102692
广 西	2791719	2940819	2554802	2686325	230914	247754
海 南	955219	940748	696162	650560	50052	50065
重 庆	402133.8	407182	383531	387618	10787	11238
四 川	1246830	1273013	1097828	1108405	18402	17034
贵 州	485077	576663	405868	476935	27105	28405
云 南	710355	704032	602841	592599	19618	14258
西 藏	3680	3820	2979	856		
陕 西	2544661	2560738	2004259	1873007	381671	572793
甘 肃	1895696	2052806	1440178	1561108	219853	214096
青 海	30862	22705	29712	21061		
宁 夏	1648193	1700648	1517223	1563851	126256	134189
新 疆	4343080	4853531	2401125	2710959	1930583	2133452

7－34　主要林产品产量

单位：万吨

年份	橡胶	生漆	油桐籽	油茶籽	乌桕籽	松脂
1952			43.5	24.9	11.8	
1957		0.2	51.8	49.4	12.5	
1962	0.5	0.1	18.3	20.1	8.1	
1965	1.7	0.2	13.0	33.2		
1970	4.6	0.1	22.4	35.0		
1975	6.9	0.2	37.0	42.5	7.7	30.3
1978	10.2	0.2	39.1	47.9	8.5	33.8
1979	10.8	0.3	32.5	61.7	8.1	40.4
1980	11.3	0.2	30.3	49.0	9.3	42.1
1981	12.8	0.3	36.0	65.4	9.5	56.2
1982	15.3	0.3	33.9	49.4	8.5	47.0
1983	17.2	0.3	36.8	43.5	8.5	30.4
1984	18.9	0.2	36.2	53.6	8.1	36.9
1985	18.8	0.2	37.9	61.9	7.1	34.4
1986	20.9	0.3	34.6	43.8	7.0	41.6
1987	23.8	0.3	34.2	51.8	6.8	52.3
1988	24.0	0.3	35.9	46.3	6.3	46.1
1989	24.3	0.3	33.5	66.7	5.6	48.7
1990	26.4	0.3	35.1	52.3	5.2	43.5
1991	29.6	0.3	32.8	62.1	4.5	44.0
1992	30.9	0.3	43.7	62.9	4.3	46.9
1993	32.6	0.3	42.1	48.8	4.1	58.1
1994	37.4	0.2	43.5	63.1	3.7	56.9
1995	42.4	0.3	40.5	62.3	3.9	54.8
1996	40.2	0.4	40.8	69.7	4.2	58.1
1997	45.2	0.4	45.4	85.7	4.1	70.1
1998	46.2	0.5	43.9	72.3	4.1	54.3
1999	49.0	0.5	44.8	79.3	3.5	57.1
2000	48.0	0.5	45.3	82.3	3.6	55.1
2001	47.7	0.5	40.7	82.5	2.9	56.4
2002	52.7	0.6	38.9	85.5	3.2	56.3
2003	56.5	0.9	37.3	77.9	2.8	62.6
2004	57.5	1.0	38.1	87.5	2.3	67.3
2005	51.4	1.4	36.9	87.5	3.0	76.7
2006	53.8	2.1	38.3	92.0	2.7	90.9
2007	58.8	1.3	36.1	93.9	2.6	96.6
2008	54.8	1.6	37.1	99.0	3.2	84.9
2009	61.9	2.0	36.7	116.9	3.3	104.7
2010	69.1	2.0	43.4	109.2	3.4	111.6
2011	75.1	1.9	43.8	148.0	3.6	115.7
2012		2.6	42.7	172.8	3.9	121.5

7—35 营林面积和主要林产品产量及增减情况

指　　标	单　位	1990 年	1995 年	2000 年	2011 年	2012 年	2012 年为 2011 年百分比(%)
一、营林情况							
1. 荒山荒(沙)地造林面积	千公顷	5208.5	4967.2	5105.1	5996.6	5595.8	93.3
按造林方式分：							
当年人工造林面积	千公顷	4353.4	4405.4	4345.0	4065.7	3820.7	94.0
当年飞机播种面积	千公顷	855.1	561.8	760.1	196.9	136.4	69.3
无林地和疏林地新封	千公顷				1734.0	1638.7	94.5
按用途分：							
用材林	千公顷	3156.5	1823.3	1218.5	1019.3	774.4	76.0
经济林	千公顷	644.5	1740.3	1350.3	1218.3	1101.1	90.4
防护林	千公顷	1029.7	1243.0	2430.8	3688.8	3650.8	99.0
薪炭林	千公顷	340.1	143.8	82.3	36.8	41.1	111.8
特种用材林	千公顷	37.7	16.5	23.2	33.4	28.4	84.9
2. 更新造林	千公顷	671.5	729.7	919.8	326.6	305.1	93.4
3. 零星(四旁)植树	万株	337596.3	326377.6	300504.0	245776	239418	97.4
4. 育苗面积	千公顷	213.5	206.0	278.6	769.2	915.6	119.0
5. 幼林抚育作业面积	千公顷次	13032.6	15834.2	11825.3	12800.5	9396.3	73.4
6. 成林抚育面积	千公顷	4089.9	6563.4	7528.9	11322.5	11875.0	104.9
二、主要林产品产量							
生　漆	吨	2683	2976	5279	18867	26027	137.9
油桐籽	吨	350770	404929	453461	437702	427048	97.6
油茶籽	吨	523313	623128	823224	1480044	1727708	116.7
乌桕籽	吨	51947	38834	35775	36024	39467	109.6
五倍籽	吨	5783	10084	8678	17648	23190	131.4
棕　片	吨	39860	52955	61082	53758	55171	102.6
松　脂	吨	435244	548133	551057	1156612	1215065	105.1
竹笋干	吨	83551	174588	339084	581871	501740	86.2
紫胶(原胶)	吨	1421	3486	1419	3075	1997	64.9

注：1. 2005 年防护林数据有调整，竹笋片改为竹笋干，下同。
2. 幼林抚育作业面积单位改为“千公顷次”，下同。
3. 根据造林技术规程(GB/T15776—2006)，本表自 2006 年起将无林地和疏林地新封山育林面积计入造林总面积。

7—36 各地区造林面积

单位:千公顷

地区	当年造林面积		按造林方式分					
			人工造林面积		飞机播种造林面积		无林地和疏林地新封山育林面积	
	2011年	2012年	2011年	2012年	2011年	2012年	2011年	2012年
全国总计	**5996.6**	**5595.8**	**4065.7**	**3820.7**	**196.9**	**136.4**	**1734.0**	**1638.7**
北京	20.8	35.8	6.5	22.2			14.3	13.6
天津	7.4	5.4	7.4	5.4				
河北	286.4	312.4	175.9	209.0	40.7	20.0	69.9	83.3
山西	299.7	302.9	215.4	225.3	2.7	2.3	81.7	75.3
内蒙古	731.8	781.6	335.1	357.3	113.6	65.1	283.1	359.2
辽宁	246.8	246.7	140.2	140.0			106.6	106.7
吉林	36.4	28.2	34.1	27.8			2.3	0.3
黑龙江	123.8	162.3	71.9	109.0			51.8	53.3
上海	0.7	1.2	0.7	1.2				
江苏	57.3	57.3	57.3	57.3				
浙江	40.5	43.9	36.5	34.5			3.9	9.5
安徽	45.6	43.8	23.4	32.2			22.3	11.6
福建	212.7	98.0	212.7	98.0				
江西	164.5	138.6	141.7	127.0			22.8	11.6
山东	219.0	198.0	217.3	195.9			1.7	2.1
河南	237.7	228.3	193.5	206.0			44.2	22.3
湖北	194.7	198.6	145.9	140.2			48.7	58.4
湖南	402.4	404.2	235.8	236.5			166.6	167.8
广东	125.5	107.5	121.6	94.9			3.8	12.6
广西	147.8	148.9	132.2	124.4			15.6	24.4
海南	10.9	17.7	10.9	17.7				
重庆	244.6	206.2	139.3	135.4		10.0	105.4	60.8
四川	251.9	112.2	131.6	58.8			120.3	53.3
贵州	202.4	147.7	98.7	70.4			103.7	77.3
云南	620.0	544.5	551.3	495.4			68.7	49.0
西藏	46.7	72.4	34.3	38.4			12.4	34.0
陕西	325.8	320.3	200.2	215.7	40.0	39.0	85.6	65.6
甘肃	189.8	177.3	106.0	110.8			83.8	66.5
青海	177.5	135.6	49.7	33.4			127.8	102.3
宁夏	90.5	94.8	59.8	53.4			30.7	41.4
新疆	216.9	210.2	160.6	133.9			56.3	76.4
大兴安岭军事管理区	18.0	13.3	18.0	13.3				

7—36 续表 1

单位：千公顷

地　　区	按用途分					
	用材林		经济林		防护林	
	2011 年	2012 年	2011 年	2012 年	2011 年	2012 年
全国总计	**1019.3**	**774.4**	**1218.3**	**1101.1**	**3688.8**	**3650.8**
北　京	0.0	0.0	0.4	0.6	19.7	34.1
天　津	2.0	1.0	1.0	1.0	4.4	3.4
河　北	24.8	28.8	21.4	31.3	240.2	251.3
山　西	0.3	1.7	81.3	61.7	212.2	226.2
内蒙古	17.7	9.8	14.0	13.3	699.4	756.4
辽　宁	11.9	13.4	16.7	17.9	218.0	215.4
吉　林	1.8	4.1	3.1	0.3	31.5	23.7
黑龙江	17.0	13.9	1.9	4.1	102.1	142.7
上　海			0.1	0.2	0.6	1.0
江　苏	7.6	10.1	7.7	10.0	41.1	36.8
浙　江	2.7	5.3	8.2	11.2	28.7	25.8
安　徽	10.3	10.0	14.9	5.8	20.0	27.4
福　建	144.1	57.4	20.6	11.8	46.2	23.2
江　西	71.0	66.7	33.4	32.4	56.9	37.9
山　东	34.6	25.2	51.2	49.2	130.9	122.3
河　南	56.7	45.5	28.7	34.5	150.7	147.8
湖　北	66.7	67.6	38.7	45.5	85.7	84.3
湖　南	115.5	125.1	48.3	48.1	235.5	230.9
广　东	51.5	27.8	13.1	6.1	60.5	72.6
广　西	113.2	99.6	12.2	20.8	22.2	27.0
海　南	0.5	2.5	1.1	11.1	8.7	3.1
重　庆	53.0	43.6	22.8	32.9	164.5	124.8
四　川	84.9	26.8	50.9	18.9	109.4	66.4
贵　州	30.0	22.5	67.9	49.0	101.0	70.4
云　南	67.1	53.7	433.7	404.9	109.7	84.4
西　藏	27.8	3.0	2.1	2.8	8.8	65.1
陕　西	4.1	4.9	84.6	80.8	237.1	234.6
甘　肃			15.7	28.2	167.8	141.1
青　海				1.6	177.5	125.5
宁　夏	1.6	0.0	21.5	9.0	67.4	85.8
新　疆	0.8	4.4	100.9	56.2	112.3	146.2
大兴安岭						
军事管理区					18.0	13.3

7—36 续表 2 单位:千公顷

地区	按用途分				更新造林	
	薪炭林		特种用材林			
	2011 年	2012 年	2011 年	2012 年	2011 年	2012 年
全国总计	**36.8**	**41.1**	**33.4**	**28.4**	**326.6**	**305.1**
北京			0.7	1.1	1.0	0.8
天津						
河北		0.4	0.0	0.6	4.0	3.5
山西	6.0	13.2				
内蒙古		2.1	0.6	0.0	14.3	14.0
辽宁	0.1	0.0	0.1	0.0	9.0	8.8
吉林			0.0	0.0	8.1	13.1
黑龙江	0.3	0.0	2.5	1.6	11.6	26.4
上海						
江苏			0.9	0.4	1.5	0.0
浙江		0.4	0.9	1.2	13.0	13.9
安徽	0.3	0.2	0.0	0.3	0.0	0.0
福建	0.3	0.0	1.6	5.6	72.4	16.1
江西	1.6	0.5	1.5	1.2	26.7	18.1
山东			2.4	1.3	8.3	5.7
河南	0.7	0.0	0.9	0.4	0.3	0.0
湖北	0.0	0.2	3.5	0.9	3.4	4.4
湖南	1.1	0.0	2.0	0.2		21.5
广东	0.2	0.0	0.1	1.1	70.7	78.1
广西			0.2	1.6	66.6	50.4
海南			0.6	1.0	5.1	13.8
重庆	3.7	3.3	0.6	1.6		4.5
四川	0.7	0.0	6.0	0.0	5.7	4.3
贵州	2.4	4.9	1.1	0.9		0.0
云南	9.3	1.2	0.1	0.3	2.8	4.9
西藏	8.0	1.5			0.5	0.5
陕西						
甘肃		1.2	6.3	6.8		
青海		8.6				
宁夏						
新疆	2.4	3.3	0.5	0.2	1.6	2.2
大兴安岭						
军事管理区						

注:迹地更新指标名称改为更新造林。

7—36 续表 3

单位：千公顷

地区	零星四旁植树（万株）		育苗面积		幼林抚育面积		成林抚育面积	
	2011 年	2012 年	2011 年	2012 年	2011 年	2012 年	2011 年	2012 年
全国总计	**245776**	**239418**	**769.2**	**915.6**	**12800.5**	**9396.3**	**11322.5**	**11875.0**
北京	257	200	12.0	9.9	21.0	8.1	83.2	85.1
天津	477	401	8.3	7.8	56.2	83.9	58.5	96.8
河北	10357	10261	43.9	55.1	537.2	393.5	391.4	451.0
山西	10803	10415	53.8	53.6	132.2	52.6	86.2	204.1
内蒙古	4498	3423	19.0	22.3	599.0	306.3	1105.8	1166.4
辽宁	9777	7330	19.5	20.4	175.5	189.8	74.0	103.2
吉林	1490	1605	12.1	9.3	671.4	621.1	313.9	394.3
黑龙江	1826	1370	12.9	10.7	679.8	588.9	668.4	681.3
上海	92	93	0.1	11.2	20.6	11.3	41.6	40.8
江苏	9476	10964	109.4	120.6	197.7	107.2	441.5	338.7
浙江	2858	2946	113.6	120.8	58.2	86.1	223.4	238.0
安徽	18869	12854	44.7	69.8	474.8	311.7	579.3	600.5
福建	2861	3907	1.5	1.6	617.2	765.0	116.5	243.8
江西	14820	18414	27.7	72.7	464.3	318.4	247.9	228.5
山东	20609	19606	95.9	76.5	1112.7	655.2	1062.1	944.0
河南	23793	21919	19.7	20.0	586.7	768.5	711.7	514.7
湖北	12317	12424	34.8	30.6	341.8	355.0	384.3	388.7
湖南	10107	13352	16.3	1.6	631.1	391.3	353.4	351.1
广东	7587	6961	3.6	8.2	230.3	191.7	149.1	275.0
广西	5409	5744	1.8	13.5	625.9	603.6	590.4	863.9
海南	1362	2138	1.0	1.5	7.1	33.1	42.5	252.4
重庆	10922	9498	17.4	24.5	116.2	73.7	67.4	84.6
四川	27648	26126	9.0	18.0	223.2	80.0	163.4	145.6
贵州	4236	4263	6.6	2.9	111.4	155.6	107.7	120.8
云南	9323	10740	4.4	4.3	42.8	18.8	127.3	140.2
西藏	260	251	0.9	0.0			13.3	11.9
陕西	11441	11541	21.7	22.9	463.6	233.6	269.2	268.2
甘肃	7423	5673	15.9	25.7	151.8	84.5	196.0	301.9
青海	1330	2049	3.6	2.9	29.2	30.4	7.6	25.1
宁夏	1451	717	23.7	30.6	596.9	523.4	363.0	372.2
新疆	2096	2233	14.3	45.9	2824.8	1354.1	1988.3	1743.6
大兴安岭			0.0	0.2			294.0	198.7
军事管理区								

7－37 各地区主要林产品产量

单位：吨

地区	生漆		油桐籽		油茶籽	
	2011年	2012年	2011年	2012年	2011年	2012年
全国总计	**18867**	**26027**	**437702**	**427048**	**1480044**	**1727708**
北京						
天津						
河北						
山西						
内蒙古						
辽宁						
吉林						
黑龙江						
上海						
江苏					4	61
浙江			80	84	48860	61683
安徽	244	405	2374	2730	31608	55309
福建	24	172	21821	23136	81899	89433
江西	638	81	12562	8189	427212	448189
山东						
河南	2045	2100	115872	96241	22375	6551
湖北	7547	7603	17395	19008	82916	85140
湖南	958	1295	43400	42430	516808	681370
广东	192	39	7191	7563	60393	65239
广西	32	34	75525	77528	151503	164129
海南	1	0			38	2
重庆	1011	6607	13575	13191	3854	4260
四川	663	546	23923	17281	4649	4180
贵州	2707	3086	68136	77675	32550	37107
云南	584	583	16129	19314	5447	14334
西藏						
陕西	2190	3443	19664	22622	9928	10601
甘肃	31	33	55	56		120
青海						
宁夏						
新疆						

7—37 续表 1

单位:吨

地 区	乌柏籽		五倍籽	
	2011 年	2012 年	2011 年	2012 年
全国总计	**36024**	**39467**	**17648**	**23190**
北 京				
天 津				
河 北				
山 西				
内蒙古				
辽 宁				
吉 林				
黑龙江				
上 海				
江 苏		12		
浙 江				
安 徽	180	120	64	75
福 建	523	1585	85	140
江 西	292	325	310	143
山 东				
河 南	11075	10052	4075	4131
湖 北	12298	19988	3337	2767
湖 南	1319	960	1589	2932
广 东	605	697		
广 西	77	40	142	97
海 南				
重 庆	5688	1168	2441	7015
四 川	1253	1275	555	461
贵 州	2164	2467	1348	1537
云 南	79	62	109	202
西 藏				
陕 西	471	716	3421	3503
甘 肃			172	187
青 海				
宁 夏				
新 疆				

7—37 续表 2

单位:吨

地区	松脂		竹笋干	
	2011 年	2012 年	2011 年	2012 年
全国总计	**1156612**	**1215065**	**581871**	**501740**
北京				
天津				
河北				
山西				
内蒙古				
辽宁				
吉林				
黑龙江				
上海			190	187
江苏			2794	3140
浙江	1950	2061	148810	141110
安徽	6467	10918	16959	26759
福建	80553	98369	129793	101997
江西	79864	90607	10909	12196
山东				
河南	2712	2912	146	166
湖北	35194	35899	10737	7239
湖南	35777	37552	26974	55133
广东	190459	196344	33221	34921
广西	533620	568588	26003	26645
海南	5886	3773	575	320
重庆	407	2	24579	25973
四川	6686	2537	128841	42292
贵州	6631	7559	12498	14248
云南	169652	157149	7818	7333
西藏				
陕西	754	795	1016	2072
甘肃			8	9
青海				
宁夏				
新疆				

注:竹笋干即为竹笋片。

7—37 续表 3

单位：吨

地　区	棕　片		紫　胶	
	2011 年	2012 年	2011 年	2012 年
全国总计	**53758**	**55171**	**3075**	**1997**
北　京				
天　津				
河　北				
山　西				
内蒙古				
辽　宁				
吉　林				
黑龙江				
上　海				
江　苏				
浙　江	451	437		
安　徽	1096	2577		
福　建	14257	14886	12	15
江　西	2473	2723		
山　东				
河　南				
湖　北	3622	3274	250	0
湖　南	7220	7288	41	0
广　东	2646	2597	420	458
广　西	3247	3319		
海　南				
重　庆	626	688		
四　川	1658	1264	62	22
贵　州	3294	3755	4	5
云　南	9999	9177	2286	1497
西　藏				
陕　西	3147	3164		
甘　肃	22	22		
青　海				
宁　夏				
新　疆				

7—38 主要牲畜出栏量和畜产品产量及增长情况

指　　标	单　位	1999 年	2000 年	2011 年	2012 年	2012 年为 2011 年百分比(%)
一、牲畜出栏量						
1. 大牲畜出栏						
牛	万头	3766.2	3806.9	4670.7	4760.9	101.9
马	万头	136.1	146.1	160.9	157.7	98.0
驴	万头	194.3	201.7	239.9	247.4	103.1
骡	万头	59.2	65.3	52.3	51.8	98.9
骆驼	万头	6.7	6.7	6.4	7.0	108.0
2. 猪	万头	51977.2	51862.3	66326.1	69789.5	105.2
3. 羊	万只	18820.4	19653.4	26661.5	27099.6	101.6
4. 家禽	亿只	74.3	82.6	113.3	120.8	106.6
5. 兔	万只	22103.0	25878.2	47470.4	48776.7	102.8
二、肉类总产量	**万吨**	**5949.0**	**6013.9**	**7965.1**	**8387.2**	**105.3**
#猪牛羊肉产量	万吨	4762.3	4743.2	6101.0	6405.9	105.0
猪肉产量	万吨	4005.6	3966.0	5060.4	5342.7	105.6
平均每头产肉量	千克/头	77.1	76.5	76.3	76.6	100.3
牛肉产量	万吨	505.4	513.1	647.5	662.3	102.3
平均每头产肉量	千克/头	134.2	134.8	138.6	139.1	100.3
羊肉产量	万吨	251.3	264.1	393.1	401.0	102.0
平均每只产肉量	千克/只	13.5	13.4	14.7	14.8	100.4
禽肉产量	万吨	1115.5	1191.1	1708.8	1822.6	106.7
兔肉产量	万吨	31.0	37.0	73.1	76.1	104.1
三、其他畜产品产量						
奶类产量	万吨	806.9	919.1	3810.7	3875.4	101.7
#牛奶产量	万吨	717.6	827.4	3657.8	3743.6	102.3
山羊毛产量	吨	31849	33266	44047	43924	99.7
绵羊毛产量	吨	283152	292502	393072	400057	101.8
#细羊毛	吨	114103	117386	132836	125709	94.6
半细羊毛	吨	73700	84921	120119	131983	109.9
羊绒产量	吨	10180	11057	17989	18021	100.2
蜂蜜产量	万吨	23.0	24.6	43.1	44.8	104.0
禽蛋产量	万吨	2134.7	2182.0	2811.4	2861.2	101.8
蚕茧产量	吨	484702	547613	915730	906454	99.0
#桑蚕茧	吨	447261	500640	836252	831198	99.4
柞蚕茧	吨	37234	46782	79478	75256	94.7

注:1. 本年鉴中 2000—2006 年畜牧业数据根据农业普查结果进行了修订。

2. 2011 年新疆生猪存栏、出栏、肉产量有所调整,下同。

7—39 各地区主要牲畜出栏量

单位:万头、万只

地　　区	当年出栏猪	当年出栏牛	当年出栏羊	当年出栏家禽
全国总计	**69789.5**	**4760.9**	**27099.6**	**1207704.3**
北　　京	306.1	11.9	71.8	10089.4
天　　津	374.2	19.0	65.0	8009.5
河　　北	3396.7	340.3	2071.5	57935.9
山　　西	723.9	33.9	427.0	6999.1
内 蒙 古	940.4	316.3	5390.3	11887.4
辽　　宁	2728.5	286.9	719.7	76678.3
吉　　林	1625.3	296.4	324.3	41234.3
黑 龙 江	1765.2	256.0	740.9	20277.0
上　　海	257.2	0.0	43.0	3650.4
江　　苏	3043.1	18.8	688.0	88575.9
浙　　江	1934.4	8.5	103.4	25151.2
安　　徽	2927.6	122.0	1016.2	70926.2
福　　建	2069.1	24.3	143.0	28436.8
江　　西	3050.6	129.5	70.9	43026.2
山　　东	4599.9	437.3	2915.7	188437.6
河　　南	5711.3	534.6	2027.5	94358.7
湖　　北	4180.8	131.7	511.0	49866.4
湖　　南	5878.8	146.6	638.2	41650.3
广　　东	3736.2	57.0	49.2	113073.4
广　　西	3342.1	147.7	206.0	82631.7
海　　南	580.9	26.9	77.1	14663.7
重　　庆	2050.8	54.9	212.4	22222.6
四　　川	7170.7	254.0	1562.7	61999.6
贵　　州	1734.8	106.0	206.8	9632.0
云　　南	3180.1	279.1	767.1	20410.6
西　　藏	17.7	129.4	528.8	156.8
陕　　西	1127.9	51.9	440.3	4868.4
甘　　肃	672.3	160.7	991.3	3558.8
青　　海	132.1	100.0	614.6	396.5
宁　　夏	103.3	57.0	474.9	1141.0
新　　疆	427.6	222.3	3001.2	5758.8

7—40 各地区肉类总产量

单位:万吨

地 区	肉类总产量	#猪牛羊肉	猪 肉	牛 肉	羊 肉	禽 肉
全国总计	**8387.2**	**6405.9**	**5342.7**	**662.3**	**401.0**	**1822.6**
北 京	43.2	27.3	23.9	2.2	1.2	15.7
天 津	45.8	33.9	29.2	3.3	1.5	11.3
河 北	442.9	343.0	259.0	55.3	28.7	85.1
山 西	77.4	67.1	56.3	4.9	5.9	8.7
内蒙古	245.8	213.7	73.9	51.2	88.6	23.5
辽 宁	418.7	281.3	230.2	43.2	7.9	130.3
吉 林	260.0	181.8	132.7	45.0	4.1	71.9
黑龙江	216.2	180.2	128.4	39.7	12.1	33.7
上 海	25.8	19.3	18.7	0.0	0.6	5.7
江 苏	396.5	239.9	228.8	3.5	7.6	146.1
浙 江	180.8	142.5	139.7	1.2	1.7	37.0
安 徽	397.7	282.4	249.7	18.1	14.6	114.1
福 建	200.8	160.0	155.6	2.5	2.0	37.9
江 西	311.1	250.5	237.3	12.1	1.1	58.9
山 东	764.2	476.8	376.7	67.0	33.1	275.7
河 南	677.4	537.7	432.5	80.4	24.8	122.2
湖 北	412.3	344.4	317.3	18.9	8.2	67.0
湖 南	515.3	454.7	427.6	16.8	10.3	58.2
广 东	443.2	284.0	276.4	6.7	0.9	153.5
广 西	411.0	269.6	252.5	13.9	3.2	136.0
海 南	79.5	51.7	48.1	2.5	1.0	25.3
重 庆	201.2	160.6	150.7	7.1	2.8	34.8
四 川	670.2	549.7	496.4	29.3	24.0	93.0
贵 州	190.3	172.7	156.1	13.0	3.5	15.4
云 南	348.7	309.5	264.1	31.9	13.6	36.4
西 藏	25.2	25.0	1.5	15.1	8.5	0.2
陕 西	107.1	97.8	83.5	7.5	6.9	7.9
甘 肃	87.8	81.2	48.6	16.7	15.9	4.4
青 海	30.5	29.4	9.4	9.6	10.4	0.7
宁 夏	26.5	24.0	7.7	7.9	8.5	2.1
新 疆	134.2	114.3	30.2	36.2	48.0	10.2

注:从2000年开始肉类产量使用抽样调查推算数。

7—41 各地区其他畜产品产量

单位:万吨

地区	奶类		#牛奶		蜂蜜		禽蛋	
	2011年	2012年	2011年	2012年	2011年	2012年	2011年	2012年
全国总计	**3810.7**	**3875.4**	**3657.8**	**3743.6**	**43.1**	**44.8**	**2811.4**	**2861.2**
北京	64.0	65.1	64.0	65.1	0.3	0.3	15.1	15.2
天津	69.4	68.2	69.1	67.9	0.0	0.0	18.7	18.7
河北	466.9	479.0	458.9	470.4	1.2	1.2	339.8	342.6
山西	75.9	81.0	74.6	80.0	0.4	0.4	71.0	74.7
内蒙古	931.4	930.7	908.2	910.2	0.3	0.2	52.5	54.5
辽宁	132.0	130.2	124.5	124.7	0.2	0.1	277.4	279.9
吉林	46.0	49.8	45.2	49.1	1.5	1.6	95.3	100.2
黑龙江	550.4	565.0	543.1	559.9	2.0	2.0	105.4	108.2
上海	29.1	30.2	29.1	30.2	0.1	0.1	6.3	5.9
江苏	59.2	61.3	59.2	61.3	0.4	0.4	194.9	197.2
浙江	19.9	19.3	19.9	19.3	7.8	8.8	47.2	48.1
安徽	22.5	24.1	22.5	24.1	1.8	1.9	119.7	122.6
福建	15.8	15.4	15.5	15.0	0.9	1.0	25.2	25.4
江西	12.3	12.6	11.8	12.6	1.3	1.3	44.5	45.8
山东	279.0	294.1	268.9	283.9	0.6	0.6	401.2	402.0
河南	321.1	330.4	306.6	316.1	10.0	10.0	390.5	404.2
湖北	34.8	15.7	14.2	15.3	2.3	2.0	137.0	139.4
湖南	8.1	8.5	8.1	8.5	1.1	1.1	93.5	95.2
广东	14.5	13.9	14.2	13.6	1.6	1.6	34.8	31.8
广西	8.9	9.4	8.9	9.4	1.0	1.2	21.0	21.8
海南	0.2	0.2	0.2	0.2	0.1	0.1	3.3	3.6
重庆	8.0	7.7	8.0	7.7	1.2	1.4	37.4	40.1
四川	71.7	72.2	71.2	71.7	4.3	4.8	144.8	146.4
贵州	4.9	5.1	4.9	5.1	0.2	0.2	13.7	14.7
云南	56.6	58.0	52.4	53.7	0.7	0.8	21.7	22.1
西藏	29.8	31.6	23.8	25.6	0.0	0.0	0.3	0.4
陕西	182.4	189.1	140.5	141.8	0.4	0.5	50.3	51.9
甘肃	37.7	38.6	37.0	38.0	0.1	0.1	14.2	14.7
青海	28.4	29.4	27.0	27.6	0.1	0.1	1.8	2.0
宁夏	96.0	103.5	96.0	103.5	0.1	0.1	7.3	6.2
新疆	133.9	136.3	130.5	132.2	1.0	1.1	25.6	25.9

7—42 牲畜年末存栏头数及增减情况

指　　标	单位	1999 年	2000 年	2011 年	2012 年	2012 年为2011 年百分比(%)
一、大牲畜头数	**万头**	**15024.8**	**14638.1**	**11966.2**	**11891.8**	**99.4**
#役畜	万头	7403.8	7446.2	3194.7	3000.6	93.9
1.牛	万头	12698.3	12353.2	10360.5	10343.4	99.8
#黄牛	万头	9436.6	9271.4			
#水牛	万头	2258.7	2185.0			
#肉牛	万头			6646.4	6698.1	100.8
#奶牛	万头	442.8	469.4	1440.2	1493.9	103.7
2.马	万头	891.4	876.6	670.9	633.5	94.4
3.驴	万头	934.8	922.7	647.8	636.1	98.2
4.骡	万头	467.3	453.0	259.8	249.2	95.9
5.骆驼	万头	33.0	32.6	27.3	29.5	108.1
二、猪	**万头**	**43144.2**	**41633.6**	**46862.7**	**47592.2**	**101.6**
三、羊	**万只**	**27925.8**	**27948.2**	**28235.8**	**28504.1**	**101.0**
山羊	万只	14816.3	14945.6	14274.2	14136.1	99.0
绵羊	万只	13109.5	13002.6	13961.5	14368.0	102.9
四、家禽	**亿只**	**45.5**	**46.4**	**55.5**	**58.0**	**104.5**
五、兔	**万只**	**15789.3**	**17781.7**	**21695.4**	**22158.2**	**102.1**

注:从 2008 年起牛的品种修正为肉牛、奶牛和役用牛。

7—43 各地区牲畜年末存栏情况

单位：万头

地　区	大牲畜	牛		
			肉　牛	奶　牛
全国总计	**11891.8**	**10343.4**	**6698.1**	**1493.9**
北　京	22.3	21.4	6.2	15.1
天　津	29.7	29.1	13.5	15.6
河　北	498.2	403.1	152.0	196.3
山　西	122.7	92.0	35.8	30.6
内蒙古	839.1	625.0	346.4	263.2
辽　宁	524.4	367.1	327.1	32.2
吉　林	504.2	431.4	401.4	24.0
黑龙江	557.6	519.8	310.3	202.2
上　海	7.0	7.0	0.0	6.9
江　苏	36.4	32.1	8.0	20.9
浙　江	17.7	17.7	10.9	5.7
安　徽	152.3	151.9	127.8	10.8
福　建	68.5	68.5	31.5	5.1
江　西	294.5	294.5	232.5	7.6
山　东	514.2	499.3	319.5	129.8
河　南	942.3	908.2	602.7	100.6
湖　北	334.9	333.6	209.7	6.3
湖　南	435.7	430.5	310.0	14.0
广　东	232.9	232.8	107.8	5.7
广　西	494.2	453.6	98.2	4.7
海　南	87.4	87.4	48.1	0.9
重　庆	133.6	130.5	85.4	2.3
四　川	1049.2	940.2	477.4	19.5
贵　州	541.0	461.0	247.8	3.8
云　南	926.1	747.2	675.1	14.8
西　藏	643.6	600.8	451.3	36.3
陕　西	165.8	146.8	98.2	46.9
甘　肃	587.6	425.6	395.9	29.1
青　海	459.0	425.1	396.4	28.8
宁　夏	104.0	94.4	61.6	32.9
新　疆	565.8	365.9	109.5	181.5

7—43 续表 1

单位:万头

地　区	马	驴	骡
全国总计	**633.5**	**636.1**	**249.2**
北　京	0.2	0.6	0.1
天　津	0.1	0.3	0.1
河　北	18.4	55.5	21.1
山　西	1.5	16.3	13.0
内蒙古	75.9	96.0	30.0
辽　宁	22.9	117.4	17.0
吉　林	37.1	26.5	9.3
黑龙江	25.9	8.7	3.2
上　海	0.0	0.0	0.0
江　苏	0.3	3.0	1.1
浙　江			
安　徽	0.1	0.2	0.1
福　建			
江　西			
山　东	3.0	10.2	1.7
河　南	12.2	17.4	4.6
湖　北	0.7	0.4	0.1
湖　南	4.3	0.7	0.2
广　东	0.1	0.0	0.0
广　西	35.6	0.1	4.9
海　南	0.0	0.0	0.0
重　庆	1.8	0.3	0.9
四　川	89.6	8.8	10.6
贵　州	76.8	0.3	2.9
云　南	71.4	39.4	68.1
西　藏	33.4	7.8	1.6
陕　西	0.7	13.5	4.8
甘　肃	14.4	102.5	43.0
青　海	20.1	5.4	7.2
宁　夏	0.2	6.9	2.5
新　疆	86.8	98.0	1.1

7—43 续表 2

单位：万头、万只

地　区	猪	羊		
			山　羊	绵　羊
全国总计	**47592.2**	**28504.1**	**14136.1**	**14368.0**
北　京	187.4	58.1	16.6	41.4
天　津	193.7	41.4	4.9	36.5
河　北	1847.5	1413.5	450.5	963.0
山　西	473.8	834.0	364.1	469.8
内蒙古	693.8	5144.1	1659.6	3484.4
辽　宁	1592.6	721.8	392.3	329.5
吉　林	1001.2	393.9	69.4	324.5
黑龙江	1381.6	898.3	323.0	575.3
上　海	178.8	25.6	24.5	1.2
江　苏	1775.2	400.6	391.2	9.4
浙　江	1338.3	107.2	42.2	65.0
安　徽	1555.2	592.2	591.2	1.0
福　建	1340.9	110.8	110.8	0.0
江　西	1645.9	54.6	54.6	0.0
山　东	2902.4	2163.8	1622.9	541.0
河　南	4587.3	1827.7	1751.0	76.7
湖　北	2543.2	435.1	434.5	0.6
湖　南	4245.5	500.8	500.8	
广　东	2256.6	40.2	40.2	
广　西	2466.6	203.6	203.6	
海　南	438.6	66.0	66.0	
重　庆	1524.3	181.1	181.0	0.1
四　川	5132.4	1671.9	1445.0	226.9
贵　州	1604.1	290.1	272.9	17.2
云　南	2708.6	913.5	816.1	97.4
西　藏	34.4	1525.9	563.4	962.5
陕　西	900.2	644.9	542.9	102.0
甘　肃	590.7	1788.7	380.1	1408.6
青　海	116.7	1446.3	193.3	1253.0
宁　夏	69.5	506.4	102.1	404.2
新　疆	265.4	3502.0	525.3	2976.7

7-44 水产品产量和养殖面积

年 份	水产品总产量（万吨）	内陆水产品（万吨）		海水产品（万吨）		水产品养殖面积（千公顷）	
			#人工养殖		#人工养殖	内陆养殖	海水养殖
1952	166.6	60.6	14.0	106.0	6.0		
1957	311.6	117.9	57.0	193.7	12.0	1054.7	60.0
1962	228.3	78.5	31.0	149.8	9.0	1600.0	50.0
1965	298.4	97.0	51.0	201.4	10.0	1979.3	83.3
1970	318.5	90.4	58.0	228.1	18.0	2721.3	83.3
1975	441.2	106.5	75.0	334.7	28.0	3244.0	112.0
1978	465.3	105.9	76.2	359.5	45.0	2722.8	100.6
1979	430.5	111.6	81.3	318.9	41.6	2737.8	116.5
1980	449.7	124.0	90.1	325.7	44.4	2864.1	133.6
1981	460.6	137.3	101.4	323.2	45.8	2880.3	138.5
1982	515.5	156.2	120.7	359.3	49.5	3050.6	162.5
1983	545.8	184.1	142.8	361.7	54.5	3082.6	186.7
1984	619.3	225.0	181.1	394.4	63.9	3259.5	242.6
1985	705.2	285.4	237.8	419.7	71.2	3687.5	277.0
1986	823.6	348.2	294.4	475.4	85.8	3787.9	325.2
1987	955.3	407.2	347.2	548.2	110.1	3859.3	369.3
1988	1060.9	455.2	389.8	605.7	142.4	3894.9	409.5
1989	1151.7	490.5	417.0	661.2	157.6	3812.3	423.1
1990	1237.0	523.7	445.4	713.3	162.4	3829.8	428.9
1991	1350.8	550.7	459.2	800.1	190.5	3827.5	449.3
1992	1557.1	623.5	533.4	933.7	242.4	3975.7	499.1
1993	1823.0	747.0	644.1	1076.0	308.7	4132.6	586.3
1994	2143.2	901.7	785.0	1241.5	345.7	4429.9	653.5
1995	2517.2	1078.0	940.8	1439.1	412.3	4669.4	715.9
1996	3288.1	1275.2	1099.0	2012.9	763.9	4832.3	822.1
1997	3118.6	1230.5	1067.0	1888.1	691.7	4962.9	937.9
1998	3382.7	1338.1	1140.6	2044.5	752.0	5064.2	1004.4
1999	3570.1	1424.9	1226.9	2145.3	851.9	5182.1	1095.0
2000	3706.2	1502.3	1308.9	2203.9	928.0	5264.8	1243.2
2001	3795.9	1562.4	1376.2	2233.5	989.4	5399.4	1286.9
2002	3954.9	1656.4	1461.7	2298.5	1060.5	5509.7	1344.7
2003	4077.0	1744.2	1530.9	2332.8	1095.9	5609.4	1532.2
2004	4246.6	1842.1	1632.5	2404.5	1151.3	5723.3	1623.8
2005	4419.9	1954.0	1733.0	2465.9	1210.8	5863.7	1694.5
2006	4583.6	2074.0	1853.6	2509.6	1264.2	4253.8	1271.7
2007	4747.5	2196.6	1971.0	2550.9	1307.3	4413.6	1331.5
2008	4895.6	2297.3	2072.5	2598.3	1340.3	4971.0	1578.9
2009	5116.4	2434.8	2216.5	2681.6	1405.2	5423.8	1859.3
2010	5373.0	2575.5	2346.5	2797.5	1482.3	5564.3	2080.9
2011	5603.2	2695.2	2471.9	2908.0	1551.3	5728.6	2106.4
2012	5907.7	2874.3	2644.5	3033.3	1643.8	5907.5	2180.9

注：1997－2006年全国水产品总产量、海洋、内陆水产品产量、捕捞、养殖水产品产量根据农业普查结果进行了修订，各地区数据以及全国其他细项数据未作修订。

7—45 水产品产量和养殖面积及增减情况

指标	单位	1990年	1995年	2000年	2011年	2012年	2012年为2011年百分比(%)
一、水产品总产量	**吨**	**12370203**	**25171794**	**37062295**	**56032090**	**59076760**	**105.4**
1.按海水、内陆分							
海水产品产量	吨	7132915	14391297	22039081	29080487	30333437	104.3
内陆水产品产量	吨	5237288	10780497	15023215	26951603	28743323	106.6
2.按生产性质分							
捕捞产量	吨	6291908	11641237	14693895	15799460	16193207	102.5
养殖产量	吨	6078295	13530557	22368401	40232630	42883553	106.6
3.按品种分							
鱼类	吨	9280816	17767539	26060480	34188481	35987456	105.3
甲壳类	吨	1165054	2121365	3853954	5706850	6143885	107.7
贝类	吨	1549061	4127896	10849816	12666493	13187366	104.1
藻类	吨	275186	749140	1221988	1636452	1798453	109.9
其他类	吨	100086	405854	798607	1833814	1959600	106.9
二、水产养殖面积	**千公顷**	**4258.7**	**5385.3**	**6508.1**	**7835.0**	**8088.4**	**103.2**
1.海水养殖面积	千公顷	428.9	715.9	1243.2	2106.4	2180.9	103.5
浅海养殖	千公顷		131.8	326.0	1150.8	1216.7	105.7
滩涂养殖	千公顷		424.6	686.5	677.2	691.3	102.1
陆基养殖	千公顷		159.5	230.8	278.4	272.9	98.0
2.内陆养殖面积	千公顷	3829.8	4669.4	5264.8	5728.6	5907.5	103.1
池塘养殖	千公顷		1857.9	2212.6	2449.9	2566.9	104.8
湖泊养殖	千公顷		824.2	879.1	1023.0	1024.8	100.2
河沟养殖	千公顷		347.4	379.8	272.7	274.8	100.8
水库养殖	千公顷		1515.7	1620.0	1851.9	1911.5	103.2
其他养殖	千公顷		124.2	173.3	131.1	129.5	98.8
三、稻田养殖面积	**千公顷**				**1207.9**	**1294.9**	**107.2**

注：2008年以来海水养殖面积中的陆基养殖面积为其他养殖面积。

7—46 海水产品和内陆水产品产量

单位:吨

指　　标	1990 年	1995 年	2000 年	2011 年	2012 年	2012 年为2011 年百分比(%)
海水产品产量	**7132915**	**14391297**	**22039080.53**	**29080487**	**30333437**	**104.3**
一、海洋捕捞产量	**5508862**	**10268373**	**12759486.76**	**13567195**	**13895332**	**102.4**
鱼类		7436501	9902931	9787756	9981907	102.0
甲壳类		1732445	2626967	2091282	2207391	105.6
贝类		823691	1779621	584078	563422	96.5
藻类		10637	20429	27362	25728	94.0
其他类		265099	444576	1076717	1116884	103.7
二、海水养殖产量	**1624053**	**4122924**	**9279593.768**	**15513292**	**16438105**	**106.0**
鱼类		144937	426957	964189	1028399	106.7
甲壳类		115901	343940	1127189	1249554	110.9
贝类		3099099	8607050	11543626	12084393	104.7
藻类		738503	1201559	1601764	1764684	110.2
其他类		24484	33359	276524	311075	112.5
内陆水产品产量	**5237288**	**10780497**	**15023214.84**	**26951603**	**28743323**	**106.6**
一、内陆捕捞产量	**783046**	**1372864**	**1934407.948**	**2232265**	**2297875**	**102.9**
鱼类		1080666	1703586	1582468	1636016	103.4
甲壳类		137195	254844	323979	343906	106.2
贝类		125496	256281	286576	280775	98.0
其他类		29507	48941	39242	37178	94.7
二、内陆养殖产量	**4454242**	**9407633**	**13088806.89**	**24719338**	**26445448**	**107.0**
鱼类		9105435	14027006.4	21854068	23341134	106.8
甲壳类		135824	628203	2164400	2343034	108.3
贝类		79610	206864	252213	258776	102.6
其他类		86764	271731	448657	502504	112.0

7—47　各地区水产品产量

（按来源分）

单位：吨

地　区	水产品总产量		捕捞产量		养殖产量	
	2011年	2012年	2011年	2012年	2011年	2012年
全国总计	**56032090**	**59076760**	**15799460**	**16193207**	**40232630**	**42883553**
北　京	61228	63842	11471	13402	49757	50440
天　津	352148	365042	36074	38776	316074	326266
河　北	1067131	1163172	351059	350163	716072	813009
山　西	36137	41243	1121	1122	35016	40121
内蒙古	122900	131575	30468	31133	92432	100442
辽　宁	4514693	4786268	1268721	1309225	3245972	3477043
吉　林	172816	182100	20087	20126	152729	161974
黑龙江	419685	452840	54203	51946	365482	400894
上　海	287314	297132	127248	135028	160066	162104
江　苏	4759669	4937399	912116	914072	3847553	4023327
浙　江	5158098	5395806	3363415	3550673	1794683	1845133
安　徽	1995505	2074938	319290	323494	1676215	1751444
福　建	6037385	6286826	2184912	2225633	3852473	4061193
江　西	2172700	2370007	244298	264866	1928402	2105141
山　东	8138280	8418937	2647815	2637611	5490465	5781326
河　南	654730	717210	38357	41567	616373	675643
湖　北	3562198	3889476	205971	213080	3356227	3676396
湖　南	1999353	2214376	96375	104952	1902978	2109424
广　东	7625332	7895004	1654913	1696701	5970419	6198303
广　西	2892338	3038700	792680	800145	2099658	2238555
海　南	1602445	1727340	1071315	1130702	531130	596638
重　庆	275600	330720	12955	14898	262645	315822
四　川	1121464	1189102	59191	60321	1062273	1128781
贵　州	108802	134675	13698	14286	95104	120389
云　南	342400	401200	24117	28322	318283	372878
西　藏	412	400	369	335	43	65
陕　西	81800	105429	7088	4754	74712	100675
甘　肃	12879	13340			12879	13340
青　海	3293	4520	63	60	3230	4460
宁　夏	105422	123538	200	218	105222	123320
新　疆	111564	121700	13501	12693	98063	109007
中农发集团	236369	202903	236369	202903		

7—48 各地区水产品产量

（按类别分）

单位：吨

地 区	水产品总产量	鱼 类	甲壳类	贝 类	藻 类	其他类
全国总计	**59076760**	**35987456**	**6143885**	**13187366**	**1798453**	**1959600**
北 京	63842	63592	116			134
天 津	365042	284966	73174	3391		3511
河 北	1163172	626023	115476	364671		57002
山 西	41243	40654	109			480
内蒙古	131575	128836	774		1887	78
辽 宁	4786268	1691097	317031	2191596	325585	260959
吉 林	182100	180529	1284	262		25
黑龙江	452840	447524	4914	356		46
上 海	297132	222472	73411	173		1076
江 苏	4937399	2959855	974753	882668	24861	95262
浙 江	5395806	3138147	1097227	741100	49629	369703
安 徽	2074938	1639520	308606	86560		40252
福 建	6286826	2553679	508933	2345993	711412	166809
江 西	2370007	2087708	153418	72818	3364	52699
山 东	8418937	3337114	485601	3584338	568262	443622
河 南	717210	689215	19054	592	252	8097
湖 北	3889476	3301681	507490	41123		39182
湖 南	2214376	2133573	30609	23227		26967
广 东	7895004	4719350	935830	1989998	78681	171145
广 西	3038700	1762329	350804	797677	75	127815
海 南	1727340	1388106	167917	54833	34058	82426
重 庆	330720	327706	1931	460		623
四 川	1189102	1172132	6919	4052		5999
贵 州	134675	130436	1947	590		1702
云 南	401200	394861	3239	804	373	1923
西 藏	400	328				72
陕 西	105429	103912	215	36	14	1252
甘 肃	13340	13262	76			2
青 海	4520	4355	105			60
宁 夏	123538	121609	1929			
新 疆	121700	119982	993	48		677
中农发集团	202903	202903				

7—49 各地区海水产品产量

（按来源分）

单位:吨

地 区	海水产品产量		海洋捕捞产量		海水养殖产量	
	2011 年	2012 年	2011 年	2012 年	2011 年	2012 年
全国总计	**29080487**	**30333437**	**13567195**	**13895332**	**15513292**	**16438105**
北 京	7532	9580	7532	9580		
天 津	38342	41594	25037	27309	13305	14285
河 北	563281	634631	251761	252570	311520	382061
山 西						
内蒙古						
辽 宁	3657958	3893291	1222774	1257664	2435184	2635627
吉 林						
黑龙江						
上 海	121586	130585	121586	130585		
江 苏	1420840	1484814	578432	579855	842408	904959
浙 江	4109846	4312434	3264905	3451070	844941	861364
安 徽						
福 建	5261619	5466075	2100130	2139480	3161489	3326595
江 西						
山 东	6647212	6860746	2512437	2498303	4134775	4362443
河 南						
湖 北						
湖 南						
广 东	4182257	4323435	1526511	1566073	2655746	2757362
广 西	1593225	1647922	669421	670615	923804	977307
海 南	1240420	1325427	1050300	1109325	190120	216102
重 庆						
四 川						
贵 州						
云 南						
西 藏						
陕 西						
甘 肃						
青 海						
宁 夏						
新 疆						
中农发公司	236369	202903	236369	202903		

7—50 各地区海水产品产量

（按类别分）

单位：吨

地　区	海水产品产量	鱼　类	甲壳类	贝　类	藻　类	其他类
全国总计	**30333437**	**11010306**	**3456945**	**12647815**	**1790412**	**1427959**
北　京	9580	9580				
天　津	41594	24771	13264	2415		1144
河　北	634631	141882	81978	360885		49886
山　西						
内蒙古						
辽　宁	3893291	893345	233528	2191447	325585	249386
吉　林						
黑龙江						
上　海	130585	120870	9474			241
江　苏	1484814	421816	222103	760418	24196	56281
浙　江	4312434	2435663	941175	699891	49556	186149
安　徽						
福　建	5466075	1866229	440506	2299217	710719	149404
江　西						
山　东	6860746	1897138	383242	3575329	568226	436811
河　南						
湖　北						
湖　南						
广　东	4323435	1567952	629683	1924803	78651	122346
广　西	1647922	428671	336364	780421		102466
海　南	1325427	999486	165628	52989	33479	73845
重　庆						
四　川						
贵　州						
云　南						
西　藏						
陕　西						
甘　肃						
青　海						
宁　夏						
新　疆						
中农发集团	202903	202903				

7—51 各地区内陆水产品产量

（按来源分）

单位：吨

地　区	内陆水产品产量		内陆捕捞产量		内陆养殖产量	
	2011 年	2012 年	2011 年	2012 年	2011 年	2012 年
全国总计	**26951603**	**28743323**	**2232265**	**2297875**	**24719338**	**26445448**
北　京	53696	54262	3939	3822	49757	50440
天　津	313806	323448	11037	11467	302769	311981
河　北	503850	528541	99298	97593	404552	430948
山　西	36137	41243	1121	1122	35016	40121
内蒙古	122900	131575	30468	31133	92432	100442
辽　宁	856735	892977	45947	51561	810788	841416
吉　林	172816	182100	20087	20126	152729	161974
黑龙江	419685	452840	54203	51946	365482	400894
上　海	165728	166547	5662	4443	160066	162104
江　苏	3338829	3452585	333684	334217	3005145	3118368
浙　江	1048252	1083372	98510	99603	949742	983769
安　徽	1995505	2074938	319290	323494	1676215	1751444
福　建	775766	820751	84782	86153	690984	734598
江　西	2172700	2370007	244298	264866	1928402	2105141
山　东	1491068	1558191	135378	139308	1355690	1418883
河　南	654730	717210	38357	41567	616373	675643
湖　北	3562198	3889476	205971	213080	3356227	3676396
湖　南	1999353	2214376	96375	104952	1902978	2109424
广　东	3443075	3571569	128402	130628	3314673	3440941
广　西	1299113	1390778	123259	129530	1175854	1261248
海　南	362025	401913	21015	21377	341010	380536
重　庆	275600	330720	12955	14898	262645	315822
四　川	1121464	1189102	59191	60321	1062273	1128781
贵　州	108802	134675	13698	14286	95104	120389
云　南	342400	401200	24117	28322	318283	372878
西　藏	412	400	369	335	43	65
陕　西	81800	105429	7088	4754	74712	100675
甘　肃	12879	13340			12879	13340
青　海	3293	4520	63	60	3230	4460
宁　夏	105422	123538	200	218	105222	123320
新　疆	111564	121700	13501	12693	98063	109007

7－52 各地区内陆水产品产量

（按类别分）

单位：吨

地　区	内陆水产品产量	鱼　类	甲壳类	贝　类	其他类
全国总计	**28743323**	**24977150**	**2686940**	**539551**	**539682**
北　京	54262	54012	116		134
天　津	323448	260195	59910	976	2367
河　北	528541	484141	33498	3786	7116
山　西	41243	40654	109		480
内蒙古	131575	128836	774		1965
辽　宁	892977	797752	83503	149	11573
吉　林	182100	180529	1284	262	25
黑龙江	452840	447524	4914	356	46
上　海	166547	101602	63937	173	835
江　苏	3452585	2538039	752650	122250	39646
浙　江	1083372	702484	156052	41209	183627
安　徽	2074938	1639520	308606	86560	40252
福　建	820751	687450	68427	46776	18098
江　西	2370007	2087708	153418	72818	56063
山　东	1558191	1439976	102359	9009	6847
河　南	717210	689215	19054	592	8349
湖　北	3889476	3301681	507490	41123	39182
湖　南	2214376	2133573	30609	23227	26967
广　东	3571569	3151398	306147	65195	48829
广　西	1390778	1333658	14440	17256	25424
海　南	401913	388620	2289	1844	9160
重　庆	330720	327706	1931	460	623
四　川	1189102	1172132	6919	4052	5999
贵　州	134675	130436	1947	590	1702
云　南	401200	394861	3239	804	2296
西　藏	400	328			72
陕　西	105429	103912	215	36	1266
甘　肃	13340	13262	76		2
青　海	4520	4355	105		60
宁　夏	123538	121609	1929		
新　疆	121700	119982	993	48	677

7—53 各地区水产养殖面积

单位：千公顷

地区	水产品养殖面积		内陆养殖面积		海水养殖面积	
	2011 年	2012 年	2011 年	2012 年	2011 年	2012 年
全国总计	**7835.0**	**8088.4**	**5728.6**	**5907.5**	**2106.4**	**2180.9**
北　京	4.9	4.4	4.9	4.4		
天　津	40.4	41.3	36.3	37.4	4.1	4.0
河　北	210.1	212.1	75.8	77.4	134.3	134.7
山　西	16.2	15.0	16.2	15.0		
内蒙古	111.6	116.9	111.6	116.9		
辽　宁	953.0	1015.6	201.6	202.6	751.4	813.0
吉　林	277.7	294.4	277.7	294.4		
黑龙江	338.2	373.4	338.2	373.4		
上　海	23.9	22.0	23.9	22.0		
江　苏	769.4	771.2	568.3	571.8	201.1	199.4
浙　江	304.0	303.0	213.2	213.2	90.8	89.7
安　徽	544.2	556.6	544.2	556.6		
福　建	237.7	242.8	95.4	97.3	142.3	145.5
江　西	428.2	432.1	428.2	432.1		
山　东	782.9	803.4	270.8	279.7	512.1	523.7
河　南	224.0	235.8	224.0	235.8		
湖　北	666.7	680.1	666.7	680.1		
湖　南	410.0	436.7	410.0	436.7		
广　东	573.9	575.2	370.5	373.4	203.4	201.8
广　西	225.7	229.1	173.5	175.8	52.2	53.2
海　南	55.0	56.3	40.3	40.5	14.6	15.8
重　庆	81.2	84.3	81.2	84.3		
四　川	188.4	192.8	188.4	192.8		
贵　州	32.6	49.3	32.6	49.3		
云　南	117.0	124.0	117.0	124.0		
西　藏						
陕　西	45.5	48.2	45.5	48.2		
甘　肃	12.7	13.3	12.7	13.3		
青　海	42.4	42.4	42.4	42.4		
宁　夏	43.2	45.4	43.2	45.4		
新　疆	74.0	71.1	74.0	71.1		

农村市场与物价

8—1 农村主要物价总指数

（上年＝100）

年 份	农村居民消费价格指数	农业生产资料价格指数	农产品生产价格总指数
1952			101.7
1957			105.0
1962			99.4
1965			99.2
1970			100.1
1975			102.1
1978		99.9	103.9
1979		100.4	122.1
1980		101.0	107.1
1981		101.7	105.9
1982		101.9	102.2
1983		103.0	104.4
1984		108.9	104.0
1985	107.6	104.8	108.6
1986	106.1	101.1	106.4
1987	106.2	107.0	112.0
1988	117.5	116.2	123.0
1989	119.3	118.9	115.0
1990	104.5	105.5	97.4
1991	102.3	102.9	98.0
1992	104.7	103.7	103.4
1993	113.7	114.1	113.4
1994	123.4	121.6	139.9
1995	117.5	127.4	119.9
1996	107.9	108.4	104.2
1997	102.5	99.5	95.5
1998	99.0	94.5	92.0
1999	98.5	95.8	87.8
2000	99.9	99.1	96.4
2001	100.8	99.1	103.1
2002	99.6	100.5	99.7
2003	101.6	101.4	104.4
2004	104.8	110.6	113.1
2005	102.2	108.3	101.4
2006	101.5	101.5	101.2
2007	105.4	107.7	118.5
2008	106.5	120.3	114.1
2009	99.7	97.5	97.6
2010	103.6	102.9	110.9
2011	105.8	111.3	116.5
2012	102.5	105.6	102.7

注：农产品生产价格总指数2000年以前为农副产品收购价格指数。

8－2 各地区农村商品零售价格分类指数

（上年价格＝100）

地　区	总指数	一、食品	1.粮食	2.淀粉及制品	3.干豆类及豆制品	4.油脂
全国平均	**102.2**	**104.0**	**103.7**	**103.3**	**102.0**	**104.1**
北　京						
天　津						
河　北	102.3	102.7	103.5	102.7	99.1	107.2
山　西	102.1	103.2	102.1	99.3	95.7	103.9
内蒙古	102.4	105.0	103.2	91.5	99.5	102.8
辽　宁	101.6	103.2	103.1	107.6	102.3	104.5
吉　林	101.9	104.0	103.2	106.1	105.2	104.4
黑龙江	102.3	103.8	104.6	92.0	101.9	101.0
上　海						
江　苏	102.3	104.0	102.6	105.7	101.6	104.7
浙　江	101.8	104.9	103.5	108.4	103.2	103.2
安　徽	102.3	104.1	103.6	108.7	101.5	105.0
福　建	102.4	105.2	103.1	104.6	102.7	104.1
江　西	102.5	105.3	103.8	101.5	101.6	103.0
山　东	101.9	103.4	103.1	104.0	102.8	106.9
河　南	102.1	102.3	102.1	103.7	100.0	104.4
湖　北	102.7	106.2	105.8	112.4	103.3	103.8
湖　南	101.8	103.1	105.7	104.3	105.8	100.4
广　东	102.4	104.3	103.7	104.2	100.9	106.6
广　西	102.4	105.3	103.7	104.1	101.8	107.1
海　南	102.8	105.0	103.3	101.8	107.2	110.8
重　庆						
四　川	101.4	102.9	104.3	101.7	100.6	101.6
贵　州	102.6	104.6	104.6	129.6	100.4	102.3
云　南	102.5	104.7	103.3	101.5	102.3	99.1
西　藏	102.5	106.5	103.5	98.6	101.6	107.6
陕　西	102.3	104.3	102.4	91.8	99.2	103.7
甘　肃	103.3	104.5	103.0	100.0	104.0	102.6
青　海	102.1	105.7	101.5	99.5	103.2	104.2
宁　夏	101.7	103.9	100.1	86.9	97.4	100.9
新　疆	104.0	108.7	106.8	107.4	102.7	104.7

8—2 续表 1

地　　区	5. 肉禽及其制品	6. 蛋	7. 水产品	8. 菜	9. 调味品	10. 糖
全国平均	**100.5**	**96.8**	**108.9**	**113.7**	**104.4**	**103.4**
北　　京						
天　　津						
河　　北	97.9	95.6	105.8	113.8	105.3	106.2
山　　西	98.9	96.0	106.0	113.5	103.4	101.5
内 蒙 古	104.5	98.7	107.4	110.7	102.9	106.0
辽　　宁	99.8	97.2	106.6	111.7	102.5	101.1
吉　　林	100.8	95.9	107.7	107.5	107.4	101.0
黑 龙 江	102.5	97.4	104.0	110.3	105.8	104.1
上　　海						
江　　苏	100.5	96.2	109.4	108.9	108.5	107.2
浙　　江	97.7	98.5	113.4	112.8	105.2	103.3
安　　徽	97.4	94.7	114.2	115.6	105.2	108.2
福　　建	104.3	96.0	107.2	118.4	101.6	103.3
江　　西	102.2	98.4	110.4	118.2	104.3	103.0
山　　东	99.6	96.0	109.0	112.0	105.6	102.5
河　　南	96.2	95.1	106.5	114.7	106.2	104.7
湖　　北	104.4	97.3	113.6	115.2	103.6	102.2
湖　　南	98.2	98.9	109.8	114.2	101.3	101.9
广　　东	103.2	97.3	105.4	114.5	105.6	103.6
广　　西	103.2	97.7	105.2	116.3	101.3	100.2
海　　南	101.6	96.3	108.3	111.0	109.3	101.4
重　　庆						
四　　川	98.6	100.6	108.1	117.1	104.5	103.4
贵　　州	100.1	95.4	109.6	110.0	103.1	102.3
云　　南	105.0	98.5	100.6	111.1	101.2	102.5
西　　藏	105.5	102.4	102.2	116.2	100.9	103.5
陕　　西	100.7	98.9	107.6	113.8	103.1	101.2
甘　　肃	104.4	101.0	106.8	110.4	103.8	102.7
青　　海	105.7	100.4	110.4	108.3	102.0	105.9
宁　　夏	103.0	99.9	109.7	115.6	102.6	105.3
新　　疆	106.6	104.0	106.3	120.3	101.9	104.7

8—2 续表 2

地　区	11. 干鲜瓜果	12. 糕点饼干面包	13. 液体乳及乳制品	14. 在外用膳食品	15. 其他食品	二、饮料、烟酒
全国平均	**99.6**	**104.5**	**102.6**	**106.2**	**104.0**	**102.8**
北　京						
天　津						
河　北	97.5	103.5	102.6	104.3	104.0	103.8
山　西	95.9	104.3	102.5	107.4	102.0	103.1
内蒙古	108.4	103.9	103.9	106.1	104.6	102.5
辽　宁	99.2	105.3	101.5	105.5	104.5	101.7
吉　林	105.3	100.6	100.5	111.2	100.5	102.0
黑龙江	100.3	105.0	102.0	107.9	105.2	101.7
上　海						
江　苏	101.3	104.3	102.1	106.8	103.3	103.5
浙　江	101.2	102.9	103.3	108.3	105.7	101.9
安　徽	100.3	104.7	101.6	104.5	105.2	105.0
福　建	102.7	103.8	99.8	104.8	105.6	101.9
江　西	100.8	103.2	102.5	107.4	103.4	103.7
山　东	99.8	104.0	104.0	106.3	103.4	102.4
河　南	90.6	110.1	102.1	107.3	102.5	103.6
湖　北	102.2	105.2	101.7	106.2	106.4	101.8
湖　南	99.2	103.3	99.3	104.3	103.5	101.8
广　东	96.8	102.1	104.4	105.0	103.9	103.4
广　西	97.1	101.7	103.2	111.8	106.9	101.9
海　南	94.9	110.5	105.9	108.3	104.5	101.1
重　庆						
四　川	103.2	102.4	102.0	105.0	103.2	103.2
贵　州	103.0	105.0	103.1	114.1	103.0	103.2
云　南	102.2	106.6	101.9	106.3	100.9	100.8
西　藏	106.4	100.9	104.2	107.9	98.8	101.5
陕　西	103.6	105.5	102.3	106.3	102.3	102.6
甘　肃	104.4	102.6	103.9	105.6	99.8	103.0
青　海	98.4	104.6	103.0	111.5	104.1	102.9
宁　夏	101.0	104.4	102.3	105.9	104.2	103.2
新　疆	109.0	108.7	105.4	109.2	109.3	107.2

8—2 续表 3

地　　区	1. 茶及饮料	2. 烟草	3. 酒	三、服装、鞋帽	1. 服装	2. 鞋袜帽
全国平均	**103.1**	**100.9**	**105.0**	**103.4**	**103.7**	**102.8**
北　　京						
天　　津						
河　　北	105.6	101.7	105.0	106.9	107.1	106.7
山　　西	102.4	103.6	102.3	102.4	102.7	101.6
内 蒙 古	104.9	100.0	104.1	102.2	101.9	103.3
辽　　宁	102.6	100.7	102.4	102.3	102.5	102.7
吉　　林	103.2	100.4	102.7	101.1	101.6	100.3
黑 龙 江	102.4	101.0	101.7	101.9	101.1	103.6
上　　海						
江　　苏	103.3	100.2	109.2	104.3	104.0	105.7
浙　　江	104.7	100.6	103.1	100.5	101.4	98.4
安　　徽	105.3	100.0	109.5	102.4	103.1	101.0
福　　建	101.5	101.0	103.4	104.7	105.5	103.3
江　　西	103.4	101.5	106.2	101.2	101.5	101.0
山　　东	102.4	101.0	103.6	104.3	105.2	103.1
河　　南	104.7	100.7	105.2	104.7	104.1	106.3
湖　　北	103.3	100.0	103.2	102.3	102.8	101.5
湖　　南	102.0	101.8	101.7	101.0	101.3	100.0
广　　东	102.6	101.7	106.2	104.3	105.1	102.5
广　　西	101.2	100.1	104.6	104.3	106.3	100.5
海　　南	100.1	100.6	102.4	106.8	108.0	103.7
重　　庆						
四　　川	106.5	100.1	107.7	109.4	109.4	109.6
贵　　州	105.9	102.6	103.1	102.9	102.4	104.3
云　　南	101.0	100.1	101.6	100.2	101.1	98.4
西　　藏	101.1	100.7	102.8	102.3	102.7	101.4
陕　　西	103.2	100.1	105.6	103.9	103.7	104.5
甘　　肃	101.9	100.0	109.3	105.4	106.4	103.3
青　　海	108.2	100.3	102.4	98.8	98.5	99.6
宁　　夏	105.7	100.0	106.8	104.3	103.3	107.2
新　　疆	103.3	102.0	114.6	101.4	101.7	101.0

8—2 续表 4

地　　区	3. 其他	四、纺织品	1. 衣着材料	2. 床上用品	五、家用电器及音像器材	1. 家庭设备
全国平均	**100.3**	**101.9**	**103.9**	**100.6**	**98.5**	**100.2**
北　　京						
天　　津						
河　　北	101.0	103.5	103.7	103.5	97.7	100.5
山　　西	100.6	102.4	106.5	100.5	99.1	100.1
内 蒙 古	98.9	102.9	104.5	101.3	99.5	99.6
辽　　宁	97.8	100.9	102.7	99.0	97.4	99.3
吉　　林	100.0	101.1	102.2	99.5	96.9	99.3
黑 龙 江	101.3	100.6	100.4	100.8	98.9	99.8
上　　海						
江　　苏	105.6	103.7	104.4	103.3	98.9	101.9
浙　　江	98.3	101.3	103.9	99.6	98.3	100.3
安　　徽	97.8	101.4	103.0	100.2	98.7	99.2
福　　建	98.3	102.0	102.5	101.7	96.2	98.4
江　　西	99.8	103.4	105.9	101.5	97.5	99.1
山　　东	98.8	105.4	107.3	102.6	98.4	99.8
河　　南	100.3	102.0	101.7	102.1	99.7	101.2
湖　　北	98.8	100.3	104.6	97.3	99.1	100.7
湖　　南	100.0	100.1	101.3	99.8	98.0	99.6
广　　东	102.6	98.7	98.2	99.0	100.6	101.9
广　　西	97.7	101.7	107.3	98.0	97.0	98.9
海　　南	97.2	102.0	104.6	100.8	104.6	105.2
重　　庆						
四　　川	100.8	100.9	103.2	99.8	96.0	98.0
贵　　州	99.9	104.1	108.8	100.5	94.7	95.8
云　　南	100.3	100.8	98.7	102.3	98.0	98.1
西　　藏	101.8	101.0	101.0	101.1	99.2	101.0
陕　　西	100.7	102.4	102.6	102.1	98.4	100.7
甘　　肃	100.7	105.0	100.7	107.4	99.2	100.0
青　　海	100.9	100.5	102.5	98.1	97.1	97.0
宁　　夏	103.1	104.2	106.8	103.0	94.6	96.6
新　　疆	99.7	104.2	106.9	101.4	96.8	100.8

8—2 续表 5

地　区	2.文娱用耐用消费品	3.专业音像器材	六、文化办公用品	七、日用品	1.日用百货	2.日用杂品
全国平均	**95.9**	**99.8**	**99.2**	**101.7**	**101.2**	**101.7**
北　京						
天　津						
河　北	93.9	100.2	99.1	104.1	103.3	103.5
山　西	97.8	0.0	99.0	102.1	102.2	102.8
内蒙古	99.4	100.0	100.5	101.5	100.6	101.3
辽　宁	94.6	99.9	99.4	101.7	100.7	102.0
吉　林	93.5	99.2	98.9	100.8	99.7	100.2
黑龙江	97.6	100.0	99.8	102.3	102.7	100.2
上　海						
江　苏	91.2	100.2	98.2	102.4	101.6	101.3
浙　江	93.2	98.7	98.5	100.9	100.6	102.0
安　徽	97.8	99.1	100.0	102.1	102.0	102.2
福　建	92.5	99.3	99.7	102.4	101.1	100.3
江　西	95.9	99.7	100.4	101.1	102.9	98.9
山　东	96.7	99.7	99.0	101.3	100.6	104.7
河　南	94.8	99.9	99.1	102.5	102.3	100.4
湖　北	96.1	99.8	99.6	101.4	101.0	101.4
湖　南	95.5	100.9	99.5	100.5	100.0	100.7
广　东	99.4	99.6	99.7	101.7	101.4	102.3
广　西	94.7	98.6	99.6	101.5	101.1	100.4
海　南	104.2	96.0	98.3	103.0	101.7	103.4
重　庆						
四　川	92.7	100.1	97.7	99.6	98.2	100.5
贵　州	92.2	94.5	98.9	100.0	99.4	100.5
云　南	94.0	103.0	99.0	102.6	99.4	101.8
西　藏	97.3	99.4	98.1	99.8	98.7	100.7
陕　西	95.3	99.6	99.2	102.1	102.9	101.5
甘　肃	98.4	99.8	100.5	101.8	100.9	104.9
青　海	97.1	100.3	100.1	102.1	102.1	101.8
宁　夏	92.2	98.4	97.7	103.6	101.2	102.6
新　疆	92.0	98.8	101.1	103.5	103.3	103.9

8—2 续表 6

地 区	3. 洗涤用品	4. 其他日用品	八、体育娱乐用品	1. 体育用品	2. 娱乐用品	九、交通、通信用品
全国平均	**103.2**	**100.7**	**100.9**	**101.3**	**100.5**	**97.7**
北 京						
天 津						
河 北	105.9	103.3	100.9	101.4	100.3	98.3
山 西	101.5	102.2	101.1	101.7	100.7	97.3
内蒙古	103.3	100.7	100.7	101.1	100.3	99.4
辽 宁	103.1	100.7	99.4	99.5	99.4	94.7
吉 林	103.1	100.1	101.4	100.6	102.0	98.0
黑龙江	103.8	101.0	100.3	100.5	100.0	97.5
上 海						
江 苏	104.0	101.9	100.9	99.4	101.7	98.2
浙 江	101.6	99.8	100.7	100.1	101.0	97.1
安 徽	102.8	101.3	100.0	100.8	99.5	100.1
福 建	106.6	100.1	99.5	100.0	99.1	96.2
江 西	101.2	99.9	102.3	105.3	100.4	97.7
山 东	102.6	98.7	101.8	102.1	101.5	98.2
河 南	104.9	100.8	100.8	101.3	100.3	97.5
湖 北	102.0	101.4	100.6	101.2	100.0	96.4
湖 南	101.0	100.0	100.0	100.0	100.0	99.6
广 东	101.9	101.4	101.6	102.9	100.1	97.0
广 西	102.9	101.3	99.9	100.5	99.2	97.5
海 南	100.2	107.6	102.0	103.5	99.9	95.6
重 庆						
四 川	102.6	100.1	100.3	100.3	100.3	96.3
贵 州	100.7	99.5	102.1	100.9	103.1	99.3
云 南	107.3	99.0	101.5	102.3	100.5	96.6
西 藏	99.8	101.0	100.6	101.7	98.6	97.5
陕 西	102.4	100.8	102.0	101.6	102.4	96.0
甘 肃	103.5	101.2	100.1	100.4	99.8	98.6
青 海	104.6	98.6	101.9	103.2	100.4	92.6
宁 夏	109.7	100.8	100.7	102.1	98.6	94.3
新 疆	105.8	101.4	101.5	102.8	100.3	93.3

8—2续表7

地　　区	1.交通运输机械	2.通信器材	十、家具	十一、化妆品	十二、金银珠宝	十三、中西药品及医疗保健用品
全国平均	**99.2**	**95.0**	**100.9**	**101.9**	**102.8**	**102.4**
北　　京						
天　　津						
河　　北	99.9	94.3	101.9	103.0	101.2	102.6
山　　西	99.6	92.1	102.5	101.7	101.0	101.8
内 蒙 古	101.4	97.4	100.0	101.6	102.1	101.7
辽　　宁	99.9	89.8	101.3	101.7	101.5	103.4
吉　　林	99.3	96.4	101.6	100.4	100.8	102.8
黑 龙 江	99.9	96.2	99.4	100.5	100.3	108.5
上　　海						
江　　苏	99.2	93.5	101.3	102.9	101.3	101.4
浙　　江	98.4	90.8	102.6	101.8	103.1	100.3
安　　徽	100.1	100.3	101.1	101.8	98.3	102.0
福　　建	99.4	91.2	99.1	102.1	103.1	104.5
江　　西	99.8	95.5	101.0	100.4	103.3	103.3
山　　东	99.1	97.1	100.7	101.4	103.7	102.2
河　　南	98.5	96.2	102.8	103.3	103.7	103.8
湖　　北	97.7	95.2	99.8	102.4	105.3	102.3
湖　　南	100.0	98.7	101.5	100.7	104.6	102.8
广　　东	99.6	94.1	102.2	101.4	102.8	102.2
广　　西	99.9	93.3	102.2	101.6	103.3	102.1
海　　南	97.7	89.3	102.6	101.7	104.6	103.8
重　　庆						
四　　川	98.2	91.4	92.0	102.4	98.9	102.0
贵　　州	99.9	98.4	99.3	102.7	106.8	102.2
云　　南	97.6	95.4	100.3	101.5	101.9	101.8
西　　藏	106.4	96.8	103.3	102.6	103.9	101.0
陕　　西	100.7	93.1	99.8	102.2	103.1	104.1
甘　　肃	100.8	98.0	100.4	101.9	106.1	105.4
青　　海	99.9	91.6	100.9	100.3	103.1	99.9
宁　　夏	101.1	85.5	100.2	102.5	99.8	101.2
新　　疆	98.8	87.2	101.8	102.6	103.0	105.8

8—2续表8

地　　区	1. 医疗器具及用品	2. 中药材及中成药	3. 西药	4. 保健器具及用品	十四、书报杂志及电子出版物	1. 教材及参考书	2. 书报杂志
全国平均	**102.8**	**105.1**	**100.6**	**102.5**	**101.3**	**101.8**	**101.1**
北　京							
天　津							
河　北	102.3	104.6	101.9	101.1	100.2	100.4	100.0
山　西	101.9	106.7	101.0	100.7	100.8	101.9	100.7
内蒙古	101.4	105.2	99.5	99.3	100.3	100.5	100.2
辽　宁	102.3	106.1	102.2	100.5	99.8	101.1	100.7
吉　林	99.4	107.7	99.6	99.4	100.1	100.2	100.1
黑龙江	101.9	118.4	103.6	102.4	101.6	103.3	100.2
上　海							
江　苏	98.9	103.9	100.9	100.8	101.3	102.3	101.1
浙　江	100.6	105.2	94.5	108.1	100.6	100.7	100.8
安　徽	101.5	101.9	101.7	103.6	102.2	102.2	102.8
福　建	102.0	106.0	104.1	103.2	102.9	103.8	104.0
江　西	101.4	106.0	101.7	102.3	101.9	103.8	100.4
山　东	106.0	103.6	100.9	102.0	100.9	100.4	100.8
河　南	104.7	107.8	102.5	99.8	101.1	101.1	101.3
湖　北	101.8	104.1	101.1	101.8	104.5	105.3	103.0
湖　南	104.8	102.5	102.7	102.5	101.0	100.9	101.3
广　东	100.8	104.2	100.9	101.2	100.5	101.0	100.2
广　西	99.7	103.3	101.5	100.6	100.3	100.5	100.1
海　南	105.5	112.4	99.4	99.6	101.2	100.9	101.4
重　庆							
四　川	100.4	106.7	98.3	102.5	100.6	100.4	101.3
贵　州	102.7	109.9	98.2	99.4	101.3	101.7	101.4
云　南	107.8	104.8	98.7	100.8	101.7	102.7	101.0
西　藏	106.2	102.0	99.6	99.9	100.3	98.9	101.6
陕　西	102.4	109.0	100.8	101.7	101.5	103.6	100.7
甘　肃	101.7	109.7	102.3	101.9	101.6	102.9	99.7
青　海	103.2	104.9	95.4	99.7	101.6	101.4	102.2
宁　夏	102.8	105.2	98.3	103.3	103.2	104.6	102.2
新　疆	100.7	115.0	100.1	98.9	102.4	105.3	101.6

8—2 续表 9

地　区	3. 电子音像制品	十五、燃料	1. 煤炭及制　品	2. 石油及制　品	十六、建筑材料及五金电料	1. 建筑装璜材料	2. 五　金电　料
全国平均	**100. 7**	**103. 3**	**103. 2**	**103. 4**	**100. 5**	**100. 1**	**101. 8**
北　京							
天　津							
河　北	100. 2	103. 4	102. 2	104. 4	101. 2	100. 7	102. 9
山　西	99. 6	102. 4	102. 7	102. 3	104. 6	104. 8	103. 6
内 蒙 古	100. 1	101. 5	100. 0	102. 5	99. 9	99. 4	101. 1
辽　宁	95. 6	102. 8	101. 7	103. 4	102. 1	102. 5	101. 1
吉　林	99. 9	104. 5	101. 7	105. 6	102. 0	102. 3	101. 4
黑 龙 江	100. 0	104. 0	103. 8	104. 1	101. 3	101. 5	100. 7
上　海							
江　苏	99. 9	104. 0	104. 0	103. 9	99. 9	99. 3	101. 6
浙　江	99. 8	103. 9	102. 7	104. 1	100. 3	99. 5	101. 8
安　徽	100. 0	103. 3	103. 1	103. 4	98. 2	97. 4	101. 8
福　建	98. 6	102. 9	103. 9	102. 7	99. 4	99. 0	100. 8
江　西	99. 8	105. 0	108. 9	102. 6	99. 1	98. 7	101. 4
山　东	101. 9	102. 8	101. 0	104. 1	100. 1	98. 9	103. 1
河　南	100. 2	103. 3	103. 3	103. 2	101. 0	100. 9	101. 9
湖　北	105. 4	103. 2	106. 1	102. 3	100. 7	100. 2	102. 5
湖　南	100. 0	103. 2	102. 9	103. 2	102. 0	102. 2	100. 1
广　东	100. 2	102. 4	101. 8	102. 5	100. 7	100. 7	101. 1
广　西	100. 3	104. 1	94. 2	105. 2	99. 2	98. 9	100. 5
海　南	101. 3	103. 3	99. 9	103. 4	98. 4	97. 9	100. 9
重　庆							
四　川	99. 7	103. 4	104. 9	102. 5	97. 4	96. 7	100. 9
贵　州	98. 7	106. 3	110. 6	103. 3	101. 9	101. 9	102. 4
云　南	99. 8	107. 0	112. 9	103. 1	101. 5	101. 2	102. 3
西　藏	101. 1	102. 6	100. 7	103. 4	100. 5	101. 5	97. 0
陕　西	98. 7	103. 8	102. 8	104. 3	102. 6	102. 6	102. 6
甘　肃	100. 0	104. 1	105. 2	102. 4	102. 4	102. 4	101. 5
青　海	100. 1	104. 4	105. 3	103. 8	98. 2	97. 7	100. 7
宁　夏	98. 1	100. 6	98. 6	103. 5	97. 6	94. 5	105. 7
新　疆	98. 4	102. 7	101. 4	103. 7	99. 2	98. 8	100. 3

8—3 各地区农村居民消费价格分类指数

（以上年价格为100）

地　　区	居民消费价格指数	一、食品	1.粮食	2.淀　粉及制品	3.干豆类及豆 制 品	4.油脂
全国平均	**102.5**	**104.0**	**103.6**	**101.0**	**101.4**	**104.1**
北　　京						
天　　津						
河　　北	102.5	102.5	103.6	102.5	99.6	106.8
山　　西	102.6	103.2	102.0	97.9	95.8	103.9
内 蒙 古	102.5	104.5	104.1	91.9	96.5	102.6
辽　　宁	102.5	103.0	103.2	107.9	101.7	104.3
吉　　林	102.4	104.2	103.2	101.5	105.8	104.2
黑 龙 江	102.9	103.2	104.9	91.6	98.1	101.3
上　　海						
江　　苏	102.6	104.1	102.7	105.2	101.5	104.5
浙　　江	102.3	105.1	103.6	108.0	103.1	103.5
安　　徽	102.4	104.0	103.6	108.8	101.5	105.1
福　　建	102.4	104.7	103.1	104.5	103.2	103.9
江　　西	103.0	104.8	103.7	100.0	100.6	102.4
山　　东	102.0	103.1	102.9	104.5	101.3	106.6
河　　南	102.4	102.4	102.4	104.3	98.5	104.5
湖　　北	103.0	106.1	105.9	113.2	103.0	103.7
湖　　南	101.6	102.6	105.7	104.0	106.6	100.3
广　　东	102.9	104.4	103.6	102.6	100.7	106.5
广　　西	103.3	105.1	104.3	102.7	101.9	107.1
海　　南	103.2	104.7	103.8	101.5	105.3	110.2
重　　庆						
四　　川	102.0	103.0	104.4	101.8	101.0	102.7
贵　　州	102.8	104.4	104.1	114.4	100.1	102.4
云　　南	102.3	104.9	103.5	101.7	102.4	101.0
西　　藏	103.4	106.2	103.1	99.3	102.5	105.5
陕　　西	103.1	104.4	102.5	90.7	99.3	103.7
甘　　肃	103.1	104.7	102.3	98.2	104.3	104.0
青　　海	103.1	106.3	101.1	98.2	101.1	104.1
宁　　夏	101.7	103.7	100.0	86.4	98.1	100.6
新　　疆	104.7	108.1	107.2	107.7	108.2	104.8

8—3 续表 1

地　区	5. 肉禽及其制品	(1)食用畜肉及副产品	(2)禽	(3)加工肉禽	6. 蛋	7. 水产品
全国平均	**100.2**	**98.8**	**101.8**	**105.8**	**96.8**	**109.0**
北　京						
天　津						
河　北	97.5	95.6	101.6	106.5	96.0	106.3
山　西	99.0	97.1	98.9	105.4	96.0	106.0
内蒙古	100.3	99.9	99.7	106.8	98.5	109.2
辽　宁	99.9	99.0	98.2	106.2	97.3	106.8
吉　林	99.6	99.4	93.3	107.1	94.0	108.5
黑龙江	102.2	101.1	98.7	111.3	97.8	103.7
上　海						
江　苏	100.6	99.9	100.3	104.4	95.2	109.6
浙　江	97.6	95.0	101.1	106.5	97.9	112.9
安　徽	97.5	96.0	100.6	104.3	94.8	114.3
福　建	103.1	102.7	104.0	105.1	96.3	107.8
江　西	101.0	99.6	104.7	104.1	99.1	110.1
山　东	99.3	97.4	100.7	104.4	95.7	108.0
河　南	95.6	93.5	96.5	107.6	94.8	108.1
湖　北	104.2	103.4	103.9	108.1	97.8	113.6
湖　南	97.6	95.6	106.9	100.5	98.9	109.7
广　东	103.1	102.5	103.8	104.6	97.3	105.2
广　西	101.9	100.4	103.4	107.2	97.4	104.9
海　南	101.5	102.8	97.8	102.3	95.9	107.5
重　庆						
四　川	98.5	96.3	102.5	105.9	102.0	108.7
贵　州	100.3	99.3	95.8	112.7	92.6	108.8
云　南	105.0	105.4	103.9	104.1	99.1	101.1
西　藏	106.1	107.2	102.4	104.4	102.4	101.2
陕　西	100.6	99.8	95.7	108.6	98.4	108.6
甘　肃	105.7	103.6	101.7	112.2	100.3	107.5
青　海	108.3	108.8	102.5	109.3	99.2	110.8
宁　夏	102.8	103.5	97.0	110.0	99.0	110.6
新　疆	106.0	105.4	105.3	111.7	103.4	106.3

8—3 续表 2

地　　区	(1)鱼	(2)其他水产品	8. 菜	9. 调味品	10. 糖	11. 茶及饮料
全国平均	**109.2**	**108.3**	**113.9**	**103.9**	**103.3**	**103.3**
北　　京						
天　　津						
河　　北	106.2	106.6	113.8	103.9	105.5	105.6
山　　西	106.2	103.8	113.0	103.4	101.2	102.6
内 蒙 古	109.7	101.1	114.1	103.5	108.8	104.3
辽　　宁	106.9	106.4	110.9	102.4	101.6	102.3
吉　　林	107.9	110.7	111.9	105.4	101.5	103.3
黑 龙 江	103.6	103.9	110.4	105.1	104.9	101.7
上　　海						
江　　苏	111.1	107.1	108.9	108.3	107.3	103.5
浙　　江	112.6	113.2	113.4	104.5	103.0	104.9
安　　徽	116.6	105.7	115.7	105.2	107.9	105.4
福　　建	109.0	106.5	117.6	101.7	102.2	101.4
江　　西	110.0	111.3	120.1	104.3	103.0	103.4
山　　东	108.5	106.9	112.5	103.9	102.6	101.3
河　　南	108.2	107.7	114.9	104.9	106.0	104.6
湖　　北	114.5	110.8	115.1	103.7	102.2	103.3
湖　　南	109.7	109.7	114.1	101.3	101.9	101.6
广　　东	105.5	104.2	114.5	104.7	103.6	102.6
广　　西	104.5	106.8	118.4	101.6	100.6	101.1
海　　南	110.6	97.4	111.1	109.1	101.4	100.8
重　　庆						
四　　川	109.0	106.3	116.2	104.4	103.0	105.3
贵　　州	108.9	108.6	109.8	100.5	102.5	102.6
云　　南	101.1	101.1	112.4	100.9	102.4	101.4
西　　藏	102.2	98.1	116.6	101.9	103.8	101.0
陕　　西	108.6	108.3	114.1	103.2	101.3	103.7
甘　　肃	108.6	103.1	109.5	105.3	103.6	100.7
青　　海	112.1	107.6	112.5	100.8	104.9	107.6
宁　　夏	112.1	101.9	117.3	103.4	104.5	106.0
新　　疆	105.5	108.3	119.9	103.2	102.8	104.4

8—3 续表 3

地　区	(1)茶叶	(2)饮料	12. 干鲜瓜果	13. 糕点饼干面包	14. 液体乳及乳制品	15. 在外用膳食品
全国平均	**103. 1**	**103. 4**	**100. 2**	**104. 5**	**102. 6**	**106. 5**
北　京						
天　津						
河　北	103. 1	106. 5	97. 4	103. 4	102. 6	104. 2
山　西	101. 6	103. 0	95. 5	104. 1	101. 7	108. 2
内蒙古	100. 9	106. 9	108. 1	102. 8	105. 5	107. 1
辽　宁	102. 0	102. 4	98. 6	105. 4	101. 7	105. 5
吉　林	100. 9	104. 5	105. 5	100. 6	100. 4	112. 4
黑龙江	100. 1	101. 7	99. 3	104. 6	101. 9	107. 6
上　海						
江　苏	103. 6	103. 5	100. 7	104. 2	102. 3	106. 6
浙　江	106. 4	104. 5	102. 1	102. 7	102. 9	108. 0
安　徽	106. 0	104. 7	100. 3	103. 8	101. 7	104. 7
福　建	101. 4	101. 4	102. 5	103. 8	100. 1	104. 7
江　西	103. 9	103. 3	101. 7	103. 2	102. 5	107. 1
山　东	100. 1	102. 1	99. 7	103. 5	104. 4	106. 2
河　南	111. 9	103. 1	91. 1	110. 0	102. 6	107. 3
湖　北	105. 0	102. 4	102. 0	105. 2	101. 8	106. 3
湖　南	100. 4	102. 5	99. 1	103. 2	99. 3	104. 3
广　东	102. 5	102. 6	96. 7	102. 2	104. 3	105. 0
广　西	101. 7	100. 9	97. 0	101. 8	103. 0	111. 2
海　南	101. 0	100. 7	95. 6	108. 9	105. 3	108. 2
重　庆						
四　川	105. 5	105. 2	102. 4	102. 3	102. 3	105. 0
贵　州	100. 1	103. 5	104. 1	104. 8	102. 2	111. 9
云　南	99. 7	102. 5	102. 5	105. 6	101. 4	106. 8
西　藏	101. 8	100. 3	106. 9	101. 4	102. 9	107. 0
陕　西	104. 3	103. 3	103. 3	105. 6	102. 3	106. 5
甘　肃	100. 2	101. 2	103. 8	103. 2	105. 6	105. 7
青　海	108. 9	106. 7	101. 0	104. 7	102. 9	110. 0
宁　夏	109. 5	103. 4	98. 6	104. 7	101. 9	106. 2
新　疆	104. 2	104. 7	108. 5	108. 4	105. 6	108. 9

8—3 续表 4

地 区	16. 其他食品	二、烟酒及用品	1. 烟草	2. 酒	三、衣着
全国平均	**103.8**	**102.7**	**100.9**	**105.2**	**103.8**
北 京					
天 津					
河 北	103.8	103.7	102.3	105.1	107.6
山 西	102.0	103.0	103.4	102.3	102.7
内蒙古	104.4	103.4	100.1	107.1	102.6
辽 宁	104.5	101.9	101.4	102.6	102.8
吉 林	100.3	102.5	102.1	103.2	101.3
黑龙江	104.5	103.0	103.1	102.9	101.6
上 海					
江 苏	103.7	103.9	100.3	109.5	104.3
浙 江	105.8	101.1	100.6	102.7	101.3
安 徽	105.1	103.6	100.0	109.5	102.7
福 建	105.6	102.3	101.1	103.6	104.6
江 西	103.2	103.1	101.4	106.0	101.7
山 东	103.9	102.6	101.1	104.1	104.6
河 南	101.7	103.6	100.6	105.4	105.2
湖 北	106.2	101.2	100.0	103.2	102.7
湖 南	103.5	101.9	102.0	101.7	100.9
广 东	103.8	103.1	101.2	105.6	104.2
广 西	107.0	102.6	100.2	105.0	105.4
海 南	105.8	101.6	101.2	102.4	107.8
重 庆					
四 川	102.3	102.5	100.1	106.5	109.6
贵 州	103.0	103.3	103.1	103.5	103.2
云 南	101.5	100.5	100.1	101.8	100.6
西 藏	98.8	102.1	101.0	103.3	103.3
陕 西	102.5	102.3	100.1	105.7	104.0
甘 肃	100.1	102.7	100.0	107.9	103.1
青 海	103.5	101.7	100.1	103.1	99.0
宁 夏	104.5	101.8	100.0	106.4	104.1
新 疆	111.7	107.8	101.9	113.3	102.1

8—3 续表 5

地　区	1. 服装	(1)男式服装	(2)女式服装	(3)儿童服装	2. 衣着材料	3. 鞋袜帽
全国平均	**103.9**	**104.0**	**103.6**	**104.6**	**103.7**	**103.3**
北　京						
天　津						
河　北	108.4	109.2	107.8	107.7	103.4	105.9
山　西	102.6	104.0	101.6	102.5	106.5	102.6
内蒙古	102.1	101.7	102.1	102.8	104.5	103.7
辽　宁	102.7	102.5	101.7	105.2	102.1	102.9
吉　林	101.8	101.3	101.2	104.1	102.3	99.5
黑龙江	100.8	100.9	100.3	102.7	100.4	103.3
上　海						
江　苏	103.8	104.6	103.2	103.2	104.8	105.5
浙　江	101.8	101.9	103.1	94.9	103.4	98.4
安　徽	103.1	102.6	102.8	105.8	103.2	101.1
福　建	105.2	104.1	106.9	102.9	103.4	102.9
江　西	101.4	100.1	102.0	103.6	105.6	101.3
山　东	105.1	105.0	105.5	103.5	107.6	103.2
河　南	104.5	104.0	103.1	108.3	100.7	107.0
湖　北	102.8	102.7	102.5	104.3	104.7	101.6
湖　南	101.3	101.4	101.1	102.0	101.2	100.0
广　东	105.0	105.2	104.6	105.7	99.0	102.8
广　西	106.7	108.2	106.4	104.0	107.9	100.5
海　南	108.8	111.9	107.5	107.1	107.3	104.7
重　庆						
四　川	109.7	112.0	108.7	108.2	104.4	109.9
贵　州	102.6	101.3	100.9	107.2	108.8	103.1
云　南	101.2	100.0	101.0	103.0	101.2	98.8
西　藏	102.8	103.6	102.5	102.1	102.1	101.3
陕　西	103.8	104.1	103.7	103.5	103.1	104.5
甘　肃	103.4	101.3	102.7	106.2	100.4	102.6
青　海	98.2	98.7	97.1	99.3	102.8	100.6
宁　夏	102.7	103.4	102.0	103.1	108.4	107.5
新　疆	101.8	101.5	101.6	102.7	105.8	101.2

8—3 续表 6

地区	(1)鞋	(2)袜子	(3)帽子	4.衣着加工服务	四、家庭设备用品及维修服务	1.耐用消费品
全国平均	**103.2**	**103.6**	**103.5**	**106.7**	**101.5**	**100.3**
北京						
天津						
河北	106.0	105.1	105.4	106.5	102.6	101.3
山西	101.9	105.3	103.1	104.5	102.1	101.5
内蒙古	104.1	102.4	101.5	101.9	100.9	99.5
辽宁	102.3	105.3	105.2	105.6	101.0	99.6
吉林	99.0	101.1	103.7	105.4	99.8	99.4
黑龙江	103.7	104.8	100.4	103.1	100.3	99.3
上海						
江苏	105.6	104.5	105.5	107.1	102.8	102.1
浙江	98.3	99.9	98.0	110.4	102.8	101.3
安徽	101.0	102.4	101.5	108.2	101.3	99.7
福建	103.5	100.6	101.0	102.4	100.4	98.9
江西	99.3	105.2	107.8	108.8	100.9	100.1
山东	103.7	100.5	99.5	102.2	101.1	99.5
河南	106.9	108.0	106.7	105.6	102.7	101.8
湖北	101.2	104.1	100.6	110.7	101.2	100.4
湖南	100.0	100.0	99.8	100.5	101.1	100.8
广东	102.4	104.0	104.6	104.6	102.4	102.0
广西	100.7	99.5	99.0	116.8	100.4	99.7
海南	105.0	100.1	104.8	103.1	103.0	103.6
重庆						
四川	110.7	104.4	110.1	112.9	98.6	96.5
贵州	103.7	100.0	102.1	101.6	100.1	97.3
云南	98.6	100.3	100.6	106.9	100.7	99.5
西藏	101.0	101.2	102.6	112.8	102.5	102.5
陕西	104.7	102.9	105.4	107.7	102.2	100.3
甘肃	102.9	99.8	100.3	105.0	101.9	100.3
青海	98.5	107.4	106.9	110.2	100.8	98.2
宁夏	108.1	102.9	107.4	112.8	101.0	98.6
新疆	100.2	105.5	100.2	110.7	103.9	101.1

8—3 续表 7

地　区	(1)家具	(2)家庭设备	2. 室内装饰品	3. 床上用品	4. 家庭日用杂品	5. 家庭服务及加工维修服务
全国平均	**100.7**	**100.1**	**100.9**	**101.0**	**102.3**	**107.5**
北　京						
天　津						
河　北	101.6	101.1	102.7	102.8	104.8	105.8
山　西	103.2	100.2	103.6	99.5	102.8	106.6
内蒙古	99.8	99.4	101.1	101.0	101.9	103.9
辽　宁	100.8	99.0	100.9	100.5	102.7	103.5
吉　林	100.6	98.6	100.3	99.2	100.4	101.7
黑龙江	99.4	99.3	100.9	100.5	101.1	105.2
上　海						
江　苏	102.3	102.0	100.8	102.7	102.9	107.8
浙　江	102.5	100.9	100.4	100.9	102.5	112.8
安　徽	101.1	99.2	102.1	100.5	102.7	105.4
福　建	99.4	98.7	99.0	101.2	101.9	103.4
江　西	100.9	99.7	101.3	101.8	100.5	107.5
山　东	100.4	99.1	100.3	101.7	104.1	103.2
河　南	102.9	101.0	101.3	102.8	103.1	116.4
湖　北	99.8	100.7	101.7	98.8	101.3	109.2
湖　南	101.5	99.6	100.1	100.0	100.2	108.0
广　东	102.2	101.9	100.0	99.0	102.5	106.8
广　西	101.8	98.8	101.4	98.5	101.5	103.5
海　南	102.5	104.0	103.3	101.6	102.4	108.8
重　庆						
四　川	94.7	98.3	101.0	100.0	101.3	102.8
贵　州	97.9	96.8	98.8	101.4	102.1	105.4
云　南	100.7	98.5	98.8	100.5	101.6	109.2
西　藏	103.3	101.6	103.1	101.4	101.3	109.4
陕　西	99.8	100.7	102.3	102.1	102.5	112.5
甘　肃	100.8	99.9	102.0	103.8	102.1	105.4
青　海	99.7	96.9	98.9	99.0	103.9	106.0
宁　夏	100.6	96.4	99.6	103.1	103.6	108.1
新　疆	101.6	100.7	101.9	101.7	104.7	120.7

8—3 续表 8

地　　区	五、医疗保健和个人用品	1. 医疗保健	(1)医疗器具及用品	(2)中药材及中成药	(3)西药	(4)保健器具及用品
全国平均	**102.1**	**101.8**	**102.9**	**105.1**	**100.5**	**102.8**
北　　京						
天　　津						
河　　北	102.2	101.4	103.7	104.3	101.9	101.3
山　　西	102.5	102.2	102.3	107.5	100.8	101.6
内 蒙 古	102.2	101.0	101.2	103.9	100.0	99.6
辽　　宁	102.4	102.1	102.0	105.3	102.3	101.0
吉　　林	102.1	101.8	100.1	108.0	99.5	100.2
黑 龙 江	103.2	103.2	101.7	117.3	103.7	101.5
上　　海						
江　　苏	101.6	101.1	98.9	104.4	101.0	100.5
浙　　江	101.1	100.8	100.8	104.1	95.4	108.3
安　　徽	101.8	101.3	101.4	101.8	101.6	103.7
福　　建	104.1	104.7	102.2	105.9	104.0	103.5
江　　西	102.4	102.0	102.2	105.4	101.4	102.5
山　　东	101.6	100.8	108.5	100.9	100.0	101.5
河　　南	102.1	101.3	106.5	106.8	102.4	99.9
湖　　北	102.2	101.9	101.8	104.1	101.1	101.5
湖　　南	101.4	101.6	104.9	102.5	100.9	102.3
广　　东	101.9	101.9	100.7	104.5	101.1	101.3
广　　西	102.5	101.8	99.2	103.0	101.8	100.8
海　　南	102.9	102.8	105.6	110.3	100.2	99.8
重　　庆						
四　　川	102.0	101.8	100.5	105.8	98.4	101.6
贵　　州	102.1	101.3	100.2	109.1	97.8	100.0
云　　南	101.0	100.9	104.5	104.4	98.9	101.2
西　　藏	101.8	100.9	106.0	102.3	99.6	100.1
陕　　西	103.3	103.2	101.7	108.3	100.5	101.6
甘　　肃	104.9	105.3	99.3	109.8	102.2	100.6
青　　海	101.5	101.3	98.0	105.8	96.2	100.3
宁　　夏	101.7	100.9	100.3	105.3	99.1	102.8
新　　疆	103.8	103.4	101.2	112.6	100.1	99.1

8—3 续表 9

地　　区	(5)医疗保健服　　务	2. 个人用品及服务	(1)化妆美容用品	(2)清洁化妆用品	(3)个人饰品	(4)个人服务
全国平均	**100.9**	**103.1**	**101.2**	**103.1**	**101.4**	**105.7**
北　　京						
天　　津						
河　　北	100.5	104.0	101.8	105.0	101.1	107.2
山　　西	102.5	103.5	101.5	102.0	102.1	106.1
内 蒙 古	100.4	105.9	100.8	102.6	102.0	109.4
辽　　宁	100.3	103.1	101.2	102.5	99.5	107.6
吉　　林	100.1	102.7	100.3	102.4	99.6	107.4
黑 龙 江	99.1	103.1	102.6	102.2	101.0	106.8
上　　海						
江　　苏	100.1	102.7	101.6	103.4	100.5	104.6
浙　　江	101.3	102.0	101.1	102.2	100.9	103.5
安　　徽	100.1	103.6	101.4	103.4	98.9	107.9
福　　建	104.9	102.8	100.6	103.6	102.8	103.0
江　　西	100.7	103.3	100.2	102.2	104.4	105.3
山　　东	100.6	103.4	100.9	104.4	103.0	105.1
河　　南	100.1	104.0	102.1	102.9	102.0	107.4
湖　　北	101.2	102.9	101.2	102.2	101.6	106.2
湖　　南	101.3	100.8	100.5	100.5	102.4	100.5
广　　东	100.2	102.0	100.5	102.7	101.5	102.8
广　　西	100.7	104.0	100.5	103.9	100.9	111.5
海　　南	101.3	103.2	101.9	101.7	101.8	106.7
重　　庆						
四　　川	102.0	102.5	100.4	103.4	99.1	105.6
贵　　州	101.6	103.3	100.6	103.9	101.3	107.2
云　　南	100.0	101.4	100.7	102.2	100.4	101.1
西　　藏	100.9	102.9	101.6	102.1	103.1	106.0
陕　　西	101.7	103.5	102.8	102.0	101.5	107.2
甘　　肃	104.2	103.1	105.0	101.2	101.3	108.2
青　　海	103.0	102.0	100.5	102.0	99.9	106.0
宁　　夏	100.4	103.9	103.0	103.3	103.4	105.7
新　　疆	101.8	104.0	101.5	106.5	101.0	108.1

8—3续表10

地　　区	六、交通和通信	1.交通	(1)交通工具	(2)车用燃料及零配件	(3)车辆使用及维修	(4)市区公共交通费
全国平均	**100.6**	**101.9**	**100.2**	**102.9**	**103.1**	**103.3**
北　　京						
天　　津						
河　　北	100.8	102.4	101.6	103.7	103.1	102.7
山　　西	100.3	101.7	100.7	102.6	103.1	101.8
内 蒙 古	100.2	101.1	99.8	101.8	101.1	102.3
辽　　宁	100.0	101.2	99.0	102.2	100.8	103.5
吉　　林	100.9	102.6	99.8	103.6	102.5	105.1
黑 龙 江	101.5	103.1	101.3	102.5	98.2	101.0
上　　海						
江　　苏	100.1	101.0	99.5	102.9	103.4	97.9
浙　　江	99.8	100.4	98.4	103.0	104.0	103.1
安　　徽	100.9	101.6	102.0	103.0	101.3	100.3
福　　建	100.8	102.6	101.7	102.6	104.4	101.7
江　　西	101.7	103.6	100.8	103.8	106.3	104.6
山　　东	101.0	102.4	100.9	103.9	105.2	100.6
河　　南	101.6	103.0	101.3	103.1	103.5	116.6
湖　　北	100.8	102.1	100.6	102.3	104.2	105.0
湖　　南	100.3	100.6	100.2	102.4	100.4	100.7
广　　东	99.6	100.9	100.2	102.2	100.8	100.7
广　　西	100.0	102.1	99.8	103.4	101.6	103.4
海　　南	100.5	103.5	99.4	102.4	104.4	128.5
重　　庆						
四　　川	100.7	102.1	97.6	102.6	102.5	108.9
贵　　州	100.6	101.6	99.6	103.7	104.4	100.0
云　　南	100.2	101.4	98.2	102.1	103.4	108.8
西　　藏	101.3	103.2	100.1	102.7	103.5	108.8
陕　　西	100.2	102.4	101.8	102.4	103.8	102.6
甘　　肃	100.6	101.6	100.7	101.8	104.5	99.3
青　　海	99.5	101.5	99.4	101.8	105.1	100.3
宁　　夏	99.5	101.7	98.1	101.6	100.5	108.1
新　　疆	100.4	104.0	102.7	102.8	107.5	101.4

8—3 续表 11

地　　区	(5)城市间交通费	2. 通信	(1)通信工具	(2)通信服务	七、娱乐教育文化用品及服务	1. 文娱用耐用消费品及服务
全国平均	**103. 4**	**98. 6**	**92. 9**	**100. 0**	**101. 0**	**96. 0**
北　　京						
天　　津						
河　　北	103. 0	98. 5	91. 5	99. 7	100. 6	94. 7
山　　西	102. 1	98. 7	89. 9	100. 0	100. 6	97. 5
内 蒙 古	102. 5	98. 8	97. 0	99. 9	101. 0	100. 6
辽　　宁	102. 6	98. 7	88. 9	100. 7	102. 6	94. 6
吉　　林	103. 3	98. 3	93. 7	100. 0	101. 3	94. 7
黑 龙 江	107. 3	99. 1	95. 3	100. 7	101. 2	97. 9
上　　海						
江　　苏	101. 8	98. 6	92. 3	99. 8	100. 4	92. 9
浙　　江	100. 4	98. 4	87. 2	100. 1	100. 8	94. 0
安　　徽	101. 8	100. 2	100. 5	100. 1	101. 8	98. 9
福　　建	104. 0	98. 7	88. 3	100. 0	98. 8	94. 6
江　　西	106. 0	98. 6	90. 6	100. 5	101. 8	96. 8
山　　东	105. 3	98. 9	93. 8	100. 4	100. 8	97. 1
河　　南	107. 1	98. 6	94. 2	99. 8	101. 9	95. 7
湖　　北	101. 1	99. 2	95. 5	100. 2	101. 1	97. 1
湖　　南	99. 8	99. 8	98. 6	100. 0	101. 5	97. 5
广　　东	101. 0	97. 8	93. 2	98. 9	101. 7	98. 9
广　　西	104. 6	97. 6	88. 2	100. 1	101. 4	96. 5
海　　南	103. 5	95. 8	90. 9	96. 2	102. 3	100. 2
重　　庆						
四　　川	103. 9	97. 2	87. 8	100. 0	99. 0	92. 7
贵　　州	103. 5	98. 9	94. 8	100. 3	101. 1	95. 2
云　　南	102. 9	98. 7	93. 6	100. 0	100. 2	96. 3
西　　藏	100. 8	98. 7	97. 4	99. 4	100. 6	99. 1
陕　　西	102. 4	97. 9	92. 0	100. 0	101. 2	95. 7
甘　　肃	102. 7	99. 4	97. 5	99. 9	101. 1	99. 1
青　　海	102. 8	96. 8	84. 3	100. 3	100. 5	97. 6
宁　　夏	104. 3	96. 0	84. 9	100. 1	100. 3	92. 9
新　　疆	107. 2	96. 4	81. 1	101. 2	101. 2	93. 7

8—3 续表 12

地　　区	2. 教育	(1)教材及参考书	(2)教育服务	3. 文化娱乐	(1)文化娱乐用品	(2)书报杂志
全国平均	**101.9**	**101.8**	**101.9**	**101.1**	**100.7**	**101.1**
北　京						
天　津						
河　北	101.6	100.2	101.7	101.3	101.3	100.0
山　西	100.7	102.1	100.6	101.1	101.1	100.9
内蒙古	100.9	100.5	101.0	100.7	100.9	100.2
辽　宁	104.8	101.2	105.0	99.6	99.0	100.7
吉　林	103.2	100.3	103.9	100.4	100.6	102.0
黑龙江	101.5	105.5	101.3	101.0	102.1	100.2
上　海						
江　苏	101.6	102.2	101.6	101.4	102.2	101.3
浙　江	101.6	100.6	101.7	102.2	100.8	100.7
安　徽	102.2	104.1	101.7	101.4	101.6	102.6
福　建	97.5	103.4	96.8	101.1	100.0	104.0
江　西	102.6	103.2	102.6	101.0	101.4	100.5
山　东	101.2	100.3	101.4	100.3	100.0	100.6
河　南	104.1	101.5	104.1	101.1	100.6	100.8
湖　北	101.5	105.1	100.9	101.5	101.1	102.9
湖　南	102.8	100.8	102.9	100.3	99.9	101.2
广　东	102.1	101.1	102.5	101.0	101.1	100.4
广　西	103.0	99.5	103.4	103.0	98.2	100.2
海　南	101.1	100.8	101.1	100.2	100.6	101.2
重　庆						
四　川	100.3	100.6	100.3	101.1	100.4	101.4
贵　州	102.4	100.1	102.9	101.7	100.6	102.2
云　南	101.1	101.5	101.1	100.2	99.2	101.7
西　藏	101.5	99.0	102.8	100.7	100.2	102.0
陕　西	102.7	101.8	103.0	100.7	100.8	100.3
甘　肃	101.6	102.2	101.5	100.4	100.1	99.6
青　海	100.6	102.2	100.3	96.8	99.4	102.0
宁　夏	102.2	104.8	101.9	101.2	101.3	101.2
新　疆	104.2	104.7	104.1	101.8	100.7	101.8

8—3 续表 13

地　区	(3)文娱费	4.旅游	八、居住	1.建房及装修材料	2.住房租金	3.自有住房	4.水电燃料
全国平均	**101.6**	**103.4**	**101.9**	**100.9**	**103.2**	**102.2**	**102.4**
北　京							
天　津							
河　北	101.6	105.0	102.3	101.2	101.7	102.5	102.6
山　西	101.5	102.2	103.8	106.3	107.4	103.3	102.9
内蒙古	101.2	102.7	101.1	100.4	104.6	100.6	102.0
辽　宁	100.4	101.0	103.0	102.8	103.3	103.5	101.9
吉　林	99.7	102.0	102.2	102.8	101.5	102.4	101.6
黑龙江	100.2	114.3	104.5	101.9	101.2	106.4	104.4
上　海							
江　苏	100.9	102.8	102.3	100.4	103.3	103.1	102.3
浙　江	103.5	103.0	101.2	101.4	101.8	100.6	101.9
安　徽	100.2	104.5	100.8	99.6	100.6	100.7	102.2
福　建	100.7	105.1	100.8	102.0	100.8	101.1	99.5
江　西	101.0	105.5	102.1	100.2	103.1	103.8	103.4
山　东	100.3	104.3	101.1	98.8	102.4	101.8	102.5
河　南	102.0	102.2	102.0	100.3	104.6	103.1	102.0
湖　北	101.1	105.8	101.7	101.4	101.3	101.9	101.8
湖　南	100.0	102.2	101.3	103.0	99.2	99.3	102.0
广　东	101.3	104.6	102.9	101.8	104.4	104.2	101.6
广　西	109.3	100.0	103.6	100.6	105.8	102.5	108.0
海　南	98.7	117.1	101.4	99.4	105.3	106.2	102.1
重　庆							
四　川	102.0	100.9	100.3	98.4	102.8	100.2	102.9
贵　州	102.0	101.3	102.6	103.2	103.8	101.4	103.3
云　南	100.7	101.3	102.2	103.3	101.1	101.4	102.4
西　藏	100.3	101.1	101.1	102.0	100.5	101.3	101.4
陕　西	100.8	103.0	103.3	103.7	108.3	102.7	103.0
甘　肃	102.0	101.5	101.4	101.6	101.4	100.4	102.6
青　海	93.4	111.4	105.2	97.4	111.6	107.3	106.0
宁　夏	101.0	103.8	98.8	96.0	97.1	103.4	100.5
新　疆	103.0	100.6	103.7	99.2	102.6	105.2	101.3

8—4 各地区农业生产资料价格分类指数

（上年价格＝100）

地　　区	农业生产资料价格指数	一、农用手工工具	二、饲料	三、产品畜	四、半机械化农具
全国平均	**105.6**	**104.4**	**105.7**	**104.6**	**102.1**
北　　京					
天　　津					
河　　北	108.2	105.4	106.5	110.9	107.3
山　　西	105.4	108.9	102.9	111.4	100.0
内 蒙 古	104.9	100.3	103.7	114.1	102.8
辽　　宁	106.9	106.8	106.4	104.2	101.3
吉　　林	106.8	104.7	107.8	106.9	99.8
黑 龙 江	107.8	102.5	104.8	113.6	100.9
上　　海					
江　　苏	104.6	104.7	104.9	100.3	100.6
浙　　江	104.2	103.1	107.6	89.5	104.1
安　　徽	105.3	107.3	108.9	104.8	100.8
福　　建	103.3	108.4	106.7	92.8	103.4
江　　西	106.6	106.9	105.3	106.6	105.8
山　　东	105.9	100.8	105.4	105.0	100.7
河　　南	105.4	102.9	106.5	103.1	104.6
湖　　北	107.2	105.2	105.1	112.8	103.5
湖　　南	104.7	100.8	101.1	111.2	103.2
广　　东	104.0	102.0	104.3	103.3	101.4
广　　西	103.9	103.7	111.3	91.5	101.2
海　　南	104.3	101.4	103.8	103.0	102.8
重　　庆					
四　　川	104.7	105.6	103.1	106.0	100.3
贵　　州	100.7	114.1	97.8	93.7	97.0
云　　南	104.6	101.7	105.1	106.3	101.3
西　　藏	101.6	101.8	98.7	103.1	101.5
陕　　西	105.4	104.9	105.4	106.6	105.2
甘　　肃	105.2	103.2	103.8	136.5	100.8
青　　海	108.7	97.6	105.4	128.4	103.4
宁　　夏	107.6	106.1	108.9	114.7	102.4
新　　疆	106.2	101.5	107.7	109.6	101.2

8—4 续表 1

地　区	五、机械化农具	六、化学肥料	七、农药及农药械	1. 化学农药	2. 农药器械
全国平均	**102. 1**	**106. 6**	**102. 4**	**102. 2**	**103. 7**
北　京					
天　津					
河　北	106. 7	108. 5	107. 3	107. 8	105. 4
山　西	101. 4	106. 4	101. 9	101. 7	102. 5
内 蒙 古	102. 7	105. 8	111. 5	101. 8	123. 1
辽　宁	102. 0	108. 5	102. 9	103. 0	101. 3
吉　林	102. 4	107. 6	107. 9	108. 9	100. 6
黑 龙 江	101. 9	108. 3	100. 9	100. 9	101. 0
上　海					
江　苏	100. 9	105. 4	101. 2	101. 1	102. 7
浙　江	101. 3	103. 5	100. 4	100. 3	101. 5
安　徽	103. 1	103. 5	101. 1	101. 0	102. 3
福　建	101. 0	105. 5	101. 8	102. 0	100. 1
江　西	106. 6	105. 8	102. 0	102. 0	102. 0
山　东	101. 7	108. 3	102. 7	103. 0	99. 9
河　南	100. 5	106. 0	101. 4	101. 4	100. 8
湖　北	101. 9	109. 6	101. 6	101. 3	104. 1
湖　南	101. 6	106. 7	101. 1	100. 9	104. 9
广　东	101. 6	105. 5	100. 7	100. 4	102. 3
广　西	101. 4	104. 8	103. 6	104. 0	101. 0
海　南	101. 1	105. 4	103. 0	103. 2	100. 8
重　庆					
四　川	100. 5	104. 8	102. 1	101. 2	107. 2
贵　州	99. 5	105. 6	106. 4	104. 8	114. 6
云　南	101. 1	106. 5	101. 8	101. 4	101. 4
西　藏	103. 5	100. 5	100. 0	100. 0	99. 5
陕　西	104. 7	105. 7	102. 7	102. 2	105. 5
甘　肃	100. 4	103. 1	106. 5	104. 1	113. 2
青　海	99. 9	108. 1	99. 5	99. 5	100. 4
宁　夏	105. 6	106. 6	104. 2	104. 0	105. 6
新　疆	101. 6	107. 6	100. 7	100. 4	101. 8

8—4 续表 2

地　　区	八、农用机油	九、其他农业生产资料	1. 农用种子	2. 其他	十、农业生产服务
全国平均	**104.2**	**105.9**	**108.2**	**100.9**	**108.3**
北　京					
天　津					
河　北	106.2	111.1	112.6	106.9	110.0
山　西	103.9	103.5	104.3	101.3	109.4
内蒙古	101.7	104.2	106.4	100.8	102.2
辽　宁	104.4	111.6	115.4	103.4	106.6
吉　林	103.3	101.7	102.1	100.3	117.0
黑龙江	103.0	113.6	124.6	99.7	111.5
上　海					
江　苏	104.6	104.2	105.1	101.2	107.7
浙　江	103.2	101.5	102.1	100.3	111.0
安　徽	103.7	107.5	111.0	101.8	109.0
福　建	102.4	102.8	103.9	101.2	109.1
江　西	103.9	106.9	111.3	99.6	120.5
山　东	106.9	103.8	107.8	98.9	105.8
河　南	104.2	107.9	109.2	100.6	107.1
湖　北	106.1	105.9	107.6	101.1	107.0
湖　南	106.1	106.6	109.4	100.7	104.4
广　东	101.5	105.0	107.8	100.3	107.0
广　西	106.3	105.8	108.2	101.7	106.7
海　南	102.6	105.0	106.4	102.3	109.9
重　庆					
四　川	105.1	103.1	103.4	101.6	112.2
贵　州	100.8	97.9	98.0	97.7	103.1
云　南	103.8	102.7	103.9	100.8	106.1
西　藏	105.8	99.3	100.2	97.9	100.9
陕　西	102.9	106.9	111.7	99.6	105.8
甘　肃	101.7	102.8	104.6	100.1	100.9
青　海	106.0	100.4	100.0	101.9	115.7
宁　夏	105.0	105.7	107.2	102.2	107.5
新　疆	103.2	108.0	112.1	97.0	105.4

8—5 农产品生产价格指数

（上年＝100）

指　　标	2009 年	2010 年	2011 年	2012 年
农产品生产价格总指数	97.60	110.94	116.45	102.74
种植业产品	102.88	116.57	107.83	104.80
谷物	104.92	112.79	109.68	104.81
小麦	107.86	107.86	105.18	102.86
稻谷	105.24	112.82	113.28	104.09
玉米	98.52	116.07	109.89	106.60
豆类	93.79	110.43	104.98	103.01
油料	94.15	112.05	112.08	105.18
棉花	111.75	157.66	79.52	98.09
糖料	101.47	106.03	125.46	105.00
蔬菜	111.81	116.80	103.36	109.94
水果	106.96	118.85	106.17	103.86
林业产品	94.88	122.78	114.92	101.23
牧业产品	90.13	102.96	126.20	99.73
猪(毛重)	81.62	98.33	136.98	95.92
牛(毛重)	101.03	104.70	108.05	116.79
羊(毛重)	101.09	108.67	115.74	107.85
家禽(毛重)	102.21	106.99	111.99	103.85
蛋类	102.78	107.51	112.63	100.47
奶类	91.63	115.25	108.07	103.86
渔业产品	99.01	107.56	110.04	106.18
海水养殖产品			111.47	101.01
海水捕捞产品			111.23	110.90
淡水养殖产品			109.48	106.75
淡水捕捞产品			103.67	107.18

8—6 各地区农产品生产价格指数

（上年=100）

地　　区	总指数	一、种植业产品	二、林业产品	三、畜牧业产品	四、渔业产品
全　　国	**102.7**	**104.8**	**101.2**	**99.7**	**106.2**
北　　京	104.7	107.9	107.8	100.7	112.6
天　　津	105.3	109.9		100.9	100.8
河　　北	100.7	103.1	106.8	97.4	104.9
山　　西	101.3	103.4	108.1	97.9	97.0
内 蒙 古	104.7	105.4	93.0	104.9	107.3
辽　　宁	106.6	109.4	113.6	102.6	113.7
吉　　林	105.1	107.6	107.8	97.4	110.5
黑 龙 江	105.9	107.0	93.5	100.4	100.2
上　　海	101.4	103.4	111.0	94.4	104.1
江　　苏	103.7	105.0	104.5	97.6	110.1
浙　　江	104.3	106.3	106.1	99.8	104.0
安　　徽	102.9	103.0	106.8	97.4	110.8
福　　建	102.7	104.7	105.7	94.3	107.0
江　　西	103.5	105.9	105.1	96.1	112.3
山　　东	102.5	104.3	101.9	96.7	105.7
河　　南	102.9	103.2	105.3	100.9	106.2
湖　　北	103.3	103.6	107.5	98.6	110.1
湖　　南	100.2	103.1	104.1	96.0	104.6
广　　东	103.4	106.9	101.8	97.6	104.5
广　　西	99.4	107.2	99.4	92.5	97.7
海　　南	103.3	109.1	78.4	99.1	107.3
重　　庆	104.6	106.0	103.8	103.3	108.1
四　　川	104.0	107.6	104.4	101.2	105.3
贵　　州	104.3	106.1	103.7	102.8	108.3
云　　南	110.7	113.7	92.2	104.7	100.7
西　　藏					
陕　　西	102.6	102.5	110.9	101.4	113.7
甘　　肃	105.9	106.9		106.3	108.6
青　　海	108.2	104.4		111.8	
宁　　夏	103.6	103.9		102.8	112.1
新　　疆	103.2	100.3	99.3	105.1	101.2

8—7 各地区主要农产品分品种生产价格指数

（上年＝100）

地　　区	一、种植业产　品	谷　物	小　麦	稻　谷	玉　米	豆　类
全　　国	**104.8**	**104.8**	**102.9**	**104.1**	**106.6**	**103.0**
北　　京	107.9	105.7	100.9		107.5	
天　　津	109.9	105.1	104.8	104.7	105.7	108.0
河　　北	103.1	103.9	101.6	105.7	105.4	99.7
山　　西	103.4	103.2	99.7		104.1	101.0
内 蒙 古	105.4	107.9	102.2	105.0	109.3	101.8
辽　　宁	109.4	106.7		99.7	110.5	110.8
吉　　林	107.6	108.8		101.4	110.9	89.8
黑 龙 江	107.0	106.9	104.1	102.9	109.6	107.3
上　　海	103.4	103.3	105.3	103.0		
江　　苏	105.0	103.2	103.1	103.0	109.2	105.0
浙　　江	106.3	105.2	97.0	108.0	110.4	92.6
安　　徽	103.0	103.1	105.3	102.3	104.2	102.9
福　　建	104.7	103.5		103.5		104.3
江　　西	105.9	106.3		106.3	105.6	102.9
山　　东	104.3	102.0	101.8	100.1	102.2	109.4
河　　南	103.2	103.6	101.9	101.1	103.5	97.9
湖　　北	103.6	105.5	96.7	107.7	103.7	107.8
湖　　南	103.1	104.9		105.1	107.0	104.7
广　　东	106.9	106.0		106.0	99.5	102.0
广　　西	107.2	102.4		101.6	104.6	103.5
海　　南	109.1	106.5		107.2	100.1	102.5
重　　庆	106.0	108.0	112.0	107.1	109.4	105.4
四　　川	107.6	108.9	106.7	109.1	110.0	106.3
贵　　州	106.1	107.2	102.8	105.7	109.5	108.4
云　　南	113.7	108.5	111.8	106.1	109.8	111.5
西　　藏						
陕　　西	102.5	103.7	102.3	104.1	104.5	99.7
甘　　肃	106.9	101.2	101.5		105.8	95.2
青　　海	104.4	106.0	105.8			85.0
宁　　夏	103.9	103.3	103.7	99.7	105.6	
新　　疆	100.3	106.2	104.9	101.4	108.1	108.2

8—7 续表 1

地　区	大　豆	薯　类	油　料	花　生	油菜籽	棉　花	糖　料
全　国	**105.7**	**102.9**	**105.2**	**108.1**	**105.2**	**98.1**	**105.0**
北　京							
天　津	108.0					98.9	
河　北	99.8	90.0	106.6	106.8		94.9	
山　西	101.0	91.5	103.1	111.3		102.5	
内蒙古	110.0	90.0	98.9	97.5	79.3		101.0
辽　宁	110.8	111.6	114.4	116.2			
吉　林	111.1	89.5	105.5	111.2			
黑龙江	107.3	93.5	110.3				107.9
上　海			102.6		102.6		
江　苏	105.0	96.6	111.7	112.8	106.1	101.7	
浙　江	85.5	102.0	120.9	123.0	105.8	100.1	75.0
安　徽	102.9	93.5	99.9	102.9	102.4	94.2	108.8
福　建	104.3	102.4	105.3	104.9			
江　西	104.0	110.6	106.8	106.6	110.7	95.8	112.5
山　东	109.4	83.7	109.5	109.5		84.9	
河　南	97.9	86.4	106.5	127.8	102.9	92.6	
湖　北	107.8	105.0	104.3	101.4	104.4	97.0	
湖　南	104.7	112.2	103.3		104.6	90.2	68.6
广　东	102.8	90.3	104.2	104.2			75.6
广　西	103.6	105.6	99.5	99.5	100.0		104.7
海　南	102.5	101.5	117.6	117.6			106.2
重　庆	105.8	107.6	105.7	108.0	104.6		
四　川	106.0	105.7	106.8	105.4	107.5		106.4
贵　州	109.4	93.4	103.0	99.3	103.5		109.9
云　南	106.6	103.3	116.0	107.6	116.5		125.5
西　藏							
陕　西	104.6	93.9	107.2	107.6	107.6	105.1	
甘　肃	104.7	101.0	101.8		106.1	88.9	
青　海		100.0	104.2		104.2		
宁　夏		108.2	108.2				
新　疆	108.2	61.7	107.1			99.2	105.0

8—7 续表 2

地　区	麻　类	烟　叶	蔬　菜	水　果	茶　叶
全　国	**103.15**	**111.7**	**109.9**	**103.9**	**108.8**
北　京			108.0	112.3	
天　津			115.4	104.9	
河　北			106.6	105.1	
山　西			111.2	102.1	
内蒙古		103.7	104.9	115.8	
辽　宁			129.0	95.1	
吉　林		109.4	119.1	119.4	
黑龙江	103.57	114.0	101.8	126.7	
上　海			106.4	103.2	
江　苏			107.7	101.2	104.8
浙　江		102.3	107.0	102.7	106.1
安　徽	98.91	120.2	103.9	105.4	107.7
福　建		120.5	117.5	95.2	101.1
江　西	91.76	119.8	107.8	106.1	108.4
山　东		115.1	112.5	108.5	118.4
河　南		112.3	106.9	107.7	
湖　北	92.75	110.4	110.6	101.2	99.2
湖　南		114.2	106.5	99.4	122.7
广　东		122.1	111.5	104.1	117.3
广　西	114.82	116.6	116.0	110.8	102.7
海　南			112.3	106.7	
重　庆		113.6	108.7	91.2	107.8
四　川	96.27	102.8	108.0	101.8	104.1
贵　州		114.0	102.8	96.2	113.4
云　南		114.2	111.0	100.1	106.6
西　藏					
陕　西		115.9	100.4	102.7	107.6
甘　肃	110.53		112.5	123.5	
青　海			118.7		
宁　夏			107.5	109.0	
新　疆			113.0	108.0	

8—7续表3

地　区	二、林产品	三、畜产品	#猪	#家禽	#蛋类	#奶类
全　国	**101.2**	**99.7**	**95.9**	**103.8**	**100.5**	**103.9**
北　京	107.8	100.7	93.5	104.8	100.5	99.7
天　津		100.9	94.0	106.9	98.0	105.4
河　北	106.8	97.4	97.0	96.5	90.7	101.5
山　西	108.1	97.9	92.9	89.5	94.2	105.9
内蒙古	93.0	104.9	105.6	108.9	104.1	101.4
辽　宁	113.6	102.6	99.4	104.9	98.1	108.8
吉　林	107.8	97.4	89.2	95.0	94.2	100.0
黑龙江	93.5	100.4	95.3	96.2	94.8	102.1
上　海	111.0	94.4	88.1	103.0	94.2	104.8
江　苏	104.5	97.6	93.1	102.8	93.4	102.6
浙　江	106.1	99.8	97.8	106.2	99.3	107.0
安　徽	106.8	97.4	93.5	99.4	94.9	
福　建	105.7	94.3	90.9	109.8	95.4	
江　西	105.1	96.1	93.4	105.5	103.3	
山　东	101.9	96.7	95.9	94.4	96.2	101.6
河　南	105.3	100.9	92.7	94.8	95.9	105.0
湖　北	107.5	98.6	97.2	100.0	101.5	
湖　南	104.1	96.0	95.6	106.5	106.2	
广　东	101.8	97.6	91.2	101.7	103.5	
广　西	99.4	92.5	90.8	107.0	95.9	
海　南	78.4	99.1	92.4	104.4	110.6	
重　庆	103.8	103.3	101.8	107.1	104.7	
四　川	104.4	101.2	97.4	103.7	104.8	103.6
贵　州	103.7	102.8	102.3	102.7	106.3	
云　南	92.2	104.7	103.7	105.9	108.0	99.3
西　藏						
陕　西	110.9	101.4	101.2	97.8	95.0	99.8
甘　肃		106.3	102.0	103.6	95.8	117.4
青　海		111.8	103.4	116.5		110.8
宁　夏		102.8	93.7	101.3	89.6	96.9
新　疆	99.3	105.1	107.1	108.0	97.8	112.8

8—7 续表 4

地　区	四、渔业产品	海水养殖产品	海水捕捞产品	淡水养殖产品	淡水捕捞产品
全　国	**106.2**	**101.0**	**110.9**	**106.8**	**107.2**
北　京	112.6			112.6	
天　津	100.8	98.5		101.1	
河　北	104.9			104.9	
山　西	97.0			96.8	
内蒙古	107.3			106.7	108.6
辽　宁	113.7	114.9		107.2	
吉　林	110.5			110.5	
黑龙江	100.2			100.2	
上　海	104.1		104.8	103.8	
江　苏	110.1	114.7	122.0	107.7	107.3
浙　江	104.0	104.9	102.5	106.2	102.3
安　徽	110.8			110.8	
福　建	107.0	108.3	108.6	102.5	
江　西	112.3			112.3	
山　东	105.7	100.5	114.0	107.4	
河　南	106.2			106.2	
湖　北	110.1			110.1	
湖　南	104.6			104.6	
广　东	104.5	104.2	108.5	101.9	109.7
广　西	97.7	93.3	104.3	95.9	99.8
海　南	107.3	105.3	113.9	99.4	
重　庆	108.1			111.2	104.1
四　川	105.3			105.3	
贵　州	108.3			108.3	
云　南	100.7			100.7	
西　藏					
陕　西	113.7			113.7	
甘　肃	108.6			108.6	
青　海					
宁　夏	112.1			112.1	
新　疆	101.2			101.2	

8—8 主要农产品集贸市场价格指数

（以上年为100）

	2001年	2010年	2011年	2012年
籼　　稻	104.70	109.85	118.03	108.63
粳　　稻	102.89	119.53	116.21	102.76
小　　麦	107.09	107.86	109.12	103.44
玉　　米	122.78	117.80	111.24	105.03
大　　豆	96.36	107.17	107.83	104.59
棉花(籽棉)	106.65	138.16	126.27	82.28
花 生 仁		127.90	128.67	111.24
油 菜 籽		102.93	113.14	107.31
活　　猪	105.31	101.86	145.50	91.12
仔　　猪	106.81	92.84	173.85	102.65
猪　　肉	105.27	101.97	139.61	92.31
牛　　肉	102.62	103.50	110.75	124.11
羊　　肉	100.14	108.94	122.86	119.86
活　　鸡		105.51	117.42	103.16
鸡　　蛋	104.27	110.14	118.02	93.44
草　　鱼	99.83	105.54	109.44	107.54
鲤　　鱼	97.31	105.18	118.36	105.20
带　　鱼		116.18	118.52	113.17
大 白 菜		132.77	86.85	116.67
黄　　瓜		110.95	105.31	118.52
西 红 柿		114.33	104.53	120.56
红富士苹果		116.18	122.59	102.53
香　　蕉		109.39	117.32	93.26

农产品进出口

9—1 海关出口主要农产品数量

单位：万头、万吨

年 份	活 猪	大 米	棉花(原棉)	蔬 菜	水 果	水 产 品
1980	316	109	1.0	34	24.2	11.2
1981	318	59		47	19.9	11.6
1982	324	47		51	20.8	10.3
1983	321	58	6.0	54	19.6	10.5
1984	308	116	19.0	52	17.4	12.4
1985	296	101	35.0	51	21.4	12.0
1986	310	95	56.0	64	22.4	16.7
1987	302	102	75.0	64	24.4	21.8
1988	303	70	47.0	77	29.8	28.7
1989	297	32	27.0	82	25.2	29.4
1990	300	33	17.0	98	22.6	35.8
1991	285	69	20.0	104	16.0	37.8
1992	290	95	14.0	138	14.6	44.0
1993	272	143	15.0	137	32.0	48.0
1994	270	152	11.0	154	39.2	57.0
1995	253	5	2.0	158	39.8	61.0
1996	240	26	0.4	167	56.0	64.0
1997	227	94	0.1	167	68.0	72.0
1998	219	375	4.5	201	66.0	79.0
1999	196	271	23.6	225	73.0	109.0
2000	203	295	29.2	245	82.0	120.0
2001	196	186	5.2	298	81.0	154.0
2002	188	199	15.0	360	113.0	163.0
2003	188	262	11.2	432	146.0	158.0
2004	197	91	0.9	470	175.0	177.0
2005	176	69	0.5	520	200.0	176.0
2006	172	124	1.3	568	198.0	194.0
2007	161	134	2.1	622	240.0	183.0
2008	164	97	1.6	624	285.0	175.0
2009	169	79	0.8	636	330.0	209.0
2010	172	62	0.6	655	300.0	243.0
2011	156	52	2.6	772	289.0	288.0
2012	164	28	1.8	741	304.0	368.0

注：1. 水果1996年及以后为干、鲜水果及坚果数据。

2. 9—1至9—6数据来源于海关统计。

9－2 海关进口主要农产品数量

单位：万吨

年 份	小 麦	玉 米	大 豆	棉花(原棉)	食用植物油
1980	1057	163.8	56.5	88.5	9.2
1981	1300	67.6	56.8	80.1	4.4
1982	1380	156.9	36.2	47.3	5.6
1983	1111	211.0	…	23.0	3.5
1984	987	5.5	…	4.0	1.4
1985	541	9.1	0.1	…	3.5
1986	611	58.8	29.1	…	19.8
1987	1320	154.2	27.3	0.6	51.1
1988	1455	10.9	15.2	3.5	21.4
1989	1488	6.8	0.1	51.9	105.6
1990	1253	36.9	0.1	41.7	112.3
1991	1237	0.1	0.1	37.1	61.2
1992	1058	…	12.1	28.0	42.0
1993	642	…	9.9	1.0	24.0
1994	730	0.1	5.2	50.0	163.0
1995	1159	518.1	29.4	74.0	213.0
1996	825	44.1	111.4	65.0	263.1
1997	186	…	280.1	75.0	274.6
1998	149	25.1	319.7	20.0	205.5
1999	45	7.0	431.7	5.0	208.0
2000	88	…	1041.6	4.7	179.0
2001	69	…	1394.0	6.0	165.0
2002	63	1.0	1131.0	18.0	319.0
2003	45	…	2074.0	87.0	541.0
2004	726	…	2023.0	191.0	676.0
2005	354	…	2659.0	257.0	621.0
2006	61	7	2824.0	364.0	669.0
2007	10	4	3082.0	246.0	838.0
2008	4.3	5	3744.0	211.0	816.0
2009	90.4	8	4255.0	153.0	816.0
2010	123	157	5480.0	284.0	687.0
2011	125.8	175.3	5264.0	336.0	657.0
2012	370	520.8	5838.0	513.0	845.0

9—3 海关出口农副产品及加工品数量

指 标	单位	1995 年	2000 年	2011 年	2012 年	2012 年为 2011 年百分比(%)
活猪	万头	253	203	156	164	105.1
活家禽	万只	5263	4890	723	736	101.8
鲜、冻牛肉	万吨	2	2	2.2	1.2	54.5
鲜、冻猪肉	万吨	15	5	8.1	6.6	81.5
冻鸡	万吨	24.9	35.7	10.9	9	82.6
鲜、冻兔肉	吨	20187	22563			
鲜蛋	百万个	358	757	1285	1230	95.7
水产品	万吨	61	120	288	368	127.8
谷物及谷物粉	万吨	64	1378	116	96	82.8
其中:大米	万吨	5	295	51.6	27.9	54.1
小麦	万吨	1159	88			
玉米	万吨	11	1047	13.6	25.7	189.0
棉花(原棉)	万吨	2.2	29.2	2.6	1.8	69.2
蔬菜	万吨	158	245	772	741	96.0
鲜、干水果及坚果	万吨	49	82	289	304	105.2
其中:橘、橙	万吨	13.2	19.1	79.2	94.3	118.9
鲜苹果	万吨	10.9	29.8	103.5	97.6	94.3
食糖	万吨	48	41.4	5.9	4.7	79.7
天然蜂蜜	万吨	8.7	10.3	10	11	110.0
茶叶	万吨	16.7	22.8	32.2	31.3	97.2
辣椒干	万吨	3.6	5.4	6.3	5.2	82.5
猪肉罐头	万吨	6.4	3.8	4.5	4.8	106.7
蘑菇罐头	万吨	19.0	20.4	32.7	30.8	94.2
烤烟	万吨	5.7	9.4	10.3	10	97.1
生丝	万吨	1.3	1.3	0.7	0.8	114.3
山羊绒	吨	1829	3123	2492	2342	94.0
兔毛	吨	4395	4990			
猪鬃	吨	10511	12398			
肠衣	吨	44971	52316	86443	82827	95.8
填充用羽毛羽绒	吨	23345	36882	32796	35810	109.2
药材	万吨	13.7	17.6	19.7	19.7	100.0
食用油籽	万吨	121	76	58	69	119.0
其中:大豆	万吨	38	21	21	32	152.4
花生和花生仁	万吨	39	40	17	15	88.2
食用植物油	万吨	51	11.2	12.2	10.0	82.0

注:1. 1995 年鲜、干水果及坚果仅包括鲜、干水果。

2. 本表数据来源于《海关统计月刊》。

9—4 海关出口农副产品及加工品金额

单位:万美元

指　　标	1995年	2000年	2011年	2012年	2012年为2011年百分比(%)
活猪	27771	23045	45205	46056	101.9
活家禽	12534	10411	2862	3094	108.1
鲜、冻牛肉	3391	2353	11959	8060	67.4
鲜、冻猪肉	24535	6862	32610	29504	90.5
冻鸡	55656	51302	26822	22175	82.7
鲜冻兔肉	4765	4581			
鲜蛋	1667	1712	12107	11203	92.5
水产品	208728	226755	1098377	1811804	165.0
谷物及谷物粉		169417	75346	59386	78.8
其中:大米	1624	56105	42698	27227	63.8
玉米		105170	4658	10117	217.2
棉花(原棉)	4680	30579	7873	3680	46.7
蔬菜	157130	157691	934993	755957	80.9
鲜、干水果及坚果	18175	34836	283873	340455	119.9
#橘、橙	5570	4537	63686	83933	131.8
鲜苹果	4530	9656	91433	95991	105.0
食糖	18710	8359	5128	4349	84.8
天然蜂蜜	8748	8412	20147	21505	106.7
茶叶	27475	34717	96510	104213	108.0
辣椒干	5872	3446	17954	13751	76.6
猪肉罐头	11853	5845	12567	14967	119.1
烤烟	7732	13206	47757	46326	97.0
生丝	30055	27159	36672	36845	100.5
山羊绒	13987	252266	25818	23354	90.5
兔毛	7109	6177			
猪鬃	6541	8396			
肠衣		31508	109991	109724	99.8
填充用羽毛羽绒	28142	30710	55204	75434	136.6
药材	43610	20795	73847	84712	114.7
食用油籽	39460	39428	73551	90456	123.0
其中:大豆		6414	16154	27913	172.8
花生和花生仁	25687	23175	25977	27236	104.8
食用植物油	20935	6702	20804	18357	88.2

注:鲜、干水果及坚果1995年为水果数据。

9—5 海关进口农副产品及加工品数量

指　标	单位	1990 年	1995 年	2000 年	2011 年	2012 年	2012 年为 2011 年百分比(%)
冻鱼	万吨			89	217	195	89.9
鲜、干水果及坚果	万吨				320	327	102.2
其中:香蕉	万吨			59	82	63	76.8
谷物及谷物粉	万吨			315	545	1398	256.5
其中:玉米	万吨				175	521	297.7
小麦	万吨	1253	1159	88	126	370	293.7
#小麦粉	万吨				1	1	111.1
大麦	万吨	65	127	197	178	253	142.1
稻谷和大米	万吨			24	60	237	395.0
大豆	万吨	…	29	1042	5264	5838	110.9
食用植物油	万吨	112	213	179	657	845	128.6
#豆油	万吨				114	183	160.5
棕榈油	万吨				470	523	111.3
菜子油和芥子油	万吨				55	118	214.5
其他植物油	万吨	119	160	23			
食糖	万吨	113	295	64	292	375	128.4
饲料用鱼粉	万吨				121	125	103.3
豆饼、豆粕	吨				224250	45422	20.3
配制的动物饲料	吨						
纸烟	万条				1973	1909	96.8
天然橡胶(包括胶乳)	万吨				210	218	103.8
合成橡胶(包括胶乳)	万吨				144	144	100.0
原木	万立方米				4233	3789	89.5
锯材	万立方米				2156	2063	95.7
纸浆	万吨				1445	1646	113.9
羊毛(包括羊毛条)	万吨	3	28	30	32	31	96.9
棉花(原棉)	万吨	42	74	5	336	513	152.7
肥料	万吨	1626	1991	1189	795	843	106.0
化肥	万吨				787	839	106.6
尿素	吨				2064	170978	8283.8
氮磷钾复合肥料	万吨				102	132	129.4
磷酸氢二胺	万吨				9	16	177.8
氯化钾	万吨				640	634	99.1
硫酸钾	万吨				15	17	113.3
农药	吨				52890	68927	130.3

9－6　海关进口农副产品及加工品金额

单位:万美元

指　　标	1990年	1995年	2000年	2011年	2012年	2012年为2011年百分比(%)
冻鱼			68437	382208	334977	87.6
鲜、干水果及坚果				292681	367198	125.5
其中:香蕉			16926	40137	36582	91.1
谷物及谷物粉	235297	358153	59375	204380	478655	234.2
其中:玉米				57842	168927	292.0
小麦	215653	202639	14737	42369	110863	261.7
#小麦粉				572	717	125.3
大麦	10909	24054	31330	61241	78123	127.6
稻谷和大米			11271	40764	115316	282.9
大豆	32	7549	227024	2983418	3498803	117.3
食用植物油	52829	145482	62714	771400	969215	125.6
#豆油				132446	227675	171.9
棕榈油				536694	544034	101.4
菜子油和芥子油				66466	151667	228.2
其他植物油	41904	97673	12773			
食糖	37880	89758	11533	194340	224382	115.5
饲料用鱼粉				175038	169037	96.6
豆饼、豆粕				9598	2125	22.1
配制的动物饲料						
纸烟				7780	7503	96.4
天然橡胶(包括胶乳)				937981	681268	72.6
合成橡胶(包括胶乳)				536174	509306	95.0
原木				827313	725094	87.6
锯材				571189	551733	96.6
纸浆				1193963	1104202	92.5
羊毛(包括羊毛条)	14606	94414	103731	285942	263734	92.2
棉花(原棉)	71079	137782	7411	946874	1180238	124.6
肥料	260313	374150	173006	346512	404891	116.8
化肥				343758	402235	117.0
尿素				146	7135	4887.0
氮磷钾复合肥料				53191	75393	141.7
磷酸氢二胺				5857	10295	175.8
氯化钾				269132	291853	108.4
硫酸钾				7550	8559	113.4
农药				48870	59223	121.2

9—7 各地区出口农产品数量

单位:吨

地区	大米产品	小麦产品	玉米产品	大豆	棉花(原棉)	食用植物油	食糖
全国合计	**279214**	**285899**	**257300**	**321136**	**17508**	**100985**	**47144**
北京	17404	25	2000	19	2	377	12
天津	607	620		229		87	1925
河北		426	15	1276	217	1567	
山西							
内蒙古	4455	1573		819			
辽宁	52011	21450	117515	86163	1098	55667	675
吉林	41356	10150	136802	53773		8512	108
黑龙江	131319	514	790	174259		1331	1
上海		3323		36	1893	114	
江苏	638	2505		1277	2435	1382	
浙江					39	2	72
安徽	6637	92341	47	67		449	2
福建	1265			102		235	22
江西	642			4			
山东	15	31266	5	1656	8657	10919	28
河南	47	3578		317		51	1
湖北	3835		2	5		466	155
湖南	1281			2		7	
广东	729	117879		590	2099	16083	40963
广西	631					2811	1898
海南	126						
重庆	482						10
四川	8645			6		15	16
贵州							
云南	2						1256
西藏							
陕西	126	250		275		102	
甘肃			23	1			
青海							
宁夏				139			
新疆	6962		100	120	1067	811	

9－8 各地区进口农产品数量

单位:吨

地　区	大米产品	小麦产品	玉米产品	大　豆	棉花(原棉)	食用植物油	食　糖
全国总计	**2368558**	**3700977**	**5208007**	**58384755**	**5134798**	**9599369**	**3747166**
北　京	574958	118288	230978	61631	205537	99003	184512
天　津	13271	162814	18573	4373047	259433	1677552	404054
河　北	3975	30824		2573151	258946	38136	13152
山　西		2		61085	3692	47	2420
内蒙古		2498				2	25000
辽　宁	15082	5728	54755	4013865	29496	87686	375297
吉　林	371	20	7	1156992	2619	66	
黑龙江		4961	4297	91603	900	72	
上　海	12402	72420	608729	502048	422702	234311	11391
江　苏	99106	87110	651289	9415448	1367797	3843971	368172
浙　江	24900	94831	181502	2577931	217072	199652	5661
安　徽	17908	5493	65999	278791	43625	1001	1550
福　建	211374	95466	334400	3664633	33825	422738	92759
江　西	4774		102958	126083	5001	10	652
山　东	9895	189793	503222	13133884	1664131	661344	1581593
河　南		30668	15120	1161739	105909	3934	
湖　北		1994	7852	416487	132026	6396	
湖　南	13701		85919	118874	27332	1241	53330
广　东	1158397	2616657	1485434	7541418	190690	1556400	499594
广　西	80124	1380	246820	6008456	11880	272780	121740
海　南	30697	6668	83100			3514	19
重　庆	2250		114553	626425	11438	20	
四　川			246530	300011	6901	373	
贵　州	1000		40000		500		
云　南	58332	2493	91188		600	488722	6265
西　藏	30423	5679					
陕　西				171152	7796	102	
甘　肃		147801	1				
青　海	5618		34700				
宁　夏							
新　疆		17389	79	10000	124951	296	4

农产品成本与收益

10—1 全国种植业产品成本与收益

指 标	单位	三种粮食平均		稻 谷	
		2011 年	2012 年	2011 年	2012 年
每亩					
主产品产量	千克	441.95	451.35	464.45	478.75
产值合计	元	1041.92	1104.82	1268.25	1340.83
主产品产值	元	1020.19	1081.97	1249.67	1321.99
副产品产值	元	21.73	22.85	18.58	18.84
总成本	元	791.16	936.42	896.98	1055.10
生产成本	元	641.41	770.23	737.30	880.13
物质与服务费用	元	358.36	398.28	409.34	453.51
人工成本	元	283.05	371.95	327.96	426.62
家庭用工折价	元	259.48	342.33	282.32	373.13
雇工费用	元	23.57	29.62	45.64	53.49
土地成本	元	149.75	166.19	159.68	174.97
流转地租金	元	17.75	21.81	32.58	36.36
自营地折租	元	132.00	144.38	127.10	138.61
净利润	元	250.76	168.40	371.27	285.73
现金成本	元	399.68	449.71	487.56	543.36
现金收益	元	642.24	655.11	780.69	797.47
成本利润率	%	31.70	17.98	41.39	27.08
每 50 公斤主产品					
平均出售价格	元	115.42	119.86	134.53	138.07
总成本	元	87.64	101.59	95.15	108.65
生产成本	元	71.05	83.56	78.21	90.63
净利润	元	27.78	18.27	39.38	29.42
现金成本	元	44.28	48.79	51.72	55.95
现金收益	元	71.14	71.07	82.81	82.12
附：					
每亩用工数量	日	6.79	6.43	7.60	7.20
每亩主产品出售数量	千克	270.15	279.72	277.00	283.03
每亩主产品出售产值	元	614.65	657.01	733.73	773.67
商品率	%	80.86	85.14	72.58	77.57
每亩成本外支出	元	1.11	0.89	1.39	1.01

10—1 续表 1

指　　标	单位	小　　麦		玉　　米	
		2011 年	2012 年	2011 年	2012 年
每亩					
主产品产量	千克	389.17	382.76	472.24	492.55
产值合计	元	830.20	851.73	1027.32	1121.90
主产品产值	元	809.06	829.17	1001.85	1094.76
副产品产值	元	21.14	22.56	25.47	27.14
总成本	元	712.28	830.44	764.23	924.22
生产成本	元	583.01	688.09	603.94	742.98
物质与服务费用	元	357.33	396.69	308.45	344.58
人工成本	元	225.68	291.40	295.49	398.40
家庭用工折价	元	219.80	284.20	276.28	370.22
雇工费用	元	5.88	7.20	19.21	28.18
土地成本	元	129.27	142.35	160.29	181.24
流转地租金	元	7.04	10.71	13.62	18.35
自营地折租	元	122.23	131.64	146.67	162.89
净利润	元	117.92	21.29	263.09	197.68
现金成本	元	370.25	414.60	341.28	391.11
现金收益	元	459.95	437.13	686.04	730.79
成本利润率	%	16.56	2.56	34.43	21.39
每 50 公斤主产品					
平均出售价格	元	103.95	108.31	106.07	111.13
总成本	元	89.19	105.60	78.91	91.55
生产成本	元	73.00	87.50	62.36	73.60
净利润	元	14.76	2.71	27.16	19.58
现金成本	元	46.36	52.72	35.24	38.74
现金收益	元	57.59	55.59	70.83	72.39
附：					
每亩用工数量	日	5.58	5.16	7.18	6.95
每亩主产品出售数量	千克	243.43	262.06	290.01	294.08
每亩主产品出售产值	元	498.68	555.02	611.54	642.35
商品率	%	73.90	81.54	96.10	96.30
每亩成本外支出	元	1.50	1.27	0.44	0.38

10—1 续表 2

指　标	单位	大　豆		两种油料平均	
		2011 年	2012 年	2011 年	2012 年
每亩					
主产品产量	千克	146.32	146.68	183.03	183.61
产值合计	元	610.72	706.83	1145.13	1246.09
主产品产值	元	597.48	693.46	1131.03	1232.28
副产品产值	元	13.24	13.37	14.10	13.81
总成本	元	488.77	578.20	773.13	949.61
生产成本	元	315.79	382.23	651.92	813.77
物质与服务费用	元	179.41	204.73	290.93	324.56
人工成本	元	136.38	177.50	360.99	489.21
家庭用工折价	元	114.64	156.52	354.20	478.24
雇工费用	元	21.74	20.98	6.79	10.97
土地成本	元	172.98	195.97	121.21	135.84
流转地租金	元	37.03	45.68	7.74	9.78
自营地折租	元	135.95	150.29	113.47	126.06
净利润	元	121.95	128.63	372.00	296.48
现金成本	元	238.18	271.39	305.46	345.31
现金收益	元	372.54	435.44	839.67	900.78
成本利润率	%	24.95	22.25	48.12	31.22
每 50 公斤主产品					
平均出售价格	元	204.17	236.39	308.97	335.57
总成本	元	163.40	193.37	208.60	255.73
生产成本	元	105.57	127.83	175.90	219.15
净利润	元	40.77	43.02	100.37	79.84
现金成本	元	79.63	90.76	82.42	92.99
现金收益	元	124.54	145.63	226.55	242.58
附:					
每亩用工数量	日	3.13	3.04	8.97	8.71
每亩主产品出售数量	千克	98.16	111.67	123.20	123.41
每亩主产品出售产值	元	401.28	526.81	734.74	813.18
商品率	%	95.87	96.69	81.59	82.04
每亩成本外支出	元	0.06	0.04	0.70	0.65

10—1 续表 3

指　　标	单位	花　　生		油 菜 籽	
		2011 年	2012 年	2011 年	2012 年
每亩					
主产品产量	千克	235.90	237.11	130.15	130.11
产值合计	元	1681.46	1839.33	608.79	652.84
主产品产值	元	1663.06	1821.90	599.00	642.66
副产品产值	元	18.40	17.43	9.79	10.18
总成本	元	958.67	1164.13	587.52	734.44
生产成本	元	802.79	984.40	501.00	642.51
物质与服务费用	元	403.64	450.81	178.09	198.18
人工成本	元	399.15	533.59	322.91	444.33
家庭用工折价	元	391.40	518.34	317.08	437.64
雇工费用	元	7.75	15.25	5.83	6.69
土地成本	元	155.88	179.73	86.52	91.93
流转地租金	元	8.30	10.47	7.17	9.08
自营地折租	元	147.58	169.26	79.35	82.85
净利润	元	722.79	675.20	21.27	−81.60
现金成本	元	419.69	476.53	191.09	213.95
现金收益	元	1261.77	1362.80	417.70	438.89
成本利润率	%	75.40	58.00	3.62	−11.11
每 50 公斤主产品					
平均出售价格	元	352.49	384.19	230.12	246.97
总成本	元	200.97	243.16	222.08	277.84
生产成本	元	168.29	205.62	189.38	243.06
净利润	元	151.52	141.03	8.04	−30.87
现金成本	元	87.98	99.54	72.23	80.94
现金收益	元	264.51	284.65	157.89	166.03
附：					
每亩用工数量	日	9.91	9.50	8.03	7.91
每亩主产品出售数量	千克	148.95	149.07	97.44	97.75
每亩主产品出售产值	元	1029.21	1151.81	440.26	474.55
商品率	%	81.49	83.13	81.69	80.95
每亩成本外支出	元	0.03	0.00	1.36	1.29

10—1 续表 4

指标	单位	棉花		烤烟	
		2011 年	2012 年	2011 年	2012 年
每亩					
主产品产量	千克	84.02	91.53	144.04	151.56
产值合计	元	1779.94	1964.99	2550.72	3315.74
主产品产值	元	1516.64	1669.70	2542.37	3308.75
副产品产值	元	263.30	295.29	8.35	6.99
总成本	元	1577.45	1939.73	2491.35	3091.29
生产成本	元	1380.34	1712.26	2278.08	2854.84
物质与服务费用	元	522.13	541.55	925.34	1029.45
人工成本	元	858.21	1170.71	1352.74	1825.39
家庭用工折价	元	754.52	1061.09	1175.12	1580.43
雇工费用	元	103.69	109.62	177.62	244.96
土地成本	元	197.11	227.47	213.27	236.45
流转地租金	元	32.78	32.03	23.29	32.65
自营地折租	元	164.33	195.44	189.98	203.80
净利润	元	202.49	25.26	59.37	224.45
现金成本	元	658.60	683.20	1126.25	1307.06
现金收益	元	1121.34	1281.79	1424.47	2008.68
成本利润率	%	12.84	1.30	2.38	7.26
每 50 公斤主产品					
平均出售价格	元	902.55	912.11	882.52	1091.56
总成本	元	799.87	900.38	861.98	1017.67
生产成本	元	699.93	794.80	788.19	939.83
净利润	元	102.68	11.73	20.54	73.89
现金成本	元	333.95	317.13	389.67	430.29
现金收益	元	568.60	594.98	492.85	661.27
附：					
每亩用工数量	日	20.29	20.42	32.38	31.78
每亩主产品出售数量	千克	67.50	84.60	144.03	150.89
每亩主产品出售产值	元	1214.68	1539.44	2542.31	3293.41
商品率	%	99.26	99.41	100.00	100.00
每亩成本外支出	元	1.36	1.49		0.33

10—1 续表 5

指标	单位	甘蔗		甜菜	
		2011 年	2012 年	2011 年	2012 年
每亩					
主产品产量	千克	4710.21	5028.81	3377.14	3438.78
产值合计	元	2327.06	2384.91	1645.49	1753.94
主产品产值	元	2300.37	2357.84	1624.57	1734.98
副产品产值	元	26.69	27.07	20.92	18.96
总成本	元	1626.54	1978.96	1070.11	1271.42
生产成本	元	1448.63	1786.52	866.96	1019.85
物质与服务费用	元	664.46	765.04	474.54	550.66
人工成本	元	784.17	1021.48	392.42	469.19
家庭用工折价	元	383.60	545.16	254.12	318.08
雇工费用	元	400.57	476.32	138.30	151.11
土地成本	元	177.91	192.44	203.15	251.57
流转地租金	元	8.35	11.37	28.52	35.64
自营地折租	元	169.56	181.07	174.63	215.93
净利润	元	700.52	405.95	575.38	482.52
现金成本	元	1073.38	1252.73	641.36	737.41
现金收益	元	1253.68	1132.18	1004.13	1016.53
成本利润率	%	43.07	20.51	53.77	37.95
每 50 公斤主产品					
平均出售价格	元	24.42	23.44	24.05	25.23
总成本	元	17.07	19.45	15.64	18.29
生产成本	元	15.20	17.56	12.67	14.67
净利润	元	7.35	3.99	8.41	6.94
现金成本	元	11.26	12.31	9.37	10.61
现金收益	元	13.16	11.13	14.68	14.62
附:					
每亩用工数量	日	15.97	15.96	7.94	7.27
每亩主产品出售数量	千克	4692.98	5005.65	3377.14	3438.78
每亩主产品出售产值	元	2291.70	2347.20	1624.57	1734.98
商品率	%	100.00	99.99	100.00	100.00
每亩成本外支出	元	0.26	0.13	0.21	0.25

10—1 续表 6

指　　标	单位	桑蚕茧		苹　　果	
		2011 年	2012 年	2011 年	2012 年
每亩					
主产品产量	千克	108.43	111.07	1966.66	2058.55
产值合计	元	3669.83	3908.44	8772.61	8772.26
主产品产值	元	3625.07	3861.22	8768.71	8768.25
副产品产值	元	44.76	47.22	3.90	4.01
总成本	元	2795.35	3589.87	4160.62	4745.37
生产成本	元	2631.31	3406.60	3861.49	4424.27
物质与服务费用	元	672.28	696.36	1917.34	1904.42
人工成本	元	1959.03	2710.24	1944.15	2519.85
家庭用工折价	元	1903.64	2646.45	1112.28	1465.13
雇工费用	元	55.39	63.79	831.87	1054.72
土地成本	元	164.04	183.27	299.13	321.10
流转地租金	元	24.45	28.40	25.77	27.35
自营地折租	元	139.59	154.87	273.36	293.75
净利润	元	874.48	318.57	4611.99	4026.89
现金成本	元	752.12	788.55	2774.98	2986.49
现金收益	元	2917.71	3119.89	5997.63	5785.77
成本利润率	%	31.28	8.87	110.85	84.86
每 50 公斤主产品					
平均出售价格	元	1671.62	1738.19	222.93	212.97
总成本	元	1273.29	1596.51	105.73	115.21
生产成本	元	1198.57	1515.01	98.13	107.41
净利润	元	398.33	141.68	117.20	97.76
现金成本	元	342.59	350.69	70.52	72.51
现金收益	元	1329.03	1387.50	152.41	140.46
附：					
每亩用工数量	日	48.62	48.18	40.32	40.37
每亩主产品出售数量	千克	108.42	111.04	1869.95	1909.88
每亩主产品出售产值	元	3624.85	3860.08	8441.15	8248.12
商品率	%	99.99	99.97	98.88	99.18
每亩成本外支出	元	1.57	1.92	0.00	3.66

10－2　全国饲养业产品成本与收益

项　　目	单位	生猪平均		规模养猪平均		农户散养生猪	
		2011 年	2012 年	2011 年	2012 年	2011 年	2012 年
每头(百只、亩)							
主产品产量	千克	112.27	114.49	111.85	114.24	112.69	114.74
产值合计	元	1940.70	1733.42	1927.53	1721.02	1953.87	1745.80
主产品产值	元	1925.08	1718.02	1913.56	1707.43	1936.60	1728.60
副产品产值	元	15.62	15.40	13.97	13.59	17.27	17.20
总成本	元	1523.29	1683.04	1470.05	1587.56	1576.30	1778.15
生产成本	元	1521.98	1681.58	1467.46	1584.92	1576.27	1777.87
物质与服务费用	元	1314.24	1410.13	1353.64	1446.51	1274.74	1373.61
人工成本	元	207.74	271.45	113.82	138.41	301.53	404.26
家庭用工折价	元	186.60	248.64	71.60	92.79	301.48	404.26
雇工费用	元	21.14	22.81	42.22	45.62	0.05	0.00
土地成本	元	1.31	1.46	2.59	2.64	0.03	0.28
净利润	元	417.41	50.38	457.48	133.46	377.57	－32.35
成本利润率	%	27.40	2.99	31.12	8.41	23.95	－1.82
每 50 公斤主产品							
平均出售价格	元	857.34	750.29	855.41	747.30	859.26	753.27
总成本	元	672.94	728.48	652.39	689.35	693.21	767.23
生产成本	元	672.36	727.85	651.24	688.20	693.20	767.11
净利润	元	184.40	21.81	203.02	57.95	166.05	－13.96
附：							
每核算单位用工数量	日	5.03	4.79	2.52	2.34	7.54	7.22
平均饲养天数	日	151.46	152.63	141.22	142.66	161.69	162.59

10—2 续表 1

项　　目	单位	规模养殖蛋鸡平均		规模养殖肉鸡平均	
		2011 年	2012 年	2011 年	2012 年
每头(百只、亩)					
主产品产量	千克	1719.29	1732.85	230.33	243.04
产值合计	元	16160.77	15900.81	2673.16	2726.36
主产品产值	元	14045.48	13886.19	2648.24	2700.20
副产品产值	元	2115.29	2014.62	24.92	26.16
总成本	元	14322.93	15338.31	2453.78	2580.34
生产成本	元	14300.76	15311.18	2448.19	2575.22
物质与服务费用	元	13523.63	14324.87	2280.51	2354.18
人工成本	元	777.13	986.31	167.68	221.04
家庭用工折价	元	480.28	647.53	120.12	165.93
雇工费用	元	296.85	338.78	47.56	55.11
土地成本	元	22.17	27.13	5.59	5.12
净利润	元	1837.84	562.50	219.38	146.02
成本利润率	%	12.83	3.67	8.94	5.66
每 50 公斤主产品					
平均出售价格	元	408.47	400.67	574.88	555.51
总成本	元	362.02	386.50	527.70	525.76
生产成本	元	361.46	385.81	526.50	524.71
净利润	元	46.45	14.17	47.18	29.75
附:					
每核算单位用工数量	日	16.80	16.21	3.75	3.71
平均饲养天数	日	354.86	356.40	67.18	65.80

注:2006、2007 年的蛋鸡(肉鸡)平均指标该为规模养殖蛋鸡(肉鸡)平均。

10—2 续表 2

项　　目	单位	奶牛平均		规模奶牛平均		农户散养奶牛	
		2011 年	2012 年	2011 年	2012 年	2011 年	2012 年
每头(百只、亩)							
主产品产量	千克	5464.90	5516.34	5715.56	5799.87	5214.23	5232.80
产值合计	元	19378.44	21189.05	20856.21	22637.71	17900.65	19740.37
主产品产值	元	17849.31	19464.74	19238.88	20819.71	16459.73	18109.76
副产品产值	元	1529.13	1724.31	1617.33	1818.00	1440.92	1630.61
总成本	元	14425.70	16242.27	16047.22	18102.29	12803.91	14382.18
生产成本	元	14380.52	16197.71	15997.35	18045.37	12763.42	14349.99
物质与服务费用	元	12367.61	13625.36	14035.32	15730.95	10699.80	11519.66
人工成本	元	2012.91	2572.35	1962.03	2314.42	2063.62	2830.33
家庭用工折价	元	1245.20	1686.44	468.40	635.21	2021.84	2737.73
雇工费用	元	767.71	885.91	1493.63	1679.21	41.78	92.60
土地成本	元	45.18	44.56	49.87	56.92	40.49	32.19
净利润	元	4952.74	4946.78	4808.99	4535.42	5096.74	5358.19
成本利润率	%	34.33	30.46	29.97	25.05	39.81	37.26
每 50 公斤主产品							
平均出售价格	元	163.31	176.43	168.30	179.48	157.83	173.04
总成本	元	121.57	135.24	129.49	143.52	112.89	126.07
生产成本	元	121.19	134.87	129.09	143.07	112.54	125.79
净利润	元	41.74	41.19	38.81	35.96	44.94	46.97
附:							
每核算单位用工数量	日	42.78	42.00	34.31	33.99	51.24	50.01
平均饲养天数	日	365.00	365.00	365.00	365.00	365.00	365.00

农村居民收入与消费

11—1 农村居民纯收入

单位:元/人

年 份	纯收入合计	比上年实际增长(%)	工资性收入	家庭经营纯收入	财产性收入	转移性收入
1949	43.8					
1952	57.0					
1957	73.0		43.4	21.5		8.1
1965	107.2		63.2	33.3		10.7
1978	133.6		88.3	35.8		9.5
1980	191.3	16.6	106.4	62.6		22.4
1985	397.6	7.8	72.2	296.0		29.5
1990	686.3	1.8	138.8	518.6		29.0
1991	708.6	2.0	151.9	523.6		33.0
1992	784.0	5.9	184.4	561.6		38.0
1993	921.6	3.2	194.5	678.5	7.0	41.6
1994	1221.0	5.0	263.0	881.9	28.6	47.6
1995	1577.7	5.3	353.7	1125.8	41.0	57.3
1996	1926.1	9.0	450.8	1362.5	42.6	70.2
1997	2090.1	4.6	514.6	1472.7	23.6	79.3
1998	2162.0	4.3	573.6	1466.0	30.4	92.0
1999	2210.3	3.8	630.3	1448.4	31.6	100.2
2000	2253.4	2.1	702.3	1427.3	45.0	78.8
2001	2366.4	4.2	771.9	1459.6	47.0	87.9
2002	2475.6	4.8	840.2	1486.5	50.7	98.2
2003	2622.2	4.3	918.4	1541.3	65.8	96.8
2004	2936.4	6.8	998.5	1745.8	76.6	115.5
2005	3254.9	6.2	1174.5	1844.5	88.5	147.4
2006	3587.0	7.4	1374.8	1931.0	100.5	180.8
2007	4140.4	9.5	1596.2	2193.7	128.2	222.3
2008	4760.6	8.0	1853.7	2435.6	148.1	323.2
2009	5153.2	8.5	2061.3	2526.8	167.2	397.9
2010	5919.0	10.9	2431.1	2832.8	202.2	452.9
2011	6977.3	11.4	2963.4	3222.0	228.6	563.3
2012	7916.6	10.7	3447.5	3533.4	249.1	686.7

注:1983年以前的工资性收入包括集体分配收入;1992年以前的转移性收入包括财产性收入。

11－2 农村居民生活消费支出

单位:元/人

年 份	消费支出	比上年实际增长(%)	食品支出	衣着支出	居住支出	家庭设备及用品支出	交通和通信支出	文教娱乐支出	医疗保健支出	其他支出
1954	59.6		40.9	7.8	7.2					
1957	70.9		46.6	9.5	8.6					
1962	92.2		56.1	7.7	17.3					
1965	95.1		65.1	10.0	10.6					
1978	116.1		78.6	14.7	12.0					
1980	162.2	15.5	100.2	20.0	22.5	4.1	0.6	8.3	3.4	3.2
1985	317.4	7.7	183.4	30.8	57.9	16.2	5.6	12.4	7.7	3.6
1990	584.6	4.5	343.8	45.4	101.4	30.9	8.4	31.4	19.0	4.3
1991	619.8	3.6	357.1	51.1	102.3	35.3	10.3	36.4	22.3	5.0
1992	659.0	1.6	379.3	52.5	104.9	36.7	12.2	43.8	24.2	5.5
1993	769.7	2.7	446.8	55.3	106.8	44.7	17.4	58.4	27.2	13.1
1994	1016.8	7.1	598.5	70.3	142.3	55.5	24.0	75.1	32.1	19.0
1995	1310.4	9.7	768.2	89.8	182.2	68.5	33.8	102.4	42.5	23.1
1996	1572.1	11.2	885.5	113.8	219.1	84.2	47.1	132.5	58.3	31.7
1997	1617.2	0.4	890.3	109.4	233.2	85.4	53.9	148.2	62.5	34.3
1998	1590.3	－0.7	849.6	98.1	239.6	81.9	60.7	159.4	68.1	32.9
1999	1577.4	0.7	829.0	92.0	232.7	82.3	68.7	168.3	70.0	34.3
2000	1670.1	6.0	820.5	96.0	258.3	75.5	93.1	186.7	87.6	52.5
2001	1741.1	3.4	830.7	98.7	279.1	77.0	110.0	192.6	96.6	56.4
2002	1834.3	5.8	848.4	105.0	300.2	80.4	128.5	210.3	103.9	57.7
2003	1943.3	4.3	886.0	110.3	308.4	81.7	162.5	235.7	115.8	43.0
2004	2184.7	7.3	1031.9	120.2	324.3	89.2	192.6	247.6	130.6	48.3
2005	2555.4	11.5	1162.2	148.6	370.2	111.4	245.0	295.5	168.1	54.5
2006	2829.0	9.1	1217.0	168.0	469.0	126.6	288.8	305.1	191.5	63.1
2007	3223.9	8.1	1389.0	193.4	573.8	149.1	328.4	305.7	210.2	74.2
2008	3660.7	6.6	1598.7	211.8	678.8	174.0	360.2	314.5	246.0	76.7
2009	3993.5	9.4	1636.0	232.5	805.0	204.8	402.9	340.6	287.5	84.1
2010	4381.8	5.9	1800.7	264.0	835.2	234.1	461.1	366.7	326.0	94.0
2011	5221.1	12.6	2107.3	341.3	961.5	308.9	547.0	396.4	436.8	122.0
2012	5908.0	10.4	2323.9	396.4	1086.4	341.7	652.8	445.5	513.8	147.6

注:1979年以前消费支出中的各细项均为其中项。

11－3 农村居民主要食品消费量

单位:千克/人

年 份	粮食合计			蔬 菜	食用油		
		细 粮	粗 粮			植物油	动物油
1954	221.7	95.1	126.7	70.7	1.3	1.1	0.2
1957	227.0	110.1	116.9	102.3	1.6	1.3	0.3
1962	189.3	91.7	97.6	199.7	1.0	0.8	0.2
1965	226.5	113.0	113.5	130.0	1.5	1.1	0.4
1978	247.8	122.5	125.3	141.5	2.0	1.3	0.7
1980	257.2	162.9	94.2	127.2	2.5	1.4	1.1
1985	257.5	208.8	48.6	131.1	4.0	2.6	1.4
1990	262.1	215.0	47.1	134.0	5.2	3.5	1.6
1991	255.6	213.8	41.8	127.0	5.7	3.9	1.8
1992	250.5	210.6	39.9	129.1	5.9	4.1	1.8
1993	251.8	221.0	30.8	107.4	5.7	4.1	1.6
1994	257.6	212.0	45.6	107.9	5.7	4.1	1.6
1995	256.1	210.7	45.3	104.6	5.8	4.3	1.6
1996	256.2	206.5	49.7	106.3	6.1	4.5	1.6
1997	250.7	208.9	41.8	107.2	6.2	4.7	1.4
1998	248.9	209.0	39.9	109.0	6.1	4.6	1.5
1999	247.5	206.2	41.3	108.9	6.2	4.6	1.6
2000	250.2	207.1	43.1	106.7	7.1	5.5	1.6
2001	238.6	199.7	38.9	109.3	7.0	5.5	1.5
2002	236.5	199.4	37.1	110.6	7.5	5.8	1.8
2003	222.4	192.5	29.9	107.4	6.3	5.3	1.0
2004	218.3	189.8	28.5	106.6	5.3	4.3	1.0
2005	208.9	181.8	27.1	102.3	6.0	4.9	1.1
2006	205.6	178.0	27.6	100.5	5.8	4.7	1.1
2007	199.5	173.8	25.7	99.0	6.0	5.1	0.9
2008	199.1	173.7	25.4	99.7	6.2	5.4	0.9
2009	189.3	165.2	24.0	98.4	6.3	5.4	0.8
2010	181.4	159.4	22.0	93.3	6.3	5.5	0.8
2011	170.7	151.8	18.9	89.4	7.5	6.6	0.9
2012	164.3	144.9	19.4	84.7	7.8	6.9	0.9

11—3 续表

单位:千克/人

年　份	猪牛羊肉	猪　肉	牛羊肉	禽　类	禽蛋及制品	水产品	食糖	酒
1954	4.6	3.7	0.9		0.8	1.4	0.4	0.8
1957	4.5	3.5	1.1		0.8	1.1	0.5	0.5
1962	2.7	1.8	0.9		0.5	1.4	0.6	0.6
1965	4.8	3.8	1.0		0.9	1.3	0.7	0.6
1978	5.8	5.2	0.6	0.3	0.8	0.8	0.7	1.2
1980	7.7	7.3	0.5	0.7	1.2	1.1	1.1	1.9
1985	11.0	10.3	0.7	1.0	2.1	1.6	1.5	4.4
1990	11.3	10.5	0.8	1.3	2.4	2.1	1.5	6.1
1991	12.2	11.2	1.0	1.3	2.7	2.2	1.4	6.4
1992	11.8	10.9	1.0	1.5	2.9	2.3	1.5	6.6
1993	11.7	10.9	0.8	1.6	2.9	2.8	1.4	6.5
1994	11.0	10.2	0.8	1.6	3.0	3.0	1.3	6.0
1995	11.3	10.6	0.7	1.8	3.2	3.4	1.3	6.5
1996	12.9	11.9	1.1	1.9	3.4	3.7	1.4	7.1
1997	12.7	11.5	1.3	2.4	4.1	3.8	1.4	7.1
1998	13.2	11.9	1.3	2.3	4.1	3.7	1.4	7.0
1999	13.9	12.7	1.2	2.5	4.3	3.8	1.5	7.0
2000	14.4	13.3	1.1	2.8	4.8	3.9	1.3	7.0
2001	14.5	13.4	1.2	2.9	4.7	4.1	1.4	7.1
2002	14.9	13.7	1.2	2.9	4.7	4.4	1.6	7.5
2003	15.0	13.8	1.3	3.2	4.8	4.3	1.2	7.7
2004	14.8	13.5	1.3	3.1	4.6	4.5	1.1	7.8
2005	17.1	15.6	1.5	3.7	4.7	4.9	1.1	9.6
2006	17.0	15.5	1.6	3.5	5.0	5.0	1.1	10.0
2007	14.9	13.4	1.5	3.9	4.7	5.4	1.1	10.2
2008	13.9	12.6	1.3	4.4	5.4	5.2	1.1	9.7
2009	15.3	14.0	1.4	4.2	5.3	5.3	1.1	10.1
2010	15.8	14.4	1.4	4.2	5.1	5.2	1.0	9.7
2011	16.3	14.4	1.9	4.5	5.4	5.4	1.0	10.2
2012	16.4	14.4	2.0	4.5	5.9	5.4	1.2	10.0

11—4 农村居民家庭基本情况

指　　标	单位	11990 年	1995 年	2000 年	2011 年	2012 年	2012 年为下列各年%	
							1990 年	2011 年
调查户数	户	66960	67340	68116	73630	73750	110.1	100.2
平均每户常住人口	人	4.80	4.48	4.20	3.90	3.88	80.9	99.5
平均每户劳动力	人	2.92	2.88	2.76	2.78	2.76	94.6	99.4
平均每人经营耕地面积	亩	2.10	2.17	1.98	2.30	2.34	111.4	101.7
平均每人经营山地面积	亩	0.42	0.44	0.28	0.49	0.48	115.3	99.2
平均每户生产性固定资产原值	元	1258.1	2774.3	4673.1	16087.5	16974.1	1349.2	105.5
平均每人全年收入								
总收入	元	990.4	2337.9	3146.2	9833.1	10990.7	1109.7	111.8
#工资性收入	元	138.8	353.7	702.3	2963.4	3447.5	2483.8	116.3
家庭经营收入	元	815.8	1877.4	2251.3	5939.8	6461.0	792.0	108.8
纯收入	元	686.3	1577.7	2253.4	6977.3	7916.6	1153.5	113.5
#工资性收入	元	138.8	353.7	702.3	2963.4	3447.5	2483.8	116.3
家庭经营收入	元	518.6	1125.8	1427.3	3222.0	3533.4	681.4	109.7
现金收入	元	676.7	1595.6	2381.6	8638.5	9787.2	1446.4	113.3
#工资性收入	元	136.4	352.9	700.4	2959.7	3443.5	2524.0	116.3
家庭经营收入	元	481.2	1116.7	1498.8	4810.4	5313.1	1104.2	110.5
平均每人全年支出								
总支出	元	903.5	2138.3	2652.4	8641.6	9605.5	1063.2	111.2
#家庭经营费用支出	元	241.1	621.7	654.3	2431.1	2626.0	1089.2	108.0
税费支出	元	38.7	88.7	95.5	11.7	10.0	26.0	86.0
消费支出	元	584.6	1310.4	1670.1	5221.1	5908.0	1010.6	113.2
财产性和转移性支出	元	18.8	55.3	168.6	712.0	788.9	4196.0	110.8
现金支出	元	639.1	1545.8	2140.4	7984.9	8961.9	1402.3	112.2
#家庭经营费用现金支出	元	162.9	454.7	544.5	2269.2	2483.0	1524.3	109.4
税费支出	元	33.4	77.0	89.8	11.7	10.0	29.8	85.5
现金消费支出	元	374.7	859.4	1284.7	4733.4	5414.5	1444.9	114.4
财产性和转移性支出	元	47.6	92.4	157.4	705.0	781.8	1642.8	110.9

11—5 农村居民总收入和纯收入

单位:元/人

指 标	1990年	1995年	2000年	2011年	2012年	2012年为下列各年%	
						1990年	2011年
一、总收入	990.4	2337.9	3146.2	9833.1	10990.7	1109.7	111.8
工资性收入	138.8	353.7	702.3	2963.4	3447.5	2483.8	116.3
家庭经营收入	815.8	1877.4	2251.3	5939.8	6461.0	792.0	108.8
财产性收入		41.0	45.0	228.6	249.1		109.0
转移性收入	35.8	65.8	147.6	701.4	833.2	2328.0	118.8
二、纯收入	686.3	1577.7	2253.4	6977.3	7916.6	1153.5	113.5
(一)工资性收入	138.8	353.7	702.3	2963.4	3447.5	2483.8	116.3
(二)家庭经营纯收入	518.6	1125.8	1427.3	3222.0	3533.4	681.4	109.7
1.第一产业收入	456.0	956.5	1090.7	2519.9	2722.2	596.9	108.0
农业收入	344.6	799.4	833.9	1896.7	2106.8	611.4	111.1
林业收入	7.5	13.5	22.4	99.5	103.7	1377.8	104.3
牧业收入	96.8	127.8	207.4	462.5	441.0	455.5	95.3
渔业收入	7.1	15.7	27.0	61.2	70.7	993.7	115.4
2.第二产业收入	21.3	48.2	99.4	192.6	213.7	1002.0	110.9
工业收入	9.2	13.6	52.7	104.7	118.2	1292.0	112.9
建筑业收入	12.2	34.5	46.7	87.9	95.5	784.1	108.6
3.第三产业收入	41.2	121.2	237.2	509.4	597.4	1450.8	117.3
交通、运输和邮电业收入	13.5	27.8	63.6	153.0	180.1	1339.0	117.7
批发零售贸易、餐饮业收入	12.7	34.3	78.5	244.1	290.7	2291.0	119.1
社会服务业收入	6.6	17.2	28.1	57.0	67.4	1028.8	118.3
文教卫生业收入			6.9	22.6	26.5		117.5
其他家庭经营收入	8.5	42.0	60.1	32.8	32.7	385.3	99.9
(三)财产性和转移性收入	29.0	98.3	123.9	791.9	935.8	3231.2	118.2

11—6 各地区农村居民纯收入

单位:元/人

地　区	1990年	1995年	2000年	2011年	2012年	2012年为下列各年%	
						1990年	2011年
全国总计	**686.3**	**1577.7**	**2253.4**	**6977.3**	**7916.6**	**1153.5**	**113.5**
北　京	1297.1	3223.7	4604.5	14735.7	16475.7	1270.2	111.8
天　津	1069.0	2406.4	3622.4	12321.2	14025.5	1312.0	113.8
河　北	621.7	1668.7	2478.9	7119.7	8081.4	1299.9	113.5
山　西	603.5	1208.3	1905.6	5601.4	6356.6	1053.3	113.5
内蒙古	607.2	1208.4	2038.2	6641.6	7611.3	1253.6	114.6
辽　宁	836.2	1756.5	2355.6	8296.5	9383.7	1122.2	113.1
吉　林	803.5	1609.6	2022.5	7510.0	8598.2	1070.1	114.5
黑龙江	759.9	1766.3	2148.2	7590.7	8603.8	1132.3	113.3
上　海	1907.3	4245.6	5596.4	16053.8	17803.7	933.4	110.9
江　苏	959.1	2456.9	3595.1	10805.0	12202.0	1272.3	112.9
浙　江	1099.0	2966.2	4253.7	13070.7	14551.9	1324.1	111.3
安　徽	539.2	1302.8	1934.6	6232.2	7160.5	1328.1	114.9
福　建	764.4	2048.6	3230.5	8778.6	9967.2	1303.9	113.5
江　西	669.9	1537.4	2135.3	6891.6	7829.4	1168.7	113.6
山　东	680.2	1715.1	2659.2	8342.1	9446.5	1388.8	113.2
河　南	527.0	1232.0	1985.8	6604.0	7524.9	1428.0	113.9
湖　北	670.8	1511.2	2268.6	6897.9	7851.7	1170.5	113.8
湖　南	664.2	1425.2	2197.2	6567.1	7440.2	1120.1	113.3
广　东	1043.0	2699.2	3654.5	9371.7	10542.8	1010.8	112.5
广　西	639.5	1446.1	1864.5	5231.3	6007.5	939.5	114.8
海　南	696.2	1519.7	2182.3	6446.0	7408.0	1064.0	114.9
重　庆			1892.5	6480.4	7383.3		113.9
四　川	557.8	1158.3	1903.6	6128.6	7001.4	1255.3	114.2
贵　州	435.1	1086.6	1374.2	4145.4	4753.0	1092.3	114.7
云　南	540.9	1011.0	1478.6	4722.0	5416.5	1001.5	114.7
西　藏	649.7	1200.3	1330.8	4904.3	5719.4	880.3	116.6
陕　西	530.8	962.9	1443.9	5027.9	5762.5	1085.6	114.6
甘　肃	431.0	880.3	1428.7	3909.4	4506.7	1045.7	115.3
青　海	559.8	1029.8	1490.5	4608.5	5364.4	958.3	116.4
宁　夏	578.1	998.8	1724.3	5410.0	6180.3	1069.0	114.2
新　疆	683.5	1136.5	1618.1	5442.2	6393.7	935.5	117.5

11—7 各地区农村居民纯收入

（按收入来源分）

单位:元/人

地 区	纯收入	工资性收入	家庭经营纯收入	财产性收入	转移性收入
全国总计	**7916.6**	**3447.5**	**3533.4**	**249.1**	**686.7**
北 京	16475.7	10843.5	1318.1	1716.4	2597.8
天 津	14025.5	7922.3	4126.3	921.0	1056.0
河 北	8081.4	4005.3	3254.6	218.3	603.2
山 西	6356.6	3175.5	2334.4	140.8	705.9
内蒙古	7611.3	1459.1	4689.1	323.0	1140.2
辽 宁	9383.7	3630.2	4783.4	246.2	724.0
吉 林	8598.2	1792.0	5617.6	393.0	795.6
黑龙江	8603.8	1816.8	5433.7	580.3	773.0
上 海	17803.7	11477.7	902.6	1381.8	4041.5
江 苏	12202.0	6775.9	3873.9	458.5	1093.7
浙 江	14551.9	7678.2	5291.4	588.5	993.8
安 徽	7160.5	3243.5	3265.6	111.8	539.5
福 建	9967.2	4474.5	4570.4	319.8	602.4
江 西	7829.4	3532.7	3742.4	120.9	433.4
山 东	9446.5	4383.2	4234.6	257.2	571.6
河 南	7524.9	2989.4	3973.4	135.5	426.7
湖 北	7851.7	3189.8	4123.5	65.9	472.5
湖 南	7440.2	3847.6	2903.2	112.8	576.6
广 东	10542.8	6804.4	2566.1	556.5	615.8
广 西	6007.5	2246.0	3234.6	53.9	473.2
海 南	7408.0	2475.6	4182.7	173.3	576.4
重 庆	7383.3	3400.8	2975.3	175.6	831.6
四 川	7001.4	3088.9	3004.9	166.6	741.1
贵 州	4753.0	1977.7	2249.2	71.5	454.5
云 南	5416.5	1435.9	3328.1	234.2	418.4
西 藏	5719.4	1201.9	3678.7	127.7	711.1
陕 西	5762.5	2727.9	2294.4	200.1	540.2
甘 肃	4506.7	1787.7	2114.8	112.1	492.1
青 海	5364.4	1989.7	2221.9	95.3	1057.5
宁 夏	6180.3	2510.5	3071.5	101.6	496.7
新 疆	6393.7	1008.0	4239.0	170.7	976.0

11—8 农村居民消费支出及构成

指　　标	1990年	1995年	2000年	2011年	2012年	2012年为下列各年%	
						1990年	2011年
消费支出(元/人)	**584.6**	**1310.4**	**1670.1**	**5221.1**	**5908.0**	**1010.6**	**113.2**
一、食品	343.8	768.2	820.5	2107.3	2323.9	676.0	110.3
二、衣着	45.4	89.8	96.0	341.3	396.4	872.3	116.1
三、居住	101.4	182.2	258.3	961.4	1086.4	1071.7	113.0
四、家庭设备及用品	30.9	68.5	75.5	308.9	341.7	1105.9	110.6
五、交通通信	8.4	33.8	93.1	547.0	652.8	7752.9	119.3
六、文教娱乐	31.4	102.4	186.7	396.4	445.5	1419.7	112.4
七、医疗保健	19.0	42.5	87.6	436.7	513.8	2701.4	117.6
八、其他	4.3	23.1	52.5	122.0	147.6	3400.5	121.0
消费支出构成(%)	**100.0**	**100.0**	**100.0**	**100.0**	**100.0**		
一、食品	58.8	58.6	49.1	40.4	39.3		
二、衣着	7.8	6.9	5.7	6.5	6.7		
三、居住	17.3	13.9	15.5	18.4	18.4		
四、家庭设备及用品	5.3	5.2	4.5	5.9	5.8		
五、交通通信	1.4	2.6	5.6	10.5	11.0		
六、文教娱乐	5.4	7.8	11.2	7.6	7.5		
七、医疗保健	3.3	3.2	5.2	8.4	8.7		
八、其他	0.7	1.8	3.1	2.3	2.5		

11—9 农村居民现金消费支出及构成

指标	1990年	1995年	2000年	2011年	2012年	2012年为下列各年%	
						1990年	2011年
现金消费支出(元/人)	**374.7**	**859.4**	**1284.7**	**4733.4**	**5414.5**	**1444.9**	**114.4**
一、食品支出	155.9	353.2	464.3	1651.3	1863.1	1195.5	112.8
二、衣着支出	44.0	88.7	95.2	341.1	396.1	899.7	116.1
三、居住支出	81.2	147.9	231.1	930.2	1054.2	1299.0	113.3
四、家庭设备及用品支出	30.7	68.1	74.4	308.6	341.4	1110.7	110.6
五、交通和通信支出	8.4	33.7	93.1	547.0	652.8	7762.1	119.3
六、文教娱乐支出	31.3	102.4	186.7	396.4	445.5	1421.9	112.4
七、医疗保健支出	19.0	42.5	87.6	436.8	513.8	2707.1	117.6
八、其他支出	4.3	23.1	52.5	122.0	147.5	3471.6	121.0
现金消费支出构成(%)	**100.0**	**100.0**	**100.0**	**100.0**	**100.0**		
一、食品支出	41.6	41.1	36.1	34.9	34.4		
二、衣着支出	11.7	10.3	7.4	7.2	7.3		
三、居住支出	21.7	17.2	18.0	19.7	19.5		
四、家庭设备及用品支出	8.2	7.9	5.8	6.5	6.3		
五、交通和通信支出	2.2	3.9	7.2	11.6	12.1		
六、文教娱乐支出	8.4	11.9	14.5	8.4	8.2		
七、医疗保健支出	5.1	4.9	6.8	9.2	9.5		
八、其他支出	1.1	2.7	4.1	2.6	2.7		

11—10 各地区农村居民消费支出

单位:元/人

地区	消费支出	服务性支出	1. 食品支出	2. 衣着支出	3. 居住支出
全国总计	**5908.0**	**1641.3**	**2323.9**	**396.4**	**1086.4**
北京	11878.9	3827.0	3944.8	948.0	2199.8
天津	8336.5	2749.9	3019.9	780.7	1263.5
河北	5364.1	1443.5	1817.0	396.6	1137.3
山西	5566.2	1627.8	1860.0	501.8	1142.1
内蒙古	6382.0	1881.5	2379.8	481.8	1079.0
辽宁	5998.4	1672.9	2300.0	517.9	979.8
吉林	6186.2	1814.9	2268.8	478.7	836.8
黑龙江	5718.0	1713.9	2164.9	544.6	754.7
上海	11971.5	3426.5	4847.6	704.4	1834.1
江苏	9138.2	2741.8	3049.1	610.7	1493.2
浙江	10652.7	3005.1	3947.3	751.6	1950.1
安徽	5556.0	1478.8	2180.8	331.9	1139.8
福建	7401.9	1968.8	3403.5	471.4	1165.8
江西	5129.5	1314.9	2232.8	265.0	1030.2
山东	6776.0	1799.3	2321.5	454.7	1399.9
河南	5032.1	1353.6	1701.7	424.1	1060.7
湖北	5726.7	1736.3	2154.0	316.4	1206.2
湖南	5870.1	1617.0	2574.8	318.0	1088.2
广东	7458.6	2282.4	3658.7	319.5	1196.1
广西	4933.6	1261.0	2085.6	156.5	1200.8
海南	4776.3	1241.0	2410.1	178.9	828.6
重庆	5018.6	1373.6	2216.1	380.2	557.0
四川	5366.7	1481.7	2514.2	338.5	787.4
贵州	3901.7	1012.8	1740.6	226.8	758.4
云南	4561.3	1216.9	2080.6	241.1	804.4
西藏	2967.6	367.8	1592.0	372.6	251.6
陕西	5114.7	1682.0	1520.1	332.7	1258.1
甘肃	4146.2	1084.5	1648.6	303.1	682.3
青海	5338.9	1281.4	1858.6	404.5	1209.7
宁夏	5351.4	1353.1	1891.4	463.4	1033.2
新疆	5301.3	1314.7	1891.1	429.9	1298.5

11—10 续表

单位:元/人

地　区	家庭设备及用品支出	交通通信支　出	文教娱乐支　出	医疗保健支　出	其他支出
全国总计	**341.7**	**652.8**	**445.5**	**513.8**	**147.6**
北　京	773.5	1398.8	1152.7	1125.2	336.2
天　津	451.3	1066.3	766.1	760.4	228.4
河　北	349.9	604.3	358.5	543.7	156.8
山　西	298.3	626.0	498.0	490.2	149.7
内蒙古	269.0	912.2	514.0	588.9	157.4
辽　宁	250.5	668.7	556.6	548.8	176.2
吉　林	251.9	699.0	606.3	840.5	204.1
黑龙江	229.7	611.3	518.0	727.0	167.7
上　海	646.1	1704.8	952.1	1029.0	253.4
江　苏	532.9	1311.1	1184.2	724.2	232.7
浙　江	604.4	1499.9	902.2	746.1	251.1
安　徽	346.9	516.6	385.9	510.1	144.0
福　建	426.7	795.0	565.8	380.6	193.1
江　西	278.3	494.5	342.7	380.4	105.6
山　东	405.7	937.6	501.0	635.3	120.2
河　南	361.6	525.1	343.8	468.8	146.2
湖　北	397.9	496.1	394.6	591.9	169.7
湖　南	373.5	481.6	400.2	497.2	136.6
广　东	378.5	760.1	466.6	446.5	232.7
广　西	274.6	453.0	270.2	383.9	108.8
海　南	207.5	435.6	254.0	306.5	155.2
重　庆	413.5	489.3	394.2	482.2	86.0
四　川	333.2	463.9	329.3	498.3	101.9
贵　州	211.4	371.3	226.4	282.5	84.3
云　南	247.0	470.2	289.2	362.6	66.2
西　藏	173.3	364.0	40.9	82.7	90.5
陕　西	298.7	503.3	445.5	619.9	136.4
甘　肃	250.4	436.0	327.3	398.0	100.4
青　海	257.4	683.7	283.3	520.1	121.6
宁　夏	305.0	620.8	373.4	492.1	172.2
新　疆	219.1	646.4	261.7	444.2	110.2

11—11 各地区农村居民消费支出构成

单位:%

地　　区	消费支出	食品支出	衣着支出	居住支出	家庭设备及用品支出	交通和通信支出	文教娱乐用品及服务支出	医疗保健支出	其他支出
全国合计	**100.0**	**39.3**	**6.7**	**18.4**	**5.8**	**11.0**	**7.5**	**8.7**	**2.5**
北　京	100.0	33.2	8.0	18.5	6.5	11.8	9.7	9.5	2.8
天　津	100.0	36.2	9.4	15.2	5.4	12.8	9.2	9.1	2.7
河　北	100.0	33.9	7.4	21.2	6.5	11.3	6.7	10.1	2.9
山　西	100.0	33.4	9.0	20.5	5.4	11.2	8.9	8.8	2.7
内蒙古	100.0	37.3	7.5	16.9	4.2	14.3	8.1	9.2	2.5
辽　宁	100.0	38.3	8.6	16.3	4.2	11.1	9.3	9.1	2.9
吉　林	100.0	36.7	7.7	13.5	4.1	11.3	9.8	13.6	3.3
黑龙江	100.0	37.9	9.5	13.2	4.0	10.7	9.1	12.7	2.9
上　海	100.0	40.5	5.9	15.3	5.4	14.2	8.0	8.6	2.1
江　苏	100.0	33.4	6.7	16.3	5.8	14.3	13.0	7.9	2.5
浙　江	100.0	37.1	7.1	18.3	5.7	14.1	8.5	7.0	2.4
安　徽	100.0	39.3	6.0	20.5	6.2	9.3	6.9	9.2	2.6
福　建	100.0	46.0	6.4	15.7	5.8	10.7	7.6	5.1	2.6
江　西	100.0	43.5	5.2	20.1	5.4	9.6	6.7	7.4	2.1
山　东	100.0	34.3	6.7	20.7	6.0	13.8	7.4	9.4	1.8
河　南	100.0	33.8	8.4	21.1	7.2	10.4	6.8	9.3	2.9
湖　北	100.0	37.6	5.5	21.1	6.9	8.7	6.9	10.3	3.0
湖　南	100.0	43.9	5.4	18.5	6.4	8.2	6.8	8.5	2.3
广　东	100.0	49.1	4.3	16.0	5.1	10.2	6.3	6.0	3.1
广　西	100.0	42.3	3.2	24.3	5.6	9.2	5.5	7.8	2.2
海　南	100.0	50.5	3.7	17.3	4.3	9.1	5.3	6.4	3.2
重　庆	100.0	44.2	7.6	11.1	8.2	9.7	7.9	9.6	1.7
四　川	100.0	46.8	6.3	14.7	6.2	8.6	6.1	9.3	1.9
贵　州	100.0	44.6	5.8	19.4	5.4	9.5	5.8	7.2	2.2
云　南	100.0	45.6	5.3	17.6	5.4	10.3	6.3	8.0	1.5
西　藏	100.0	53.6	12.6	8.5	5.8	12.3	1.4	2.8	3.1
陕　西	100.0	29.7	6.5	24.6	5.8	9.8	8.7	12.1	2.7
甘　肃	100.0	39.8	7.3	16.5	6.0	10.5	7.9	9.6	2.4
青　海	100.0	34.8	7.6	22.7	4.8	12.8	5.3	9.7	2.3
宁　夏	100.0	35.3	8.7	19.3	5.7	11.6	7.0	9.2	3.2
新　疆	100.0	35.7	8.1	24.5	4.1	12.2	4.9	8.4	2.1

11－12 各地区农村居民现金消费支出

单位:元/人

地　区	消费支出	服务性支出	1.食品支出	2.衣着支出	3.居住支出
全国总计	**5414.5**	**1641.3**	**1863.1**	**396.1**	**1054.2**
北　京	11828.0	3827.0	3899.0	948.0	2196.4
天　津	8305.5	2749.9	2988.8	780.7	1263.5
河　北	5172.5	1443.5	1647.7	396.5	1115.2
山　西	5359.0	1627.8	1657.6	501.7	1137.4
内蒙古	5731.2	1881.5	1808.0	481.7	1000.9
辽　宁	5666.4	1672.9	2019.4	517.9	928.4
吉　林	5712.5	1814.9	1887.3	478.2	745.1
黑龙江	5451.8	1713.9	1990.3	544.6	664.2
上　海	11746.6	3426.5	4629.2	704.4	1827.6
江　苏	8796.5	2741.8	2723.0	610.7	1477.8
浙　江	10486.0	3005.1	3796.9	750.7	1936.6
安　徽	5153.8	1478.8	1836.8	331.8	1081.7
福　建	6998.8	1968.8	3030.2	471.4	1136.3
江　西	4456.1	1314.9	1580.0	264.9	1009.7
山　东	6513.8	1799.3	2059.8	454.4	1399.9
河　南	4779.6	1353.6	1474.2	424.1	1035.8
湖　北	5070.7	1736.3	1532.1	315.2	1173.5
湖　南	5023.8	1617.0	1748.3	317.9	1069.1
广　东	6867.2	2282.4	3155.9	319.4	1107.6
广　西	4165.2	1261.0	1373.9	156.5	1144.2
海　南	4435.6	1241.0	2122.4	178.9	775.6
重　庆	4359.5	1373.6	1564.0	380.1	550.2
四　川	4487.9	1481.7	1653.6	338.5	769.2
贵　州	3157.4	1012.8	1045.9	226.8	708.8
云　南	3735.3	1216.9	1331.0	241.1	728.3
西　藏	2303.6	367.8	930.4	372.5	249.3
陕　西	4883.9	1682.0	1293.4	332.7	1254.0
甘　肃	3689.0	1084.5	1210.0	303.1	663.7
青　海	4773.3	1281.4	1300.4	403.5	1204.0
宁　夏	4913.6	1353.1	1453.6	463.4	1033.2
新　疆	4784.7	1314.7	1391.2	426.6	1289.3

11－12 续表

地　区	家庭设备及用品支出	交通通信支　出	文教娱乐支　出	医疗保健支　出	其他支出
全国总计	**341.4**	**652.8**	**445.5**	**513.8**	**147.5**
北　京	773.5	1398.8	1152.7	1125.2	334.5
天　津	451.3	1066.3	766.1	760.4	228.4
河　北	349.8	604.3	358.5	543.7	156.7
山　西	298.3	626.0	498.0	490.2	149.7
内蒙古	268.1	912.2	514.0	588.9	157.4
辽　宁	250.5	668.7	556.6	548.8	176.2
吉　林	251.9	699.0	606.3	840.5	204.1
黑龙江	228.5	611.3	518.0	727.0	167.7
上　海	646.1	1704.8	952.1	1029.0	253.4
江　苏	532.8	1311.1	1184.2	724.2	232.7
浙　江	602.5	1499.9	902.2	746.1	251.0
安　徽	346.9	516.6	385.9	510.1	144.0
福　建	426.4	795.0	565.8	380.6	193.1
江　西	278.3	494.5	342.7	380.4	105.6
山　东	405.6	937.6	501.0	635.3	120.2
河　南	361.6	525.1	343.8	468.8	146.2
湖　北	397.6	496.1	394.6	591.9	169.7
湖　南	373.0	481.6	400.2	497.2	136.6
广　东	378.4	760.1	466.6	446.5	232.7
广　西	274.6	453.0	270.2	383.9	108.8
海　南	207.5	435.6	254.0	306.5	155.2
重　庆	413.5	489.3	394.2	482.2	85.8
四　川	333.2	463.9	329.3	498.3	101.9
贵　州	211.4	371.3	226.4	282.5	84.3
云　南	247.0	470.2	289.2	362.6	65.8
西　藏	173.3	364.0	40.9	82.7	90.5
陕　西	298.7	503.3	445.5	619.9	136.4
甘　肃	250.4	436.0	327.3	398.0	100.4
青　海	256.6	683.7	283.3	520.1	121.6
宁　夏	305.0	620.8	373.4	492.1	172.2
新　疆	215.1	646.4	261.7	444.2	110.2

11—13 农村居民家庭年末主要耐用消费品拥有量

（平均每百户）

指　　标	单位	1990年	1995年	2000年	2011年	2012年	2012年为下列各年%	
							1990年	2011年
洗衣机	台	9.1	16.9	28.6	62.6	67.2	737.1	107.4
电冰箱	台	1.2	5.2	12.3	61.5	67.3	5518.2	109.4
空调	台			1.3	22.6	25.4		112.3
抽油烟机	台		0.6	2.8	13.2	14.7		111.0
吸尘器	台		0.3	0.4	1.2	1.5		122.6
自行车	辆	118.3	147.0	120.5	77.1	79.0	66.7	102.4
摩托车	辆	0.9	4.9	21.9	60.9	62.2	6988.4	102.2
彩色电视机	台	4.7	16.9	48.7	115.5	116.9	2476.6	101.2
黑白电视机	台	39.7	63.8	53.0	1.7	1.4	3.6	86.7
固定电话	部			26.4	43.1	42.2		98.0
移动电话	部			4.3	179.7	197.8		110.0
照相机	部	0.7	1.4	3.1	4.5	5.2	739.6	113.9
计算机	台			0.5	18.0	21.4		118.9

11—14 农村居民家庭新建房屋和居住情况

指　　标	单位	1990年	1995年	2000年	2011年	2012年	2012年为下列各年%	
							1990年	2011年
一、年内新建房屋情况								
年内新建房屋面积	平方米/人	0.82	0.78	0.87	1.30	0.96	117.3	73.9
#砖木结构	平方米/人	0.47	0.37	0.36	0.34	0.24	51.6	71.4
钢筋混凝土结构	平方米/人	0.23	0.33	0.47	0.92	0.70	304.2	76.1
新建房屋造价	元/平方米	92.3	200.3	260.2	804.5	829.5	898.5	103.1
二、年末居住情况								
住房面积	平方米/人	17.8	21.0	24.8	36.2	37.1	208.0	102.3
#砖木结构	平方米/人	9.8	11.9	13.6	15.9	16.3	166.1	102.7
钢筋混凝土结构	平方米/人	1.2	3.1	6.2	16.5	17.1	1403.5	103.9
住房价值	元/平方米	44.6	101.6	187.4	654.4	681.9	1528.9	104.2

11—15 各地区农村居民家庭年末主要耐用消费品拥有量

（平均每百户）

地 区	洗衣机(台)		电冰箱(台)		空调(台)	
	2011 年	2012 年	2011 年	2012 年	2011 年	2012 年
全国总计	**62.6**	**67.2**	**61.5**	**67.3**	**22.6**	**25.4**
北 京	99.2	99.0	103.7	102.7	107.6	112.6
天 津	99.4	99.6	96.4	97.4	70.0	74.9
河 北	91.7	93.6	78.7	82.9	36.9	41.6
山 西	84.2	86.6	48.4	52.9	6.7	7.6
内蒙古	77.5	79.8	81.7	84.3	0.8	0.8
辽 宁	79.0	80.7	77.9	82.0	2.3	2.2
吉 林	84.1	88.9	72.6	78.7	0.6	0.9
黑龙江	81.4	83.2	72.9	76.2	0.9	0.4
上 海	88.1	89.7	98.8	101.4	130.1	135.9
江 苏	87.3	91.3	82.2	86.7	83.2	90.6
浙 江	69.1	73.1	93.7	95.5	97.1	102.2
安 徽	55.3	60.1	74.8	79.8	30.7	38.3
福 建	67.3	69.6	88.4	92.1	47.7	52.7
江 西	22.0	27.8	68.1	73.6	17.3	21.2
山 东	81.8	86.3	77.8	84.1	22.3	26.9
河 南	91.1	92.6	63.3	66.9	33.2	37.2
湖 北	57.1	62.4	73.7	80.2	28.6	33.2
湖 南	58.4	62.3	74.6	77.5	22.6	24.3
广 东	50.8	55.2	60.9	66.4	50.6	55.3
广 西	28.9	36.0	55.7	61.1	8.2	10.3
海 南	14.8	17.6	30.5	34.4	10.8	12.8
重 庆	60.5	63.2	73.2	78.3	21.7	28.9
四 川	69.6	73.3	65.8	71.4	10.5	13.8
贵 州	62.5	69.8	39.9	45.2	0.8	0.8
云 南	51.0	58.0	27.3	34.9	0.3	0.5
西 藏	22.2	27.8	29.4	32.7	0.2	0.2
陕 西	84.7	88.6	48.5	54.4	9.8	11.9
甘 肃	73.7	79.7	26.5	32.9	0.2	0.3
青 海	89.3	88.1	75.5	78.6	1.0	1.7
宁 夏	84.8	91.6	52.1	61.1	0.6	0.9
新 疆	72.8	77.4	63.9	68.8	1.0	1.4

11—15 续表 1

地　区	抽油烟机(台)		吸尘器(台)		自行车(辆)	
	2011 年	2012 年	2011 年	2012 年	2011 年	2012 年
全国总计	**13.2**	**14.7**	**1.2**	**1.5**	**77.1**	**79.0**
北　京	68.9	70.9	8.3	8.0	146.6	146.8
天　津	44.9	49.1	8.3	10.9	161.9	162.9
河　北	13.0	14.7	1.0	0.9	165.7	167.7
山　西	5.2	6.1	0.2	0.3	81.2	85.6
内蒙古	7.2	7.6	0.3	0.4	45.4	46.0
辽　宁	10.1	11.3	1.0	1.0	79.7	81.8
吉　林	5.1	5.1	0.4	0.4	42.8	43.2
黑龙江	9.0	9.8	0.3	0.3	42.4	44.2
上　海	64.3	66.5	16.8	19.0	180.1	177.8
江　苏	33.2	36.7	4.9	6.6	144.5	149.8
浙　江	59.4	61.8	6.0	7.1	105.5	109.2
安　徽	7.3	9.6	0.4	0.5	86.0	85.6
福　建	32.8	34.4	1.8	1.9	48.7	52.5
江　西	6.4	8.7	0.4	0.6	60.8	62.7
山　东	17.7	20.0	0.8	0.9	154.4	155.2
河　南	4.1	4.0	0.5	0.7	126.2	127.7
湖　北	13.7	15.8	0.5	0.9	44.8	46.5
湖　南	5.7	6.8	0.2	0.2	25.8	27.9
广　东	27.0	29.1	1.1	1.7	86.7	86.8
广　西	2.8	4.0	0.1	0.3	47.9	51.2
海　南	2.5	2.2	0.3	0.2	36.4	36.2
重　庆	4.3	5.2	0.3	0.6	10.0	12.5
四　川	3.4	5.0	0.1	0.1	26.2	29.4
贵　州	0.9	1.0	0.0	0.1	5.3	5.4
云　南	4.0	5.2	0.5	0.2	23.4	23.5
西　藏	0.0		0.0		7.3	8.7
陕　西	5.3	5.6	0.4	0.4	81.8	83.5
甘　肃	3.1	4.9	0.3	0.7	71.1	73.9
青　海	3.0	8.1	0.0	0.6	20.8	26.3
宁　夏	7.5	8.9	0.4	0.6	108.0	109.8
新　疆	4.6	5.7	0.1	0.5	62.6	66.2

11—15 续表 2

地　区	摩托车(辆)		彩色电视机(台)		黑白电视机(台)	
	2011 年	2012 年	2011 年	2012 年	2011 年	2012 年
全国总计	**60.9**	**62.2**	**115.5**	**116.9**	**1.7**	**1.4**
北　京	14.0	13.9	134.3	136.0	0.0	0.2
天　津	25.9	26.7	122.4	125.3	0.1	0.1
河　北	57.4	61.2	121.9	121.8	0.8	0.7
山　西	56.2	56.7	106.9	109.2	1.3	1.2
内蒙古	75.2	75.4	106.8	105.6	1.0	1.2
辽　宁	63.2	64.0	112.1	112.2	0.4	0.3
吉　林	66.6	67.4	115.3	117.0	0.4	0.3
黑龙江	54.4	56.4	110.7	108.8	0.7	0.6
上　海	28.2	24.9	187.5	189.5	3.9	2.8
江　苏	48.3	49.5	140.5	144.2	2.7	2.5
浙　江	40.0	38.9	168.3	172.2	2.7	2.5
安　徽	51.8	52.7	113.5	116.2	4.4	3.3
福　建	88.2	87.6	136.6	137.6	0.4	0.4
江　西	67.9	69.3	117.0	120.5	2.2	3.1
山　东	59.7	60.8	112.0	113.5	1.8	1.4
河　南	53.5	51.3	110.7	111.2	1.5	1.0
湖　北	72.3	74.8	114.4	116.2	1.6	1.5
湖　南	63.5	64.5	109.0	111.2	2.3	1.7
广　东	107.9	108.2	116.9	118.3	1.0	0.6
广　西	87.7	89.4	109.4	109.9	1.4	1.2
海　南	101.6	106.8	97.5	98.7	0.6	0.9
重　庆	36.3	38.4	106.5	107.8	1.4	0.8
四　川	44.2	45.2	105.1	106.7	2.3	2.2
贵　州	36.0	39.0	93.9	95.9	0.4	0.3
云　南	60.2	64.7	101.1	101.8	0.7	0.5
西　藏	76.1	79.9	104.7	106.5	1.6	1.6
陕　西	54.8	57.1	111.9	113.5	1.4	1.2
甘　肃	67.9	71.9	104.4	106.3	1.8	1.5
青　海	81.8	80.8	104.2	107.1	1.3	0.7
宁　夏	86.5	85.3	119.1	123.3	0.8	1.9
新　疆	77.2	79.9	99.0	96.9	4.6	4.2

11—15 续表 3

地　　区	固定电话(部)		移动电话(部)		照相机(架)		计算机(台)	
	2011 年	2012 年	2011 年	2012 年	2011 年	2012 年	2011 年	2012 年
全国总计	**43.1**	**42.2**	**179.7**	**197.8**	**4.5**	**5.2**	**18.0**	**21.4**
北　　京	88.5	85.6	231.2	234.9	36.7	36.6	62.9	66.7
天　　津	52.4	56.3	187.9	195.6	19.3	22.7	37.0	43.7
河　　北	45.0	45.0	193.2	201.1	3.6	4.0	25.6	30.4
山　　西	47.6	46.9	172.8	186.8	2.5	2.6	24.0	27.7
内 蒙 古	15.4	16.4	200.2	201.7	2.7	3.0	8.6	11.2
辽　　宁	80.8	80.7	150.6	158.1	5.6	6.0	16.7	20.2
吉　　林	35.8	36.7	204.3	212.9	1.9	2.1	15.9	20.8
黑 龙 江	36.7	35.8	182.1	186.3	2.5	3.3	15.3	19.2
上　　海	89.0	89.2	188.9	200.3	19.8	20.2	50.3	49.2
江　　苏	73.6	74.5	184.9	203.2	11.0	13.2	37.6	45.0
浙　　江	79.4	77.4	202.2	209.1	13.6	15.0	43.5	47.9
安　　徽	57.6	53.6	163.7	174.8	1.9	2.2	10.4	13.9
福　　建	66.0	65.2	234.5	241.2	6.9	8.4	31.0	36.2
江　　西	25.1	22.9	189.4	200.2	2.5	2.6	10.6	13.3
山　　东	44.4	41.9	186.4	198.2	5.0	5.5	25.2	31.5
河　　南	25.5	26.3	194.5	194.1	2.3	2.7	16.2	20.2
湖　　北	41.9	40.1	204.8	215.1	3.5	3.6	15.6	19.7
湖　　南	28.8	28.4	183.4	192.8	2.5	3.1	10.3	11.9
广　　东	68.6	69.3	242.0	244.5	7.1	8.0	29.5	31.7
广　　西	29.3	30.0	210.3	215.5	2.1	2.2	9.6	11.7
海　　南	26.3	24.5	193.7	210.0	1.5	1.8	8.4	8.4
重　　庆	44.2	42.4	175.8	187.2	2.2	4.3	11.9	14.5
四　　川	33.4	32.4	168.8	178.0	2.1	2.6	7.9	10.0
贵　　州	17.9	15.4	157.0	173.3	1.4	1.6	4.1	4.9
云　　南	14.7	11.9	194.0	205.1	3.2	3.4	4.0	6.2
西　　藏	47.2	51.1	121.4	132.1	1.4	1.6	0.3	0.5
陕　　西	36.2	34.8	221.5	229.8	3.5	3.6	16.6	17.9
甘　　肃	30.4	29.0	177.4	192.7	1.7	2.7	9.0	11.4
青　　海	46.0	48.2	223.3	220.7	3.7	6.4	5.2	8.8
宁　　夏	33.1	28.4	225.0	242.8	2.1	2.6	11.8	14.9
新　　疆	34.0	29.9	141.9	147.3	2.9	3.4	9.1	12.5

11－16 各地区农村居民年内新建(购)住房情况

地　区	年内新建(购)住房价值(元/平方米)		新建(购)住房面积(平方米/人)					
			2011年	2012年	砖木结构		钢筋混凝土结构	
	2011年	2012年			2011年	2012年	2011年	2012年
全国总计	**804.5**	**829.5**	**1.30**	**0.96**	**0.34**	**0.24**	**0.92**	**0.70**
北　京	2002.5	2463.3	1.34	0.43	0.66	0.21	0.68	0.21
天　津	1442.4	1335.7	0.62	0.16	0.45	0.10	0.17	0.05
河　北	869.6	893.1	1.06	0.85	0.45	0.28	0.58	0.57
山　西	824.3	934.8	0.77	0.54	0.32	0.22	0.43	0.32
内蒙古	895.3	907.1	0.32	0.42	0.26	0.37	0.02	0.04
辽　宁	1100.7	1166.8	0.52	0.41	0.24	0.20	0.28	0.21
吉　林	950.9	1069.8	0.81	0.32	0.78	0.31	0.02	
黑龙江	1139.4	1251.7	0.32	0.13	0.28	0.09	0.04	0.04
上　海	5112.1	2792.9	0.12	0.17	0.02	0.04	0.10	0.12
江　苏	1212.8	1136.3	1.05	1.10	0.18	0.18	0.87	0.92
浙　江	1358.4	1443.9	1.17	0.80	0.21	0.17	0.95	0.64
安　徽	810.4	776.6	1.33	1.22	0.17	0.10	1.15	1.11
福　建	844.3	1113.8	1.87	1.08	0.06	0.09	1.80	1.00
江　西	576.0	606.3	2.47	1.56	0.05	0.02	2.42	1.54
山　东	697.7	759.1	1.43	0.94	0.52	0.43	0.90	0.51
河　南	632.3	628.9	1.82	1.83	0.48	0.32	1.34	1.50
湖　北	746.0	727.6	1.98	1.37	0.44	0.24	1.48	1.05
湖　南	711.4	715.7	1.61	0.90	0.44	0.19	1.16	0.71
广　东	908.0	1175.5	1.12	0.67	0.00	0.00	0.98	0.65
广　西	555.7	566.1	1.74	1.55	0.15	0.12	1.59	1.44
海　南	1129.0	1171.3	1.91	1.04	0.38	0.22	1.53	0.82
重　庆	1108.9	1454.3	0.53	0.33	0.24	0.02	0.29	0.30
四　川	795.4	900.1	0.89	0.70	0.27	0.11	0.58	0.55
贵　州	638.5	710.9	1.48	0.77	0.50	0.34	0.95	0.38
云　南	913.0	936.4	1.70	1.29	0.12	0.16	1.48	1.10
西　藏	440.3	314.8	0.47	0.25	0.30	0.20	0.14	0.04
陕　西	768.6	733.9	1.56	1.34	0.43	0.45	1.06	0.81
甘　肃	814.8	947.8	0.86	0.51	0.42	0.29	0.34	0.22
青　海	646.7	621.1	3.88	1.36	1.39	0.61	1.19	0.51
宁　夏	915.5	1129.6	1.42	1.11	0.72	0.80	0.69	0.30
新　疆	847.0	685.8	1.06	1.70	0.71	1.29	0.32	0.35

11—17 各地区农村居民居住情况

地区	年末居住住房价值(元/平方米)		年末居住住房面积(平方米/人)					
			2011年	2012年	砖木结构		钢筋混凝土结构	
	2011年	2012年			2011年	2012年	2011年	2012年
全国总计	**654.4**	**681.9**	**36.2**	**37.1**	**15.9**	**16.3**	**16.5**	**17.1**
北京	2101.6	3192.1	38.1	38.2	27.4	27.2	10.5	10.7
天津	1600.5	1858.3	30.2	30.3	24.5	24.4	5.7	5.8
河北	684.4	693.1	34.1	35.0	23.0	23.8	9.7	9.7
山西	547.4	553.3	29.9	30.6	19.0	18.7	7.3	8.3
内蒙古	479.5	523.3	24.2	24.9	16.7	17.5	1.2	1.3
辽宁	813.8	818.9	28.9	29.3	21.7	22.9	6.6	5.9
吉林	585.1	603.9	24.4	24.7	22.7	23.0	0.2	0.2
黑龙江	813.1	831.3	24.8	24.8	20.4	20.3	0.8	1.0
上海	2372.4	2470.8	58.9	60.4	37.0	32.9	21.9	27.5
江苏	833.2	881.1	49.3	50.8	23.0	24.1	26.2	26.5
浙江	1280.0	1256.3	61.4	62.1	16.9	17.4	43.0	43.5
安徽	591.8	637.2	34.6	35.3	13.9	13.0	20.1	21.8
福建	791.0	830.5	49.8	50.8	10.3	9.9	36.4	38.2
江西	469.1	487.3	46.0	46.9	7.3	7.4	37.0	37.9
山东	552.2	568.2	36.3	38.4	24.5	25.9	11.2	12.0
河南	493.1	510.8	36.5	37.9	16.6	17.1	19.3	20.1
湖北	538.0	546.3	44.2	45.0	15.0	14.1	24.9	26.7
湖南	431.9	432.9	46.4	46.5	23.9	24.2	20.7	20.6
广东	832.4	867.5	30.7	31.7	4.7	4.9	23.8	24.6
广西	454.4	470.6	34.9	36.0	5.5	6.2	27.6	28.2
海南	842.1	866.0	24.2	25.2	13.1	12.5	11.1	12.7
重庆	454.1	461.6	39.7	41.1	17.1	16.2	18.5	20.8
四川	489.5	506.6	37.7	37.9	14.6	15.3	16.6	16.3
贵州	519.8	531.8	29.4	29.6	14.7	16.2	10.8	10.4
云南	573.2	589.7	30.9	31.7	7.1	8.4	8.8	10.0
西藏	314.5	316.8	28.5	28.8	14.1	16.7	0.8	0.8
陕西	613.6	616.5	35.8	36.9	11.0	11.2	17.8	18.6
甘肃	537.3	547.5	23.7	24.1	9.3	9.7	4.1	4.4
青海	461.3	506.8	26.8	29.7	11.5	14.2	2.5	4.4
宁夏	480.9	501.9	24.4	25.9	16.6	17.2	1.7	3.0
新疆	452.4	486.4	26.1	27.2	13.5	14.2	2.3	2.8

11—18 农村居民主要食物消费量

指 标	单位	1990年	1995年	2000年	2011年	2012年	2012年为下列各年百分比(%)	
							1990年	2011年
粮食(原粮)	千克/人	262.1	256.1	250.2	170.7	164.3	62.7	96.2
＃细粮	千克/人	215.0	210.7	207.1	151.8	144.9	67.4	95.4
食用油	千克/人	5.2	5.8	7.1	7.5	7.8	151.4	104.6
蔬菜及制品	千克/人	134.0	104.6	106.7	89.4	84.7	63.2	94.8
猪肉	千克/人	10.5	10.6	13.3	14.4	14.4	136.6	99.8
牛肉	千克/人	0.4	0.4	0.5	1.0	1.0	249.3	104.3
羊肉	千克/人	0.4	0.4	0.6	0.9	0.9	241.2	102.2
禽类	千克/人	1.3	1.8	2.8	4.5	4.5	359.2	98.9
蛋及蛋制品	千克/人	2.4	3.2	4.8	5.4	5.9	243.5	108.7
奶及奶制品	千克/人	1.1	0.6	1.1	5.2	5.3	489.4	102.4
水产品	千克/人	2.1	3.4	3.9	5.4	5.4	251.6	100.0
食糖	千克/人	1.5	1.3	1.3	1.0	1.2	79.1	114.0
卷烟	盒/人	28.0	24.6	23.9	26.3	26.3	93.9	99.9
酒	千克/人	6.1	6.5	7.0	10.2	10.0	163.5	98.9

11—19 各地区农村居民主要食品消费量

单位:千克/人

地区	粮食(原粮)		食用植物油		蔬菜及制品		猪肉	
	2011年	2012年	2011年	2012年	2011年	2012年	2011年	2012年
全国总计	**170.7**	**164.3**	**6.6**	**6.9**	**89.4**	**84.7**	**14.4**	**14.4**
北京	105.1	101.1	9.5	9.8	109.0	100.5	15.0	14.9
天津	143.6	163.4	10.1	11.5	83.5	76.6	12.5	12.2
河北	166.3	156.9	8.3	8.6	78.7	71.8	8.5	9.3
山西	182.2	156.0	7.1	7.3	84.9	69.3	6.5	6.4
内蒙古	164.7	181.3	4.0	4.7	63.0	68.7	19.9	20.2
	0.0							
辽宁	172.4	160.5	8.6	8.8	111.8	103.1	14.2	15.2
吉林	169.3	170.5	8.7	8.8	119.8	127.7	12.2	12.9
黑龙江	151.9	138.3	11.8	11.9	82.1	67.6	9.5	10.0
	0.0							
上海	144.4	140.6	10.1	10.2	69.3	72.2	19.9	20.1
江苏	155.6	135.4	6.5	7.5	94.9	93.0	13.4	13.7
浙江	134.6	128.9	7.0	7.5	69.5	68.0	16.2	15.7
安徽	163.5	150.0	7.4	7.2	73.4	69.0	10.7	10.9
福建	168.9	154.1	6.0	6.4	86.3	84.0	18.0	18.7
江西	203.0	179.8	8.2	8.3	115.5	105.6	13.1	13.4
山东	148.7	154.1	9.4	7.9	77.9	70.9	8.4	8.9
	0.0							
河南	143.3	142.9	6.5	6.9	68.6	70.5	6.2	6.6
湖北	162.4	150.6	7.7	9.9	131.7	119.3	17.4	17.6
湖南	198.4	198.2	4.6	4.8	123.0	121.8	18.0	17.7
广东	185.4	175.3	6.1	6.4	105.5	99.5	25.5	25.8
广西	178.9	171.9	3.3	3.4	87.7	86.4	16.1	15.9
海南	140.6	115.2	3.8	3.9	68.8	60.7	16.4	17.2
	0.0							
重庆	168.7	156.7	5.1	5.4	137.7	125.4	23.5	22.9
四川	166.3	160.1	5.0	5.6	114.3	116.4	25.9	25.7
贵州	160.9	146.7	2.6	3.1	110.4	97.4	23.0	21.0
云南	171.6	179.0	2.1	2.5	100.5	96.9	27.6	26.3
西藏	245.3	276.6	5.4	5.9	13.9	14.0	2.3	2.3
	0.0							
陕西	152.5	143.7	7.1	7.6	52.7	48.5	7.4	7.1
甘肃	190.8	187.9	5.8	6.3	49.4	44.4	12.7	10.9
青海	184.1	170.4	2.8	3.5	49.8	40.8	12.7	11.2
宁夏	201.7	180.2	8.4	8.5	77.6	69.9	6.0	6.0
新疆	236.5	227.5	12.7	12.8	77.9	77.1	1.3	1.3

11—19 续表 1　　　　单位:千克/人

地　区	牛、羊肉		禽　类		蛋类及其制品		水产品	
	2011 年	2012 年	2011 年	2012 年	2011 年	2012 年	2011 年	2012 年
全国总计	**1.9**	**2.0**	**4.5**	**4.5**	**5.4**	**5.9**	**5.4**	**5.4**
北　京	4.5	4.2	4.0	4.0	10.8	11.1	5.4	5.3
天　津	2.4	2.7	1.9	1.8	11.0	12.8	9.8	10.2
河　北	0.9	0.9	1.4	1.3	9.0	10.4	3.3	3.3
山　西	0.5	0.5	1.3	1.1	7.8	7.8	1.0	0.9
内蒙古	6.3	6.0	3.5	3.5	5.1	6.4	2.1	2.1
	0.0							
辽　宁	0.7	0.7	1.5	1.5	8.3	8.5	5.2	5.2
吉　林	1.0	0.8	4.2	4.3	8.7	7.9	4.3	4.1
黑龙江	1.1	0.9	3.7	3.4	6.2	6.3	4.5	4.0
	0.0							
上　海	1.7	1.6	8.6	9.5	8.6	8.9	18.6	18.4
江　苏	1.3	1.2	5.9	5.7	6.4	7.0	10.6	10.3
浙　江	1.5	1.3	6.4	6.1	5.2	5.6	16.0	16.0
安　徽	0.8	0.7	5.4	6.1	6.1	7.2	6.3	6.2
福　建	1.0	0.9	8.1	7.9	5.1	5.3	16.8	17.4
江　西	0.6	0.5	4.0	3.7	4.6	4.2	5.8	5.4
山　东	0.6	0.5	3.2	3.3	10.8	12.3	4.7	4.8
	0.0							
河　南	0.4	0.4	2.5	2.3	7.9	9.1	1.8	1.7
湖　北	0.7	0.5	3.2	2.9	5.0	5.0	8.4	8.5
湖　南	0.7	0.5	6.5	6.1	4.7	4.9	6.7	6.2
广　东	0.6	0.6	13.0	13.2	3.3	3.4	15.7	15.9
广　西	0.6	0.3	10.6	10.7	1.8	2.2	3.9	3.8
海　南	1.2	1.1	14.4	14.0	1.8	2.4	16.9	20.9
	0.0							
重　庆	0.3	0.3	4.1	3.7	5.5	5.2	3.7	3.6
四　川	0.8	0.4	5.9	5.9	4.7	4.9	2.6	2.6
贵　州	0.3	0.2	2.1	2.0	1.9	2.3	0.4	0.5
云　南	0.9	0.8	5.3	5.6	2.5	2.8	1.8	1.9
西　藏	16.1	18.7	0.0	0.0	0.5	0.6	0.0	0.0
	0.0							
陕　西	0.4	0.4	0.7	0.9	3.5	3.9	0.6	0.5
甘　肃	1.7	1.3	1.4	1.5	3.4	3.9	0.4	0.5
青　海	10.1	12.0	1.6	1.4	1.5	1.6	0.6	0.6
宁　夏	6.7	5.6	5.5	6.0	2.9	3.4	0.6	0.7
新　疆	13.3	16.1	2.9	3.0	3.0	3.6	0.6	0.6

11—19 续表 2

单位：千克/人

地　区	食　糖		卷烟(盒)		酒	
	2011 年	2012 年	2011 年	2012 年	2011 年	2012 年
全国总计	**1.0**	**1.2**	**26.3**	**26.3**	**10.2**	**10.0**
北　京	1.1	1.2	42.3	43.1	16.4	16.1
天　津	0.9	1.1	29.3	31.8	12.2	11.4
河　北	1.0	1.1	26.5	27.3	11.8	12.1
山　西	1.0	1.0	37.9	35.4	4.8	4.8
内蒙古	0.9	0.9	29.2	32.4	12.2	13.9
辽　宁	0.6	0.7	27.1	26.6	15.1	15.3
吉　林	0.7	0.7	31.4	32.9	20.6	19.3
黑龙江	0.8	1.0	26.5	27.5	24.6	24.1
上　海	1.9	1.8	58.5	60.1	18.6	18.0
江　苏	1.0	1.0	32.7	33.1	10.4	10.6
浙　江	1.3	1.2	35.8	34.0	22.2	19.8
安　徽	0.9	4.4	27.5	27.2	11.9	12.2
福　建	1.7	1.7	33.0	33.2	14.8	15.6
江　西	1.3	0.8	26.3	25.4	13.5	11.9
山　东	0.7	0.8	24.4	25.4	10.8	11.9
河　南	0.9	0.8	20.9	19.4	5.7	6.1
湖　北	0.6	0.6	31.1	31.4	11.4	11.1
湖　南	1.1	1.1	30.6	28.7	6.8	6.1
广　东	1.4	1.4	24.2	23.8	4.1	4.0
广　西	0.9	0.9	17.9	16.7	9.9	9.0
海　南	0.7	0.9	20.3	22.3	6.5	7.4
重　庆	1.8	2.0	27.2	28.0	13.8	12.9
四　川	1.1	1.2	23.6	24.7	9.4	9.5
贵　州	0.7	0.7	25.3	25.8	7.5	7.8
云　南	1.0	0.9	27.0	27.8	8.1	8.2
西　藏	2.6	2.5	7.9	8.4	4.0	3.4
陕　西	0.6	0.6	30.0	28.5	4.7	4.3
甘　肃	1.1	1.1	27.0	28.1	8.2	8.9
青　海	1.2	1.2	20.8	18.0	4.1	3.8
宁　夏	1.1	1.1	15.4	17.2	3.2	3.2
新　疆	0.4	0.5	5.5	5.8	1.6	1.9

11－20 各地区农村居民奶品购买、消费及出售量

单位：千克/人

地区	鲜奶购买量		奶及奶制品消费量		牛羊奶出售量	
	2011年	2012年	2011年	2012年	2011年	2012年
全国总计	**1.7**	**1.8**	**5.2**	**5.3**	**10.4**	**9.3**
北京	7.3	8.0	11.9	12.5	14.9	17.4
天津	5.2	7.4	7.3	9.9	26.0	10.8
河北	3.4	4.0	5.5	6.2	19.8	12.9
山西	4.6	4.3	7.5	7.6	25.7	27.6
内蒙古	3.0	3.7	6.5	8.8	170.3	149.5
辽宁	2.6	2.6	3.7	3.5	0.1	0.0
吉林	2.4	1.8	3.6	3.8	2.1	2.7
黑龙江	1.8	1.5	4.3	4.1	45.2	34.7
上海	5.3	6.0	8.1	8.2		
江苏	4.2	4.4	7.4	7.9		
浙江	1.6	1.6	5.9	6.3	2.6	1.8
安徽	0.5	0.6	3.0	3.4	0.0	
福建	2.4	2.8	5.2	5.8	0.9	0.6
江西	0.7	0.7	3.8	3.7	0.0	
山东	4.6	5.2	7.7	8.3	1.0	0.0
河南	0.7	0.9	2.7	3.0	1.4	1.8
湖北	0.1	0.1	1.6	1.7	0.0	
湖南	0.2	0.2	1.3	1.3	0.0	
广东	0.3	0.2	1.1	1.0	0.1	0.1
广西	0.1	0.1	0.8	0.9	0.0	
海南	0.2	0.1	0.5	0.4	0.0	
重庆	1.3	1.4	3.6	4.1	3.1	0.0
四川	1.1	0.9	4.1	4.1	0.1	0.1
贵州	0.3	0.3	0.8	1.0	0.0	
云南	0.5	0.5	0.9	1.2	16.4	17.8
西藏	0.1	0.0	38.3	33.6	3.4	5.8
陕西	1.7	1.4	5.7	5.6	13.3	14.2
甘肃	2.0	1.8	4.7	4.5	1.4	1.4
青海	2.9	3.6	12.8	15.2	8.8	8.7
宁夏	1.8	2.0	6.2	7.0	65.6	94.0
新疆	1.6	1.6	5.1	3.9	16.7	11.0

11—21 各地区农村居民家庭纯收入构成

（按人均纯收入分组）

地　　区	纯收入构成(%)				
	全年纯收入	一、工资性收入	二、家庭经营纯收入	三、财产性收入	四、转移性收入
全　　国	**100.0**	**43.5**	**44.6**	**3.1**	**8.7**
10000元以上地区					
上海	100.0	64.5	5.1	7.8	22.7
北京	100.0	65.8	8.0	10.4	15.8
浙江省	100.0	52.8	36.4	4.0	6.8
天津	100.0	56.5	29.4	6.6	7.5
江苏	100.0	55.5	31.7	3.8	9.0
广东	100.0	64.5	24.3	5.3	5.8
5000～10000元地区					
福建	100.0	44.9	45.9	3.2	6.0
山东	100.0	46.4	44.8	2.7	6.1
辽宁	100.0	38.7	51.0	2.6	7.7
黑龙江	100.0	21.1	63.2	6.7	9.0
吉林	100.0	20.8	65.3	4.6	9.3
河北	100.0	49.6	40.3	2.7	7.5
湖北	100.0	40.6	52.5	0.8	6.0
江西	100.0	45.1	47.8	1.5	5.5
内蒙古	100.0	19.2	61.6	4.2	15.0
河南	100.0	39.7	52.8	1.8	5.7
湖南	100.0	51.7	39.0	1.5	7.7
海南	100.0	33.4	56.5	2.3	7.8
重庆	100.0	46.1	40.3	2.4	11.3
安徽	100.0	45.3	45.6	1.6	7.5
四川	100.0	44.1	42.9	2.4	10.6
新疆	100.0	15.8	66.3	2.7	15.3
山西	100.0	50.0	36.7	2.2	11.1
宁夏	100.0	40.6	49.7	1.6	8.0
广西	100.0	37.4	53.8	0.9	7.9
陕西	100.0	47.3	39.8	3.5	9.4
西藏	100.0	21.0	64.3	2.2	12.4
云南	100.0	26.5	61.4	4.3	7.7
青海	100.0	37.1	41.4	1.8	19.7
5000元以下地区					
贵州	100.0	41.6	47.3	1.5	9.6
甘肃	100.0	39.7	46.9	2.5	10.9

11—22 四大地区农村居民家庭基本情况

指　　标	单位	全国合计	东部地区	中部地区	西部地区	东北地区
一、常住人口	人/户	3.9	3.6	4.0	4.2	3.3
整、半劳动力	人/户	2.8	2.6	2.9	2.9	2.5
平均每个劳动力负担人口	人	1.4	1.4	1.4	1.5	1.3
整、半劳动力占常住人口比重	%	71.2	71.8	73.2	68.4	75.5
二、年末生产性固定资产原值	元/户	16974.1	15809.8	11414.4	19969.4	27526.1
三、年内新建(购)住房面积	平方米/人	0.96	0.85	1.30	0.92	0.28
#砖木结构	平方米/人	0.24	0.21	0.19	0.32	0.19
钢筋混凝土结构	平方米/人	0.70	0.64	1.09	0.56	0.08
年末居住住房面积	平方米/人	37.09	42.07	40.96	32.19	26.19
#砖木结构	平方米/人	16.35	19.17	16.12	13.13	21.92
钢筋混凝土结构	平方米/人	17.12	21.74	22.95	11.79	2.31
四、总收入	元/人	10990.7	13919.2	9829.4	8857.1	15711.0
纯收入	元/人	7916.6	10817.5	7435.2	6026.6	8846.5
现金收入	元/人	9787.2	13194.1	8580.7	7511.7	13430.9
五、总支出	元/人	9605.5	11397.4	8462.3	8164.0	14017.6
#家庭经营费用支出	元/人	2626.0	2630.0	2021.8	2396.9	6144.0
购置生产性固定资产支出	元/人	272.6	171.9	206.6	305.9	777.8
税费支出	元/人	10.0	17.2	6.0	8.2	5.7
消费支出	元/人	5908.0	7683.0	5469.0	4798.4	5941.2
现金支出	元/人	8961.9	11037.8	7865.0	7242.2	13433.0
六、主要食品消费量						
粮食	千克/人	164.3	149.1	162.7	179.7	154.6
蔬菜	千克/人	84.7	80.3	93.7	79.1	96.1
食用油	千克/人	7.8	8.1	8.3	6.7	10.3
肉禽及其制品	千克/人	23.5	26.6	18.9	25.4	18.5

11—23 按人均纯收入五等分分组的农村居民收入与消费

指　　标	单位	低收入户	中下收入户	中等收入户	中上收入户	高收入户
一、纯收入	元/人	2316.2	4807.5	7041.0	10142.1	19008.9
工资性收入	元/人	993.4	2053.7	3196.4	4789.2	8109.6
家庭经营收入	元/人	937.7	2216.2	3124.7	4330.4	8500.1
财产性收入	元/人	52.7	84.8	143.2	236.7	885.3
转移性收入	元/人	332.4	452.7	576.7	785.8	1513.9
二、现金收入	元/人	3948.6	5679.7	8207.6	11851.5	23575.4
三、消费支出	元/人	3742.3	4464.3	5430.3	6924.2	10275.3
四、主要耐用消费品拥有量						
彩电	台/百户	106.0	109.8	114.7	119.3	134.7
冰箱	台/百户	54.4	63.2	71.6	80.1	90.6
洗衣机	台/百户	63.2	68.2	72.2	76.3	83.9

农村文化、教育、卫生及社会服务

12—1 农村普通中学、小学的学生与教师数

指　标	单位	1995 年	2000 年	2009 年	2010 年	2011 年	2012 年
一、高　中							
学校数	所	3112	2629	1618	1428	848	718
班　数	万个	2.3	2.9	3.1	2.9	1.9	1.6
毕业生数	万人	33.1	39.2	62.7	56.3	33.6	26.4
招生数	万人	44.7	64.4	59.5	56.7	36.6	29.2
学生数	万人	113.2	157.8	174.2	162.9	103.4	83.4
专任教师	万人	9.4	10.4	11.1	10.5	6.8	5.6
二、初　中							
学校数	所	45626	39313	30178	28670	20997	19408
班　数	万个	50.9	60.1	36.9	34.8	23.2	20.3
毕业生数	万人	684.6	903.8	676.7	617.0	417.3	364.0
招生数	万人	1017.3	1265.9	631.1	571.1	371.5	318.4
学生数	万人	2659.8	3428.5	1934.5	1784.5	1163.0	974.1
专任教师	万人	149.9	168.2	132.2	127.2	85.7	97.4
三、小　学							
学校数	万所	55.9	44.0	23.4	21.1	16.9	15.5
班　数	万个	309.4	274.6	177.7	166.8	131.2	123.6
毕业生数	万人	1328.7	1567.6	1017.8	942.7	681.2	624.2
招生数	万人	1791.1	1253.7	942.1	915.2	715.9	657.3
学生数	万人	9306.2	8503.7	5655.5	5350.2	4065.2	3652.5
教职工数	万人	419.9	398.3	352.2	340.7	244.3	229.8
其中：专任教师	万人	382.7	367.8	329.7	319.1	244.3	216.3

注：1、高中包括完全中学在内.

2、2011 年，教育事业统计报表进行了全面改革，实施了国家统计局首次颁布的《统计用城乡划分代码》。新的城乡划分标准，将原来的城市、县镇、农村的三个分类调整为三大类七小类，即城区（含主城区、城乡结合部）、镇区（含镇中心区、镇乡结合区、特殊区域）、乡村（含乡中心区、村庄）。因城乡划分口径发生了变化，故城乡数据不与往年做比较。

12—2 农民成人教育基本情况

指　　标	单位	1995 年	2000 年	2009 年	2010 年	2011 年	2012 年
一、农民高等学校							
学校数	所	4	3	2	2	1	1
毕业生数	人	203	400	1134	865	613	746
招生数	人	484	400	714	864	561	511
学生数	人	966	800	1726	1614	1366	1072
专任教师	人	146	100	129	128	89	89
二、农民技术培训学校							
学校数	万所	38.5	48.6	12.9	10.7	10.3	10.9
毕业生数	万人	7035.4	9047.1	4130.7	3813.1	3794.7	3563.2
招生数	万人	5437.3	7744.7				
在校学生	万人	4948.7	6209.6	3723.9	3424.2	3497.0	4567.4
专任教师	万人	13.6	14.6	9.7	9.2	9.4	8.8
三、农民中学							
学校数	所	3821	2622	1997	1985	2266	1316
毕业生数	万人	38.4	19.5	51.6	59.8	59.5	56.4
招生数	万人	34.1	18.6				
学生数	万人	40.7	25.2	44.0	60.9	53.4	54.5
专任教师	万人	0.9	0.8	0.6	0.6	0.8	0.8
四、农民小学							
学校数	万所	16.7	16.0	4.1	3.2	3.0	2.6
毕业生数	万人	754.0	493.5	195.6	180.5	173.4	156.7
招生数	万人	669.4	442.6				
学生数	万人	763.7	473.5	208.7	190.6	161.2	158.2
专任教师	万人	5.6	4.5	3.3	2.8	3.0	3.0

12—3 农村乡(镇)卫生院、床位和卫生人员

指　标	单位	1995 年	2000 年	2009 年	2010 年	2011 年	2012 年
一、乡(镇)卫生院	个	51797	49229	38475	37836	37295	37097
中心卫生院	个	10098	9631	10397	10373	10590	10590
乡卫生院	个	41699	39598	28078	27463	26705	26507
二、卫生人员	人	1051752	1169826	1131052	1151349	1165996	1204996
中心卫生院	人	373601	422753	478414	488165	500583	517066
乡卫生院	人	678151	747073	652638	663184	665413	687930
卫生技术人员	人	918870	1026244	949955	973059	981227	1017096
三、床位	张	733064	734807	933424	994329	1026251	1099262
中心卫生院	张	289581	285638	392214	421441	444726	477898
乡卫生院	张	443483	449169	541210	572888	581525	621364

12—4 村卫生室及人员数

指　标	1985 年	1990 年	1995 年	2000 年	2009 年	2010 年	2011 年	2012 年
行政村数(万个)	94.1	74.3	73.7	73.5	59.9	59.5	59.0	58.8
设置卫生室的村数占行政村(%)	87.4	86.2	88.9	89.8	90.4	92.3	93.4	93.3
村卫生室数(万个)	77.8	80.4	80.4	70.9	63.3	64.8	66.3	65.3
村办	30.6	26.6	29.7	30.1	35.1	36.5	37.3	37.0
乡卫生院设点	3.0	3.0	3.6	4.7	4.5	5.0	5.6	5.8
联营	8.9	8.7	9.1	9.0	3.1	3.3	3.4	3.2
私人办	32.4	38.2	35.5	25.5	18.4	17.7	17.6	16.7
其他	3.0	3.9	2.3	1.6	2.2	2.4	2.5	2.6
乡村医生和卫生员数(万人)	129.3	123.2	133.1	131.9	105.1	109.2	112.6	109.44
其中:乡村医生	64.3	77.7	95.6	102.0	99.5	103.2	106.1	102.3
平均每村乡村医生和卫生员(人)	1.80	1.64	1.81	1.81	1.75	1.68	1.91	1.86
每千农业人口乡村医生和卫生员(人)	1.55	1.38	1.48	1.44	1.19	1.23	1.27	1.25
农村接生员(万人)	51.4	47.1	35.9	25.6				

12－5　各地区乡(镇)卫生院、床位数和卫生人员数

地　　区	卫生院(个)	卫生人员数(人)	床　位(张)
全国总计	**37097**	**1204996**	**1099262**
北　　京			
天　　津	160	5112	4098
河　　北	1961	55225	59469
山　　西	1199	24910	28378
内 蒙 古	1326	20075	17502
辽　　宁	999	25118	28057
吉　　林	771	24760	18241
黑 龙 江	996	23221	20500
上　　海			
江　　苏	1115	69497	51760
浙　　江	1144	44723	14781
安　　徽	1384	48297	48289
福　　建	880	30464	27282
江　　西	1582	44381	40902
山　　东	1639	119531	107580
河　　南	2072	100952	91155
湖　　北	1165	70143	55753
湖　　南	2299	76580	77880
广　　东	1227	78467	50605
广　　西	1280	58445	49331
海　　南	305	9449	5430
重　　庆	933	31426	34560
四　　川	4606	93266	111514
贵　　州	1436	26113	33148
云　　南	1384	27200	39833
西　　藏	673	2594	2573
陕　　西	1630	37551	29162
甘　　肃	1377	27436	22819
青　　海	405	4983	4072
宁　　夏	230	4275	2598
新　　疆	919	20802	21990

12—6 各地区农村村卫生室和人员情况

地 区	村卫生室（个）	设置卫生室的村占行政村数（%）	乡村医生和卫生员（人）	每千农业人口村卫生室人员（人）
全国总计	**653419**	**93.3**	**1094419**	**1.56**
北 京	2957	75.1	3659	1.64
天 津	2157	57.0	4811	1.57
河 北	64513	100.0	84779	2.13
山 西	28285	100.0	41626	2.14
内 蒙 古	14022	100.0	19318	1.64
辽 宁	21245	100.0	27147	1.65
吉 林	11475	100.0	19128	1.61
黑 龙 江	12316	100.0	25398	1.63
上 海	1361	84.4	771	2.70
江 苏	15835	100.0	44906	1.87
浙 江	13091	45.5	9778	0.61
安 徽	15306	100.0	53180	1.31
福 建	19691	100.0	28183	1.46
江 西	32369	100.0	48773	1.65
山 东	51055	71.3	131914	2.71
河 南	57112	100.0	123888	1.86
湖 北	24976	97.7	42990	1.37
湖 南	44376	100.0	47594	1.11
广 东	29086	100.0	34656	1.18
广 西	23323	100.0	37432	1.04
海 南	2752	100.0	2853	0.73
重 庆	10642	100.0	23320	1.48
四 川	54601	100.0	74418	1.45
贵 州	21463	100.0	36749	1.23
云 南	13317	100.0	35308	1.12
西 藏	5254	99.9	10223	4.01
陕 西	26883	100.0	37113	1.82
甘 肃	16711	100.0	21398	1.34
青 海	4314	100.0	6568	2.44
宁 夏	2431	100.0	3682	1.08
新 疆	10500	100.0	12856	1.28

12—7 农村文化机构

指　　标	单位	1995 年	2000 年	2008 年	2009 年	2010	2011	2012
一、乡镇综合文化站	个	41633	39348	33367	33378	34121	34139	34101
二、群众业余演出团(队)	个	35429	36151	75021	259608	304505	267844	303342
三、群众文化馆办文艺团体	个	7191	2940	6114	5260	5590	7927	8750

注:2009 年后,群众业余演出团(队)包括乡镇综合文化站所指导团体。

12—8 农村养老服务机构情况

指　　标	单位	1995 年	2000 年	2009 年	2010 年	2011 年	2012 年
一、老年收养性福利机构个数	个	40387	25576	31286	31472	32140	32787
职工人数	万人	11.5	7.4	13.6	14.2	15.2	15.9
二、年末收养人数	万人	60.3	42.8	173.0	182.5	192.5	200.0
#老人	万人	56.3	41.2	159.7	175.6	184.7	193.0

注:1995 年数据未区分城乡

12—9 农村社会救济费和自然灾害救济费

指　　标	单位	1995 年	2000 年	2009 年	2010 年	2011 年	2012 年
一、农村社会救济费	亿元	3.04	8.73	552.52	663.13	958.92	995.83
二、自然灾害救济费	亿元	23.48	35.19	199.19	237.18	128.70	163.38
其中:生活救济费	亿元	17.06	27.48	65.89	88.91	68.72	93.18
灾民抢救转移安置费	亿元	1.85	3.06	4.39	10.62	5.75	10.98
救灾储备	亿元	2.27	0.97	3.85	13.19	7.24	6.80
灾后重建补助	亿元			107.13	109.62	38.98	42.94
三、占民政事业费支出总额比重							
农村社会救济费	%	2.9	3.8	25.3	24.6	29.7	27.0
自然灾害救济费	%	22.7	15.3	9.1	8.8	4.0	4.4

注:农村社会救济费包括农村低保、其他农村社会救济和农村医疗救助费用。

12—10 各地区农村文化机构

地　区	乡镇文化站 (个)	文化馆办文艺团体 (个)	群众业余演出团(队) (个)
全国总计	**34101**	**8750**	**303342**
北　京	182	101	8429
天　津	133	94	3385
河　北	1979	247	16886
山　西	1196	230	7996
内蒙古	840	350	3452
辽　宁	961	461	10255
吉　林	626	386	3792
黑龙江	900	388	5665
上　海	111	122	8162
江　苏	969	337	15743
浙　江	958	427	30441
安　徽	1281	378	6830
福　建	946	158	6034
江　西	1647	288	5114
山　东	1291	463	26747
河　南	1906	523	21166
湖　北	1028	514	10861
湖　南	2189	119	17036
广　东	1178	427	11187
广　西	1128	480	11081
海　南	202	33	1860
重　庆	827	151	7721
四　川	4375	352	15564
贵　州	1428	250	4979
云　南	1278	399	21671
西　藏	236	22	467
陕　西	1499	376	9782
甘　肃	1227	194	4349
青　海	358	62	680
宁　夏	198	42	1358
新　疆	1024	376	4649

12—11 各地区农村养老服务机构情况

地区	单位数（个）	年末收养人数（人）	女性	老人
全国总计	**32787**	**1999980**	**379422**	**1930248**
北京	267	16328	7009	15233
天津	119	2580	501	2495
河北	1442	85928	9159	83074
山西	744	28338	1727	26061
内蒙古	522	26675	4011	25011
辽宁	765	43472	5256	41546
吉林	628	39642	6081	36449
黑龙江	410	62694	7879	59369
上海	197	19870	11105	18588
江苏	1640	144353	35287	141844
浙江	1400	79125	23108	78535
安徽	2082	174263	26084	170766
福建	821	10023	1922	9836
江西	1360	114857	26272	111301
山东	1622	190353	44994	188904
河南	2422	207660	32663	196635
湖北	1949	140678	33471	133519
湖南	2440	109725	21606	106426
广东	1853	36381	8649	35509
广西	1158	20775	2601	20637
海南	201	2056	791	1989
重庆	2012	64089	9438	60893
四川	2952	251275	37598	243493
贵州	1027	19162	2631	18023
云南	653	30764	6151	29299
西藏	174	2405	1142	2386
陕西	773	44091	5481	42397
甘肃	593	11571	2307	10246
青海	140	4875	666	4564
宁夏	56	3765	623	3711
新疆	365	12207	3209	11509

12—12 各地区农村社会救济费和自然灾害救济费

单位：万元

地区	农村社会救济	农村最低生活保障支出	农村居民最低生活保障人数（人）	自然灾害生活救助
全国合计	**9958262.0**	**7179542.5**	**53445402**	**1633832.7**
北京	33482.3	26782.4	62979	15964.8
天津	39098.0	26295.7	101469	1305.3
河北	375073.4	270708.5	2079912	58250.2
山西	258812.2	186640.1	1505517	36706.1
内蒙古	318459.0	254798.6	1235133	45637.4
辽宁	212097.5	149075.5	918877	72074.7
吉林	162912.9	115741.9	769927	21819.3
黑龙江	250686.4	157074.8	1194387	27119.5
上海	28800.2	16358.0	33765	1338.0
江苏	462794.4	307468.6	1380681	23476.5
浙江	254415.9	178150.9	567424	23657.9
安徽	488871.6	315783.2	2146135	28322.8
福建	161237.2	114987.2	735322	23755.3
江西	331983.4	208777.7	1502693	61503.8
山东	539909.8	410136.1	2507064	60973.1
河南	593898.7	428899.7	3729697	31379.0
湖北	359075.3	251638.2	2307350	69044.4
湖南	508966.3	327910.9	2774483	82585.5
广东	416885.1	293867.9	1778371	30013.2
广西	514421.3	375843.9	3328459	55787.8
海南	66087.4	39130.0	247375	8695.8
重庆	226470.8	130219.5	743423	46845.7
四川	697419.0	445173.4	4344818	153122.3
贵州	659220.9	575592.8	5129596	93065.6
云南	624308.5	513093.3	4375101	224105.8
西藏	49088.7	34126.3	329000	29941.3
陕西	466449.0	353565.1	2054066	71415.6
甘肃	460011.6	366151.0	3440439	79346.8
青海	93687.4	66194.5	399663	26474.7
宁夏	71636.3	55168.8	363935	18187.7
新疆	232001.5	184188.0	1358341	95746.8

注：农村社会救济费包括农村低保、其他农村社会救济和农村医疗救助费用。

13

国有农场

13—1 农垦系统国有农场基本情况

指　标	单位	2003年	2011年	2012年	2012年比2011年增加	
					绝对数	%
一、农场数	个	1967.0	1785.0	1786.0	1.0	0.1
二、职工人数	万人	353.7	329.3	317.5	—11.8	—3.6
三、耕地面积	千公顷	4690.1	6116.3	6123.7	7.4	0.1
四、农用机械总动力	亿瓦	129.9	228.4	245.7	17.3	7.6
大中型农用拖拉机	万台	7.0	16.2	17.4	1.2	7.6
小型及手扶拖拉机	万台	24.5	34.7	32.8	—1.9	—5.5
农用排灌动力机械	万台	17.7	26.2	27.7	1.5	5.7
联合收割机	万台	1.8	4.0	4.6	0.6	15.0
农用化肥施用量(折纯量)	万吨	143.9	241.2	248.3	7.1	2.9
农场用电量	亿千瓦小时	64.2	119.0	130.7	11.7	9.8
五、农业总产值						
按当年价格计算	亿元	846.3	2803.9	3100.4	296.6	10.6
六、主要农产品产量						
粮食总产量	万吨	1342.6	3198.7	3371.4	172.8	5.4
棉花总产量	万吨	103.4	163.8	172.3	8.5	5.2
油料总产量	万吨	71.9	82.7	78.3	—4.4	—5.4
肉类总产量	万吨	108.4	278.9	296.6	17.7	6.3

13—2 各地区农垦系统国有农场基本情况

地　区	农场数(个)		职工人数(万人)		耕地面积(千公顷)	
	2011年	2012年	2011年	2012年	2011年	2012年
全国总计	**1785**	**1786**	**329.3**	**317.5**	**6116.3**	**6123.7**
北　京	8	10	3.2	3.7	1.5	1.5
天　津	15	15	0.6	0.8	2.9	2.8
河　北	33	33	6.7	6.9	92.5	92.8
山　西	26	26	0.5	0.5	6.7	6.7
内蒙古	104	105	12.7	10.7	651.0	654.1
辽　宁	108	109	27.1	25.9	156.1	154.9
吉　林	88	88	5.8	5.2	117.7	117.5
黑龙江	113	113	40.3	39.5	2853.9	2879.7
上　海	19	19	8.7	9.3	29.4	29.4
江　苏	19	19	6.9	6.6	72.9	71.4
浙　江	57	57	0.2	0.2	4.2	4.1
安　徽	21	20	3.0	2.7	34.5	29.4
福　建	115	113	3.1	3.2	11.0	11.0
江　西	154	154	35.8	33.7	52.5	52.6
山　东	14	14	0.6	0.7	10.2	12.3
河　南	96	97	3.8	3.7	26.8	27.6
湖　北	53	53	38.2	38.4	136.9	137.6
湖　南	70	69	14.6	14.6	67.2	67.2
广　东	46	46	6.1	5.4	37.5	37.8
广　西	41	43	3.6	3.3	32.9	32.8
海　南	47	46	18.4	17.6	37.3	38.3
重　庆	15	15	0.6	0.7	5.0	0.3
四　川	39	38	0.3	0.4	0.9	0.9
贵　州	38	38	0.5	0.5	1.8	1.7
云　南	41	41	8.5	8.6	12.0	12.2
陕　西	12	12	0.5	0.5	9.1	8.9
甘　肃	17	17	2.2	2.2	53.7	59.3
青　海	17	17	0.6	0.6	26.5	26.5
宁　夏	14	14	2.0	1.9	39.6	39.6
新　疆	345	345	74.0	69.5	1532.0	1512.9

13—2 续表 1

地区	农业机械总动力(万千瓦)		大中型拖拉机(台)		农用载重汽车(辆)	
	2011 年	2012 年	2011 年	2012 年	2011 年	2012 年
全国总计	**2283.8**	**2457.2**	**161705**	**174199**	**83180**	**78424**
北京	1.0	0.9	60	47	19	27
天津	1.8	1.1	68	57	65	77
河北	95.1	101.6	3177	3647	8054	7910
山西	2.3	2.3	53	52	141	149
内蒙古	157.9	167.6	9644	11946	4489	4124
辽宁	106.8	113.6	4023	4097	15604	15099
吉林	78.6	95.0	3200	3663	3551	3627
黑龙江	745.6	818.6	58454	62309	4082	4379
上海	14.0	17.8	1247	1474	25	33
江苏	47.9	45.3	3606	3475	716	586
浙江	2.5	2.5	91	130	54	48
安徽	47.0	46.0	2639	2606	1248	1215
福建	7.9	8.0	88	86	763	833
江西	28.8	40.3	777	1276	1102	1006
山东	5.6	5.7	219	527	167	179
河南	23.7	24.4	998	990	465	487
湖北	154.2	163.1	6703	7264	8234	6331
湖南	95.7	95.8	3624	3805	1982	2112
广东	30.4	32.9	513	507	936	863
广西	25.3	25.4	1319	1184	663	1021
海南	33.3	34.0	530	521	12	9
重庆		0.6		2		
四川	0.1	0.1				1
贵州	2.0	2.0	56	56	238	238
云南	29.3	24.5	944	606	2151	820
陕西	4.4	4.4	157	166	624	676
甘肃	21.8	28.8	2877	8714	2037	1872
青海	4.9	4.8	360	264	248	143
宁夏	24.3	25.6	1996	2213	1631	1534
新疆	491.7	524.5	54282	52515	23879	23020

13—2 续表 2

地　　区	化肥施用量(万吨)		现价农业总产值(万元)	
	2011 年	2012 年	2011 年	2012 年
全国总计	**241.2**	**248.3**	**28038636**	**31004186**
北　　京	0.1	0.1	856481	744624
天　　津	0.1	0.1	59122	68010
河　　北	2.5	2.7	712263	810969
山　　西	0.4	0.4	22136	25140
内 蒙 古	11.9	12.9	906874	1008471
辽　　宁	8.9	8.1	1432842	1593525
吉　　林	9.0	9.2	264279	352147
黑 龙 江	52.8	58.0	8798021	10110213
上　　海	2.0	2.0	347428	405914
江　　苏	6.0	6.3	516078	535694
浙　　江	0.9	0.7	87784	87462
安　　徽	3.3	3.1	196288	174326
福　　建	4.2	3.7	213461	224406
江　　西	6.5	6.8	404955	421325
山　　东	0.7	0.8	73586	87571
河　　南	2.3	2.4	128919	168716
湖　　北	15.3	15.6	1430898	1621446
湖　　南	12.5	12.6	531062	541186
广　　东	5.1	5.8	530025	617210
广　　西	5.5	5.5	629958	704439
海　　南	9.4	10.6	1435629	1315760
重　　庆			33658	60574
四　　川	0.4	0.2	9209	9088
贵　　州	0.3	0.4	18569	23561
云　　南	4.9	5.4	532315	585094
陕　　西	1.0	0.8	40693	34487
甘　　肃	2.6	3.2	142321	160878
青　　海	0.5	0.4	26899	28403
宁　　夏	3.8	3.8	211847	214759
新　　疆	68.2	66.8	7445036	8268788

13－3　农垦系统国有农场种植业生产情况

指　　标	单位	2000年	2007年	2011年	2012年	2012年比2011年增加	
						绝对数	%
农作物总播种面积	千公顷	4755.8	5633.4	6414.6	6510.5	95.8	1.5
一、粮食播种面积	千公顷	3163.9	3725.5	4613.5	4725.9	112.3	2.4
每公顷产量	千克	4631.0	5804.0	6933.0	7134.0	201.0	2.9
总产量	万吨	1465.2	2162.3	3198.7	3371.4	172.7	5.4
1.谷物	万吨	1252.1	1969.5	2987.4	3202.6	215.2	7.2
其中:稻谷	万吨	818.6	1180.9	1711.8	1819.5	107.6	6.3
小麦	万吨	255.0	234.8	327.3	266.4	－60.9	－18.6
玉米	万吨	147.4	479.8	910.2	1063.8	153.6	16.9
2.豆类	万吨	200.6	154.7	170.1	130.2	－39.9	－23.4
其中:大豆	万吨	184.8	133.2	155.7	121.5	－34.2	－22.0
3.薯类	万吨	12.6	38.1	41.1	38.5	－2.6	－6.4
二、棉花播种面积	千公顷	527.3	803.8	719.3	732.5	13.2	1.8
每公顷产量	千克	1577.0	1960.0	2277.0	2352.0	75.0	3.3
总产量	吨	831595	1575568	1637974	1722665	84691.0	5.2
三、油料播种面积	千公顷	461.2	338.9	377.5	379.2	1.7	0.4
每公顷产量	千克	1545	1784	2192	2064	－128.0	－5.8
总产量	吨	712461	604419	827445	782621	－44824.0	－5.4
四、糖料播种面积	千公顷	103.6	121.2	112.5	112.0	－0.5	－0.4
每公顷产量	千克	56927.0	71327.0	72730.0	75922.0	3192.0	4.4
总产量	吨	5894802	8643443	8185414	8506475	321061.3	3.9
五、麻类播种面积	千公顷	9.4	39.5	3.0	2.6	－0.4	－13.6
每公顷产量	千克	3175	3485	5481	5230	－251.0	－4.6
总产量	吨	29689	137611	16169	13352	－2817.0	－17.4

13－4 各地区农垦系统国有农场农作物主要产品产量

地 区	粮食（万吨）	棉花（吨）	油料（吨）	糖料（吨）	麻类（吨）
全国总计	**3371.4**	**1722665**	**782621**	**8506475**	**13352**
北 京	0.4				
天 津	1.7	364	6		
河 北	40.3	20487	2039	600	
山 西	3.1	190	214	4123	
内蒙古	181.6	22	283937	25546	
辽 宁	133.8		13995	1554	
吉 林	78.2		16600	300	
黑龙江	2163.0		17202	759113	2840
上 海	31.5	135	540		
江 苏	94.3	2181	1424		
浙 江	1.1	75	136		
安 徽	30.6	3515	1562		
福 建	6.7		4644	27997	
江 西	53.9	9832	26530	5960	
山 东	5.2	7640	467		
河 南	26.3	1737	12460		
湖 北	92.3	78205	94172	11184	45
湖 南	61.4	13908	57819	61010	3038
广 东	5.8		8159	2261281	
广 西	2.0		3674	2244342	
海 南	16.8		5693	338690	5
重 庆	0.2				
四 川	0.4		33		
贵 州	0.6		780		
云 南	5.4		119	399478	1182
陕 西	5.3	1734	1256		
甘 肃	25.8	7132	21595	2944	
青 海	3.3		13344		
宁 夏	34.1		4139	88	
新 疆	266.5	1575508	190081	2362265	6242

13—5 农垦系统国有农场茶、桑、果、林业生产情况

指　标	单位	2000年	2010年	2011年	2012年	2012年比2011年增加	
						绝对数	%
一、年末实有茶园面积	千公顷	34.1	31.3	30.4	28.9	−1.5	−4.9
茶叶总产量	万吨	3.9	4.6	4.5	4.4	−0.1	−2.2
二、年末实有桑园面积	千公顷	3.9	1.5	1.6	1.9	0.3	17.7
三、年末实有果园面积	千公顷	193.6	371.9	380.0	391.5	11.5	3.0
水果总产量	万吨	118.6	323.4	337.2	409.4	72.2	21.4
其中：苹果	万吨	24.1	40.6	40.4	49.9	9.5	23.6
梨	万吨	27.1	53.6	36.9	51.7	14.8	40.1
柑桔	万吨	11.8	22.8	26.4	31.3	4.9	18.7
四、年末实有橡胶园面积	千公顷	382.3	469.4	462.4	443.0	−19.4	−4.2
当年橡胶平均开割面积	千公顷		320.6	308.3	315.0	6.7	2.2
每公顷产干胶	千克	1172.0	1023.0	1041.2	1053.1	11.9	1.1
全年干胶总产量	万吨	34.7	32.8	32.1	33.2	1.1	3.3
五、当年造林面积	千公顷	75.8	88.2	66.4	60.2	−6.2	−9.4
用材林	千公顷	21.4	19.0	13.2	12.2	−1.0	−7.5
经济林	千公顷	6.1	11.6	10.1	13.1	3.0	29.7
防护林	千公顷	47.3	56.3	40.6	33.0	−7.6	−18.6
薪炭林	千公顷	0.3	0.3	0.3	0.1	−0.2	−66.7
特种用材林	千公顷	0.7	1.0	0.5	0.8	0.3	60.0

13－6 各地区农垦系统国有农场茶、果、干胶、林业生产情况

地　区	茶叶（吨）	水果（吨）	苹果（吨）	梨（吨）	干胶（吨）	造林面积（公顷）
全国总计	**43950**	**4093865**	**499346**	**517019**	**331703**	**60182**
北　京		1057	855	49		
天　津		682	95	100		
河　北		20949	12438	2722		2808
山　西		730	375	180		
内蒙古		14904	2986	4615		5498
辽　宁		160016	95390	25906		3404
吉　林		6503	2342	3323		628
黑龙江		16970		672		5959
上　海	12	2961		408		835
江　苏	3	2826		1521		409
浙　江	4445	18331		2845		
安　徽	9938	22325		17789		190
福　建	5405	110527	561	1450		1532
江　西	4322	64034	43	5444		4870
山　东		839	40			2114
河　南	6	48244	23108	15963		76
湖　北	531	90509	168	22448		3730
湖　南	3016	32238		1695		2099
广　东	985	508151			15382	1099
广　西	1137	235021		193	194	554
海　南	555	559993			184650	634
重　庆	2	859				
四　川	898	1904	363	122		11
贵　州	4337	8578	61	86		12
云　南	8359	139098			131477	252
陕　西		11769	4704	1493		347
甘　肃		49805	11931	29615		694
青　海						938
宁　夏		43452	23110	1803		1214
新　疆		1920590	320776	376577		20276

13—7 农垦系统国有农场畜牧业、渔业生产情况

指　　标	单位	2000年	2010年	2011年	2012年	2012年比2011年增加	
						绝对数	%
一、大牲畜年末头数	万头	214.6	319.2	340.8	344.6	3.8	1.1
#役畜	万头	55.0	18.9	21.1	15.8	−5.3	−25.2
牛	万头	173.1	292.0	307.2	312.9	5.8	1.9
#良种及改良奶牛	万头	51.0	143.1	153.7	151.5	−2.2	−1.4
马	万匹	25.8	17.4	21.2	21.2	0.0	−0.1
驴	万头	9.8	5.7	10.8	8.9	−1.9	−17.9
骡	万头	1.8	1.1	0.7	0.3	−0.4	−53.8
骆驼	万头	4.1	3.0	0.9	1.4	0.5	50.5
二、猪年末头数	万头	478.1	1134.2	1216.6	1328.4	111.8	9.2
三、羊年末只数	万只	1104.7	1298.8	1319.2	1320.4	1.2	0.1
山羊	万只	216.3	318.9	308.6	281.4	−27.2	−8.8
绵羊	万只	888.4	979.9	1010.6	1039.0	28.4	2.8
四、家禽年末只数	万只	4918.2	11811.2	14446.5	12140.0	−2306.5	−16.0
五、兔年末只数	万只	74.3	72.7	71.0	76.0	5.1	7.1
六、畜产品产量							
肉猪出栏头数	万头	643.5	1943.8	2103.0	2205.9	102.9	4.9
猪牛羊肉产量	万吨	68.3	190.4	207.3	220.3	13.0	6.3
其中:猪肉产量	万吨	51.1	148.9	162.1	173.5	11.4	7.0
牛奶产量	万吨	116.5	366.1	405.9	435.0	29.1	7.2
禽蛋产量	万吨	20.4	39.7	44.0	47.7	3.7	8.3
鹿茸产量	吨	41.5	77.5	84.3	79.1	−5.2	−6.2
羊毛产量	吨	20866	27201.0	27735.0	27771.0	36.0	0.1
七、水产品产量	万吨	49.1	115.2	126.7	137.8	11.1	8.7

13—8 各地区农垦系统国有农场畜牧业、渔业生产情况

地　　区	大牲畜年末头数（万头）	牛年末头数（万头）	其中:奶牛	猪年末头数（万头）	羊年末只数（万只）	家禽年末只数（万只）
全国总计	**344.6**	**312.9**	**151.5**	**1328.4**	**1320.4**	**12140.0**
北　　京	4.4	4.4	4.4	6.0		534.0
天　　津	2.3	2.1	2.1	0.5		5.1
河　　北	15.0	14.8	14.0	28.8	7.0	277.2
山　　西	1.4	1.4	1.3	0.8	0.8	4.2
内 蒙 古	41.5	38.2	18.5	19.7	232.0	116.8
辽　　宁	12.3	9.2	2.7	81.4	14.2	4162.3
吉　　林	5.2	4.6	0.6	16.0	17.7	403.1
黑 龙 江	100.9	100.5	44.9	301.9	170.8	1671.2
上　　海	5.4	5.4	5.4	35.6		43.2
江　　苏	0.6	0.6	0.5	8.4	1.2	466.7
浙　　江	0.2	0.2	0.2	27.7		6.1
安　　徽	0.7	0.7	0.6	4.3	0.6	109.5
福　　建	1.3	1.3	0.4	58.1	0.9	230.2
江　　西	3.0	3.0	0.4	57.9	1.3	214.7
山　　东	0.8	0.8	0.8	1.5	0.8	145.6
河　　南	0.8	0.8	0.2	32.3	1.2	37.9
湖　　北	4.0	4.0	1.0	128.4	5.2	983.0
湖　　南	5.5	5.5		115.0	2.8	350.0
广　　东	3.3	3.3	1.5	55.7	0.1	448.4
广　　西	0.8	0.8	0.2	127.4	0.1	266.2
海　　南	6.5	6.5		59.0	10.4	484.0
重　　庆	1.8	1.8	1.8	5.8		47.8
四　　川	7.4	7.0	0.1	1.4	2.3	0.3
贵　　州	2.5	2.5	2.4	0.6	0.4	4.8
云　　南	0.5	0.5		7.0	0.3	97.1
陕　　西	0.2	0.2	0.1	2.1	2.0	6.3
甘　　肃	1.3	1.2	0.3	1.6	15.6	8.2
青　　海	4.0	4.0	0.5	0.4	28.7	0.1
宁　　夏	3.8	3.8	3.4	4.2	7.1	30.5
新　　疆	107.4	83.8	43.2	139.0	796.8	985.7

13—8 续表

地　区	肉猪出栏头数（万头）	肉类总产量（吨）	奶产量（吨）	水产品产量（吨）
全国总计	**2205.9**	**2965547**	**4350359**	**1377736**
北　京	7.2	234699	248738	
天　津	0.4	1185	115125	7365
河　北	45.5	62364	467969	104735
山　西	0.9	1294	39916	5
内蒙古	17.3	80288	440869	5214
辽　宁	140.7	271045	139276	443654
吉　林	33.5	58555	29082	1769
黑龙江	644.1	781952	1479740	34500
上　海	48.3	38653	240706	35823
江　苏	26.0	77117	8829	47795
浙　江	36.6	28528	7931	5484
安　徽	6.2	12913	21755	3923
福　建	71.8	57571	8563	34360
江　西	94.4	87748	13405	39282
山　东	3.3	12100	24702	6076
河　南	45.5	36113	4149	6893
湖　北	197.9	186160	30411	379302
湖　南	197.0	181888	743	78281
广　东	79.2	85594	62721	34512
广　西	154.5	119096	4017	16569
海　南	91.4	110615		38456
重　庆	7.3	9645	68542	963
四　川	0.7	2437	11864	15
贵　州	0.3	379	43655	31
云　南	6.3	7064	230	5179
陕　西	2.4	2612	3550	42
甘　肃	1.6	4338	1426	58
青　海	0.4	2867	525	
宁　夏	5.0	6017	122573	9783
新　疆	240.6	404709	709347	37668

14

区域农村经济

一、分类型区域农村经济情况

14—1—1 黄淮海地区农村经济情况

指　标	单位	2000 年	2010 年	2011 年	2012 年
县个数	个	319	319	319	319
年末总人口	万人	21299	22866	22998	23100
行政区域土地面积	万平方公里				37
农业机械总动力	万千瓦	18948	30147	31059	31770
全社会用电量	亿千瓦时		4153	4764	5102
第一产业增加值	亿元	3369	8214	9257	9941
农业	亿元	2291	5259	5703	6174
林业	亿元	87	155	174	205
牧业	亿元	757	2101	2578	2692
渔业	亿元	234	463	527	570
农作物总播种面积	千公顷	31827	33339	33454	33468
粮食作物播种面积	千公顷	22175	24001	24068	23882
粮食总产量	万吨	11105	15086		
棉花播种面积	千公顷	1670	1863	1799	1576
棉花产量	万吨	179	211	214	183
油料播种面积	千公顷	3029	2276	2242	2222
油料产量	万吨	923	879	870	890
糖料播种面积	千公顷	6	3	3	3
糖料产量	万吨	36	21	21	21
肉类总产量	万吨	1402	1851	1933	2016
奶类产量	万吨	138	885	930	967
水产品产量	万吨	701	830	856	888
普通中学专任教师数	万人	72	82	83	82
小学专任教师数	万人	103	98	97	96
普通中学在校学生数	万人	1501	1229	1185	1131
小学在校学生数	万人	2472	1772	1798	1915
医院、卫生院数	所	8421	7212	7303	7322
医院、卫生院床位数	床	305021	545989	587865	654444
医院、卫生院技术人员数	人	423654	561033	596458	642874
地方财政一般预算收入	亿元	401	2234	2916	3602
地方财政一般预算支出	亿元	616	5154	6545	7939
年末金融机构各项贷款余额	亿元	5968	20939	24382	29275

注：黄淮海地区包括北京市、天津市、河北省、江苏省、安徽省、山东省、河南省等 7 个省(市)的 319 个县(市)。

14—1—2　长江中下游地区农村经济情况

指　　标	单位	2000 年	2010 年	2011 年	2012 年
县个数	个	453	453	453	453
年末总人口	万人	26220	27303	27624	27673
行政区域土地面积	万平方公里				87
农业机械总动力	万千瓦	9323	18364	19057	20123
全社会用电量	亿千瓦时		6086	7115	7264
第一产业增加值	亿元	4017	9358	10920	12016
农业	亿元	2294	5020	5781	6392
林业	亿元	248	560	655	726
牧业	亿元	875	2215	2689	2874
渔业	亿元	600	1322	1513	1699
农作物总播种面积	千公顷	34100	34246	34439	34817
粮食作物播种面积	千公顷	20800	21353	21389	21673
粮食总产量	万吨	11533	13059		
棉花播种面积	千公顷	896	1005	1045	978
棉花产量	万吨	98	132	141	141
油料播种面积	千公顷	4763	4528	4543	4557
油料产量	万吨	856	959	956	988
糖料播种面积	千公顷	257	395	397	406
糖料产量	万吨	1487	2372	2371	2575
肉类总产量	万吨	1440	2031	2060	2164
奶类产量	万吨	18	93	100	106
水产品产量	万吨	1261	1717	1768	1861
普通中学专任教师数	万人	83	98	99	98
小学专任教师数	万人	118	100	99	98
普通中学在校学生数	万人	1541	1424	1372	1284
小学在校学生数	万人	2627	1844	1882	1824
医院、卫生院数	所	13596	11123	10903	11053
医院、卫生院床位数	床	428970	590184	647727	728881
医院、卫生院技术人员数	人	576508	708333	745840	800032
地方财政一般预算收入	亿元	657	4530	5837	6869
地方财政一般预算支出	亿元	934	8284	10441	12334
年末金融机构各项贷款余额	亿元	8373	48906	57254	66799

注：长江中下游地区包括上海市、江苏省、浙江省、安徽省、福建省、江西省、河南省、湖北省、湖南省、广东省、广西壮族自治区等 11 个省(区、市)的 453 个县(市)。

14—1—3　黄土高原地区农村经济情况

指　　标	单位	2000年	2010年	2011年	2012年
县个数	个	211	211	211	211
年末总人口	万人	6828	7225	7269	7293
行政区域土地面积	万平方公里				39
农业机械总动力	万千瓦	3242	5727	6025	6088
全社会用电量	亿千瓦时		1883	2289	2380
第一产业增加值	亿元	510	1708	2008	2260
农业	亿元	359	1159	1355	1533
林业	亿元	27	64	61	68
牧业	亿元	120	413	509	564
渔业	亿元	4	12	12	15
农作物总播种面积	千公顷	9678	9898	10183	9857
粮食作物播种面积	千公顷	7863	7796	7753	7682
粮食总产量	万吨	2161	3119		
棉花播种面积	千公顷	75	99	93	76
棉花产量	万吨	7	12	12	10
油料播种面积	千公顷	759	675	656	637
油料产量	万吨	92	126	123	128
糖料播种面积	千公顷	5	1	1	1
糖料产量	万吨	9	2	2	2
肉类总产量	万吨	175	254	272	289
奶类产量	万吨	63	277	289	290
水产品产量	万吨	8	16	19	22
普通中学专任教师数	万人	24	32	34	33
小学专任教师数	万人	37	37	36	35
普通中学在校学生数	万人	412	479	463	432
小学在校学生数	万人	858	581	554	524
医院、卫生院数	所	5013	4474	4584	4440
医院、卫生院床位数	床	125543	185660	199077	215963
医院、卫生院技术人员数	人	151626	196902	209178	230723
地方财政一般预算收入	亿元	110	692	867	1047
地方财政一般预算支出	亿元	214	2240	2808	3424
年末金融机构各项贷款余额	亿元	1745	5469	6661	7850

注：黄土高原地区包括河北省、山西省、河南省、陕西省、甘肃省、青海省、宁夏回族自治区等7个省（区）的211个县（市）。

14—1—4 民族地区农村经济情况

指　标	单位	2000 年	2010 年	2011 年	2012 年
县个数	个	633	633	633	633
年末总人口	万人	15056	16550	16704	16777
行政区域土地面积	万平方公里				583
农业机械总动力	万千瓦	5758	11837	12488	13428
全社会用电量	亿千瓦时		2906	3825	4112
第一产业增加值	亿元	2031	5658	6693	7543
农业	亿元	1288	3168	3688	4169
林业	亿元	129	406	474	552
牧业	亿元	546	1783	2162	2425
渔业	亿元	69	167	213	233
农作物总播种面积	千公顷	25340	28535	28987	29747
粮食作物播种面积	千公顷	16683	18324	18356	18509
粮食总产量	万吨	6119	8331		
棉花播种面积	千公顷	996	1199	1343	1382
棉花产量	万吨	153	218	259	275
油料播种面积	千公顷	2372	2145	2118	2194
油料产量	万吨	338	383	414	426
糖料播种面积	千公顷	790	1268	1305	1368
糖料产量	万吨	4280	8183	8443	9074
肉类总产量	万吨	877	1436	1468	1566
奶类产量	万吨	235	1216	1260	1343
水产品产量	万吨	156	250	266	295
普通中学专任教师数	万人	42	57	59	58
小学专任教师数	万人	80	81	79	80
普通中学在校学生数	万人	756	859	860	837
小学在校学生数	万人	1705	1348	1326	1291
医院、卫生院数	所	13015	11957	11780	11874
医院、卫生院床位数	床	275117	434180	469955	529387
医院、卫生院技术人员数	人	354818	432928	451769	502047
地方财政一般预算收入	亿元	276	1588	2135	2685
地方财政一般预算支出	亿元	642	6311	8050	9771
年末金融机构各项贷款余额	亿元	3662	14828	17451	21274

注:民族地区包括河北省、内蒙古自治区、辽宁省、吉林省、黑龙江省、浙江省、湖北省、湖南省、广东省、广西壮族自治区、海南省、重庆市、四川省、贵州省、云南省、西藏自治区、甘肃省、青海省、宁夏回族自治区、新疆维吾尔自治区等 20 个省(区、市)的 633 个县(市、旗)。

14—1—5 扶贫工作重点县农村经济情况

指 标	单位	2000 年	2010 年	2011 年	2012 年
县个数	个	580	580	580	580
年末总人口	万人	21870	23943	24142	24239
行政区域土地面积	万平方公里				250
农业机械总动力	万千瓦	7375	15639	16519	17624
全社会用电量	亿千瓦时		2192	2575	2872
第一产业增加值	亿元	2146	6065	7081	8036
农业	亿元	1321	3488	4004	4574
林业	亿元	148	378	412	489
牧业	亿元	604	1846	2257	2506
渔业	亿元	74	216	248	296
农作物总播种面积	千公顷	34828	37977	38725	39291
粮食作物播种面积	千公顷	25463	27669	28062	28126
粮食总产量	万吨	8470	12282		
棉花播种面积	千公顷	574	564	562	515
棉花产量	万吨	61	67	73	69
油料播种面积	千公顷	3561	3228	3186	3214
油料产量	万吨	499	608	630	653
糖料播种面积	千公顷	339	435	454	498
糖料产量	万吨	1321	2361	2485	2779
肉类总产量	万吨	1071	1622	1626	1769
奶类产量	万吨	93	571	605	650
水产品产量	万吨	153	286	299	336
普通中学专任教师数	万人	58	83	85	85
小学专任教师数	万人	111	111	109	109
普通中学在校学生数	万人	1116	1377	1346	1268
小学在校学生数	万人	2634	2081	2028	2060
医院、卫生院数	所	16534	13142	13132	13291
医院、卫生院床位数	床	297755	473789	518793	597598
医院、卫生院技术人员数	人	416259	468995	489888	543152
地方财政一般预算收入	亿元	244	1065	1449	1851
地方财政一般预算支出	亿元	650	6599	8243	10282
年末金融机构各项贷款余额	亿元	3874	10651	12778	16001

注：扶贫工作重点县包括河北省、山西省、内蒙古自治区、吉林省、黑龙江省、安徽省、江西省、河南省、湖北省、湖南省、广西壮族自治区、海南省、重庆市、四川省、贵州省、云南省、陕西省、甘肃省、青海省、宁夏回族自治区、新疆维吾尔自治区等 21 个省(区、市)的 580 个县(市、旗)。

14－1－6 丘陵地区农村经济情况

指　　标	单位	2000 年	2010 年	2011 年	2012 年
县个数	个	534	534	534	534
年末总人口	万人	28191	29645	29808	29851
行政区域土地面积	万平方公里				203
农业机械总动力	万千瓦	11153	21214	22225	23346
全社会用电量	亿千瓦时		5285	5945	6407
第一产业增加值	亿元	4083	10350	12153	13494
农业	亿元	2394	5556	6457	7251
林业	亿元	148	408	475	533
牧业	亿元	1031	2977	3675	3984
渔业	亿元	510	1093	1265	1407
农作物总播种面积	千公顷	39914	43514	43533	44064
粮食作物播种面积	千公顷	28307	31917	31929	32113
粮食总产量	万吨	12726	16918		
棉花播种面积	千公顷	361	316	319	306
棉花产量	万吨	36	39	42	42
油料播种面积	千公顷	4296	3935	3917	3978
油料产量	万吨	769	873	883	934
糖料播种面积	千公顷	508	789	801	835
糖料产量	万吨	2481	5116	5235	5559
肉类总产量	万吨	1784	2695	2693	2853
奶类产量	万吨	139	885	961	978
水产品产量	万吨	1329	1696	1733	1813
普通中学专任教师数	万人	88	105	109	107
小学专任教师数	万人	131	118	115	113
普通中学在校学生数	万人	1670	1578	1532	1442
小学在校学生数	万人	2978	2037	2036	1971
医院、卫生院数	所	16777	13155	12993	13103
医院、卫生院床位数	床	463789	677518	735120	817731
医院、卫生院技术人员数	人	611455	729423	768921	834814
地方财政一般预算收入	亿元	561	3422	4454	5508
地方财政一般预算支出	亿元	890	8379	10625	12656
年末金融机构各项贷款余额	亿元	7686	29807	35635	43333

注：丘陵地区包括北京市、天津市、河北省、山西省、内蒙古自治区、辽宁省、吉林省、黑龙江省、江苏省、浙江省、安徽省、福建省、江西省、山东省、河南省、湖北省、湖南省、广东省、广西壮族自治区、海南省、重庆市、四川省、云南省、西藏自治区、陕西省、甘肃省、新疆维吾尔自治区等 27 个省(区、市)的 534 个县(市、旗)。

14—1—7　山区县农村经济情况

指　　标	单位	2000 年	2010 年	2011 年	2012 年
县个数	个	894	894	894	894
年末总人口	万人	29473	31714	31928	32026
行政区域土地面积	万平方公里				423
农业机械总动力	万千瓦	9154	18539	19224	20638
全社会用电量	亿千瓦时		5282	6228	6687
第一产业增加值	亿元	3602	8952	10409	11790
农业	亿元	2144	5046	5783	6599
林业	亿元	342	788	894	1020
牧业	亿元	895	2420	2962	3287
渔业	亿元	222	483	550	648
农作物总播种面积	千公顷	37964	39254	40030	40915
粮食作物播种面积	千公顷	26767	26237	26605	26700
粮食总产量	万吨	10556	11672		
棉花播种面积	千公顷	81	110	111	113
棉花产量	万吨	7	14	15	15
油料播种面积	千公顷	3409	3725	3735	3786
油料产量	万吨	533	694	750	775
糖料播种面积	千公顷	406	521	540	579
糖料产量	万吨	2117	3129	3267	3594
肉类总产量	万吨	1511	2354	2319	2602
奶类产量	万吨	121	397	377	436
水产品产量	万吨	540	712	748	810
普通中学专任教师数	万人	88	115	118	117
小学专任教师数	万人	150	143	140	138
普通中学在校学生数	万人	1580	1794	1743	1670
小学在校学生数	万人	3289	2518	2465	2372
医院、卫生院数	所	23065	19096	19047	19361
医院、卫生院床位数	床	486446	757623	824442	929796
医院、卫生院技术人员数	人	633694	783092	825639	896470
地方财政一般预算收入	亿元	514	2819	3725	4600
地方财政一般预算支出	亿元	1117	9912	12205	15026
年末金融机构各项贷款余额	亿元	6811	27231	31508	38405

注：山区地区包括北京市、河北省、山西省、内蒙古自治区、辽宁省、吉林省、黑龙江省、浙江省、安徽省、福建省、江西省、山东省、河南省、湖北省、湖南省、广东省、广西壮族自治区、海南省、重庆市、四川省、贵州省、云南省、西藏自治区、陕西省、甘肃省、青海省、宁夏回族自治区、新疆维吾尔自治区等 28 个省(区、市)的 894 个县(市、旗)。

14—1—8 平原地区农村经济情况

指　　标	单位	2000 年	2010 年	2011 年	2012 年
县个数	个	650	650	650	650
年末总人口	万人	36734	38899	39294	39406
行政区域土地面积	万平方公里				261
农业机械总动力	万千瓦	24158	40055	41768	43155
全社会用电量	亿千瓦时		8461	10431	10762
第一产业增加值	亿元	5860	14897	17240	18889
农业	亿元	3833	8860	10052	11073
林业	亿元	137	342	377	445
牧业	亿元	1301	3888	4779	5114
渔业	亿元	588	1310	1511	1669
农作物总播种面积	千公顷	57322	62242	63220	63516
粮食作物播种面积	千公顷	38351	43620	43917	44228
粮食总产量	万吨	19174	27784		
棉花播种面积	千公顷	3308	3803	3923	3658
棉花产量	万吨	407	529	580	562
油料播种面积	千公顷	5995	4837	4742	4709
油料产量	万吨	1348	1348	1351	1373
糖料播种面积	千公顷	426	378	379	384
糖料产量	万吨	2082	2406	2493	2636
肉类总产量	万吨	2251	3350	3384	3569
奶类产量	万吨	338	1959	2051	2181
水产品产量	万吨	1270	1868	1892	1989
普通中学专任教师数	万人	117	143	146	145
小学专任教师数	万人	177	164	162	162
普通中学在校学生数	万人	2284	2172	2091	1984
小学在校学生数	万人	4080	2882	2883	2953
医院、卫生院数	所	18267	15233	15443	15313
医院、卫生院床位数	床	600580	941462	1029434	1138474
医院、卫生院技术人员数	人	830538	1037165	1100146	1184927
地方财政一般预算收入	亿元	812	5600	7259	8573
地方财政一般预算支出	亿元	1227	11363	14184	16835
年末金融机构各项贷款余额	亿元	13920	59712	69941	82031

注：平原地区包括北京市、天津市、河北省、山西省、内蒙古自治区、辽宁省、吉林省、黑龙江省、上海市、江苏省、浙江省、安徽省、福建省、江西省、山东省、河南省、湖北省、湖南省、广东省、广西壮族自治区、海南省、四川省、陕西省、甘肃省、宁夏回族自治区、新疆维吾尔自治区等26个省(区、市)的650个县(市、旗)。

14—1—9 陆地边境县农村经济情况

指 标	单位	2000年	2010年	2011年	2012年
县个数	个	129	129	129	129
年末总人口	万人	1931	2093	2115	2100
行政区域土地面积	万平方公里				191
农业机械总动力	万千瓦	973	1834	2034	2183
全社会用电量	亿千瓦时		353	409	465
第一产业增加值	亿元	293	908	1087	1259
农业	亿元	170	481	579	670
林业	亿元	27	114	133	154
牧业	亿元	79	233	275	327
渔业	亿元	17	57	67	79
农作物总播种面积	千公顷	3992	5177	5481	5516
粮食作物播种面积	千公顷	2674	3819	3943	4009
粮食总产量	万吨	980	1631		
棉花播种面积	千公顷	113	110	124	126
棉花产量	万吨	17	17	21	22
油料播种面积	千公顷	448	393	401	412
油料产量	万吨	68	66	73	76
糖料播种面积	千公顷	210	294	310	327
糖料产量	万吨	1095	2040	2216	2352
肉类总产量	万吨	102	177	187	199
奶类产量	万吨	52	156	185	185
水产品产量	万吨	41	90	81	92
普通中学专任教师数	万人	7	8	9	8
小学专任教师数	万人	13	12	11	12
普通中学在校学生数	万人	101	102	104	101
小学在校学生数	万人	210	159	157	153
医院、卫生院数	所	2072	1927	1967	1956
医院、卫生院床位数	床	52031	65845	72184	79633
医院、卫生院技术人员数	人	65775	68021	71438	79920
地方财政一般预算收入	亿元	45	272	366	474
地方财政一般预算支出	亿元	119	1173	1512	1780
年末金融机构各项贷款余额	亿元	804	2350	2531	3181

注：陆地边境县包括内蒙古自治区、辽宁省、吉林省、黑龙江省、广西壮族自治区、云南省、西藏自治区、甘肃省、新疆维吾尔自治区等9个省(区)129个县(市、旗)。

14—1—10 沿海开放县农村经济情况

指　　标	单位	2000 年	2010 年	2011 年	2012 年
县个数	个	201	201	201	201
年末总人口	万人	14449	14820	14898	14925
行政区域土地面积	万平方公里				32
农业机械总动力	万千瓦	7196	10041	10400	10685
全社会用电量	亿千瓦时		5966	6565	6919
第一产业增加值	亿元	2825	6094	6981	7681
农业	亿元	1574	3120	3512	3880
林业	亿元	97	238	249	298
牧业	亿元	449	1097	1343	1414
渔业	亿元	703	1426	1639	1821
农作物总播种面积	千公顷	15182	14316	13759	13761
粮食作物播种面积	千公顷	9984	9112	8725	8665
粮食总产量	万吨	5386	5356		
棉花播种面积	千公顷	232	257	272	229
棉花产量	万吨	27	33	32	28
油料播种面积	千公顷	1453	1157	1107	1087
油料产量	万吨	377	357	346	350
糖料播种面积	千公顷	199	208	213	219
糖料产量	万吨	1262	1590	1656	1757
肉类总产量	万吨	787	1086	1139	1185
奶类产量	万吨	75	291	295	300
水产品产量	万吨	1760	2210	2207	2293
普通中学专任教师数	万人	48	60	62	61
小学专任教师数	万人	65	59	58	58
普通中学在校学生数	万人	863	868	832	792
小学在校学生数	万人	1447	1006	1001	988
医院、卫生院数	所	6479	5387	5261	5317
医院、卫生院床位数	床	268959	412614	445016	487987
医院、卫生院技术人员数	人	346017	484177	515362	548401
地方财政一般预算收入	亿元	543	4440	5538	6428
地方财政一般预算支出	亿元	699	5721	7309	8519
年末金融机构各项贷款余额	亿元	7954	45471	53801	62719

注:沿海开放县包括天津市、河北省、辽宁省、上海市、江苏省、浙江省、福建省、山东省、广东省、广西壮族自治区、海南省等 11 个省(区、市)的 201 个县(市)。

14—1—11 华南地区农村经济情况

指　标	单位	2000 年	2010 年	2011 年	2012 年
县个数	个	171	171	171	171
年末总人口	万人	9867	10706	10788	10800
行政区域土地面积	万平方公里				41
农业机械总动力	万千瓦	2703	4192	4520	4797
全社会用电量	亿千瓦时		2199	2395	2530
第一产业增加值	亿元	1741	3626	4294	4751
农业	亿元	1002	1853	2181	2435
林业	亿元	99	286	315	373
牧业	亿元	303	730	918	967
渔业	亿元	336	661	776	860
农作物总播种面积	千公顷	9958	9747	9390	9668
粮食作物播种面积	千公顷	6346	5559	5378	5358
粮食总产量	万吨	3045	2377		
棉花播种面积	千公顷	1	1	1	0
棉花产量	万吨				
油料播种面积	千公顷	554	512	500	509
油料产量	万吨	117	111	120	126
糖料播种面积	千公顷	696	1015	1046	1088
糖料产量	万吨	3971	6997	7318	7713
肉类总产量	万吨	502	729	739	792
奶类产量	万吨	4	13	13	14
水产品产量	万吨	836	1079	1119	1174
普通中学专任教师数	万人	27	40	42	42
小学专任教师数	万人	48	49	48	48
普通中学在校学生数	万人	581	712	696	668
小学在校学生数	万人	1197	914	887	862
医院、卫生院数	所	4014	3607	3563	3681
医院、卫生院床位数	床	144114	229252	247668	271927
医院、卫生院技术人员数	人	192217	262458	275375	294098
地方财政一般预算收入	亿元	229	1267	1505	1813
地方财政一般预算支出	亿元	388	2732	3508	4186
年末金融机构各项贷款余额	亿元	3517	13372	15596	18783

注：华南地区包括福建省、广东省、广西壮族自治区、海南省、云南省等 5 个省(区)的 171 个县(市)。

二、西部大开发12省(区、市)农村经济情况

14—2—1 西部大开发12省(区、市)农业机械拥有量

指标	单位	1990年	1995年	2000年	2010年	2011年	2012年
农用机械总动力合计	万千瓦	5906.2	7534.3	10706.6	21318.5	22995.4	24599.0
大中型拖拉机	万混合台	20.3	16.3	30.2	134.0	151.6	168.8
小型拖拉机	万台	152.3	192.8	234.5	296.5	304.3	310.7
大中型拖拉机配套农具	万部	20.0	22.6	30.2	181.0	202.3	222.7
小型拖拉机配套农具	万部	108.9	165.2	253.0	409.7	433.3	449.6
农用排灌柴油机	万台	38.6	48.3	84.5	165.5	178.5	183.0
农用排灌电动机	万台	44.6	54.7	89.8	199.0	214.4	233.9
农用水泵	万台	78.0	97.9	164.9	375.3	401.0	421.4
节水灌溉机械	万套	2.4	2.8	7.1	18.4	21.8	27.0
联合收获机	万台	0.8	1.2	2.5	9.3	10.6	12.5
机动脱粒机	万台	34.7	56.9	115.7	351.3	383.0	420.5
农用运输车	万辆	5.3	13.9	39.1	216.3	222.6	237.1

14—2—2 西部大开发12省(区、市)农村电力和农田水利建设情况

指标	单位	1990年	1995年	2000年	2010年	2011年	2012年
一、乡村办水电站	个	17623	15320	10381	13137	13324	13561
装机容量	万千瓦	138.4	161.7	179.4	2755.4	2961.1	3188.2
发电量	亿千瓦		48.4	63.5	968.0	977.2	1093.7
二、农村用电量	亿千瓦小时	145.7	237.6	331.5	652.2	707.2	760.8
三、农田水利建设情况							
有效灌溉面积	千公顷	12685.9	13639.3	15174.6	17747.3	18156.0	18522.5
旱涝保收面积	千公顷	8865.1	9371.5	10255.9	11477.4	11545.1	11561.6
机电排灌面积	千公顷	3558.1	4503.6	5348.2	7601.1	7661.5	7881.9

注:2008年起乡村办水电站统计口径变更为农村水电。农村水电是指装机容量5万千瓦及以下水电站和配套

14—2—3 西部大开发12省(区、市)农用化肥、农膜、柴油和农药使用量

指　　标	单位	1990年	1995年	2000年	2010年	2011年	2012年
一、化肥施用量							
(按折纯法计算)	万吨	570.8	825.4	1008.6	1526.4	1590.5	1673.9
氮肥	万吨	371.1	472.4	541.0	700.8	722.3	742.7
磷肥	万吨	105.5	161.2	182.6	247.4	256.5	264.6
钾肥	万吨	28.8	54.3	79.6	154.3	163.7	171.5
复合肥	万吨	65.4	137.8	205.4	407.0	444.6	492.3
二、农用塑料薄膜使用量	吨		219243.0	396198.0	717557.9	778267.0	821000.0
#地膜使用量	吨		167323.0	304539.0	511543.4	546091.0	587501.0
地膜覆盖面积	千公顷		2573.7	4983.7	7341.4	7878.3	8402.9
三、农用柴油使用量	万吨		253.2	288.2	445.3	471.4	500.0
四、农药使用量	万吨		15.4	20.5	31.2	34.1	35.9

14—2—4 西部大开发12省(区、市)自然灾害情况

指　　标	单位	1990年	1995年	2000年	2010年	2011年	2012年
一、受灾面积	千公顷	11692.0	14531.0	15773.0	15532.0	13823.6	9186.2
旱灾	千公顷	7209.3	8552.0	11225.0	9084.8	7400.5	3405.0
水灾	千公顷	2174.0	3182.0	2509.0	3882.6	2068.7	3316.2
风雹灾	千公顷	1560.7	1487.0	1104.0	1101.6	1426.3	1279.4
霜冻灾	千公顷	748.0	964.0	935.0	1375.5	2493.1	826.3
二、成灾面积	千公顷	5484.0	7680.0	9358.0	8463.5	6237.4	4582.6
旱灾	千公顷	3350.7	4573.0	7032.0	6269.9	3798.6	1392.7
水灾	千公顷	1080.0	1793.0	1492.0	1229.4	1078.5	1827.0
风雹灾	千公顷	652.0	755.0	536.0	413.2	615.8	759.3
霜冻灾	千公顷	401.3	496.0	298.0	532.4	688.7	419.6
三、成灾面积占受灾							
面积的比重	%	46.9	52.9	59.3	54.5	45.1	49.9

14—2—5 西部大开发12省(区、市)农作物播种面积及构成

单位:千公顷

指　标	1990年	1995年	2000年	2010年	2011年	2012年
农作物总播种面积	43507.7	45890.4	49345.9	52038.4	53082.5	53975.9
一、粮食作物	33668.5	33920.3	34528.8	33796.4	34034.7	34217.6
1.谷物		26225.8	25756.1	24685.0	24902.6	25287.3
稻谷	7823.5	7467.6	7452.3	6870.3	6894.3	6880.9
小麦	9302.8	9019.6	7999.1	6174.2	6072.5	6026.1
玉米	6458.5	6678.5	7542.1	9952.1	10262.6	10684.7
谷子	603.5	400.1	320.8	272.3	210.3	223.1
高粱	318.2	292.6	257.3	287.3	259.3	354.1
2.豆类		3407.1	3617.6	3437.4	3332.4	3139.0
#大豆	1333.0	1593.2	1960.1	1853.0	1733.0	1619.1
杂豆		1813.9	1657.6	1584.3	1599.3	1519.9
3.薯类	3743.9	4287.6	5155.0	5674.0	5799.7	5791.3
#马铃薯	1847.9	2181.3	2920.0	4025.6	4191.4	4294.7
二、油料作物	3300.3	3687.7	4410.4	4443.8	4484.8	4551.5
#花生	415.1	496.3	652.0	621.1	630.3	654.0
油菜籽	1820.0	2132.3	2520.9	2779.2	2797.0	2876.7
芝麻	39.9	38.6	61.7	40.2	35.3	40.2
胡麻籽	500.4	443.6	323.0	220.6	222.7	220.2
向日葵籽	312.5	404.1	609.2	684.4	695.9	664.4
三、棉花	682.8	981.1	1154.3	1580.6	1758.2	1837.3
四、麻类	102.1	85.0	55.2	59.3	57.6	53.8
#黄红麻	56.9	34.4	12.7	5.6	5.1	5.1
五、糖料	693.9	932.0	945.4	1518.3	1552.1	1631.1
甘蔗	492.6	673.5	818.8	1400.8	1432.4	1499.6
甜菜	201.3	258.8	126.6	117.5	119.7	131.5
六、烟叶	761.7	942.8	814.4	841.2	932.1	1033.8
#烤烟	631.1	856.6	719.6	775.8	868.2	966.1
七、药材	59.4	119.2	256.2	633.1	718.4	852.3
八、蔬菜、瓜类	1766.7	2538.1	3929.9	6265.0	6576.1	6910.1
九、其他农作物	2039.4	2684.5	3252.5	2900.7	2968.5	2888.5

14—2—5 续表　　（以农作物总播种面积为 100）　　单位：%

指　　标	1990 年	1995 年	2000 年	2010 年	2011 年	2012 年
农作物总播种面积	100	100	100	100	100.0	100.0
一、粮食作物	77.4	73.9	70.0	64.9	64.1	63.4
1. 谷物		57.1	52.2	47.4	46.9	46.8
稻谷	18.0	16.3	15.1	13.2	13.0	12.7
小麦	21.4	19.7	16.2	11.9	11.4	11.2
玉米	14.8	14.6	15.3	19.1	19.3	19.8
谷子	1.4	0.9	0.7	0.5	0.4	0.4
高粱	0.7	0.6	0.5	0.6	0.5	0.7
2. 豆类		7.4	7.3	6.6	6.3	5.8
＃大豆	3.1	3.5	4.0	3.6	3.3	3.0
杂豆		4.0	3.4	3.0	3.0	2.8
3. 薯类	8.6	9.3	10.4	10.9	10.9	10.7
＃马铃薯	4.2	4.8	5.9	7.7	7.9	8.0
二、油料作物	7.6	8.0	8.9	8.5	8.4	8.4
＃花生	1.0	1.1	1.3	1.2	1.2	1.2
油菜籽	4.2	4.6	5.1	5.3	5.3	5.3
芝麻	0.1	0.1	0.1	0.1	0.1	0.1
胡麻籽	1.2	1.0	0.7	0.4	0.4	0.4
向日葵籽	0.7	0.9	1.2	1.3	1.3	1.2
三、棉花	1.6	2.1	2.3	3.0	3.3	3.4
四、麻类	0.2	0.2	0.1	0.1	0.1	0.1
＃黄红麻	0.1	0.1	0.0	0.0	0.0	0.0
五、糖料	1.6	2.0	1.9	2.9	2.9	3.0
甘蔗	1.1	1.5	1.7	2.7	2.7	2.8
甜菜	0.5	0.6	0.3	0.2	0.2	0.2
六、烟叶	1.8	2.1	1.7	1.6	1.8	1.9
＃烤烟	1.5	1.9	1.5	1.5	1.6	1.8
七、药材	0.1	0.3	0.5	1.2	1.4	1.6
八、蔬菜、瓜类	4.1	5.5	8.0	12.0	12.4	12.8
九、其他农作物	4.7	5.8	6.6	5.6	5.6	5.4

14—2—6　西部大开发 12 省(区、市)主要农作物产量

单位:万吨

指　　标	1990 年	1995 年	2000 年	2010 年	2011 年	2012 年
一、粮食作物	11168.3	11729.9	12896.3	14436.4	14776.5	15494.7
1. 谷物		10135.3	10920.3	12179.5	12335.2	13047.5
稻谷	4506.9	4498.0	4735.7	4503.6	4371.7	4518.9
小麦	2512.2	2463.0	2307.1	2120.3	2157.1	2217.1
玉米	2372.9	2589.8	3351.1	5146.9	5361.7	5908.7
谷子	87.3	38.1	34.3	42.8	39.6	54.1
高粱	99.3	82.7	70.0	110.2	103.4	111.7
2. 豆类		437.4	460.0	559.4	610.3	593.7
＃大豆	166.6	187.2	250.4	339.8	339.4	317.9
杂豆		250.2	209.6	219.6	270.9	275.8
3. 薯类	854.4	1157.3	1516.0	1697.5	1830.9	1853.5
＃马铃薯	370.2	560.9	811.6	1163.2	1292.6	1344.6
二、油料作物	433.3	508.6	671.3	829.3	895.9	933.6
＃花生	64.0	84.8	134.6	142.6	147.4	158.3
油菜籽	239.6	296.4	366.5	466.1	524.6	550.3
芝麻	2.1	2.4	5.4	4.4	4.4	5.0
胡麻籽	41.3	28.1	27.7	27.1	27.0	28.7
向日葵籽	67.0	83.9	116.5	176.7	177.5	178.7
三、棉花	67.1	117.1	160.5	264.3	306.2	370.7
四、麻类	17.0	12.9	10.5	12.1	12.8	12.3
＃黄红麻	10.9	5.7	2.3	1.3	1.3	1.2
五、糖料	3013.1	4528.1	5047.5	9698.4	10007.1	10844.9
甘蔗	2423.7	3818.4	5600.9	9028.1	9312.0	10074.9
甜菜	589.4	709.7	446.6	670.3	695.1	770.0
六、烟叶	117.7	143.3	142.8	183.4	188.0	207.7
＃烤烟	99.9	131.5	126.6	169.5	174.3	193.0
七、茶叶	13.8	16.5	19.1	51.9	58.5	67.3
八、水果	462.9	1070.3	1613.4	6084.1	6551.9	7186.7

14—2—7 西部大开发12省(区、市)主要农作物单位面积产量

指　　标	1990年	1995年	2000年	2010年	2011年	2012年
一、粮食作物	3317.1	3458.1	3734.9	4271.6	4341.6	4528.3
1.谷物		3864.6	4239.9	4934.0	4953.4	5159.7
稻谷	5760.7	6023.4	6354.7	6555.2	6341.0	6567.2
小麦	2700.5	2730.7	2884.2	3434.2	3552.2	3679.1
玉米	3674.1	3877.8	4443.2	5171.6	5224.5	5530.1
谷子	1446.5	952.3	1068.4	1571.2	1882.9	2423.2
高粱	3120.7	2826.4	2719.4	3837.3	3988.8	3153.6
2.豆类		1283.8	1271.7	1627.4	1831.4	1891.4
#大豆	1249.8	1175.0	1277.6	1833.5	1958.4	1963.2
杂豆		1379.3	1264.6	1386.3	1693.9	1814.9
3.薯类	2282.1	2699.2	2940.8	2991.7	3157.0	3200.5
#马铃薯	2003.4	2571.4	2779.4	2889.6	3084.0	3130.8
二、油料作物	1313.0	1379.1	1522.0	1866.3	1997.5	2051.3
#花生	1543.1	1709.2	2063.7	2295.6	2338.5	2420.6
油菜籽	1316.4	1389.9	1454.0	1677.3	1875.6	1913.1
芝麻	538.0	615.4	886.3	1083.8	1257.1	1248.7
胡麻籽	825.0	634.1	857.4	1226.7	1211.2	1302.8
向日葵籽	2142.7	2076.9	1912.8	2581.2	2550.9	2689.3
三、棉花	982.6	1193.5	1390.2	1671.9	1741.5	2017.4
四、麻类	1669.7	1520.1	1902.1	2034.3	2222.8	2282.0
#黄红麻	1916.5	1654.3	1840.0	2311.3	2492.0	2300.3
五、糖料	43425.3	48584.8	53392.3	63877.6	64473.6	66489.6
甘蔗	49202.2	56695.1	56192.8	64449.6	65008.5	67186.2
甜菜	29286.2	27422.1	35276.4	57059.3	58071.4	58547.7
六、烟叶	1544.7	1520.0	1753.4	2180.1	2017.1	2009.2
#烤烟	1583.4	1535.1	1759.4	2184.5	2007.7	1997.8

14—2—8 西部大开发12省(区、市)林业生产情况

单位:千公顷、万株、吨

指　　标	1990年	1995年	2000年	2010年	2011年	2012年
一、营林情况						
1.荒山荒(沙)地造林面积	2144.9	2183.7	2849.0	3427.7	3245.7	2951.8
按造林方式分:						
当年人工造林面积	1761.5	1894.0	2342.7	2102.9	1998.9	1827.4
当年飞机播种面积	383.4	289.7	506.3	116.7	153.6	114.1
无林地和疏林地新封				1208.1	1093.3	1010.3
按用途分:						
用材林	1262.0	785.9	540.3	346.6	400.3	268.3
经济林	278.3	710.1	711.5	845.2	826.4	718.5
防护林	500.5	623.8	1549.2	2219.6	1977.2	1927.5
薪炭林	88.5	60.1	40.6	6.6	26.3	26.2
特种用材林	15.7	4.1	7.4	9.7	15.5	11.4
2.年末实有封山(沙)育林面积	8016.6	12243.0	15424.8	14522.1	13406.2	13238.1
3.更新造林	160.5	173.4	422.4	100.7	91.5	81.0
4.零星(四旁)植树	155269	124739	101350	82996	86037	82257
5.育苗面积	55.1	49.8	79.8	119.9	138.2	213.4
6.幼林抚育作业面积(千公顷次)	3634.1	3953.7	3370.0	5199.6	5784.8	3464.0
7.成林抚育面积	1173.2	2281.6	2399.7	4640.5	4999.5	5244.3
二、主要林产品产量						
生漆	2076	2332	3786	6382	7218	14332
油桐籽	248892	294051	298754	212220	217007	227667
油茶籽	73923	103202	137637	186817	207931	234731
乌桕籽	16729	14959	9698	10252	9732	5728
五倍籽	3989	7977	4854	8596	8188	13002
棕片	21170	30428	29879	23054	21993	21389
松脂	184434	286008	278360	684965	717750	736630
竹笋干	9402	19771	34752	145201	200763	118572
核桃	94811	139110	179831	797525	993105	1300402
板栗	16919	38062	75498	231730	257156	309272
紫胶(原胶)	798	2031	759	2729	2352	1524
木材(万立方米)	1650.3	2104.2	887.4	2636.7	2939.0	3035.9
竹材(万根)	1943.6	12738.6	7419.0	45076.2	48150.8	47925.8

14—2—9　西部大开发12省(区、市)畜牧业生产情况

指　　标	单位	1999年	2000年	2004年	2010年	2011年	2012年
一、牲畜出栏量							
1.大牲畜出栏							
牛	万头	1071.1	1171.0	1579.8	1821.3	1817.2	1879.2
马	万头	67.6	74.4	81.8	94.0	107.1	106.8
驴	万头	65.6	68.1	86.0	106.8	112.6	120.8
骡	万头	14.4	16.5	19.7	24.2	22.0	23.3
骆驼	万头	6.7	6.7	6.6	7.2	6.4	7.0
2.猪	万头	15371.9	16111.1	17833.8	20262.5	20133.1	20899.8
3.羊	万只	7228.5	7890.7	11717.8	14302.9	14076.8	14396.4
4.家禽	万只	120780.6	136585.6	126901.8	204573.5	210359.7	224664.1
5.兔	万只	6845.0	8226.0	14717.6	23004.6	25152.0	25534.3
二、肉类总产量	万吨	1639.2	1737.5	1991.6	2363.7	2371.1	2478.5
＃猪牛羊肉产量	万吨	1434.7	1504.0	1748.9	1973.4	1966.2	2047.6
1. 猪肉产量	万吨	1194.0	1239.4	1370.1	1511.3	1507.3	1574.6
2. 牛肉产量	万吨	123.0	135.7	184.2	230.5	230.5	239.2
3. 羊肉产量	万吨	117.7	128.8	194.5	231.6	228.3	233.9
4. 禽肉产量	万吨	183.3	207.0	197.1	330.3	340.2	364.4
5. 兔肉产量	万吨	9.2	11.1	20.5	31.7	33.9	35.0
6. 其他肉产量	万吨	12.0	15.5	25.1	8.4	9.3	9.2
三、其他畜产品产量	万吨						
奶类产量	万吨	320.1	356.7	988.8	1577.8	1589.7	1611.5
＃牛奶产量	万吨	281.0	315.7	938.4	1482.6	1508.3	1526.3
山羊毛产量	吨	11718	12955	16999	23011.9	24760.9	24764.5
绵羊毛产量	吨	182044	183782	237855	267194.0	271444.9	273522.3
＃细羊毛	吨	74101	74432	85510	94252.3	103525.3	95042.3
半细羊毛	吨	35706	38780	52876	49345.7	51328.3	56459.0
羊绒产量	吨	6984	7138	9825	12882.4	12839.8	12859.2
蜂蜜产量	万吨	5.0	5.1	6.8	9.2	9.5	10.4
禽蛋产量	万吨	244.4	264.9	359.7	379.2	390.6	400.6

14—2—10 西部大开发12省(区、市)牲畜年末存栏量

指 标	单位	1997年	2000年	2009年	2010年	2011年	2012年
一、大牲畜头数	万头	6814.4	7070.6	6741.9	6715.1	6560.8	6509.0
1. 牛	万头	5489.9	5770.4	5616.1	5589.1	5433.0	5416.2
黄牛*	万头	3716.9	3865.6				
水牛*	万头	1161.2	1223.6				
肉牛*				3222.8	3488.8	3474.2	3443.1
奶牛*				597.0	649.9	644.0	663.6
2. 马	万头	595.1	583.7	531.3	532.7	534.3	506.6
3. 驴	万头	450.7	445.5	382.5	384.4	386.0	379.0
4. 骡	万头	237.5	238.5	187.0	183.3	180.2	177.7
5. 骆驼	万头	35.0	32.6	24.8	25.6	27.3	29.5
二、猪	万头	14788.5	16322.7	15997.9	15967.4	15860.1	16106.7
三、羊	万只	14797.0	15699.6	17550.9	17468.8	17509.6	17818.6
山羊	万只	5692.9	6081.2	7265.8	6764.7	6885.6	6885.4
绵羊	万只	9104.1	9618.4	10285.0	10704.1	10624.1	10933.2
四、家禽	万只	50701.6	63932.1	114927.1	115414.4	117958.6	120904.1

注:从2008年起牛的品种修正为肉牛和奶牛。

14—2—11 西部大开发12省(区、市)渔业生产情况

指 标	单位	1990年	1995年	2000年	2010年	2011年	2012年
一、水产品总产量	吨	716131	1730062	3587609	4795320	5178874	5594899
1. 按海水、内陆分							
海水产品产量	吨	202672	645706	1594505	1544481	1593225	1647922
内陆水产品产量	吨	513459	1084356	1993104	3250839	3585649	3946977
2. 按生产性质分							
捕捞产量	吨	283759	632198	1100582	933821	954330	967165
养殖产量	吨	432372	1097864	2487027	3861499	4224544	4627734
3. 按品种分							
鱼类	吨	673010	1459932	2509894	3586753	3925048	4279748
甲壳类	吨	30234	81959	197308	317027	342522	368932
贝类	吨	12286	178552	820903	751884	771913	803667
藻类	吨	7	110	15	1791	2216	2349
其他类	吨	594	9509	59489	133746	133035	140203
二、水产养殖面积	千公顷	602.2	723.9	823.3	931.6	974.5	1017.0
1. 海水养殖面积	千公顷	5.4	41.0	61.4	51.3	52.2	53.2
浅海养殖	千公顷		16.4	16.5			
滩涂养殖	千公顷		20.6	41.5			
其他养殖	千公顷		4.0	3.4			
2. 内陆养殖面积	千公顷	596.8	682.9	761.9	880.4	922.3	963.7
池塘养殖	千公顷		226.2	262.2			
湖泊养殖	千公顷		88.4	102.7			
河沟养殖	千公顷		21.9	35.9			
水库养殖	千公顷		340.2	354.1			
其他养殖	千公顷		6.2	7.0			
三、稻田养殖面积	千公顷		561.7	577.8			626.2

注:因农业部门报表制度修改,故水产养殖面积2009年无法分出细项。

14—2—12　西部大开发12省(区、市)按人口平均的主要农产品产量

单位:千克/人

	1990年	1995年	2000年	2010年	2011年	2012年
一、粮食作物	348.0	342.1	363.0	396.8	409.0	426.6
(一)谷物		295.6	307.3	334.8	341.4	359.2
#稻谷	140.4	131.2	133.3	123.8	121.0	124.4
小麦	78.3	71.8	64.9	58.3	59.7	61.0
玉米	73.9	75.5	94.3	141.5	148.4	162.7
谷子	2.7	1.1	1.0	1.2	1.1	1.5
高粱	3.1	2.4	2.0	3.0	2.9	3.1
(二)豆类		12.8	12.9	15.4	16.9	16.3
#大豆	5.2	5.5	7.0	9.3	9.4	8.8
杂豆		7.3	5.9	6.0	7.5	7.6
(三)薯类	26.6	33.8	42.7	46.7	50.7	51.0
#马铃薯	11.5	16.4	22.8	32.0	35.8	37.0
二、油料作物	13.5	14.8	18.9	22.8	24.8	25.7
#花生	2.0	2.5	3.8	3.9	4.1	4.4
油菜籽	7.5	8.6	10.3	12.8	14.5	15.2
芝麻	0.1	0.1	0.2	0.1	0.1	0.1
胡麻籽	1.3	0.8	0.8	0.7	0.7	0.8
向日葵籽	2.1	2.4	3.3	4.9	4.9	4.9
三、棉花	2.1	3.4	4.5	7.3	8.5	10.2
四、麻类	0.5	0.4	0.3	0.3	0.4	0.3
#黄红麻	0.3	0.2	0.1	0.0	0.0	0.0
五、糖料	93.9	132.1	142.1	266.6	277.0	298.6
(一)甘蔗	75.5	111.4	157.6	248.1	257.7	277.4
(二)甜菜	18.4	20.7	12.6	18.4	19.2	21.2
六、水果	14.4	31.2	45.4	167.2	181.3	197.8
七、烟叶	3.7	4.2	4.0	5.0	5.2	5.7
#烤烟	3.1	3.8	3.6	4.7	4.8	5.3

14—2—13　西部大开发12省(区、市)按人口平均的畜产品、水产品产量

单位:千克/人

指　　标	1990年	1995年	2000年	2010年	2011年	2012年
一、猪牛羊肉产量	37.3	39.2	41.5	54.2	54.4	56.4
猪肉	31.4	32.8	34.6	41.5	41.7	43.3
牛肉	3.1	3.3	3.6	6.3	6.4	6.6
羊肉	2.8	3.1	3.4	6.4	6.3	6.4
二、奶类产量	7.5	8.5	9.3	43.4	44.0	44.4
#牛奶产量	6.5	7.4	8.1	40.7	41.7	42.0
三、禽蛋产量	6.3	6.4	7.1	10.4	10.8	11.0
四、水产品产量	8.0	9.0	10.4	13.2	15.0	16.5
鱼类	5.7	6.3	7.3	9.9	10.9	12.6
虾蟹类	0.4	0.5	0.6	0.9	0.9	1.1

14—2—14 西部大开发12省(区、市)农林牧渔业总产值及构成

(按当年价格计算)

指　　标	1995年	2000年	2001年	2011年	2012年
一、绝对数(亿元)					
农林牧渔业总产值合计	4690.6	5753.0	5970.6	21094.5	23596.4
#农业	2890.8	3478.8	3525.3	11669.0	13362.2
林业	177.4	242.8	238.8	884.6	956.5
牧业	1516.5	1848.9	2012.7	7287.6	7867.5
渔业	105.9	182.5	193.8	621.6	703.7
二、构成(%)					
(以农林牧渔业合计为100)	100.0	100.0	100.0	100.0	100.0
#农业	61.6	60.5	59.0	55.3	56.6
林业	3.8	4.2	4.0	4.2	4.1
牧业	32.3	32.1	33.7	34.5	33.3
渔业	2.3	3.2	3.2	2.9	3.0
三、占全国的比重(%)					
农林牧渔业总产值合计	23.1	23.1	23.2	25.9	26.4
#农业	24.3	25.1	24.6	27.8	28.5
林业	24.1	25.9	26.0	28.3	27.7
牧业	24.7	25.0	25.9	28.3	28.9
渔业	6.2	6.7	6.9	8.2	8.1

注:2003年起农林牧渔业总产值执行新国民经济行业分类标准,包括农林牧渔服务业产值。

14—2—15 西部大开发12省(区、市)农林牧渔业中间消耗及构成

(按当年价格计算)

指　　标	1995年	2000年	2006年	2010年	2011年	2012年
一、绝对数(亿元)						
农林牧渔业合计	1728.4	2081.3	3987.5	6951.8	8323.2	9263.9
1. 农业	937.2	1148.8	1817.6	3491.4	4050.8	4630.5
2. 林业	44.2	64.6	133.2	216.7	266.8	300.4
3. 牧业	716.4	813.7	1818.1	2764.9	3447.8	3709.3
4. 渔业	30.6	54.3	102.5	177.3	214.9	243.9
二、构成(%)						
(以农林牧渔业合计为100)	100.0	100.0	100.0	100.0	100.0	100.0
1. 农业	54.2	55.2	69.4	50.2	48.7	50.0
2. 林业	2.6	3.1	5.1	3.1	3.2	3.2
3. 牧业	41.5	39.1	69.4	39.8	41.4	40.0
4. 渔业	1.8	2.6	3.9	2.6	2.6	2.6

14—2—16 西部大开发12省(区、市)农林牧渔业增加值及构成

(按当年价格计算)

指　　标	1995年	2000年	2001年	2010年	2011年	2012年
一、绝对数(亿元)						
农林牧渔业合计	2962.2	3671.6	3798.2	10701.3	12771.1	14332.6
#农业	1953.6	2330.1	2353.3	6529.2	7618.2	8731.7
林业	133.2	178.2	175.1	505.8	617.7	656.1
牧业	800.1	1035.2	1133.6	3078.0	3839.8	4158.2
渔业	75.3	128.1	136.3	335.1	406.7	459.8
二、构成(%)						
(以农林牧渔业合计为100)	100.0	100.0	100.0	100.0	100.0	100.0
#农业	66.0	63.5	62.0	61.0	59.7	60.9
林业	4.5	4.9	4.6	4.7	4.8	4.6
牧业	27.0	28.2	29.8	28.8	30.1	29.0
渔业	2.5	3.5	3.6	3.1	3.2	3.2

14－2－17　西部大开发12省(区、市)农村住户基本情况

指　标	单位	1990年	1995年	2000年	2011年	2012年
调查户常住人口	人/户	5.1	4.8	4.5	4.2	4.2
＃整、半劳动力人数	人/户	3.0	3.0	2.8	2.7	2.9
劳动力负担人口	人/劳动力	1.7	1.6	1.6	1.5	1.5
劳动力文化状况						
不识字或识字很少	人/百劳动力	28.6	20.2	14.0	8.2	8.0
小学程度	人/百劳动力	39.7	39.4	37.6	32.6	32.0
初中程度	人/百劳动力	26.3	33.2	39.7	47.7	47.9
高中程度	人/百劳动力	5.0	6.5	7.1	7.6	7.8
中专程度	人/百劳动力	0.3	0.6	1.4	2.0	2.2
大专及大专以上	人/百劳动力	0.04	0.1	0.3	1.9	2.1
年内新建房屋面积	平方米/人	0.6	0.7	0.8	1.2	0.9
年内新建房屋造价	元/平方米	57.4	158.6	208.8	746.5	775.7
年末住房面积	平方米/人	15.4	18.3	21.6	31.4	32.2
＃砖木结构面积	平方米/人	4.3	6.1	8.3	12.3	13.1
年末住房价值	元/平方米	25.3	57.1	130.5	492.0	507.9
经营耕地面积	亩/人	2.4	2.5	2.2	2.5	2.5
经营山地面积	亩/人	0.5	0.6	0.4	0.6	0.5
农产品出售量						
粮食	千克/人	107.8	107.1	158.1	257.3	279.1
棉花	千克/人	2.2	4.6	8.1	23.1	27.2
油料	千克/人	16.4	11.9	18.1	18.3	23.1
糖料	千克/人	101.0	105.8	172.3	215.3	252.0
蔬菜及制品	千克/人	57.7	61.4	97.8	159.9	155.7
水果	千克/人	11.1	21.2	38.3	55.0	64.1
猪肉	千克/人	15.2	24.2	27.1	24.6	23.9
牛羊肉	千克/人	2.3	2.1	7.2	11.1	12.5
奶及奶制品	千克/人	2.2	3.1	5.0	18.7	17.7
家禽	千克/人	1.9	2.1	2.4	3.2	3.3
禽蛋	千克/人	1.4	1.6	3.3	4.8	5.6

14—2—18 西部大开发12省(区、市)农村居民收入及构成

指 标	1990年	1995年	2000年	2011年	2012年
一、总收入(元/人)	810.9	1789.3	2496.4	7854.7	8857.1
工资性收入	70.5	149.4	390.9	1811.4	2124.4
家庭经营收入	709.0	1554.2	1976.0	5291.8	5807.9
财产性收入		29.6	31.2	137.3	154.9
转移性收入	31.4	56.2	98.3	614.2	770.0
二、纯收入(元/人)	552.7	1116.8	1661.0	5246.7	6026.6
工资性收入	70.5	149.4	390.9	1811.4	2124.4
家庭经营收入	457.5	889.6	1182.4	2780.8	3083.9
财产性收入		29.6	31.2	137.3	154.9
转移性收入	24.7	48.3	56.4	517.2	663.4
三、现金收入(元/人)	494.7	1147.5	1722.5	6535.9	7511.7
工资性收入	70.2	149.1	390.3	1809.5	2123.4
家庭经营收入	373.4	891.8	1210.6	4006.2	4489.3
财产性收入		35.0	26.2	113.0	136.9
转移性收入	51.1	71.6	95.4	607.3	762.1
一、总收入构成(%)	100.0	100.0	100.0	100.0	100.0
工资性收入	8.7	8.3	15.7	23.1	24.0
家庭经营收入	87.4	86.9	79.2	67.4	65.6
财产性收入		1.7	1.3	1.7	1.7
转移性收入	3.9	3.1	3.9	7.8	8.7
二、纯收入构成(%)	100.0	100.0	100.0	100.0	100.0
工资性收入	12.8	13.4	23.5	34.5	35.3
家庭经营收入	82.7	79.7	71.2	53.0	51.2
财产性收入		2.6	1.9	2.6	2.6
转移性收入	4.5	4.3	3.4	9.9	11.0
三、现金收入构成(%)	100.0	100.0	100.0	100.0	100.0
工资性收入	14.2	13.0	22.7	27.7	28.3
家庭经营收入	75.5	77.7	70.3	61.3	59.8
财产性收入		3.1	1.5	1.7	1.8
转移性收入	10.3	6.2	5.5	9.3	10.1

14—2—19 西部大开发12省(区、市)农村居民支出及构成

指　　标	1990年	1995年	2000年	2011年	2012年
一、总支出(元/人)	742.3	1745.5	2211.4	7279.3	8164.0
家庭经营费用支出	210.4	564.3	643.6	2202.5	2396.9
购置生产性固定资产支出	20.6	62.6	63.6	297.0	301.6
建造生产性固定资产雇工支出				3.7	4.4
税费支出	23.0	59.0	79.5	8.2	8.2
消费支出	475.2	1023.0	1325.9	4187.9	4798.4
财产性和转移性支出	13.2	36.6	98.8	580.0	654.7
二、现金支出(元/人)	461.9	1144.4	1621.3	6355.8	7242.2
家庭经营费用支出	126.7	386.0	483.5	1914.7	2134.4
购买生产性固定资产支出	20.7	62.6	63.6	297.0	301.6
建造生产性固定资产雇工支出				3.7	4.4
税费支出	20.7	52.5	74.4	8.2	8.0
现金消费支出	263.1	586.9	907.0	3554.6	4141.1
财产性和转移性支出	30.7	56.5	92.8	577.7	652.7
一、总支出构成(%)	100.0	100.0	100.0	100.0	100.0
家庭经营费用支出	28.3	32.3	29.1	30.3	29.4
购置生产性固定资产支出	2.8	3.6	2.9	4.1	3.7
建造生产性固定资产雇工支出				0.1	0.1
税费支出	3.1	3.4	3.6	0.1	0.1
消费支出	64.0	58.6	60.0	57.5	58.8
财产性和转移性支出	1.8	2.1	4.4	8.0	8.0
二、现金支出构成(%)	100.0	100.0	100.0	100.0	100.0
家庭经营费用支出	27.4	33.7	29.8	30.1	29.5
购买生产性固定资产支出	4.5	5.5	3.9	4.7	4.2
建造生产性固定资产雇工支出				0.1	0.1
税费支出	4.5	4.6	4.6	0.1	0.1
现金消费支出	57.0	51.3	55.9	55.9	57.2
财产性和转移性支出	6.6	4.9	5.7	9.1	9.0

14—2—20 西部大开发12省(区、市)农村居民消费支出

指　　标	1990年	1995年	2000年	2011年	2012年
消费支出(元/人)	475.2	1023.0	1325.9	4187.9	4798.4
一、食品支出	300.4	649.4	710.0	1780.3	1992.2
二、衣着支出	37.6	67.8	73.9	270.2	322.0
三、居住支出	68.2	120.8	186.0	771.3	877.8
四、家庭设备及用品支出	21.4	48.2	53.7	244.1	272.0
五、交通通信支出	6.5	20.5	53.5	422.4	503.9
六、文教娱乐支出	23.7	70.3	144.8	269.3	306.3
七、医疗保健支出	14.1	32.4	67.8	349.3	419.0
八、其他支出	3.2	13.8	36.2	81.1	105.0
消费支出构成(%)	100.0	100.0	100.0	100.0	100.0
一、食品支出	63.2	63.5	53.5	42.5	41.5
二、衣着支出	7.9	6.6	5.6	6.5	6.7
三、居住支出	14.3	11.8	14.0	18.4	18.3
四、家庭设备及用品支出	4.5	4.7	4.0	5.8	5.7
五、交通通信支出	1.4	2.0	4.0	10.1	10.5
六、文教娱乐支出	5.0	6.9	10.9	6.4	6.4
七、医疗保健支出	3.0	3.2	5.1	8.3	8.7
八、其他支出	0.7	1.3	2.7	1.9	2.2

14—2—21 西部大开发12省(区、市)农村居民现金消费支出

单位:元/人

指　　标	1990年	1995年	2000年	2011年	2012年
现金消费支出	263.1	586.9	907.0	3554.6	4141.1
一、食品支出	106.2	239.7	314.2	1177.8	1366.4
二、衣着支出	37.6	67.1	73.6	269.8	321.7
三、居住支出	50.5	95.2	163.4	741.2	847.2
四、家庭设备及用品支出	21.2	48.0	53.6	243.7	271.6
五、交通通信支出	6.5	20.5	53.5	422.4	503.9
六、文教娱乐支出	23.7	70.3	144.8	269.3	306.3
七、医疗保健支出	14.1	32.4	67.8	349.3	419.0
八、其他支出	3.2	13.8	36.2	81.1	105.0

14－2－22　西部大开发12省(区、市)农村居民主要食品消费量

单位:千克/人

指　　标	1990年	1995年	2000年	2011年	2012年
粮食	244.1	254.5	240.8	181.7	179.7
蔬菜	122.8	95.9	103.0	82.5	79.1
食用油	4.5	5.1	6.2	6.3	6.7
#植物油	2.5	3.3	4.4	5.1	5.5
水果	6.0	9.6	14.8	11.0	12.6
猪肉	12.3	12.4	15.8	16.7	16.0
牛羊肉	1.5	1.3	2.1	3.7	4.1
奶及制品	3.1	1.6	2.3	6.8	6.6
禽类	1.0	1.3	2.0	4.0	4.0
蛋及制品	1.4	1.6	2.2	3.1	3.5
水产品	0.4	0.7	1.1	1.6	1.6
卷烟	21.0	20.9	21.1	22.1	22.5
食糖	1.5	1.1	1.2	1.1	1.1
酒	6.3	4.2	4.7	7.8	7.8
相当于全国平均水平(%)					
粮食	93.1	99.4	96.2	106.4	109.4
蔬菜	91.6	91.7	96.5	92.4	93.4
食用油	87.8	87.8	87.5	84.6	86.1
#植物油	70.3	76.5	80.0	76.8	79.2
水果	101.5	73.9	80.8	88.4	81.3
猪肉	116.9	117.2	118.9	115.7	111.4
牛羊肉	188.8	178.9	171.3	196.7	207.0
奶及制品	288.0	242.2	217.0	131.2	125.7
禽类	76.2	68.3	70.5	87.3	88.8
蛋及制品	58.9	49.1	47.0	57.8	59.3
水产品	18.3	20.5	27.3	30.3	30.5
卷烟	75.0	85.1	88.6	92.5	85.7
食糖	74.0	81.5	93.8	107.2	94.8
酒	102.1	64.1	67.2	76.7	77.2

14－2－23　西部大开发12省(区、市)农村居民耐用消费品拥有量

(平均每百户)

指　　标	1990年	1995年	2000年	2011年	2012年
自行车(辆)	79.8	131.7	77.2	38.6	40.6
摩托车(辆)	0.6	2.2	12.3	60.8	63.1
洗衣机(台)	5.1	9.5	18.5	62.7	67.7
电冰箱(台)	0.1	0.9	4.6	53.0	58.4
空调(台)			0.1	5.6	7.2
黑白电视机(台)	26.9	55.0	50.9	1.6	1.4
彩色电视机(台)	2.7	10.6	36.6	104.8	105.8
固定电话(部)			10.4	30.0	29.1
移动电话(部)			1.1	181.5	191.0
照相机(架)	0.4	0.6	1.8	2.4	2.9

14—2—24 西部大开发12省(区、市)扶贫工作重点县基本情况及占全部扶贫工作重点县的比重

指标	单位	2000年	2010年	2011年	2012年
县个数	个	365	365	365	365
年末总人口	万人	11554	12717	12814	12882
行政区域土地面积	万平方公里				187
农业机械总动力	万千瓦	2935	6496	7001	7484
全社会用电量	亿千瓦时		1425	1648	1867
第一产业增加值	亿元	1025	2897	3423	3956
农业	亿元	638	1628	1889	2199
林业	亿元	71	196	216	263
牧业	亿元	302	961	1185	1348
渔业	亿元	14	43	52	62
农作物总播种面积	千公顷	18312	19439	19985	20314
粮食作物播种面积	千公顷	13675	13727	13981	13884
粮食总产量	万吨	4050	5205		
棉花播种面积	千公顷	204	174	187	183
棉花产量	万吨	24	25	28	29
油料播种面积	千公顷	1399	1491	1494	1520
油料产量	万吨	154	220	239	250
糖料播种面积	千公顷	257	372	401	435
糖料产量	万吨	1115	2068	2212	2467
肉类总产量	万吨	529	882	873	975
奶类产量	万吨	64	387	387	424
水产品产量	万吨	23	60	72	86
普通中学专任教师数	万人	27	45	46	47
小学专任教师数	万人	59	63	61	61
普通中学在校学生数	万人	500	748	739	708
小学在校学生数	万人	1453	1149	1101	1047
医院、卫生院数	所	10469	8353	8215	8407
医院、卫生院床位数	床	152340	260322	283096	332574
医院、卫生院技术人员数	人	200031	237210	254151	287407
地方财政一般预算收入	亿元	125	774	1059	1330
地方财政一般预算支出	亿元	385	4206	5265	6568
年末金融机构各项贷款余额	亿元	1770	6427	7616	9753

14—2—24 续表

单位:%

指　　标	2000 年	2010 年	2011 年	2012 年
县个数	62.8	62.8	62.8	62.8
年末总人口	53.5	53.8	53.8	53.9
行政区域土地面积				77.8
农业机械总动力	41.4	43.4	44.0	44.2
全社会用电量		60.0	58.2	59.2
第一产业增加值	49.2	48.8	49.3	50.4
农业	50.6	48.3	48.8	49.8
林业	46.8	51.7	52.3	53.8
牧业	50.7	52.7	53.0	54.4
渔业	18.4	20.5	21.4	22.9
农作物总播种面积	54.4	52.6	53.8	54.0
粮食作物播种面积	56.0	52.0	52.8	52.3
粮食总产量	49.9	45.2		
棉花播种面积	36.3	31.3	33.7	36.3
棉花产量	40.7	37.3	39.4	42.9
油料播种面积	40.3	45.1	46.3	46.6
油料产量	32.5	36.5	38.4	38.5
糖料播种面积	80.7	89.9	92.4	91.2
糖料产量	88.4	92.4	93.7	92.9
肉类总产量	50.8	55.6	54.8	56.2
奶类产量	70.4	57.6	55.2	55.8
水产品产量	15.4	22.4	25.2	27.2
普通中学专任教师数	47.8	54.6	54.8	55.6
小学专任教师数	53.3	57.1	56.7	57.1
普通中学在校学生数	45.7	54.9	55.3	56.2
小学在校学生数	55.8	55.8	54.8	51.2
医院、卫生院数	64.4	63.9	63.1	63.4
医院、卫生院床位数	51.9	54.8	54.7	56.0
医院、卫生院技术人员数	49.1	50.8	52.1	53.1
地方财政一般预算收入	50.0	58.4	58.7	58.7
地方财政一般预算支出	58.5	62.1	62.3	62.6
年末金融机构各项贷款余额	46.4	55.4	54.8	56.3

14—2—25　西部大开发12省(区、市)牧区、半牧区县基本情况及占全部牧区、半牧区县的比重

指　　标	单位	2000年	2010年	2011年	2012年
县个数	个	228	228	228	228
年末总人口	万人	2828	3105	3133	3162
行政区域土地面积	万平方公里				373
农业机械总动力	万千瓦	1607	3590	3440	3663
全社会用电量	亿千瓦时		774	960	1120
第一产业增加值	亿元	438	1386	1594	1788
农业	亿元	238	731	824	908
林业	亿元	19	42	55	55
牧业	亿元	178	576	667	779
渔业	亿元	4	8	11	13
农作物总播种面积	千公顷	6669	8173	8522	8447
粮食作物播种面积	千公顷	4678	5968	6103	6046
粮食总产量	万吨	1326	2714		
棉花播种面积	千公顷	183	245	278	291
棉花产量	万吨	29	44	53	57
油料播种面积	千公顷	902	743	715	711
油料产量	万吨	110	139	144	137
糖料播种面积	千公顷	69	49	49	52
糖料产量	万吨	282	259	262	272
肉类总产量	万吨	206	353	355	370
奶类产量	万吨	129	429	461	458
水产品产量	万吨	6	10	9	9
普通中学专任教师数	万人	9	12	12	12
小学专任教师数	万人	18	18	17	17
普通中学在校学生数	万人	122	163	160	156
小学在校学生数	万人	296	253	255	242
医院、卫生院数	所	4616	4295	4102	4124
医院、卫生院床位数	床	61677	86002	91584	102355
医院、卫生院技术人员数	人	81746	93458	96670	112125
地方财政一般预算收入	亿元	60	543	728	889
地方财政一般预算支出	亿元	165	1969	2479	2996
年末金融机构各项贷款余额	亿元	850	4156	5084	6041

14—2—25 续表

单位:%

指　　　标	2000 年	2010 年	2011 年	2012 年
县个数	86.4	86.4	86.4	86.4
年末总人口	66.6	67.6	67.8	68.3
行政区域土地面积				95.8
农业机械总动力	67.0	64.0	62.3	62.2
全社会用电量		85.2	85.3	86.4
第一产业增加值	70.8	63.3	61.6	61.0
农业	70.5	62.4	59.7	58.0
林业	75.8	64.6	66.3	63.6
牧业	73.0	64.5	63.8	65.1
渔业	31.3	42.2	38.6	42.0
农作物总播种面积	61.7	59.7	59.5	58.2
粮食作物播种面积	59.6	56.5	55.5	54.3
粮食总产量	60.8	47.2		
棉花播种面积	98.9	98.6	97.6	98.5
棉花产量	99.7	98.8	97.7	98.5
油料播种面积	65.6	60.0	61.3	60.0
油料产量	73.3	55.6	54.3	50.4
糖料播种面积	50.9	68.9	68.2	67.4
糖料产量	75.7	78.5	76.9	73.7
肉类总产量	67.8	57.9	60.1	59.3
奶类产量	66.4	50.9	51.1	48.1
水产品产量	23.9	30.6	26.2	24.4
普通中学专任教师数	62.3	70.1	70.1	70.0
小学专任教师数	67.5	71.8	72.2	73.1
普通中学在校学生数	59.6	70.9	71.2	72.2
小学在校学生数	69.2	76.6	76.7	76.0
医院、卫生院数	81.4	83.5	82.6	82.9
医院、卫生院床位数	68.5	71.2	70.8	72.0
医院、卫生院技术人员数	65.4	69.4	69.2	72.6
地方财政一般预算收入	76.9	81.4	80.6	80.0
地方财政一般预算支出	76.5	81.2	81.4	80.2
年末金融机构各项贷款余额	56.9	79.0	80.0	79.8

14—2—26 西部大开发12省(区、市)民族县基本情况及占全部民族县的比重

指 标	单位	2000年	2010年	2011年	2012年
县个数	个	571	571	571	571
年末总人口	万人	13016	14379	14530	14602
行政区域土地面积	万平方公里				563
农业机械总动力	万千瓦	5126	10299	10914	11707
全社会用电量	亿千瓦时		2598	3469	3747
第一产业增加值	亿元	1761	4853	5743	6477
农业	亿元	1134	2733	3164	3576
林业	亿元	101	325	389	446
牧业	亿元	472	1552	1895	2131
渔业	亿元	55	124	157	178
农作物总播种面积	千公顷	22273	24491	25381	26000
粮食作物播种面积	千公顷	14504	15622	15901	15956
粮食总产量	万吨	5358	7140		
棉花播种面积	千公顷	992	1197	1341	1380
棉花产量	万吨	153	218	259	275
油料播种面积	千公顷	2085	1792	1785	1845
油料产量	万吨	298	316	343	351
糖料播种面积	千公顷	769	1248	1283	1344
糖料产量	万吨	4198	8062	8307	8918
肉类总产量	万吨	752	1227	1262	1337
奶类产量	万吨	223	1131	1173	1244
水产品产量	万吨	131	200	216	242
普通中学专任教师数	万人	35	50	51	51
小学专任教师数	万人	68	72	70	71
普通中学在校学生数	万人	642	760	764	748
小学在校学生数	万人	1485	1213	1192	1159
医院、卫生院数	所	11382	10454	10312	10499
医院、卫生院床位数	床	229337	372176	401116	455997
医院、卫生院技术人员数	人	291516	364781	382314	429808
地方财政一般预算收入	亿元	242	1388	1850	2330
地方财政一般预算支出	亿元	551	5532	7073	8577
年末金融机构各项贷款余额	亿元	2997	12914	15496	18921

14—2—26 续表

单位:%

指　　标	2000 年	2010 年	2011 年	2012 年
县个数	90.2	90.2	90.2	90.2
年末总人口	86.5	86.9	87.0	87.0
行政区域土地面积				96.6
农业机械总动力	89.0	87.0	87.4	87.2
全社会用电量		89.4	90.7	91.1
第一产业增加值	86.7	85.8	85.8	85.9
农业	88.0	86.3	85.8	85.8
林业	78.3	79.9	82.1	80.8
牧业	86.5	87.0	87.6	87.9
渔业	79.2	74.2	74.0	76.4
农作物总播种面积	87.9	85.8	87.6	87.4
粮食作物播种面积	86.9	85.3	86.6	86.2
粮食总产量	87.6	85.7		
棉花播种面积	99.6	99.8	99.9	99.9
棉花产量	99.9	99.9	100.0	100.0
油料播种面积	87.9	83.5	84.3	84.1
油料产量	88.4	82.6	82.9	82.4
糖料播种面积	97.3	98.4	98.3	98.3
糖料产量	98.1	98.5	98.4	98.3
肉类总产量	85.7	85.4	86.0	85.4
奶类产量	95.0	93.0	93.1	92.7
水产品产量	83.9	80.1	81.2	82.1
普通中学专任教师数	83.4	87.3	87.2	87.5
小学专任教师数	85.1	88.3	88.3	88.6
普通中学在校学生数	84.9	88.4	88.8	89.3
小学在校学生数	87.1	90.0	89.9	89.8
医院、卫生院数	87.5	87.4	87.5	88.4
医院、卫生院床位数	83.4	85.7	85.4	86.1
医院、卫生院技术人员数	82.2	84.3	84.6	85.6
地方财政一般预算收入	87.4	87.4	86.6	86.8
地方财政一般预算支出	85.8	87.7	87.9	87.8
年末金融机构各项贷款余额	81.8	87.1	88.8	88.9

14—2—27 西部大开发12省(区、市)陆地边境县基本情况及占全部陆地边境县的比重

指　　标	单位	2000年	2010年	2011年	2012年
县个数	个	102	102	102	102
年末总人口	万人	1424	1605	1628	1621
行政区域土地面积	万平方公里				173
农业机械总动力	万千瓦	708	1273	1396	1483
全社会用电量	亿千瓦时		276	330	388
第一产业增加值	亿元	212	628	748	849
农业	亿元	117	320	376	421
林业	亿元	20	81	94	108
牧业	亿元	68	194	230	275
渔业	亿元	6	17	22	25
农作物总播种面积	千公顷	2999	3362	3633	3648
粮食作物播种面积	千公顷	1830	2106	2206	2248
粮食总产量	万吨	651	951		
棉花播种面积	千公顷	113	110	124	126
棉花产量	万吨	17	17	21	22
油料播种面积	千公顷	404	371	376	392
油料产量	万吨	63	63	69	73
糖料播种面积	千公顷	206	294	310	326
糖料产量	万吨	1086	2040	2216	2351
肉类总产量	万吨	84	144	154	163
奶类产量	万吨	48	142	170	170
水产品产量	万吨	18	28	29	37
普通中学专任教师数	万人	4	6	6	6
小学专任教师数	万人	9	9	9	10
普通中学在校学生数	万人	70	79	81	79
小学在校学生数	万人	166	131	129	127
医院、卫生院数	所	1578	1499	1528	1526
医院、卫生院床位数	床	35791	49769	54891	60537
医院、卫生院技术人员数	人	42775	49321	52185	59948
地方财政一般预算收入	亿元	30	193	258	333
地方财政一般预算支出	亿元	88	870	1158	1352
年末金融机构各项贷款余额	亿元	402	1396	1709	2219

14—2—27 续表

单位：%

指　　标	2000 年	2010 年	2011 年	2012 年
县个数	79.1	79.1	79.1	79.1
年末总人口	73.7	76.7	76.9	77.2
行政区域土地面积				90.9
农业机械总动力	72.8	69.4	68.6	67.9
全社会用电量		78.1	80.6	83.5
第一产业增加值	72.3	69.1	68.8	67.4
农业	68.9	66.5	64.9	62.8
林业	75.0	70.9	70.6	70.2
牧业	86.3	83.0	83.8	84.1
渔业	38.0	30.1	32.8	31.5
农作物总播种面积	75.1	64.9	66.3	66.1
粮食作物播种面积	68.5	55.1	55.9	56.1
粮食总产量	66.4	58.3		
棉花播种面积	100.0	100.0	100.0	100.0
棉花产量	100.0	100.0	100.0	100.0
油料播种面积	90.1	94.5	93.7	95.2
油料产量	93.3	95.0	95.1	95.6
糖料播种面积	98.2	100.0	100.0	100.0
糖料产量	99.1	100.0	100.0	100.0
肉类总产量	82.3	81.2	82.3	81.7
奶类产量	92.6	91.5	91.9	91.8
水产品产量	42.7	31.0	36.1	39.9
普通中学专任教师数	65.3	74.8	74.7	76.3
小学专任教师数	73.9	79.3	80.7	82.9
普通中学在校学生数	69.2	77.8	77.8	78.5
小学在校学生数	78.9	82.4	82.4	82.9
医院、卫生院数	76.2	77.8	77.7	78.0
医院、卫生院床位数	68.8	75.6	76.0	76.0
医院、卫生院技术人员数	65.0	72.5	73.0	75.0
地方财政一般预算收入	67.7	71.1	70.4	70.2
地方财政一般预算支出	74.0	74.2	76.6	76.0
年末金融机构各项贷款余额	50.0	59.4	67.5	69.8

14—2—28　西部大开发12省(区、市)棉花生产大县基本情况及占全部棉花生产大县的比重

指　　标	单位	2000年	2010年	2011年	2012年
县个数	个	21	21	21	21
年末总人口	万人	1205	1271	1280	1287
行政区域土地面积	万平方公里				20
农业机械总动力	万千瓦	383	667	719	799
全社会用电量	亿千瓦时		92	120	136
第一产业增加值	亿元	168	421	502	568
农业	亿元	123	234	301	330
林业	亿元	4	23	24	38
牧业	亿元	37	107	160	180
渔业	亿元	4	6	8	10
农作物总播种面积	千公顷	2118	2308	2388	2358
粮食作物播种面积	千公顷	1148	1294	1257	1248
粮食总产量	万吨	589	741		
棉花播种面积	千公顷	599	520	576	582
棉花产量	万吨	92	81	97	105
油料播种面积	千公顷	147	144	143	144
油料产量	万吨	34	36	36	36
糖料播种面积	千公顷	3	4	14	3
糖料产量	万吨	15	16	58	17
肉类总产量	万吨	77	133	136	137
奶类产量	万吨	12	37	37	42
水产品产量	万吨	8	6	13	14
普通中学专任教师数	万人	3	5	5	5
小学专任教师数	万人	5	5	5	5
普通中学在校学生数	万人	65	73	72	66
小学在校学生数	万人	144	94	92	87
医院、卫生院数	所	835	688	704	726
医院、卫生院床位数	床	18656	33971	35408	39477
医院、卫生院技术人员数	人	22125	28418	30433	33516
地方财政一般预算收入	亿元	14	73	104	130
地方财政一般预算支出	亿元	29	372	449	520
年末金融机构各项贷款余额	亿元	239	660	865	1035

14—2—28 续表

单位:%

指　标	2000 年	2010 年	2011 年	2012 年
县个数	16.2	16.2	16.2	16.2
年末总人口	11.5	11.5	11.5	11.5
行政区域土地面积				54.4
农业机械总动力	5.8	5.7	5.9	6.3
全社会用电量		5.1	5.7	6.0
第一产业增加值	9.9	10.3	10.8	11.2
农业	10.5	9.4	10.8	10.9
林业	11.6	25.3	23.3	30.6
牧业	11.3	11.5	13.8	14.3
渔业	2.3	1.5	1.9	2.0
农作物总播种面积	12.4	12.6	12.9	12.7
粮食作物播种面积	11.7	11.3	10.9	10.7
粮食总产量	11.0	10.2		
棉花播种面积	28.3	25.5	27.9	31.0
棉花产量	35.1	30.0	34.0	37.9
油料播种面积	6.9	7.9	7.8	8.0
油料产量	6.0	6.8	6.9	7.0
糖料播种面积	12.6	37.7	66.3	33.2
糖料产量	11.4	32.5	64.6	36.0
肉类总产量	12.6	14.8	14.8	14.3
奶类产量	53.3	28.6	24.4	25.9
水产品产量	2.4	1.1	2.2	2.3
普通中学专任教师数	10.4	12.9	14.0	13.7
小学专任教师数	11.0	12.4	11.9	12.0
普通中学在校学生数	9.7	12.5	12.8	12.6
小学在校学生数	12.5	11.7	11.3	9.5
医院、卫生院数	20.3	19.5	19.4	19.6
医院、卫生院床位数	11.7	14.3	13.2	13.2
医院、卫生院技术人员数	10.0	11.4	11.0	11.2
地方财政一般预算收入	7.0	6.2	6.6	7.0
地方财政一般预算支出	10.3	14.1	13.6	13.0
年末金融机构各项贷款余额	8.2	5.6	6.3	6.4

14—2—29　西部大开发12省(区、市)黄土高原县基本情况及占全部黄土高原县的比重

指　　标	单位	2000年	2010年	2011年	2012年
县个数	个	112	112	112	112
年末总人口	万人	3575	3777	3799	3818
行政区域土地面积	万平方公里				24
农业机械总动力	万千瓦	1307	2450	2616	2672
全社会用电量	亿千瓦时		749	899	977
第一产业增加值	亿元	261	935	1120	1286
农业	亿元	188	668	789	910
林业	亿元	11	16	17	22
牧业	亿元	60	214	272	305
渔业	亿元	1	3	3	4
农作物总播种面积	千公顷	5679	5803	6065	5765
粮食作物播种面积	千公顷	4596	4357	4303	4239
粮食总产量	万吨	1120	1634		
棉花播种面积	千公顷	22	39	40	39
棉花产量	万吨	2	5	6	5
油料播种面积	千公顷	450	493	475	465
油料产量	万吨	49	90	87	90
糖料播种面积	千公顷	4	1	1	1
糖料产量	万吨	6	2	2	2
肉类总产量	万吨	82	126	136	141
奶类产量	万吨	49	186	197	200
水产品产量	万吨	3	5	5	6
普通中学专任教师数	万人	11	17	18	18
小学专任教师数	万人	19	19	19	18
普通中学在校学生数	万人	205	261	252	231
小学在校学生数	万人	489	299	282	261
医院、卫生院数	所	2641	2439	2474	2414
医院、卫生院床位数	床	54689	86254	93250	106358
医院、卫生院技术人员数	人	69215	94354	101608	112907
地方财政一般预算收入	亿元	45	206	270	332
地方财政一般预算支出	亿元	107	1193	1516	1884
年末金融机构各项贷款余额	亿元	756	2155	2578	3158

14—2—29 续表 单位:%

指　　标	2000 年	2010 年	2011 年	2012 年
县个数	53.1	53.1	53.1	53.1
年末总人口	52.4	52.3	52.3	52.4
行政区域土地面积				62.1
农业机械总动力	40.3	42.8	43.4	43.9
全社会用电量		39.8	39.3	41.0
第一产业增加值	51.2	54.7	55.8	56.9
农业	52.4	57.7	58.2	59.4
林业	39.3	24.5	28.2	31.8
牧业	50.5	51.9	53.5	54.1
渔业	37.9	26.6	27.3	27.4
农作物总播种面积	58.7	58.6	59.6	58.5
粮食作物播种面积	58.4	55.9	55.5	55.2
粮食总产量	51.8	52.4		
棉花播种面积	29.6	39.8	42.7	51.2
棉花产量	28.7	44.5	47.1	53.3
油料播种面积	59.2	73.0	72.5	73.1
油料产量	53.6	71.5	70.8	70.8
糖料播种面积	78.6	100.0	100.0	100.0
糖料产量	66.7	100.0	100.0	100.0
肉类总产量	46.6	49.8	49.8	48.8
奶类产量	77.8	67.1	68.2	69.1
水产品产量	42.3	28.5	25.3	25.6
普通中学专任教师数	47.3	52.4	52.3	53.4
小学专任教师数	52.3	52.3	52.2	51.5
普通中学在校学生数	49.7	54.5	54.5	53.5
小学在校学生数	57.0	51.4	50.8	49.8
医院、卫生院数	52.7	54.5	54.0	54.4
医院、卫生院床位数	43.6	46.5	46.8	49.2
医院、卫生院技术人员数	45.6	47.9	48.6	48.9
地方财政一般预算收入	40.5	29.8	31.2	31.7
地方财政一般预算支出	50.1	53.3	54.0	55.0
年末金融机构各项贷款余额	43.3	39.4	38.7	40.2

14—2—30　西部大开发12省（区、市）平原县基本情况及占全部平原县的比重

指　　标	单位	2000年	2010年	2011年	2012年
县个数	个	179	179	179	179
年末总人口	万人	5439	5853	5906	5972
行政区域土地面积	万平方公里				189
农业机械总动力	万千瓦	2774	4905	5256	5504
全社会用电量	亿千瓦时		1165	1752	1840
第一产业增加值	亿元	806	2468	2910	3260
农业	亿元	590	1568	1846	2051
林业	亿元	20	62	69	89
牧业	亿元	176	669	843	946
渔业	亿元	18	45	59	65
农作物总播种面积	千公顷	9005	10040	10458	10343
粮食作物播种面积	千公顷	5434	5989	5827	5796
粮食总产量	万吨	2693	3768		
棉花播种面积	千公顷	1008	1232	1383	1414
棉花产量	万吨	155	223	264	279
油料播种面积	千公顷	964	766	753	754
油料产量	万吨	191	193	193	188
糖料播种面积	千公顷	149	144	148	148
糖料产量	万吨	790	875	910	966
肉类总产量	万吨	296	496	514	535
奶类产量	万吨	138	715	754	811
水产品产量	万吨	61	87	85	89
普通中学专任教师数	万人	19	25	26	26
小学专任教师数	万人	29	28	27	28
普通中学在校学生数	万人	320	345	338	318
小学在校学生数	万人	632	410	396	381
医院、卫生院数	所	4952	3997	4098	3976
医院、卫生院床位数	床	115387	198024	215772	244770
医院、卫生院技术人员数	人	156279	207521	220737	247270
地方财政一般预算收入	亿元	119	731	1010	1211
地方财政一般预算支出	亿元	206	2384	2854	3310
年末金融机构各项贷款余额	亿元	2032	7921	9688	11490

14—2—30续表

单位:%

指　　标	2000年	2010年	2011年	2012年
县个数	27.5	27.5	27.5	27.5
年末总人口	14.8	15.0	15.0	15.2
行政区域土地面积				72.5
农业机械总动力	11.5	12.2	12.6	12.8
全社会用电量		13.8	16.8	17.1
第一产业增加值	13.7	16.6	16.9	17.3
农业	15.4	17.7	18.4	18.5
林业	14.9	18.2	18.3	20.0
牧业	13.5	17.2	17.6	18.5
渔业	3.1	3.4	3.9	3.9
农作物总播种面积	15.7	16.1	16.5	16.3
粮食作物播种面积	14.2	13.7	13.3	13.1
粮食总产量	14.0	13.6		
棉花播种面积	30.5	32.4	35.3	38.7
棉花产量	38.1	42.1	45.6	49.8
油料播种面积	16.1	15.8	15.9	16.0
油料产量	14.2	14.4	14.3	13.7
糖料播种面积	34.9	38.1	39.0	38.7
糖料产量	37.9	36.4	36.5	36.6
肉类总产量	13.2	14.8	15.2	15.0
奶类产量	40.8	36.5	36.8	37.2
水产品产量	4.8	4.7	4.5	4.5
普通中学专任教师数	15.8	17.5	17.7	17.7
小学专任教师数	16.3	17.1	16.9	17.3
普通中学在校学生数	14.0	15.9	16.2	16.0
小学在校学生数	15.5	14.2	13.7	12.9
医院、卫生院数	27.1	26.2	26.5	26.0
医院、卫生院床位数	19.2	21.0	21.0	21.5
医院、卫生院技术人员数	18.8	20.0	20.1	20.9
地方财政一般预算收入	14.7	13.0	13.9	14.1
地方财政一般预算支出	16.8	21.0	20.1	19.7
年末金融机构各项贷款余额	14.6	13.3	13.9	14.0

14—2—31 西部大开发12省(区、市)丘陵县基本情况及占全部丘陵县的比重

指　　标	单位	2000年	2010年	2011年	2012年
县个数	个	224	224	224	224
年末总人口	万人	10325	10967	11070	11075
行政区域土地面积	万平方公里				139
农业机械总动力	万千瓦	2996	5901	6368	6861
全社会用电量	亿千瓦时		1512	1785	2053
第一产业增加值	亿元	1315	3470	4187	4624
农业	亿元	833	1935	2337	2605
林业	亿元	54	164	205	221
牧业	亿元	377	1124	1438	1566
渔业	亿元	51	110	133	150
农作物总播种面积	千公顷	15765	16470	16769	16966
粮食作物播种面积	千公顷	11390	11553	11673	11672
粮食总产量	万吨	4491	5233		
棉花播种面积	千公顷	92	54	53	54
棉花产量	万吨	10	7	8	8
油料播种面积	千公顷	1464	1409	1425	1504
油料产量	万吨	211	272	288	311
糖料播种面积	千公顷	378	728	741	765
糖料产量	万吨	2041	4818	4918	5192
肉类总产量	万吨	699	1013	1007	1054
奶类产量	万吨	58	452	488	475
水产品产量	万吨	101	147	178	197
普通中学专任教师数	万人	28	35	37	36
小学专任教师数	万人	44	42	40	40
普通中学在校学生数	万人	560	572	552	524
小学在校学生数	万人	1099	722	710	689
医院、卫生院数	所	7898	5588	5457	5502
医院、卫生院床位数	床	153556	242739	260673	299204
医院、卫生院技术人员数	人	200189	237284	248329	282830
地方财政一般预算收入	亿元	155	873	1147	1418
地方财政一般预算支出	亿元	292	3126	3966	4682
年末金融机构各项贷款余额	亿元	1910	7557	9210	11954

14—2—31 续表

单位:%

指　　标	2000 年	2010 年	2011 年	2012 年
县个数	41.9	41.9	41.9	41.9
年末总人口	36.6	37.0	37.1	37.1
行政区域土地面积				68.6
农业机械总动力	26.9	27.8	28.7	29.4
全社会用电量		28.6	30.0	32.0
第一产业增加值	32.2	33.5	34.5	34.3
农业	34.8	34.8	36.2	35.9
林业	36.5	40.1	43.2	41.5
牧业	36.5	37.8	39.1	39.3
渔业	10.0	10.0	10.5	10.6
农作物总播种面积	39.5	37.8	38.5	38.5
粮食作物播种面积	40.2	36.2	36.6	36.3
粮食总产量	35.3	30.9		
棉花播种面积	25.6	17.1	16.5	17.6
棉花产量	28.3	17.9	18.5	19.7
油料播种面积	34.1	35.8	36.4	37.8
油料产量	27.5	31.1	32.6	33.2
糖料播种面积	74.4	92.3	92.5	91.6
糖料产量	82.3	94.2	93.9	93.4
肉类总产量	39.2	37.6	37.4	36.9
奶类产量	41.6	51.0	50.7	48.5
水产品产量	7.6	8.7	10.2	10.9
普通中学专任教师数	31.9	33.2	33.5	34.2
小学专任教师数	33.5	35.5	34.9	35.0
普通中学在校学生数	33.5	36.2	36.0	36.3
小学在校学生数	36.9	35.4	34.9	35.0
医院、卫生院数	47.1	42.5	42.0	42.0
医院、卫生院床位数	33.1	35.8	35.5	36.6
医院、卫生院技术人员数	32.7	32.5	32.3	33.9
地方财政一般预算收入	27.6	25.5	25.7	25.7
地方财政一般预算支出	32.8	37.3	37.3	37.0
年末金融机构各项贷款余额	24.9	25.4	25.8	27.6

14—2—32 西部大开发12省(区、市)山区县基本情况及占全部山区县的比重

指标	单位	2000年	2010年	2011年	2012年
县个数	个	501	501	501	501
年末总人口	万人	13039	14303	14431	14502
行政区域土地面积	万平方公里				319
农业机械总动力	万千瓦	3433	7163	7543	8228
全社会用电量	亿千瓦时		2144	2655	2910
第一产业增加值	亿元	1265	3288	3826	4467
农业	亿元	790	1801	2057	2431
林业	亿元	90	240	271	318
牧业	亿元	366	1088	1340	1543
渔业	亿元	20	60	72	89
农作物总播种面积	千公顷	18965	20068	20711	21364
粮食作物播种面积	千公顷	13734	13371	13733	13801
粮食总产量	万吨	4575	5143		
棉花播种面积	千公顷	11	7	7	8
棉花产量	万吨	1	1	1	1
油料播种面积	千公顷	1544	1754	1751	1764
油料产量	万吨	194	251	298	312
糖料播种面积	千公顷	338	480	498	538
糖料产量	万吨	1790	2874	3003	3330
肉类总产量	万吨	650	1122	1050	1254
奶类产量	万吨	83	202	175	217
水产品产量	万吨	33	88	101	121
普通中学专任教师数	万人	31	49	51	51
小学专任教师数	万人	65	70	69	68
普通中学在校学生数	万人	542	850	845	823
小学在校学生数	万人	1577	1333	1279	1219
医院、卫生院数	所	12480	10257	10308	10604
医院、卫生院床位数	床	196253	327620	362359	413027
医院、卫生院技术人员数	人	238186	291522	313738	348549
地方财政一般预算收入	亿元	180	967	1314	1688
地方财政一般预算支出	亿元	488	4875	6007	7533
年末金融机构各项贷款余额	亿元	2460	9755	11111	14162

14—2—32 续表　　　　单位:%

指　　标	2000 年	2010 年	2011 年	2012 年
县个数	56.0	56.0	56.0	56.0
年末总人口	44.2	45.1	45.2	45.3
行政区域土地面积				75.4
农业机械总动力	37.5	38.6	39.2	39.9
全社会用电量		40.6	42.6	43.5
第一产业增加值	35.1	36.7	36.8	37.9
农业	36.8	35.7	35.6	36.8
林业	26.3	30.4	30.4	31.2
牧业	40.9	45.0	45.3	46.9
渔业	9.0	12.4	13.0	13.7
农作物总播种面积	50.0	51.1	51.7	52.2
粮食作物播种面积	51.3	51.0	51.6	51.7
粮食总产量	43.3	44.1		
棉花播种面积	13.7	6.5	6.4	7.2
棉花产量	10.7	6.1	5.9	6.9
油料播种面积	45.3	47.1	46.9	46.6
油料产量	36.4	36.2	39.7	40.2
糖料播种面积	83.2	92.2	92.3	93.0
糖料产量	84.6	91.9	91.9	92.7
肉类总产量	43.0	47.7	45.3	48.2
奶类产量	68.3	50.8	46.5	49.7
水产品产量	6.1	12.4	13.5	15.0
普通中学专任教师数	34.9	42.5	43.2	43.8
小学专任教师数	43.2	49.0	49.2	49.4
普通中学在校学生数	34.3	47.4	48.5	49.3
小学在校学生数	47.9	52.9	51.9	51.4
医院、卫生院数	54.1	53.7	54.1	54.8
医院、卫生院床位数	40.3	43.2	44.0	44.4
医院、卫生院技术人员数	37.6	37.2	38.0	38.9
地方财政一般预算收入	35.0	34.3	35.3	36.7
地方财政一般预算支出	43.7	49.2	49.2	50.1
年末金融机构各项贷款余额	36.1	35.8	35.3	36.9

15

各地区主要农村经济指标排序

15—1 粮食总产量与人均占有量

地区	粮食总产量(万吨)		平均每人占有量(千克/人))	
	指标值	位次	指标值	位次
全国总计	**58958.0**		**436.5**	
北京	113.8	29	55.7	30
天津	161.8	27	116.9	29
河北	3246.6	8	446.9	12
山西	1274.1	17	353.7	19
内蒙古	2528.5	10	1017.2	3
辽宁	2070.5	13	472.1	8
吉林	3343.0	5	1215.7	2
黑龙江	5761.5	1	1502.7	1
上海	122.4	28	51.8	31
江苏	3372.5	4	426.4	14
浙江	769.8	23	140.7	27
安徽	3289.1	7	550.2	7
福建	659.3	24	176.6	26
江西	2084.8	12	463.7	10
山东	4511.4	3	467.0	9
河南	5638.6	2	600.0	4
湖北	2441.8	11	423.3	15
湖南	3006.5	9	454.3	11
广东	1396.3	16	132.4	28
广西	1484.9	15	318.4	21
海南	199.5	26	226.2	24
重庆	1138.5	20	388.3	17
四川	3315.0	6	411.1	16
贵州	1079.5	22	310.5	23
云南	1749.1	14	376.6	18
西藏	94.9	31	310.6	22
陕西	1245.1	19	332.2	20
甘肃	1109.7	21	431.6	13
青海	101.5	30	177.9	25
宁夏	375.0	25	582.9	5
新疆	1273.0	18	573.2	6

15－2 棉花总产量与人均占有量

地　区	棉花总产量(吨)		平均每人占有量(千克/人)	
	指标值	位　次	指标值	位　次
全国总计	**6835975**		**5.06**	
北　京	272	23	0.01	21
天　津	57567	12	4.16	6
河　北	564404	3	7.77	3
山　西	46981	13	1.30	13
内蒙古	1552	19	0.06	18
辽　宁	560	21	0.01	22
吉　林	7983	16	0.29	15
黑龙江				
上　海	3811	17	0.16	17
江　苏	220470	8	2.79	10
浙　江	29891	14	0.55	14
安　徽	293973	5	4.92	5
福　建	71	25	0.00	25
江　西	152203	9	3.39	8
山　东	698490	2	7.23	4
河　南	256868	6	2.73	11
湖　北	545300	4	9.45	2
湖　南	250600	7	3.79	7
广　东				
广　西	2206	18	0.05	19
海　南				
重　庆	91	24	0.00	24
四　川	13314	15	0.17	16
贵　州	1200	20	0.03	20
云　南	481	22	0.01	23
西　藏				
陕　西	67202	11	1.79	12
甘　肃	81028	10	3.15	9
青　海				
宁　夏				
新　疆	3539458	1	159.38	1

15—3 油料总产量与人均占有量

地区	油料总产量(吨)		平均每人占有量(千克/人)	
	指标值	位次	指标值	位次
全国总计	**34367660**		**25.4**	
北京	13405	30	0.7	30
天津	5646	31	0.4	31
河北	1428283	9	19.7	17
山西	195672	25	5.4	28
内蒙古	1450797	8	58.4	3
辽宁	1208739	10	27.6	11
吉林	807183	14	29.4	9
黑龙江	225158	24	5.9	27
上海	17313	29	0.7	29
江苏	1469468	7	18.6	18
浙江	383010	21	7.0	26
安徽	2276936	5	38.1	5
福建	280735	23	7.5	25
江西	1170753	11	26.0	14
山东	3509513	2	36.3	6
河南	5695117	1	60.6	2
湖北	3196621	3	55.4	4
湖南	2078154	6	31.4	8
广东	966063	12	9.2	24
广西	544867	19	11.7	23
海南	103621	27	11.7	22
重庆	501142	20	17.1	19
四川	2877615	4	35.7	7
贵州	873827	13	25.1	15
云南	628374	16	13.5	21
西藏	63310	28	20.7	16
陕西	603300	17	16.1	20
甘肃	670036	15	26.1	13
青海	352246	22	61.7	1
宁夏	180321	26	28.0	10
新疆	590436	18	26.6	12

15—4 糖料总产量与人均占有量

地区	糖料总产量(吨)		平均每人占有量(千克/人)	
	指标值	位次	指标值	位次
全国总计	**134854276**		**99.8**	
北京				
天津				
河北	594297	13	8.2	15
山西	407752	15	11.3	12
内蒙古	1679264	7	67.6	7
辽宁	97317	23	2.2	22
吉林	209410	19	7.6	17
黑龙江	2731176	6	71.2	6
上海	10140	24	0.4	24
江苏	97531	22	1.2	23
浙江	701425	10	12.8	11
安徽	206108	20	3.4	20
福建	564711	14	15.1	9
江西	615764	11	13.7	10
山东	72	27		
河南	268803	17	2.9	21
湖北	310822	16	5.4	18
湖南	738307	9	11.2	13
广东	14692105	3	139.3	5
广西	78297134	1	1678.9	1
海南	4159197	5	471.6	2
重庆	118823	21	4.1	19
四川	615307	12	7.6	16
贵州	1280784	8	36.8	8
云南	20437844	2	440.0	3
西藏				
陕西	1667	25		
甘肃	246503	18	9.6	14
青海	35	28		
宁夏	88	26		
新疆	5771889	4	259.9	4

15—5 肉类总产量与人均占有量

地 区	肉类总产量(万吨)		平均每人占有量(千克/人)	
	指标值	位 次	指标值	位 次
全国总计	**8387.2**		**62.1**	
北 京	43.2	27	21.1	30
天 津	45.8	26	33.1	26
河 北	442.9	6	61.0	16
山 西	77.4	25	21.5	29
内 蒙 古	245.8	15	98.9	1
辽 宁	418.7	7	95.5	2
吉 林	260.0	14	94.5	3
黑 龙 江	216.2	16	56.4	18
上 海	25.8	30	10.9	31
江 苏	396.5	11	50.1	22
浙 江	180.8	20	33.1	27
安 徽	397.7	10	66.5	15
福 建	200.8	18	53.8	20
江 西	311.1	13	69.2	13
山 东	764.2	1	79.1	8
河 南	677.4	2	72.1	11
湖 北	412.3	8	71.5	12
湖 南	515.3	4	77.9	9
广 东	443.2	5	42.0	23
广 西	411.0	9	88.1	5
海 南	79.5	24	90.2	4
重 庆	201.2	17	68.6	14
四 川	670.2	3	83.1	6
贵 州	190.3	19	54.7	19
云 南	348.7	12	75.1	10
西 藏	25.2	31	82.5	7
陕 西	107.1	22	28.6	28
甘 肃	87.8	23	34.2	25
青 海	30.5	28	53.4	21
宁 夏	26.5	29	41.2	24
新 疆	134.2	21	60.4	17

15－6　水产品总产量与人均占有量

地　　区	水产品总产量(吨)		平均每人占有量(千克/人)	
	指标值	位　次	指标值	位　次
全国总计	**59076760**		**43.7**	
北　　京	63842	27	3.1	26
天　　津	365042	18	26.4	13
河　　北	1163172	14	16.0	15
山　　西	41243	28	1.1	28
内 蒙 古	131575	23	5.3	24
辽　　宁	4786268	6	109.1	3
吉　　林	182100	21	6.6	22
黑 龙 江	452840	16	11.8	18
上　　海	297132	20	12.6	17
江　　苏	4937399	5	62.4	9
浙　　江	5395806	4	98.6	4
安　　徽	2074938	11	34.7	11
福　　建	6286826	3	168.4	2
江　　西	2370007	9	52.7	10
山　　东	8418937	1	87.1	5
河　　南	717210	15	7.6	21
湖　　北	3889476	7	67.4	7
湖　　南	2214376	10	33.5	12
广　　东	7895004	2	74.8	6
广　　西	3038700	8	65.2	8
海　　南	1727340	12	195.9	1
重　　庆	330720	19	11.3	19
四　　川	1189102	13	14.7	16
贵　　州	134675	22	3.9	25
云　　南	401200	17	8.6	20
西　　藏	400	31	0.1	31
陕　　西	105429	26	2.8	27
甘　　肃	13340	29	0.5	30
青　　海	4520	30	0.8	29
宁　　夏	123538	24	19.2	14
新　　疆	121700	25	5.5	23
中农发集团	202903			

注:水产品总产量包括中农发集团产量。

15—7 水果总产量与人均占有量

地 区	水果总产量(万吨)		平均每人占有量(千克/人)	
	指标值	位 次	指标值	位 次
全国总计	**24056.8**		**178.1**	
北 京	113.6	27	55.6	26
天 津	58.2	29	42.0	28
河 北	1814.9	3	249.8	8
山 西	677.3	16	188.0	12
内蒙古	283.5	22	114.0	20
辽 宁	894.3	9	203.9	10
吉 林	217.5	25	79.1	24
黑龙江	268.6	23	70.1	25
上 海	87.2	28	36.9	29
江 苏	796.0	13	100.6	22
浙 江	703.8	15	128.7	17
安 徽	885.4	11	148.1	14
福 建	708.8	14	189.8	11
江 西	571.3	18	127.1	18
山 东	2924.5	1	302.7	5
河 南	2535.0	2	269.8	7
湖 北	885.7	10	153.5	13
湖 南	909.2	8	137.4	15
广 东	1390.1	5	131.8	16
广 西	1325.0	6	284.1	6
海 南	428.7	20	486.1	2
重 庆	291.2	21	99.3	23
四 川	821.6	12	101.9	21
贵 州	147.7	26	42.5	27
云 南	581.1	17	125.1	19
西 藏	1.4	31	4.4	31
陕 西	1693.8	4	451.9	3
甘 肃	565.0	19	219.8	9
青 海	3.7	30	6.4	30
宁 夏	250.5	24	389.4	4
新 疆	1222.1	7	550.3	1

注:2003年后水果包括种植业的瓜果类。

15－8 奶类总产量与人均占有量

地 区	奶类总产量(万吨)		平均每人占有量(千克/人)	
	指标值	位 次	指标值	位 次
全国总计	**3875.4**		**28.7**	
北 京	65.1	13	31.8	11
天 津	68.2	12	49.3	9
河 北	479.0	3	65.9	5
山 西	81.0	10	22.5	14
内 蒙 古	930.7	1	374.4	1
辽 宁	130.2	8	29.7	13
吉 林	49.8	16	18.1	15
黑 龙 江	565.0	2	147.4	3
上 海	30.2	19	12.8	17
江 苏	61.3	14	7.8	20
浙 江	19.3	22	3.5	23
安 徽	24.1	21	4.0	22
福 建	15.4	24	4.1	21
江 西	12.6	26	2.8	24
山 东	294.1	5	30.4	12
河 南	330.4	4	35.2	10
湖 北	15.7	23	2.7	25
湖 南	8.5	28	1.3	30
广 东	13.9	25	1.3	29
广 西	9.4	27	2.0	27
海 南	0.2	31	0.3	31
重 庆	7.7	29	2.6	26
四 川	72.2	11	9.0	19
贵 州	5.1	30	1.5	28
云 南	58.0	15	12.5	18
西 藏	31.6	18	103.5	4
陕 西	189.1	6	50.4	8
甘 肃	38.6	17	15.0	16
青 海	29.4	20	51.4	7
宁 夏	103.5	9	160.9	2
新 疆	136.3	7	61.4	6

15—9 各地区农村居民人均纯收入位次

单位:元/人

地 区	1995年		2000年		2011年		2012年	
	实际数	位 次	实际数	位 次	实际数	位 次	实际数	位 次
全国总计	**1577.7**		**2253.4**		**6977.3**		**7916.6**	
北 京	3223.7	2	4604.6	2	14735.7	2	16475.7	2
天 津	2406.4	6	3622.4	5	12321.2	4	14025.5	4
河 北	1668.7	11	2478.9	9	7119.7	12	8081.4	12
山 西	1208.3	22	1905.6	20	5601.4	22	6356.6	23
内蒙古	1208.4	21	2038.2	16	6641.6	15	7611.3	15
辽 宁	1756.5	9	2355.6	10	8296.5	9	9383.7	9
吉 林	1609.6	12	2022.5	17	7510.0	11	8598.2	11
黑龙江	1766.3	8	2148.2	14	7590.7	10	8603.8	10
上 海	4245.6	1	5596.4	1	16053.8	1	17803.7	1
江 苏	2456.9	5	3595.1	6	10805.0	5	12202.0	5
浙 江	2966.2	3	4253.7	3	13070.7	3	14551.9	3
安 徽	1302.8	18	1934.6	19	6232.2	20	7160.5	20
福 建	2048.6	7	3230.5	7	8778.6	7	9967.2	7
江 西	1537.4	13	2135.3	15	6891.6	14	7829.4	14
山 东	1715.1	10	2659.2	8	8342.1	8	9446.5	8
河 南	1232.0	20	1985.8	18	6604.0	16	7524.9	16
湖 北	1511.2	15	2268.6	11	6897.9	13	7851.7	13
湖 南	1425.2	17	2197.2	12	6567.1	17	7440.2	17
广 东	2699.2	4	3654.5	4	9371.7	6	10542.8	6
广 西	1446.1	16	1864.5	23	5231.3	25	6007.5	25
海 南	1519.7	14	2182.3	13	6446.0	19	7408.0	18
重 庆	1270.4	19	1892.4	22	6480.4	18	7383.3	19
四 川	1158.3	24	1903.6	21	6128.6	21	7001.4	21
贵 州	1086.6	26	1374.2	30	4145.4	30	4753.0	30
云 南	1011.0	28	1478.6	27	4722.0	28	5416.5	28
西 藏	1200.3	23	1330.8	31	4904.3	27	5719.4	27
陕 西	962.9	30	1443.9	28	5027.9	26	5762.5	26
甘 肃	880.3	31	1428.7	29	3909.4	31	4506.7	31
青 海	1029.8	27	1490.5	26	4608.5	29	5364.4	29
宁 夏	998.8	29	1724.3	24	5410.0	24	6180.3	24
新 疆	1136.5	25	1618.1	25	5442.2	23	6393.7	22

16

国外主要农业指标

16—1 总人口与农业人口

国家或地区	总人口(万人)			农业人口(万人)			农业人口占总人口的比重(%)		
	2000 年	2011 年	2012 年	2000 年	2011 年	2012 年	2000 年	2011 年	2012 年
世　界	**6122769**	**6974041**	**7052134**	**2583716**	**2620241**	**2621037**	**42.2**	**37.6**	**37.2**
印　度	1053898	1241492	1258351	559446	594571	596694	53.1	47.9	47.4
美　国	282496	313085	315791	6279	5043	4941	2.2	1.6	1.6
印度尼西亚	213395	242326	244769	93918	88911	88244	44.0	36.7	36.1
巴　西	174425	196655	198361	27660	20461	19864	15.9	10.4	10.0
巴基斯坦	144522	176745	179951	68479	74678	75146	47.4	42.3	41.8
尼日利亚	123689	162471	166629	41133	39195	38977	33.3	24.1	23.4
孟加拉国	129592	150494	152409	71073	66836	66240	54.8	44.4	43.5
俄罗斯联邦	146758	142836	142703	15466	11210	10919	10.5	7.8	7.7
日　本	125720	126497	126435	4866	2527	2377	3.9	2.0	1.9
墨西哥	99960	114793	116147	23619	19998	19654	23.6	17.4	16.9
菲律宾	77310	94852	96471	30520	31251	31236	39.5	32.9	32.4
越　南	78758	88792	89730	53049	55701	55901	67.4	62.7	62.3
埃塞俄比亚	65578	84734	86539	53957	65076	65983	82.3	76.8	76.2
埃　及	67648	82537	83958	23446	22501	22325	34.7	27.3	26.6
德　国	82349	82163	81991	2066	1234	1175	2.5	1.5	1.4
伊　朗	65342	74799	75612	17361	15783	15635	26.6	21.1	20.7
土耳其	63628	73640	74509	16857	14229	13983	26.5	19.3	18.8
泰　国	63155	69519	69892	30928	28049	27667	49.0	40.3	39.6
刚　果	49626	67758	69575	30823	38434	39122	62.1	56.7	56.2
法　国	59048	63126	63458	1976	1216	1162	3.3	1.9	1.8
英　国	59096	62655	63036	1048	907	896	1.8	1.4	1.4
意大利	56986	60789	60964	3029	1880	1794	5.3	3.1	2.9
南　非	44760	50460	50738	6201	4762	4622	13.9	9.4	9.1
缅　甸	44958	48337	48724	31610	32258	32352	70.3	66.7	66.4
韩　国	45988	48391	48588	4028	2066	1940	8.8	4.3	4.0
坦桑尼亚	34038	46218	47656	26640	33615	34399	78.3	72.7	72.2
哥伦比亚	39764	46927	47551	7949	6871	6773	20.0	14.6	14.2
西班牙	40288	46455	46772	2934	1954	1870	7.3	4.2	4.0
苏　丹	34188	44632	45722	20825	22563	22664	60.9	50.6	49.6
乌克兰	48892	45190	44940	7786	5017	4831	15.9	11.1	10.7
肯尼亚	31254	41610	42749	23576	29163	29738	75.4	70.1	69.6
阿根廷	36931	40765	41119	3500	3077	3045	9.5	7.5	7.4
波　兰	38302	38299	38317	7270	5520	5385	19.0	14.4	14.1
阿尔及利亚	30534	35980	36486	7376	7383	7352	24.2	20.5	20.2
乌干达	24213	34509	35621	19138	25139	25727	79.0	72.8	72.2
加拿大	30667	34350	34675	783	619	607	2.6	1.8	1.8
伊　朗	23857	32665	33703	2213	1702	1662	9.3	5.2	4.9
阿富汗	22856	32358	33397	14550	19209	19695	63.7	59.4	59.0
摩洛哥	28793	32273	32599	9696	8129	8000	33.7	25.2	24.5
尼泊尔	24401	30486	31011	22743	28323	28797	93.2	92.9	92.9
委内瑞拉	24348	29437	29891	2308	1752	1710	9.5	6.0	5.7

资料来源:联合国 FAO 数据库

16－2 农业生产指数

(2004－2006 年＝100)

国家或地区	2008	2009	2010	2011
世　　界	**109**	**110**	**112**	**116**
孟加拉国	120	121	129	132
印　　度	116	113	124	131
印度尼西亚	113	119	120	125
伊　　朗	98	106	106	114
以 色 列	103	104	104	106
日　　本	101	96	94	93
哈萨克斯坦	108	123	107	140
朝　　鲜	99	98	99	104
韩　　国	106	109	102	101
马来西亚	111	109	112	120
蒙　　古	120	147	117	127
缅　　甸	125	128	131	138
巴基斯坦	110	113	110	117
菲 律 宾	113	112	113	115
斯里兰卡	114	112	123	117
泰　　国	111	114	115	122
越　　南	113	117	120	127
埃　　及	115	117	110	113
尼日利亚	103	90	100	102
南　　非	118	114	116	117
加 拿 大	106	105	103	104
墨 西 哥	106	104	107	106
美　　国	104	105	106	101
阿 根 廷	112	96	115	115
巴　　西	117	117	122	128
委内瑞拉	110	105	105	107
白俄罗斯	116	117	117	117
捷　　克	100	96	90	96
法　　国	97	98	98	99
德　　国	105	107	103	104
意 大 利	98	99	97	94
荷　　兰	105	109	111	115
波　　兰	103	106	100	102
罗马尼亚	93	91	91	100
俄罗斯联邦	110	109	94	116
西 班 牙	101	97	101	105
土 耳 其	103	106	110	116
乌 克 兰	115	110	107	129
英　　国	102	100	102	105
澳大利亚	100	101	99	108
新 西 兰	102	102	103	105

资料来源：联合国 FAO 数据库。

16—3 谷物总产量、收获面积与单产

国家或地区	总产量(万吨)			收获面积(千公顷)			单产(千克/公顷)		
	2000年	2010年	2011年	2000年	2010年	2011年	2000年	2010年	2011年
世　界	**206059**	**247642**	**258713**	**672991**	**693701**	**697688**	**3062**	**3570**	**3708**
美　国	34263	40167	38679	58526	57483	56730	5854	6988	6818
印　度	23493	26784	28552	102402	100076	99026	2294	2676	2883
俄罗斯联邦	6433	5962	9183	41145	32331	40602	1563	1844	2262
印度尼西亚	6158	8480	8337	15293	17385	17063	4026	4878	4886
巴　西	4589	7516	7759	17244	18600	19216	2661	4041	4038
法　国	6570	6828	6569	9075	9770	9577	7240	6989	6859
乌克兰	2381	3868	5626	12204	14185	14985	1951	2727	3754
孟加拉	3950	5187	5264	11672	12078	12561	3384	4295	4191
阿根廷	3875	4715	5095	11221	9351	10904	3454	5042	4672
加拿大	5109	4565	4721	18210	13116	13385	2806	3481	3527
越　南	3454	4461	4702	8398	8617	8735	4112	5177	5383
德　国	4527	4431	4194	7016	6596	6491	6453	6718	6461
澳大利亚	3445	3351	3999	17554	19437	19069	1962	1724	2097
泰　国	3053	4076	3972	11228	13495	12958	2719	3021	3065
巴基斯坦	3046	3481	3616	12650	13332	13304	2408	2611	2718
土耳其	3225	3276	3520	13954	12096	11900	2311	2709	2958
越　南	2213	3455	3476	7135	8950	8960	3101	3861	3880
墨西哥	2799	3492	2841	10137	9974	8766	2761	3501	3241
哈萨克斯坦	1154	1212	2664	12240	15068	15796	943	804	1687
波　兰	2234	2665	2578	8814	7865	7677	2535	3389	3358
伊　朗	1287	2225	2371	7022	9435	9603	1833	2358	2469
菲律宾	1690	2215	2366	6549	6853	7081	2581	3232	3341
尼日利亚	2137	2459	2205	18242	16105	16566	1172	1527	1331
埃　及	2011	1945	2201	2762	2990	3038	7280	6506	7247
西班牙	2456	1933	2160	6803	5984	5905	3610	3231	3658
英　国	2399	2095	2148	3348	3013	3076	7165	6953	6985
罗马尼亚	1050	1671	2084	5644	5019	5220	1860	3330	3993
意大利	2066	1883	1950	4137	3460	3433	4994	5441	5682
埃塞俄比亚	802	1553	1776	7184	9233	10087	1116	1683	1761
匈牙利	1004	1227	1368	2763	2600	2683	3633	4719	5099
南　非	1453	1470	1292	5272	3548	3210	2755	4143	4024
柬埔寨	418	902	950	1961	3107	3246	2134	2903	2925
日　本	1280	923	935	2045	1941	1904	6257	4758	4911
赞比亚		929	908		1873	1910		4959	4753
丹　麦	941	882	877	1514	1499	1484	6216	5883	5907
尼泊尔	712	776	861	3331	3383	3469	2136	2295	2481
白俄罗斯	457	673	808	2339	2390	2487	1952	2814	3250
捷　克	646	688	797	1653	1467	1470	3908	4690	5422
坦桑尼亚	363	864	778	2515	5245	5716	1442	1647	1361
乌兹别克斯坦	391	742	711	1607	1635	1491	2436	4535	4771

资料来源:联合国FAO数据库。

16—4 小麦总产量、收获面积与单产

国家或地区	总产量(万吨)			收获面积(千公顷)			单产(千克/公顷)		
	2000 年	2010 年	2011 年	2000 年	2010 年	2011 年	2000 年	2010 年	2011 年
世 界	**58569**	**65336**	**70408**	**215437**	**217312**	**220385**	**2719**	**3007**	**3195**
孟加拉国	184	90	97	832	376	374	2210	2396	2601
印 度	7637	8080	8687	27486	28457	29069	2779	2840	2989
伊 朗	809	1350	1436	5101	7035	7085	1586	1919	2027
以 色 列	9	11	12	64	64	61	1465	1751	2013
日 本	69	57	75	183	207	212	3761	2761	3529
哈萨克斯坦	907	964	2273	10050	13138	13694	903	734	1660
朝 鲜	5	16	13	59	73	63	848	2192	2016
韩 国	0	4	4	1	13	13	2545	3117	3348
蒙 古	14	35	44	179	250	291	777	1381	1496
缅 甸	9	18	18	80	101	102	1159	1814	1812
巴基斯坦	2108	2331	2521	8463	9132	8901	2491	2553	2833
泰 国	0	0	0	1	1	1	655	1038	1053
埃 及	656	718	841	1035	1288	1285	6342	5574	6543
尼日利亚	7	5	5	52	37	38	1404	1371	1368
南 非	243	143	201	934	558	605	2600	2562	3316
加 拿 大	2654	2317	2526	10855	8269	8544	2445	2802	2957
墨 西 哥	349	368	363	708	679	662	4936	5419	5478
美 国	6064	6006	5441	21474	19271	18496	2824	3117	2942
阿 根 廷	1615	1588	1635	6476	4373	4494	2493	3630	3639
巴 西	166	617	569	1066	2182	2138	1559	2829	2661
委内瑞拉	0	0	0	1	1	1	369	320	318
白俄罗斯	97	174	218	452	603	661	2137	2885	3295
捷 克	408	416	491	970	834	863	4209	4992	5692
法 国	3735	4079	3804	5248	5931	5827	7117	6877	6528
德 国	2162	2411	2280	2969	3298	3248	7283	7310	7019
意 大 利	746	685	662	2323	1830	1726	3213	3742	3837
荷 兰	114	137	118	137	154	151	8359	8909	7781
波 兰	850	949	934	2635	2406	2259	3227	3943	4135
罗马尼亚	446	581	713	1928	2153	1946	2311	2700	3665
俄罗斯联邦	3446	4151	5624	21346	21640	24836	1614	1918	2265
西 班 牙	729	561	690	2353	1907	1993	3100	2942	3462
土 耳 其	2101	1967	2180	9400	8103	8096	2235	2428	2693
乌 克 兰	1020	1685	2232	5162	6284	6657	1976	2682	3353
英 国	1670	1488	1526	2086	1939	1969	8008	7673	7749
澳大利亚	2211	2214	2741	12141	13507	13502	1821	1639	2030
新 西 兰	33	44	38	53	55	53	6210	8124	7287

资料来源:联合国 FAO 数据库。

16—5 稻谷总产量、收获面积与单产

国家或地区	总产量(万吨)			收获面积(千公顷)			单产(千克/公顷)		
	2000 年	2010 年	2011 年	2000 年	2010 年	2011 年	2000 年	2010 年	2011 年
世　界	**59936**	**70113**	**72276**	**154060**	**161762**	**164125**	**3890**	**4334**	**4404**
孟加拉国	3763	5006	5063	10801	11529	12000	3484	4342	4219
印　度	12747	14396	15570	44712	42862	44100	2851	3359	3531
印度尼西亚	5190	6647	6574	11793	13254	13201	4401	5015	4980
伊　朗	197	301	322	534	564	580	3690	5346	5546
日　本	1186	848	840	1770	1627	1576	6702	5214	5331
哈萨克斯坦	21	37	35	72	94	93	2972	3970	3721
朝　鲜	169	243	248	535	570	571	3159	4256	4342
韩　国	720	614	630	1072	892	854	6711	6879	7382
马来西亚	214	246	267	699	678	684	3064	3636	3898
缅　甸	2132	3258	3280	6302	8012	8038	3383	4067	4081
巴基斯坦	720	724	616	2377	2365	2571	3031	3059	2396
菲律宾	1239	1577	1668	4038	4354	4537	3068	3622	3678
斯里兰卡	286	430	387	832	1060	1091	3437	4056	3551
泰　国	2584	3558	3459	9891	12120	11630	2613	2936	2974
越　南	3253	4001	4233	7666	7489	7652	4243	5342	5532
埃　及	600	433	568	659	460	593	9103	9422	9567
尼日利亚	330	447	457	2199	2433	2580	1500	1839	1771
南　非	0	0	0	1	1	1	2947	2561	2497
墨西哥	35	22	17	84	42	34	4181	5190	5096
美　国	866	1103	839	1230	1463	1059	7040	7538	7921
阿根廷	90	124	175	189	215	257	4780	5769	6806
巴　西	1109	1124	1348	3655	2722	2753	3034	4127	4896
委内瑞拉	68	125	142	138	250	250	4897	5000	5700
法　国	12	12	13	20	24	25	5836	4979	5280
意大利	123	152	149	220	248	247	5581	6122	6045
罗马尼亚	0	6	7	1	12	13	2571	4966	5150
俄罗斯联邦	59	106	106	168	201	207	3495	5280	5095
西班牙	83	93	93	117	123	122	7066	7562	7641
土耳其	35	86	90	58	99	99	6035	8690	9054
乌克兰	9	15	17	25	29	30	3560	5051	5740
澳大利亚	110	20	72	133	19	76	8257	10407	9544

资料来源：联合国 FAO 数据库。

16—6 玉米总产量、收获面积与单产

国家或地区	总产量(万吨)			收获面积(千公顷)			单产(千克/公顷)		
	2000 年	2010 年	2011 年	2000 年	2010 年	2011 年	2000 年	2010 年	2011 年
世界	**59248**	**81970**	**84441**	**137005**	**158842**	**161908**	**4325**	**5160**	**5215**
孟加拉国	1	89	102	5	152	166	2060	5838	6151
印度	1204	2173	2157	6611	8553	7270	1822	2540	2967
印度尼西亚	968	1833	1763	3500	4132	3861	2765	4436	4565
伊朗	112	214	220	182	240	252	6166	8930	8730
以色列	7	9	10	6	3	3	12669	29236	33816
日本							2575	2397	2578
哈萨克斯坦	25	46	48	75	96	97	3335	4833	4990
朝鲜	104	168	186	496	503	503	2099	3346	3692
韩国	6	7	7	16	16	16	4062	4787	4652
马来西亚	7	5	5	27	9	9	2407	5535	5535
缅甸	36	138	137	210	389	374	1706	3537	3664
巴基斯坦	164	371	427	944	974	1083	1741	3805	3943
菲律宾	451	638	697	2510	2499	2545	1797	2552	2740
斯里兰卡	3	16	14	29	58	51	1084	2806	2726
泰国	447	486	482	1218	1163	1122	3672	4180	4293
越南	201	461	468	730	1126	1081	2747	4090	4333
埃及	647	704	688	843	969	888	7680	7270	7741
尼日利亚	411	768	918	3159	4149	6008	1300	1850	1528
南非	1143	1282	1036	4012	2742	2372	2849	4674	4367
加拿大	695	1171	1069	1107	1203	1202	6284	9739	8895
墨西哥	1756	2330	1764	7131	7148	6069	2462	3260	2906
美国	25185	31617	31392	29316	32960	33986	8591	9592	9237
阿根廷	1678	2268	2380	3089	2903	3748	5433	7812	6350
巴西	3188	5536	5566	11615	12679	13219	2745	4367	4211
委内瑞拉	169	215	225	483	650	645	3500	3300	3488
白俄罗斯	3	55	121	13	112	184	2308	4931	6591
捷克	30	69	76	47	105	110	6429	6577	6918
法国	1602	1398	1570	1765	1571	1541	9077	8896	10190
德国	332	407	518	361	464	488	9212	8785	10623
意大利	1014	883	975	1064	926	995	9528	9534	9803
荷兰	22	20	20	20	17	17	11000	11767	12336
波兰	92	172	166	152	299	292	6064	5746	5692
罗马尼亚	490	904	1172	3049	2094	2587	1606	4318	4529
俄罗斯联邦	153	308	696	721	1025	1603	2123	3009	4345
西班牙	399	318	386	433	320	368	9216	9924	10469
土耳其	230	431	420	555	594	589	4144	7261	7131
乌克兰	385	1195	2284	1279	2648	3544	3009	4515	6445
澳大利亚	41	33	36	82	59	62	4936	5559	5739
新西兰	18	19	21	18	18	19	10226	10760	11362

资料来源:联合国 FAO 数据库。

16—7 大豆总产量、收获面积与单产

国家或地区	总产量(万吨)			收获面积(千公顷)			单产(千克/公顷)		
	2000年	2010年	2011年	2000年	2010年	2011年	2000年	2010年	2011年
世　界	**1766**	**2314**	**2325**	**23899**	**30244**	**29211**	**739**	**765**	**796**
孟加拉国	5	5	5	80	55	58	677	873	886
印　度	285	489	447	5845	11000	10100	487	445	443
印度尼西亚	29	29	34	339	258	297	855	1130	1148
伊　朗	18	27	25	110	91	93	1651	2948	2653
日　本	10	8	7	57	42	41	1832	1818	1713
哈萨克斯坦	2			10			1550	2367	
朝　鲜	32	30	36	360	377	414	889	807	858
韩　国	1	1	1	14	6	5	948	1061	1054
缅　甸	129	300	372	1762	2720	2846	729	1103	1308
巴基斯坦	13	9	10	265	162	165	492	540	629
菲律宾	3	3	3	40	40	45	693	679	730
斯里兰卡	1	1	1	13	10	9	902	1138	1201
泰　国	23	10	12	280	132	151	807	789	805
越　南	14	19	22	209	217	249	691	854	872
埃　及	3	5	10	11	20	35	2924	2690	2886
尼日利亚									
南　非	8	5	4	72	44	42	1156	1185	1002
加拿大	26	25	14	158	127	66	1650	1995	2178
墨西哥	89	116	57	1503	1630	895	591	709	634
美　国	120	144	90	654	774	468	1840	1865	1923
阿根廷	30	34	33	276	268	273	1076	1261	1220
巴　西	304	316	344	4332	3424	3673	701	923	935
委内瑞拉	3	5	5	31	58	53	815	828	847
捷　克							1414		
法　国	1	1	1	3	3	3	3046	2184	2072
德　国									
意大利	2	1	1	11	7	6	1835	1883	1894
罗马尼亚	2	2	2	26	25	24	832	844	886
俄罗斯联邦	1	1	1	5	4	4	1219	1618	1724
西班牙	1	1	1	12	8	10	1067	1819	1312
土耳其	23	21	20	176	103	95	1307	2061	2121
乌克兰	6	3	3	33	23	23	1690	1274	1509
澳大利亚	6	4	7	52	45	80	1115	969	812

资料来源：联合国 FAO 数据库。

16—8 薯类作物总产量、收获面积与单产

国家或地区	总产量(万吨)			收获面积(千公顷)			单产(千克/公顷)		
	2000 年	2010 年	2011 年	2000 年	2010 年	2011 年	2000 年	2010 年	2011 年
世　界	**69981**	**74774**	**80693**	**53269**	**53578**	**54291**	**13137**	**13956**	**14863**
孟加拉国	331	824	862	284	466	491	11655	17673	17579
印　度	3212	4573	5146	1678	2186	2198	19140	20919	23415
印度尼西亚	1927	2751	2755	1615	1512	1496	11934	18194	18415
伊　朗	366	427	482	169	146	150	21663	29216	32080
以色列	40	57	64	12	19	24	34431	29777	27221
日　本	448	356	365	170	148	145	26292	24077	25207
哈萨克斯坦	169	255	308	159	179	184	10639	14296	16718
朝　鲜	216	214	220	211	164	171	10237	13018	12807
韩　国	105	92	88	46	44	45	23034	20757	19568
马来西亚	16	6	7	12	5	6	12946	11954	11956
蒙　古	6	17	20	8	14	15	7473	12158	13114
缅　甸	37	123	124	40	90	93	9152	13590	13362
巴基斯坦	230	357	399	136	165	188	16883	21626	21244
菲律宾	252	292	299	369	364	361	6824	8006	8285
斯里兰卡	35	38	40	41	33	34	8429	11494	11586
泰　国	1937	2245	2237	1152	1201	1168	16809	18695	19156
越　南	391	1031	1171	520	685	749	7527	15039	15648
埃　及	207	414	472	87	158	177	23867	26243	26634
尼日利亚	6516	8326	9646	7569	8073	8281	8609	10312	11648
南　非	177	216	225	77	82	82	22950	26454	27453
加拿大	457	442	417	159	140	141	28682	31606	29586
墨西哥	182	179	168	77	66	65	23703	27101	25722
美　国	2392	1942	2059	584	455	512	40972	42644	40226
阿根廷	266	253	270	115	114	115	23192	22135	23543
巴　西	2663	2877	3015	1943	1992	1959	13708	14446	15387
委内瑞拉	110	126	129	84	82	82	13089	15302	15787
白俄罗斯	872	783	772	661	367	341	13189	21352	22627
捷　克	148	67	81	69	27	26	21330	24546	30447
法　国	643	722	802	163	168	165	39559	43059	48557
德　国	1369	1020	1180	304	255	259	44991	39976	45613
意大利	207	157	156	83	63	63	24862	24925	24883
荷　兰	823	684	733	180	157	159	45655	43598	46055
波　兰	2423	877	820	1251	491	401	19376	17859	20466
罗马尼亚	347	328	408	283	247	248	12274	13296	16415
俄罗斯联邦	3398	2114	3268	3229	2109	2203	10523	10024	14838
西班牙	310	231	239	120	79	80	25817	29280	29956
土耳其	537	455	461	205	141	144	26159	32207	32138
乌克兰	1984	1871	2425	1631	1412	1443	12163	13248	16804
英　国	664	606	612	166	138	146	39976	43884	41884
澳大利亚	123	132	117	43	38	34	28518	34628	34574
新西兰	52	60	53	13	14	12	39725	43459	44076

资料来源：联合国 FAO 数据库。

16—9 油菜籽总产量、收获面积与单产

国家或地区	总产量(吨)			收获面积(公顷)			单产(千克/公顷)		
	2000年	2010年	2011年	2000年	2010年	2011年	2000年	2010年	2011年
世　界	**39526198**	**60283120**	**62454482**	**25843903**	**32203622**	**33645342**	**1529**	**1872**	**1856**
孟加拉国	249000	221928	230000	328609	242101	250000	758	917	920
印　度	5788400	6608100	8179000	6026800	5580000	6506400	960	1184	1257
伊　朗		340000	345000		160000	165000		2125	2091
日　本	650	1570	1950	319	1690	1700	2038	929	1147
哈萨克斯坦	2940	109170	73000	7500	304600	121000	392	358	603
韩　国	2737	1600	1739	1787	1500	1530	1532	1067	1137
巴基斯坦	297300	162244	194823	327300	190440	219951	908	852	886
南　非		36900	58800		34820	43510		1060	1351
加拿大	7205300	12773300	14164500	4859200	6848300	7471300	1483	1865	1896
墨西哥	14000		30	10000		185	1400		162
美　国	909026	1113390	698910	607804	579880	422620	1496	1920	1654
阿根廷	6015	17215	23335	3725	11525	12405	1615	1494	1881
巴　西	41000	70000	52000	24000	46000	42000	1708	1522	1238
白俄罗斯	73000	374522	379296	110000	307028	295873	664	1220	1282
捷　克	844428	1042400	1046070	323842	368824	373386	2608	2826	2802
法　国	3476820	4811090	5368820	1186260	1463790	1555940	2931	3287	3451
德　国	3585660	5697600	3869500	1078010	1461200	1328600	3326	3899	2913
意大利	41016	50300	44033	36294	20400	18834	1130	2466	2338
荷　兰	2900	11521	6757	800	2632	1965	3625	4377	3439
波　兰	958145	2228680	1861810	436768	946147	830149	2194	2356	2243
罗马尼亚	76100	943033	738971	68400	527175	390020	1113	1789	1895
俄罗斯联邦	148200	670080	1056130	172000	607400	839500	862	1103	1258
西班牙	49600	35500	61900	31400	19600	31300	1580	1811	1978
土耳其	187	106450	91239	82	31232	26830	2281	3408	3401
乌克兰	131800	1469700	1437500	156700	862500	832700	841	1704	1726
英　国	1157000	2230000	2758000	402000	642000	705000	2878	3474	3912
澳大利亚	1775000	2180600	2358740	1459000	1729100	2077540	1217	1261	1135
新西兰	4000	2684	2684	2000	2516	2516	2000	1067	1067

资料来源:联合国FAO数据库。

16—10 花生总产量、收获面积与单产

国家或地区	总产量(万吨)			收获面积(千公顷)			单产(千克/公顷)		
	2000年	2010年	2011年	2000年	2010年	2011年	2000年	2010年	2011年
世　界	**3473**	**3660**	**3764**	**23246**	**23910**	**24070**	**1494**	**1531**	**1564**
印　度	648	827	693	6559	5947	4190	988	1390	1655
尼日利亚	290	380	296	1934	2789	2343	1500	1362	1265
美　国	148	189	165	541	508	444	2740	3712	3713
缅　甸	63	136	139	560	866	877	1132	1572	1588
阿根廷	42	61	70	219	219	231	1914	2792	3038
印度尼西亚	129	78	69	684	621	539	1890	1256	1281
坦桑尼亚	5	47	65	117	482	675	444	965	965
喀麦隆	20	54	54	204	377	385	964	1420	1395
塞内加尔	106	129	53	1095	1196	866	969	1076	609
刚　果(金)	38	37	47	491	477	515	778	778	907
越　南	36	49	47	245	231	224	1451	2105	2083
加　纳	21	53	47	218	353	357	959	1502	1304
尼日尔	11	41	40	360	796	691	314	511	573
乍　得	36	39	39	438	504	504	819	782	774
马　里	19	31	32	200	337	340	967	933	929
巴　西	18	26	31	103	94	107	1793	2772	2920
马拉维	12	30	30	169	295	292	723	1008	1045
几内亚	20	29	29	153	215	215	1301	1357	1349
布基纳法索	17	34	27	237	410	389	714	830	683
埃　及	19	20	21	60	67	65	3103	3039	3176
尼加拉瓜	10	18	18	22	33	40	4345	5536	4575
乌干达	14	17	18	199	235	236	699	732	742
赞比亚	5	16	17	132	255	240	393	643	728
安哥拉	1	12	16	39	285	314	331	404	513
中非共和国	10	14	16	84	98	99	1241	1432	1612
贝　宁	12	12	12	139	126	124	874	929	944
津巴布韦	19	11	9	268	256	245	712	414	379
科特迪瓦	7	9	9	80	78	80	899	1160	1150
土耳其	8	10	9	28	27	25	2756	3546	3550
巴基斯坦	9	7	9	82	83	95	1122	818	921
塞拉利昂	1	8	9	19	110	121	773	740	706
冈比亚	14	14	8	118	136	112	1169	1016	749
墨西哥	14	8	8	92	53	61	1550	1550	1301
埃塞俄比亚	1	5	7	14	42	50	880	1117	1444
老　挝	1	5	7	13	24	33	1031	2161	2141
莫桑比克	12	7	7	269	295	288	461	237	233
南　非	14	9	6	83	57	55	1648	1532	1165
孟加拉国	3	5	5	29	34	32	1098	1592	1690
几内亚比绍	2	7	5	16	35	30	1185	1988	1724
泰　国	13	5	5	83	28	30	1593	1596	1589
多　哥	3	5	5	54	70	69	482	668	689
摩洛哥	4	5	5	18	23	22	2133	2164	2046
马达加斯加	4	3	3	47	52	53	742	577	585
菲律宾	3	3	3	27	27	27	999	1092	1105
刚　果	2	3	3	39	45	46	600	644	620
巴拉圭	2	3	2	29	25	26	752	1076	931
加　蓬	2	2	2	18	21	22	1089	883	1030
柬埔寨	1	2	2	10	20	16	729	1096	1402
海　地	2	2	2	26	22	25	808	850	911
日　本	3	2	2	11	8	7	2472	2098	2729

资料来源:联合国FAO数据库。

16—11 籽棉总产量、收获面积与单产

国家或地区	总产量(万吨)			收获面积(千公顷)			单产(千克/公顷)		
	2000年	2010年	2011年	2000年	2010年	2011年	2000年	2010年	2011年
世界	**5308**	**6920**	**7731**	**31816**	**32178**	**35225**	**1668**	**2150**	**2195**
印度	513	1776	1918	8577	11142	12178	598	1594	1575
美国	958	947	819	5282	4330	3945	1814	2188	2076
巴基斯坦	548	561	661	2928	2689	2839	1871	2088	2327
巴西	201	295	507	802	830	1401	2508	3555	3620
乌兹比克斯坦	300	344	298	1445	1330	1320	2078	2589	2258
土耳其	226	215	258	654	480	542	3456	4475	4760
澳大利亚	179	94	215	464	208	588	3848	4508	3662
阿根廷	42	75	103	332	441	674	1258	1709	1531
土库曼斯坦	103	100	95	575	550	550	1793	1818	1727
希腊	130	70	89	412	250	300	3148	2800	2967
墨西哥	22	44	75	77	113	193	2898	3900	3857
阿拉伯	108	47	67	270	172	175	4003	2740	3835
埃及	55	38	63	218	155	218	2543	2435	2905
马里	24	26	50	228	250	490	1066	1043	1010
布基纳法索	21	53	44	209	463	395	1016	1144	1116
塔吉克斯坦	34	31	42	239	162	204	1406	1912	2041
缅甸	18	40	41	322	350	350	545	1143	1157
哈萨克斯坦	29	24	34	152	134	154	1892	1790	2181
坦桑尼亚	12	31	32	213	421	490	579	724	643
尼日利亚	40	60	28	538	399	260	742	1512	1091
津巴布韦	33	12	28	370	156	390	884	738	726
伊拉克	50	23	28	246	91	115	2020	2554	2435
科特迪瓦	40	17	26	291	187	220	1381	934	1159
贝宁	34	23	23	319	136	185	1065	1683	1219
喀麦隆	20	19	20	199	145	150	1027	1310	1300
西班牙	29	12	17	92	63	68	3214	1821	2557
莫桑比克	4	18	17	106	370	361	331	473	464
秘鲁	15	6	12	89	28	46	1723	2280	2664
乌干达	8	8	12	250	80	160	304	1025	750
赞比亚	6	11	11	55	120	116	1129	892	986
玻利维亚	5	11	11	90	121	122	500	882	885
吉尔吉斯斯坦	9	7	10	34	26	37	2603	2795	2718
乍得	18	9	10	280	150	147	643	600	653
埃塞俄比亚	5	9	9	43	79	79	1058	1076	1128
多哥	12	4	8	141	60	100	831	713	838
哥伦比亚	11	4	8	48	45	43	2304	801	1796
阿塞拜疆	9	4	7	101	30	43	905	1267	1551
马拉维	4	3	5	40	47	60	905	618	880
孟加拉国	4	5	5	16	14	15	2502	3379	3582
南非	7	2	5	51	6	5	1368	3477	9069
以色列	4	2	4	11	4	9	3935	4646	4902
朝鲜	4	3	4	19	19	19	1842	1653	2105
几内亚	7	4	4	53	38	42	1251	964	871
伊拉克	3	5	3	20	21	14	1671	2201	2549
阿富汗	6	3	3	50	33	33	1140	1000	1000
巴拉圭	25	2	3	195	14	25	1266	1097	1232
也门	3	3	3	27	20	24	1044	1260	1233
加纳	4	3	3	50	26	26	710	1023	1039
塞内加尔	2	3	3	22	28	27	917	944	952
刚果(金)	3	3	2	68	62	66	427	411	372

资料来源:联合国 FAO 数据库。

16—12 麻类总产量、收获面积与单产

国家或地区	总产量(吨)			收获面积(公顷)			单产(千克/公顷)		
	2000年	2010年	2011年	2000年	2010年	2011年	2000年	2010年	2011年
世　界	**23283673**	**26066820**	**28442124**	**35186123**	**33124395**	**35065463**	**662**	**787**	**811**
印　度	3521324	7588500	7294443	9593100	11999630	12869118	367	632	567
美　国	3742350	3941700	3412550	5282000	4329660	3944880	709	910	865
巴基斯坦	1827553	1869639	2312440	2930606	2690592	2839702	624	695	814
巴　西	962932	1315850	2068004	1001473	1105331	1699121	962	1191	1217
孟加拉国	838110	942702	1543095	469029	435597	727555	1787	2164	2121
乌兹别克斯坦	995000	1155874	1002330	1446500	1331919	1321795	688	868	758
土耳其	881191	816718	954613	655060	480459	542020	1345	1700	1761
澳大利亚	740500	386800	843572	464300	208300	588294	1595	1857	1434
土库曼斯坦	232600	330000	330000	574500	550000	550000	405	600	600
墨西哥	185877	179290	299666	141826	149259	232793	1311	1201	1287
阿根廷	137095	233398	298917	336162	445072	678927	408	524	440
希　腊	432300	180000	280000	412000	250000	300000	1049	720	933
布基纳法索	109000	190000	175000	209113	462807	395089	521	411	443
缅　甸	92867	146909	153580	360111	363579	368502	258	404	417
阿拉伯	345000	165380	151320	270290	172414	175147	1276	959	864
马　里	101865	79468	149691	230171	252868	492574	443	314	304
埃　及	240200	147500	147500	233731	166639	230051	1028	885	641
坦桑尼亚	72291	134145	135793	255880	471200	546097	283	285	249
哈萨克斯坦	95463	92452	118000	151800	134000	154100	629	690	766
越　南	78960	98936	103646	33400	23309	24317	2364	4245	4262
塔吉克斯坦	93000	95000	103400	238608	162428	204110	390	585	507
尼日利亚	147875	221205	101388	539000	399570	260570	274	554	389
俄罗斯联邦	103100	78069	95961	130720	59003	65369	789	1323	1468
津巴布韦	129630	39995	92298	373085	160400	394117	348	249	234
科特迪瓦	177150	85000	85000	291457	187000	220000	608	455	386
贝　宁	152000	76300	76300	319318	136000	185000	476	561	412
菲律宾	85172	73745	76072	116147	142199	147467	733	519	516
伊　朗	160000	72000	73400	246000	91019	115000	650	791	638
喀麦隆	85094	62070	65081	198748	145245	150245	428	427	433
莫桑比克	15501	61141	61618	114655	380059	371258	135	161	166
西班牙	113177	38884	60020	110467	63227	68010	1025	615	883

资料来源:联合国FAO数据库。

16—13 甜菜总产量、收获面积与单产

国家或地区	总产量(万吨)			收获面积(千公顷)			单产(千克/公顷)		
	2000 年	2010 年	2011 年	2000 年	2010 年	2011 年	2000 年	2010 年	2011 年
世　界	**25010.2**	**22874.8**	**27164.5**	**6012.1**	**4699.8**	**5061.7**	**41600**	**48672**	**53666**
俄罗斯联邦	1405.4	2225.6	4764.3	746.5	923.8	1216.2	18825	24092	39174
法　国	3112.1	3187.5	3725.9	410.0	383.8	393.4	75905	83059	94722
美　国	3254.1	2906.1	2615.2	555.6	467.9	490.9	58565	62115	53271
德　国	2787.0	2385.8	2500.0	452.0	367.0	398.1	61660	65009	62798
乌克兰	1319.9	1374.9	1874.0	746.4	492.0	515.8	17684	27945	36332
土耳其	1882.1	1794.2	1612.7	410.0	328.7	297.3	45902	54593	54250
波　兰	1313.4	997.3	1167.4	333.1	206.4	203.5	39427	48315	57364
英　国	907.9	652.7	850.4	173.0	118.0	113.0	52480	55314	75257
埃　及	289.0	784.0	748.6	57.0	134.5	152.0	50722	58276	49252
荷　兰	679.8	528.0	585.8	111.0	70.6	73.3	61243	74836	79886
比利时	615.2	446.5	540.9	90.9	59.3	62.2	67679	75288	86962
白俄罗斯	147.4	377.3	448.5	52.0	95.5	98.9	28339	39500	45338
伊　朗	433.2	409.6	409.6	162.7	99.5	99.5	26621	41168	41168
西班牙	793.0	339.9	396.6	125.3	44.3	45.0	63309	76736	88136
捷　克	280.9	306.5	389.9	61.3	56.4	58.3	45826	54344	66844
意大利	1237.0	355.0	354.8	267.5	62.7	62.2	46241	56620	57009
日　本	367.3	309.0	354.7	69.2	62.6	60.5	53078	49361	58628
奥地利	256.0	313.2	345.6	43.2	44.8	46.6	59224	69839	74200
塞　班		332.5	282.2		66.4	55.6		50038	50729
丹　麦	334.5	235.6	270.0	59.2	39.2	40.0	56530	60102	67500
瑞　典	260.2	197.4	249.3	55.5	37.9	39.6	46900	52077	62899
摩洛哥	288.3	243.6	243.6	54.1	43.2	43.2	53298	56387	56387
智　利	309.2	142.0	195.1	48.8	16.3	20.2	63413	87326	96416
瑞　士	140.8	130.2	182.8	17.7	17.8	19.4	79439	72977	94042
阿拉伯	117.5	149.3	180.5	27.5	27.5	26.0	42780	54291	69393
克罗地亚	48.2	124.9	116.8	21.0	23.8	21.7	22979	52415	53769
斯洛伐克	96.1	97.8	116.1	31.7	17.9	18.1	30374	54522	64141
立陶宛	88.2	70.7	87.8	27.7	15.3	17.6	31827	46190	49875
匈牙利	197.6	81.9	85.6	57.5	13.9	15.0	34389	59091	57067
加拿大	82.1	50.8	70.3	16.6	11.3	12.1	49458	44956	58107
芬　兰	104.6	54.2	67.6	32.2	14.6	14.1	32485	37130	47922
罗马尼亚	66.7	83.8	66.0	48.4	21.6	18.8	13779	38743	35140
摩尔多瓦	94.3	83.8	58.9	62.7	26.2	24.8	15058	31957	23733
希　腊	303.3	76.2	32.4	48.0	13.2	5.5	63193	57689	58875
阿塞拜疆	4.7	25.2	25.3	2.2	8.5	7.3	21036	29774	34646
土库曼斯坦	23.0	23.4	23.4	22.0	21.0	21.0	10455	11143	11143
哈萨克斯坦	27.3	15.2	20.0	17.7	8.8	10.6	15407	17269	18906
吉尔吉斯斯坦	45.0	13.9	15.9	23.5	8.4	8.1	19134	16574	19712
阿尔巴尼亚	4.2	4.0	4.0	1.4	2.0	2.0	30000	20000	20000
哥伦比亚	1.2	1.9	2.1	0.5	1.0	0.8	22582	19586	25836
巴基斯坦	15.9	5.3	2.1	6.1	1.3	0.8	26283	41028	26125
委内瑞拉	1.7	2.1	2.1	0.9	1.1	1.1	19364	18636	18636
阿富汗	0.1	1.5	1.5	0.2	1.2	1.2	5000	12992	13000
伊拉克	0.8	1.5	1.5	0.3	1.5	1.5	22727	10000	10000
亚美尼亚	0.1	1.0	1.0	0.1	0.6	0.6	16000	16667	16667
马其顿	5.6	0.8	0.8	2.0	0.3	0.3	27918	26667	26667
葡萄牙	46.2	0.8	0.8	7.9	0.3	0.3	58514	26082	24782
马　里		0.4	0.4		0.3	0.3		14182	14286
厄瓜多尔	0.3	0.4	0.4	0.4	0.6	0.6	6649	6500	6500

资料来源:联合国 FAO 数据库。

16—14 甘蔗总产量、收获面积与单产

国家或地区	总产量(万吨)			收获面积(千公顷)			单产(千克/公顷)		
	2000 年	2010 年	2011 年	2000 年	2010 年	2011 年	2000 年	2010 年	2011 年
世　界	**125746**	**169451**	**179436**	**19397**	**23665**	**25437**	**64827**	**71605**	**70542**
巴　西	32771	71746	73401	4846	9077	9601	67624	79045	76448
印　度	29932	29230	34238	4220	4175	4944	70935	70019	69247
泰　国	5405	6881	9595	893	978	1259	60505	70359	76197
巴基斯坦	4633	4937	5531	1010	943	988	45883	52368	55997
墨西哥	4410	5042	4974	618	704	714	71327	71627	69675
菲律宾	2449	3400	3400	395	355	440	62013	95808	77326
美　国	3611	2482	2666	418	355	353	86447	69895	75484
澳大利亚	3816	3146	2518	419	405	308	91085	77672	81732
阿根廷	1840	2500	2500	280	350	350	65714	71429	71429
印度尼西亚	2390	2660	2400	366	340	360	65307	78235	66667
哥伦比亚	3500	2027	2273	406	172	190	86204	118116	119620
危地马拉	1655	2222	1895	182	235	239	90947	94680	79210
越　南	1504	1616	1747	302	269	281	49766	60058	62088
南　非	2388	1602	1680	330	267	272	72352	59984	61765
古　巴	3640	1150	1580	1041	431	506	34970	26657	31219
埃　及	1571	1571	1577	134	135	137	117216	116762	115319
萨尔瓦多	514	513	990	69	63	102	74932	81336	96894
秘　鲁	754	966	988	64	77	80	118074	125494	123455
缅　甸	580	940	940	133	150	152	43681	62644	61842
委内瑞拉	883	891	891	129	118	118	68672	75489	75489
厄瓜多尔	540	835	813	77	107	86	69821	78064	94058
洪都拉斯	397	782	782	47	76	76	84669	102952	102952
尼加拉瓜	352	489	594	51	54	60	69081	89916	99167
玻利维亚	360	583	587	84	153	139	42961	38151	42094
伊　朗	237	569	569	26	68	68	92697	83174	83174
巴拉圭	224	513	534	59	100	104	37761	51309	51310
肯尼亚	394	571	534	57	69	64	68856	83063	83297
斯威士兰	388	500	500	37	52	52	106427	96154	96154
孟加拉国	691	449	467	170	118	116	40558	38220	40210
多米尼加	451	458	464	119	80	100	37889	57491	46625
毛里求斯	511	437	423	73	59	57	69940	74364	74648
赞比亚	160	350	350	15	33	33	106667	106061	106061
哥斯达黎加	380	373	342	47	56	64	80509	67015	53409
津巴布韦	423	310	310	43	39	39	98314	79487	79487
马达加斯加	219	300	300	67	95	95	32508	31579	31579
莫桑比克	40	280	280	27	215	215	14714	13023	13023
圭亚那	271	276	276	44	42	42	61305	66401	66401
尼泊尔	210	259	272	58	61	63	36187	42500	43148
马拉维	210	250	250	20	23	23	105000	108696	108696
坦桑尼亚	136	240	250	15	23	25	90333	104348	100000
埃塞俄比亚	218	240	240	22	19	19	97038	126930	126930
乌干达	148	240	240	20	40	40	73811	60000	60000
巴拿马	179	210	210	34	32	32	51916	64733	64733
刚　果(金)	167	195	195	36	45	45	46361	43333	43333
留尼汪	184	188	189	24	24	25	75791	77156	75530
斐　济	360	175	175	63	45	45	57111	38911	38911
科特迪瓦	167	165	165	26	22	22	63239	75000	75000
喀麦隆	135	145	145	135	145	145	10000	10000	10000
尼日利亚	70	140	145	24	73	74	28958	19185	19595
牙买加	203	133	133	39	26	26	51409	50939	50939

资料来源:联合国 FAO 数据库。

16—15 烟叶总产量、收获面积与单产

国家或地区	总产量(吨)			收获面积(公顷)			单产(千克/公顷)		
	2000年	2010年	2011年	2000年	2010年	2011年	2000年	2010年	2011年
世界	**6737537**	**6933660**	**7568208**	**4167004**	**3958058**	**4251760**	**1617**	**1752**	**1780**
印度	520000	745670	1009910	433400	444280	533384	1200	1678	1893
巴西	578451	787817	951933	309989	449629	454635	1866	1752	2094
美国	477753	325766	272622	189970	136582	131454	2515	2385	2074
马拉维	98675	172922	174928	118752	165577	162714	831	1044	1075
阿根廷	114509	137000	165145	59612	75500	76395	1921	1815	2162
印度尼西亚	204329	135700	130300	168300	216300	224500	1214	627	580
坦桑尼亚	26384	60900	130000	44000	78930	168488	600	772	772
津巴布韦	227726	109737	111570	90769	94175	92554	2509	1165	1206
巴基斯坦	107700	119323	102834	56400	55800	51307	1910	2138	2004
意大利	129937	89112	82175	38788	27829	28761	3350	3202	2857
孟加拉国	35000	55288	79234	31161	38270	48866	1123	1445	1622
朝鲜	63000	71370	74241	44000	48337	52403	1432	1477	1417
泰国	60624	59540	67900	31363	31198	31565	1933	1909	2151
赞比亚	9533	59338	60329	9000	59988	58955	1059	989	1023
越南	27100	56530	58298	24400	31484	32744	1111	1796	1780
莫桑比克	9470	56896	57846	9000	55510	54554	1052	1025	1060
土耳其	200280	55000	45000	236569	80977	80000	847	679	563
菲律宾	49529	40530	44944	44042	29706	32235	1125	1364	1394
保加利亚	32296	41056	40607	28523	24518	21702	1132	1675	1871
韩国	68198	33241	34578	24300	13148	14254	2807	2528	2426
波兰	29545	34782	34428	14057	15724	15895	2102	2212	2166
加拿大	53010	40120	33575	23800	15642	15055	2227	2565	2230
西班牙	42908	32300	32800	14078	10600	10200	3048	3047	3216
缅甸	50900	28555	29000	33185	16701	17000	1534	1710	1706
乌干达	22837	27138	28444	13712	12952	12729	1666	2095	2235
马其顿	22175	30280	26537	22785	20300	19679	973	1492	1349
老挝	39926	24396	25159	6700	6001	6241	5959	4065	4031
日本	60803	29300	23600	23991	15000	13000	2534	1953	1815
哥伦比亚	27767	19315	23283	14692	12978	13132	1890	1488	1773
危地马拉	18630	18564	22378	8374	8605	8707	2225	2157	2570
希腊	136593	22000	20287	61000	15600	16122	2239	1410	1258
也门	11613	23178	19970	5347	10341	9102	2172	2241	2194
古巴	32237	20500	19900	45323	20256	13631	711	1012	1460
伊朗	20980	14145	19157	19685	9586	11509	1066	1476	1665
阿拉伯	26112	20150	17059	18100	12958	11406	1443	1555	1496
尼日利亚	22000	17200	17000	37000	18075	17925	595	952	948
柬埔寨	7665	14625	15082	9669	10062	10465	793	1454	1441
南非	29700	12300	15000	15600	3950	5400	1904	3114	2778
法国	25252	18428	14219	9282	7081	5993	2721	2603	2373
肯尼亚	17960	14156	14000	14160	23000	22604	1268	616	619
乌兹别克斯坦	19000	11307	11422	6700	3756	3673	2836	3010	3110
匈牙利	10485	8972	10923	5764	6178	6366	1819	1452	1716
克罗地亚	9714	8491	10643	5678	4119	5905	1711	2061	1802
萨尔维亚		10440	10437		5828	6549		1791	1594
黎巴嫩	10800	10000	10200	8726	8344	8400	1238	1199	1214
多米尼加	17229	8066	10176	13250	12579	7398	1300	641	1376
科特迪瓦	10200	9809	10088	20000	16770	16631	510	585	607
吉尔吉斯斯坦	34613	9888	9918	14465	4037	4103	2393	2449	2417
墨西哥	45164	6983	9648	22674	4004	4525	1992	1744	2132

资料来源:联合国 FAO 数据库。

16－16　茶叶总产量、收获面积与单产

国家或地区	总产量(吨)			收获面积(公顷)			单产(千克/公顷)		
	2000 年	2010 年	2011 年	2000 年	2010 年	2011 年	2000 年	2010 年	2011 年
世　　界	**2987216**	**4547818**	**4668968**	**2368560**	**3127267**	**3256762**	**1261**	**1454**	**1434**
印　　度	826000	991182	966733	490000	579000	580000	1686	1712	1667
肯 尼 亚	236286	399006	377912	120390	171916	187855	1963	2321	2012
斯里兰卡	305840	331400	327500	188970	221969	221969	1619	1493	1475
土 耳 其	138770	235000	221600	76750	75851	75890	1808	3098	2920
越　　南	69900	198466	206600	70300	113200	114800	994	1753	1800
伊　　朗	49874	165717	162517	32107	19473	19791	1553	8510	8212
印度尼西亚	162586	150342	142400	121200	124573	122700	1342	1207	1161
阿 根 廷	74256	88574	96572	38620	37221	36989	1923	2380	2611
日　　本	85000	85000	95012	50400	46800	46200	1687	1816	2057
泰　　国	32327	67241	73320	6058	19459	20214	5336	3456	3627
孟加拉国	46000	60000	60500	48600	52236	56670	947	1149	1068
马 拉 维	42400	51589	52000	18162	22468	24569	2335	2296	2117
乌 干 达	29236	49182	35194	15701	27136	29673	1862	1812	1186
坦桑尼亚	23600	33160	32000	19138	18000	19683	1233	1842	1626
缅　　甸	19000	31060	31670	66908	78746	79343	284	394	399
卢 旺 达	14481	22249	24066	12300	13549	15065	1177	1642	1598
马来西亚	5642	19738	20626	3003	2459	2533	1879	8027	8143
津巴布韦	22000	19532	18223	6500	8638	9446	3385	2261	1929
尼 泊 尔	5085	16607	17438	8700	17127	17451	585	970	999
莫桑比克	10466	14756	13767	5631	7055	7715	1859	2092	1784
布 隆 迪	7134	8025	8817	8500	9500	10500	839	845	840
埃塞俄比亚	3776	5243	7319	4029	7562	9546	937	693	767
巴布亚新几内亚	6200	5041	5041	4000	4500	4500	1550	1120	1120
喀 麦 隆	4004	4100	4297	1546	1570	1717	2590	2612	2503
巴　　西	8400	4278	3520	3911	2399	2291	2148	1783	1536
秘　　鲁	6259	3214	3158	2541	2216	2228	2463	1450	1417
格鲁吉亚	24000	3500	2900	24000	3500	3000	1000	1000	967
韩　　国	1434	2549	2849	1179	2251	2397	1216	1132	1189
厄瓜多尔	1211	2426	2605	815	850	838	1486	2854	3109
刚　　果(金)	1879	2479	2598	2723	7549	8255	690	328	315
南　　非	12514	1647	1795	6821	1000	1100	1835	1647	1632
毛里求斯	1312	1467	1787	670	698	651	1958	2102	2745
玻利维亚	840	1214	1219	415	257	261	2024	4724	4671
老　　挝	307	1050	1067	560	2415	2423	548	435	440
赞 比 亚	850	941	878	650	583	638	1308	1614	1376
留 尼 汪	529	778	726	338	485	530	1565	1604	1370
马达加斯加	490	586	547	241	542	593	2033	1081	922
阿塞拜疆	1082	545	534	5391	579	544	201	941	982
危地马拉	450	489	481	450	481	483	1000	1017	996
俄罗斯联邦	1520	370	270	1500	1400	1200	1013	264	225
巴 拿 马	135	155	166	180	214	212	750	724	783
马　　里	66	130	140	100	100	110	660	1300	1273
葡 萄 牙	84	142	134	40	40	40	2100	3550	3350
哥伦比亚	72	132	122	60	60	59	1200	2200	2068

资料来源：联合国 FAO 数据库。

16—17 水果总产量、收获面积与单产

(不包括瓜类)

国家或地区	总产量(万吨)			收获面积(千公顷)			单产(千克/公顷)		
	2000 年	2010 年	2011 年	2000 年	2010 年	2011 年	2000 年	2010 年	2011 年
世　界	**47479**	**60893**	**63786**	**49340**	**55856**	**57072**	**9623**	**10902**	**11176**
印　度	4300	7512	7484	3806	6403	6284	11297	11731	11909
巴　西	3699	3879	4095	2388	2383	2447	15492	16278	16735
美　国	3280	2618	2714	1303	1145	1135	25174	22864	23915
意大利	1799	1691	1735	1371	1277	1216	13121	13237	14268
印度尼西亚	841	1460	1720	501	607	752	16807	24049	22857
菲律宾	1080	1618	1614	940	1228	1234	11480	13176	13077
墨西哥	1331	1537	1612	1077	1227	1247	12350	12525	12925
西班牙	1612	1546	1545	1831	1601	1598	8801	9657	9671
土耳其	1086	1395	1439	1008	1088	1059	10777	12816	13582
泰　国	1047	1027	1309	1012	1172	1246	10342	8767	10505
伊　朗	1229	1156	1123	1131	1043	1035	10862	11081	10850
乌干达	1009	1020	1112	1741	1851	1881	5797	5513	5913
埃　及	697	958	992	415	477	491	16790	20080	20214
尼日利亚	928	978	987	1855	1687	1694	5004	5797	5826
法　国	1127	872	949	1030	922	882	10938	9452	10762
厄瓜多尔	767	926	875	461	434	408	16655	21326	21467
哥伦比亚	685	799	831	613	665	681	11171	12017	12197
阿根廷	717	765	802	432	492	479	16590	15548	16730
越　南	436	643	657	450	526	525	9704	12224	12518
巴基斯坦	519	637	634	617	781	774	8399	8157	8191
智　利	389	582	616	298	358	365	13058	16256	16870
南　非	511	547	575	306	278	294	16723	19639	19581
喀麦隆	199	486	517	311	380	402	6416	12799	12864
哥斯达黎加	381	461	492	131	175	169	29003	26364	29133
秘　鲁	319	482	481	282	354	348	11283	13637	13825
坦桑尼亚	185	449	456	644	795	931	2880	5655	4898
加　纳	239	436	442	322	438	447	7432	9974	9892
危地马拉	197	397	401	75	162	162	26457	24501	24828
孟加拉国	136	400	369	178	455	415	7626	8794	8895
阿尔及利亚	143	324	353	296	483	529	4821	6706	6665
波　兰	225	278	346	391	386	407	5741	7207	8498
卢旺达	230	308	340	376	371	385	6121	8303	8840
摩洛哥	268	329	331	284	315	318	9434	10447	10385
安哥拉	45	264	328	54	164	162	8263	16118	20300
希　腊	415	334	315	298	255	253	13944	13100	12441
刚　果(金)	243	254	313	409	426	419	5927	5965	7479
澳大利亚	308	328	312	238	288	292	12986	11382	10684
多米尼加	141	282	299	108	123	147	13029	22957	20286
乌兹别克斯坦	142	270	296	238	291	302	5950	9264	9793
日　本	382	288	296	232	197	194	16459	14647	15215
俄罗斯联邦	340	246	292	821	465	462	4141	5295	6319
肯尼亚	218	326	286	148	198	197	14706	16454	14566
韩　国	263	273	264	181	171	168	14525	16029	15723
德　国	309	218	257	205	179	179	15050	12169	14399
缅　甸	142	219	248	306	445	488	4623	4930	5077
委内瑞拉	319	229	238	212	170	171	15038	13521	13912
罗马尼亚	260	217	237	448	329	324	5796	6599	7326
乌克兰	192	207	231	463	278	279	4144	7450	8270
阿拉伯	188	215	222	192	187	184	9824	11475	12035
科特迪瓦	235	219	220	559	565	577	4198	3873	3815

资料来源:联合国 FAO 数据库。

16—18 牲畜存栏数

(2011 年)

单位:万头、万只

国家或地区	牛	马	山羊	绵羊	猪
世 界	**139991**	**5893**	**87553**	**104371**	**96304**
孟加拉国	2312	0	5050	186	0
印 度	21082	52	15700	7450	950
印度尼西亚	1482	42	1748	1137	776
伊 朗	860	14	2350	4900	0
以 色 列	45	0	10	45	22
日 本	423	2	2	1	977
哈萨克斯坦	618	153	288	1511	134
朝 鲜	58	5	360	17	233
韩 国	335	3	25	0	817
马来西亚	93	1	55	13	170
蒙 古	234	211	1593	1567	3
缅 甸	1361	11	350	70	942
巴基斯坦	3557	35	6148	2809	0
菲 律 宾	252	24	388	3	1230
斯里兰卡	119	0	37	1	8
泰 国	668	1	43	5	766
越 南	544	9	127	0	2706
埃 及	480	6	421	549	1
尼日利亚	1887	21	5730	3800	770
南 非	1369	31	617	2430	158
加 拿 大	1216	41	3	88	1279
墨 西 哥	3294	635	900	822	1555
美 国	9268	1015	300	548	6636
阿 根 廷	4800	359	428	1625	235
巴 西	21280	551	938	1766	3931
委内瑞拉	1735	52	148	58	345
白俄罗斯	415	11	7	5	389
捷 克	134	3	2	21	175
法 国	1907	42	138	763	1399
德 国	1256	49	16	180	2676
意 大 利	583	30	98	790	932
荷 兰	389	14	38	109	1243
波 兰	572	25	11	25	1351
罗马尼亚	200	61	124	842	543
俄罗斯联邦	1997	134	206	1976	1722
西 班 牙	592	25	269	1700	2563
土 耳 其	1137	15	629	2309	0
乌 克 兰	449	41	63	110	796
英 国	993	39	9	3163	444
澳大利亚	2851	26	450	7310	229
新 西 兰	1002	6	9	3113	33

资料来源:联合国 FAO 数据库。

16－19　肉类产量

（2011 年）

单位：万吨

国家或地区	肉类总产量	＃猪肉	＃牛肉	＃羊肉	＃禽肉
世　　界	**29722.2**	**11001.2**	**6605.5**	**1302.6**	**10173.9**
美　　国	4246.3	1033.1	1198.8	7.6	1979.1
巴　　西	2389.0	322.7	903.0	11.3	1149.7
德　　国	835.9	561.6	117.0	4.0	142.3
俄罗斯联邦	756.6	242.8	162.5	18.9	295.6
印　　度	622.8	32.9	258.9	89.0	224.5
墨 西 哥	600.1	120.2	180.4	10.0	280.7
法　　国	569.5	215.7	150.2	12.7	180.5
西 班 牙	553.0	346.9	60.4	14.2	123.3
阿 根 廷	455.5	30.1	242.0	5.7	169.5
加 拿 大	437.4	195.4	115.4	1.6	122.2
意 大 利	417.8	160.2	101.1	4.9	121.6
越　　南	413.8	309.9	38.7	0.8	61.7
澳大利亚	407.2	34.3	211.0	53.8	105.5
波　　兰	364.4	193.5	39.5	0.1	128.5
英　　国	360.0	80.6	93.6	28.9	156.1
日　　本	315.8	126.7	50.0	0.0	138.2
印度尼西亚	298.5	72.1	50.3	11.6	164.3
南　　非	285.5	32.0	82.9	16.5	149.2
菲 律 宾	282.7	164.9	30.3	5.1	80.8
巴基斯坦	277.4	0.0	153.6	44.3	77.2
荷　　兰	266.1	134.7	38.2	1.5	91.5
土 耳 其	257.0	0.0	64.7	29.5	162.6
泰　　国	240.3	86.7	19.3	0.2	134.0
哥伦比亚	223.6	18.4	94.0	1.5	108.6
伊　　朗	218.9	0.0	23.8	23.5	169.8
乌 克 兰	214.4	70.4	39.9	2.0	99.5
丹　　麦	205.1	172.0	13.4	0.2	19.1
埃　　及	199.4	0.0	85.0	12.7	90.1
缅　　甸	197.8	58.5	23.4	4.4	111.4
比 利 时	189.6	110.8	27.2	0.2	51.0
韩　　国	181.1	83.7	28.0	0.1	68.6
委内瑞拉	177.2	17.2	49.5	0.9	82.7
马来西亚	169.1	23.1	3.0	0.2	142.8
尼日利亚	147.2	23.9	33.8	46.4	26.8
秘　　鲁	146.1	11.7	17.9	4.1	108.5
智　　利	140.1	52.8	19.1	1.7	65.7
新 西 兰	132.7	5.0	62.3	46.7	16.0
摩 洛 哥	108.5	0.1	20.0	16.7	65.1
白俄罗斯	102.0	41.9	29.8	0.1	29.9
罗马尼亚	100.7	45.4	14.2	7.0	32.7
爱 尔 兰	95.1	23.5	54.6	4.8	11.9

资料来源：联合国 FAO 数据库。

16—20 鸡蛋产量

单位:万吨

国家或地区	2000年	2007年	2008年	2009年	2010年	2011年
世　界	**5101.3**	**5958.8**	**6170.4**	**6276.2**	**6375.3**	**6500.3**
美　国	499.8	538.7	532.6	534.9	541.2	541.9
印　度	203.5	294.7	304.7	323.0	337.8	349.0
日　本	253.5	258.3	255.4	250.8	251.5	248.3
墨西哥	178.8	229.1	233.7	236.0	238.1	245.9
俄罗斯联邦	189.5	212.2	211.9	219.5	226.1	228.4
巴　西	150.9	177.9	184.5	192.2	194.8	203.7
印度尼西亚	64.2	117.5	112.3	107.2	112.1	116.6
乌克兰	49.7	80.7	85.5	88.4	97.4	106.4
法　国	103.8	87.8	80.1	91.8	84.4	84.0
西班牙	65.8	82.5	81.2	82.9	83.0	83.0
土耳其	81.0	79.5	82.4	86.5	74.0	81.0
德　国	90.1	78.6	79.0	69.9	66.2	77.7
伊　朗	57.9	70.3	72.7	72.5	74.1	74.1
意大利	68.6	72.4	75.0	81.3	73.7	73.7
荷　兰	66.8	62.1	62.7	63.8	67.0	69.2
英　国	56.9	57.9	60.0	60.3	65.8	66.2
哥伦比亚	32.2	49.8	54.2	58.1	51.0	64.0
尼日利亚	40.0	55.3	58.1	61.3	62.3	63.6
巴基斯坦	34.4	47.9	50.3	52.9	55.6	60.4
韩　国	47.9	54.4	56.6	60.2	59.0	59.5
泰　国	51.5	53.9	56.6	57.7	58.6	58.6
波　兰	42.4	54.7	58.2	60.5	61.8	57.7
马来西亚	39.1	47.6	47.9	51.0	54.0	54.0
阿根廷	32.7	46.8	49.5	50.7	50.5	50.5
南　非	31.8	43.8	47.3	45.0	47.3	49.0
加拿大	37.2	39.8	41.9	42.2	43.3	43.7
菲律宾	24.3	33.5	35.1	36.8	38.7	40.3
越　南	18.5	22.3	24.7	27.3	32.1	34.5
缅　甸	11.2	23.1	26.3	26.5	31.8	34.2
秘　鲁	16.2	25.8	26.7	26.9	28.5	31.8
埃　及	17.7	27.9	35.6	24.9	29.1	30.6
罗马尼亚	26.3	31.1	33.4	29.7	29.8	30.4
摩洛哥	23.5	25.9	19.2	20.0	23.0	23.0
危地马拉	8.1	20.4	20.9	21.4	22.0	22.5
白俄罗斯	18.2	17.9	18.4	19.0	19.6	20.8
哈萨克斯坦	9.4	14.8	16.6	18.4	20.7	20.7
澳大利亚	14.3	16.2	16.0	15.9	17.4	20.5
孟加拉国	12.5	17.7	18.6	15.4	18.8	19.9
智　利	11.0	13.7	14.3	19.0	19.1	19.8
阿尔及利亚	10.1	19.6	18.4	19.4	19.4	19.5
沙特阿拉伯	12.8	17.1	17.0	19.1	19.3	19.3
乌兹别克斯坦	6.9	12.1	13.3	14.9	17.1	19.2
阿拉伯	12.7	17.1	15.1	16.2	16.3	17.2
比利时	19.4	17.4	16.1	15.3	15.8	16.1
委内瑞拉	17.5	15.4	15.8	16.0	16.0	16.0
朝　鲜	11.0	14.8	14.8	15.1	15.5	15.5
匈牙利	17.6	15.8	16.0	15.6	15.2	13.8
巴拉圭	6.8	12.0	12.4	12.8	12.8	12.8
捷　克	18.8	9.3	9.9	9.8	12.2	12.5
葡萄牙	11.7	12.2	12.4	12.4	13.1	12.3

资料来源:联合国FAO数据库。

16－21　禽蛋产量

单位：万吨

国家或地区	2000 年	2007 年	2008 年	2009 年	2010 年	2011 年
世　界	**5507.1**	**6434.9**	**6672.9**	**6801.5**	**6909.2**	**7050.3**
美　国	499.8	538.7	532.6	534.9	541.2	541.9
印　度	203.5	294.7	304.7	323.0	337.8	349.0
日　本	253.5	258.3	255.4	250.8	251.5	248.3
墨西哥	178.8	229.1	233.7	236.0	238.1	245.9
俄罗斯联邦	190.3	214.3	213.5	221.0	227.4	230.5
巴　西	156.9	185.8	193.9	203.7	208.7	219.3
印度尼西亚	78.3	138.2	132.4	130.8	138.2	142.7
乌克兰	50.5	81.5	86.9	93.8	101.8	109.0
泰　国	80.7	86.9	88.5	97.0	98.1	98.1
法　国	103.8	87.8	80.1	91.8	84.4	84.0
西班牙	66.1	82.7	81.4	83.1	83.2	83.2
土耳其	81.0	79.5	82.4	86.5	74.0	81.0
德　国	90.1	78.6	79.0	69.9	66.2	77.7
伊　朗	57.9	70.3	72.7	72.5	74.1	74.1
意大利	68.6	72.4	75.0	81.3	73.7	73.7
荷　兰	66.8	62.1	62.7	63.8	67.0	69.2
英　国	58.4	59.3	61.3	61.6	67.1	67.8
哥伦比亚	32.2	49.8	54.2	58.1	51.0	64.0
尼日利亚	40.0	55.3	58.1	61.3	62.3	63.6
韩　国	50.0	57.4	59.7	63.4	62.2	62.7
巴基斯坦	35.1	48.6	51.1	53.6	56.4	61.2
波　兰	42.4	54.7	58.2	60.5	61.8	57.7
马来西亚	40.1	48.7	49.0	52.4	55.4	55.4
阿根廷	32.7	46.8	49.5	50.7	50.5	50.5
南　非	31.8	43.8	47.3	45.0	47.3	49.0
菲律宾	31.6	40.8	42.3	44.2	46.5	48.1
加拿大	37.2	39.8	41.9	42.2	43.3	43.7
缅　甸	12.2	25.6	29.3	30.0	35.7	38.2
越　南	18.5	22.3	24.7	27.3	32.1	34.5
秘　鲁	16.2	25.8	26.7	26.9	28.5	31.8
罗马尼亚	28.6	32.6	34.5	31.1	31.0	31.6
埃　及	17.7	27.9	35.6	24.9	29.1	30.6
孟加拉国	17.8	25.2	26.5	22.0	25.6	26.7
摩洛哥	23.5	25.9	19.2	20.0	23.0	23.0
危地马拉	8.1	20.4	20.9	21.4	22.0	22.5
白俄罗斯	18.4	18.1	18.6	19.2	19.8	21.1
哈萨克斯坦	9.5	14.9	16.8	18.5	20.9	20.8
澳大利亚	14.3	16.2	16.0	15.9	17.4	20.5
智　利	11.0	13.7	14.3	19.0	19.1	19.8
乌兹别克斯坦	7.1	12.4	13.6	15.3	17.5	19.7
阿尔及利亚	10.1	19.6	18.4	19.4	19.4	19.5
沙特阿拉伯	12.8	17.1	17.0	19.1	19.3	19.3
阿拉伯	12.7	17.1	15.1	16.2	16.3	17.2
比利时	19.4	17.4	16.1	15.3	15.8	16.1
委内瑞拉	17.5	15.4	15.8	16.0	16.0	16.0
朝　鲜	11.0	14.8	14.8	15.1	15.5	15.5
匈牙利	18.0	16.2	16.4	16.0	15.6	14.2
巴拉圭	6.9	12.1	12.5	12.9	12.9	12.9
捷　克	18.8	9.3	9.9	9.8	12.2	12.5
葡萄牙	11.8	12.2	12.4	12.5	13.2	12.3

资料来源：联合国 FAO 数据库。

16－22　奶类产量

单位：万吨

国家或地区	2000年	2007年	2008年	2009年	2010年	2011年
世　界	**57896**	**68517**	**69780**	**70235**	**71922**	**72705**
印　度	7966	10571	10862	11149	11690	11944
美　国	7602	8419	8618	8588	8747	8902
巴基斯坦	2557	3222	3326	3436	3549	3666
巴　西	2053	2627	2858	2923	3086	3224
俄罗斯联邦	3228	3218	3236	3257	3184	3164
德　国	2835	2844	2869	2920	2963	3034
法　国	2574	2521	2438	2352	2429	2535
新西兰	1224	1562	1522	1648	1701	1789
土耳其	979	1233	1224	1254	1354	1506
英　国	1449	1402	1372	1385	1408	1425
波　兰	1189	1212	1245	1247	1230	1243
荷　兰	1123	1122	1146	1166	1181	1182
意大利	1330	1148	1212	1120	1113	1111
乌克兰	1266	1226	1176	1161	1125	1109
墨西哥	944	1051	1094	1071	1084	1089
阿根廷	1012	982	1032	1037	1050	1050
澳大利亚	1085	958	922	939	902	910
加拿大	816	815	814	821	824	840
西班牙	694	705	727	727	754	761
哥伦比亚	615	673	743	530	750	750
日　本	850	801	798	791	772	747
伊　朗	589	753	685	752	729	729
乌兹别克斯坦	361	510	543	578	617	677
白俄罗斯	449	590	622	658	662	650
厄瓜多尔	202	477	534	524	572	639
埃　及	378	591	596	562	578	578
爱尔兰	516	546	537	523	533	554
哈萨克斯坦	373	507	520	530	538	523
罗马尼亚	462	629	613	581	506	516
丹　麦	472	465	472	481	491	488
埃塞俄比亚	103	285	358	303	320	443
肯尼亚	240	441	379	414	422	432
瑞　士	391	394	410	409	411	415
孟加拉国	214	290	306	322	340	340
奥地利	336	318	322	326	329	334
南　非	254	307	314	310	323	326
比利时	369	289	286	296	308	311
瑞　典	335	303	303	297	290	289
索马里	211	231	224	232	283	284
捷　克	281	276	281	279	269	275
智　利	200	246	256	236	254	263
阿拉伯	167	268	242	241	224	256
阿尔及利亚	151	200	200	224	234	234
芬　兰	245	236	231	233	234	230
委内瑞拉	141	173	222	220	229	229
土库曼斯坦	99	207	207	215	215	215
乌拉圭	142	180	170	187	182	206
葡萄牙	214	203	208	205	200	201
摩洛哥	125	169	179	188	200	200
希　腊	201	204	210	197	203	196

注：资料来源：联合国FAO数据库。

16—23 羊毛产量

单位:吨

国家或地区	2000年	2007年	2008年	2009年	2010年	2011年
世　界	**2311416**	**2244582**	**2177828**	**2104660**	**2046467**	**1985797**
澳大利亚	671000	502300	458700	420300	382300	361806
新西兰	257200	217900	197273	179242	165800	165800
英　国	64000	62000	63290	65393	67000	67000
伊　朗	75000	74503	73700	74655	60000	60000
摩洛哥	40000	52725	53449	55029	55300	55300
阿根廷	58000	68743	65000	65000	54000	54000
俄罗斯联邦	39241	52022	53491	54658	53521	52575
土耳其	43139	46751	44166	40270	42823	46586
印　度	48400	44018	42901	43224	43000	43000
巴基斯坦	38900	40600	41000	41540	42000	42500
南　非	52671	42000	41583	43320	41091	41197
哈萨克斯坦	22924	34200	35200	36400	37600	38500
土库曼斯坦	23000	40900	35800	37500	38000	38000
乌拉圭	57218	46709	45085	41057	34700	34700
印度尼西亚	22281	26836	28816	30598	30750	30750
乌兹别克斯坦	15834	22386	23779	24980	26510	28687
西班牙	32104	28736	27705	27049	28000	28000
阿尔及利亚	17709	23360	25000	25739	25900	25900
蒙　古	21700	18200	20800	21000	22300	22300
阿拉伯	32000	50000	41300	21856	18670	21069
罗马尼亚	17997	21025	17700	18038	17600	17600
伊拉克	15800	16680	16750	17000	17200	17000
阿塞拜疆	10916	14223	14770	15257	15626	16203
阿富汗	18000	9700	12800	14700	14900	14900
法　国	14438	14000	14000	14000	14000	14000
爱尔兰	11707	13000	13270	13711	14000	14000
美　国	20662	15750	14952	13770	13776	13286
德　国	9799	10000	12000	12500	12800	12800
埃　及	7373	9000	10996	11183	12000	12000
巴　西	13301	11160	11642	11394	11646	11804
吉尔吉斯斯坦	11250	10073	10843	11006	10857	11095
沙特阿拉伯	10000	12000	10500	9000	10500	10500
突尼斯	8935	9912	10048	10345	10400	10400
利比亚	9518	9000	9124	9394	9400	9400
秘　鲁	12729	10895	10895	10300	8700	8700
意大利	11000	9217	9203	9071	8939	8558
埃塞俄比亚	12000	6370	7329	7596	8000	8000
智　利	17000	9934	9758	8886	7808	7808
也　门	4391	7118	7375	7593	7693	7693
希　腊	9645	8646	8000	7420	7600	7600
保加利亚	6976	7072	7215	7353	7000	7000
玻利维亚	8752	9177	9333	9530	6641	6641
坦桑尼亚	2821	4823	6469	5792	6600	6600
塔吉克斯坦	2059	5063	5178	5434	5771	6027
葡萄牙	8731	7825	7105	6409	6369	5864
墨西哥	4176	4519	4509	4754	4683	4696
挪　威	4957	4490	4466	4584	4607	4500
匈牙利	3369	4603	4535	4444	4070	4100
哥伦比亚	2975	4479	4400	4007	4000	4000
乌克兰	3400	3450	3755	4111	4184	3877

资料来源:联合国FAO数据库。

16－24　鱼类产量

单位：万吨

国家或地区	鱼类总计		海域		内陆水域	
	2010 年	2011 年	2010 年	2011 年	2010 年	2011 年
印　　度	847.9	888.0	328.6	327.4	519.3	560.6
秘　　鲁	435.4	834.7	427.9	827.0	7.5	7.7
印度尼西亚	1166.2	1365.1	906.7	1059.0	259.5	306.1
智　　利	376.1	443.7	372.4	439.4	3.7	4.3
俄罗斯联邦	419.7	439.2	381.9	402.3	37.8	36.9
越　　南	512.0	555.5	242.8	269.4	269.2	286.1
美　　国	493.2	556.0	460.6	529.5	32.6	26.5
缅　　甸	391.4	415.0	209.0	217.3	182.4	197.7
挪　　威	384.7	357.3	384.6	357.2	0.1	0.1
日　　本	531.8	475.6	523.9	468.2	8.0	7.4
菲 律 宾	516.2	497.5	436.4	416.5	79.8	81.0
孟加拉国	303.5	312.5	60.7	54.6	242.8	257.8
泰　　国	309.7	287.0	188.9	178.9	120.8	108.1
韩　　国	312.4	326.1	309.1	322.9	3.2	3.2
墨 西 哥	165.7	170.9	152.5	157.6	13.2	13.3
马来西亚	201.9	190.9	177.1	171.3	24.7	19.6
冰　　岛	108.7	116.0	108.4	115.6	0.3	0.3
巴　　西	126.5	143.3	55.4	57.4	71.2	86.0
摩 洛 哥	114.5	96.6	113.7	95.6	0.8	1.0
埃　　及	130.5	136.2	12.1	12.2	118.3	124.0
西 班 牙	122.4	126.6	119.9	124.1	2.5	2.4
中国台湾	116.7	122.3	95.6	100.6	21.1	21.7
丹　　麦	86.3	75.1	84.0	72.8	2.3	2.3
尼日利亚	81.8	85.7	32.4	33.4	49.4	52.2
阿 根 廷	81.4	79.6	79.7	77.5	1.8	2.1
巴基斯坦	59.3	59.5	33.8	33.5	25.5	26.0
加 拿 大	114.1	103.9	110.4	100.5	3.6	3.3
英　　国	81.4	78.2	79.9	77.6	1.5	0.6
土 耳 其	65.5	70.4	53.6	56.6	11.9	13.8
厄瓜多尔	67.1	81.7	62.2	76.8	4.9	4.9
南　　非	64.6	54.5	64.3	54.2	0.3	0.4
柬 埔 寨	16.0	16.9	7.1	7.0	8.9	9.9
乌 干 达	50.9	52.3			50.9	52.3
塞内加尔	41.0	42.7	37.5	39.4	3.4	3.4
新 西 兰	54.6	54.5	54.5	54.4	0.2	0.2
法　　国	67.4	68.0	63.0	63.5	4.4	4.5
法罗群岛	38.3	34.5	38.3	34.5		
纳米比亚	38.0	41.5	37.7	41.2	0.3	0.3
荷　　兰	50.1	41.3	49.3	40.4	0.9	0.8
斯里兰卡	39.9	44.5	33.8	37.4	6.0	7.1
加　　纳	36.1	35.3	26.1	24.4	10.0	10.9
安 哥 拉	26.3	26.3	25.3	25.3	1.0	1.0
德　　国	28.4	27.3	23.3	23.9	5.1	3.4
爱 尔 兰	39.5	28.8	39.4	28.7	0.1	0.1
波　　兰	22.0	22.1	17.1	17.3	4.9	4.8
乌 克 兰	20.9	20.4	18.2	17.6	2.7	2.8
巴布亚新几内亚	22.8	18.7	21.3	17.2	1.5	1.5
意 大 利	38.9	37.8	34.7	32.9	4.3	4.9
巴 拿 马	17.6	16.5	16.8	15.6	0.8	0.9
瑞　　典	22.3	19.5	21.4	18.5	0.8	1.0

资料来源：联合国 FAO 数据库。

16—25　土地利用情况

（2011 年）

单位：千公顷

国家或地区	国土面积	陆地面积	农业用地	耕地与多年生作物	耕地面积	多年生作物	永久性草场
世　界	**13461135**	**13003420**	**4911623**	**1552977**	**1396280**	**153937**	**3358646**
孟加拉国	14400	13017	9128	8528	7628	900	600
印　度	328726	297319	179799	169650	157350	12300	10149
印度尼西亚	190457	181157	54500	43500	23500	20000	11000
伊　朗①	174515	162855	48957	19433	17541	1892	29524
以色列②	2207	2164	521	384	302	82	137
日　本③	37796	36450	4561	4561	4254	307	
哈萨克斯坦	272490	269970	209115	24115	24035	80	185000
朝　鲜	12054	12041	2555	2505	2300	205	50
韩　国	9990	9710	1756	1698	1492	206	58
马来西亚	33080	32855	7870	7585	1800	5785	285
蒙　古	156412	155356	113507	614	612	2	112893
缅　甸	67659	65329	12558	12250	10786	1464	308
巴基斯坦	79610	77088	26550	21550	20714	836	5000
菲律宾	30000	29817	12100	10600	5400	5200	1500
斯里兰卡	6561	6271	2620	2180	1200	980	440
泰　国	51312	51089	21060	20260	15760	4500	800
越　南	33096	31007	10842	10200	6500	3700	642
埃　及	100145	99545	3665	3665	2870	795	
尼日利亚	92377	91077	76200	39200	36000	3200	37000
南　非	121909	121309	96374	12446	12033	413	83928
加拿大	998467	909351	62597	47894	42968	4926	14703
墨西哥	196438	194395	103166	28166	25491	2675	75000
美　国	983151	914742	411263	162763	160163	2600	248500
阿根廷	278040	273669	147548	39048	38048	1000	108500
巴　西	851488	845942	275030	79030	71930	7100	196000
委内瑞拉	91205	88205	21250	3250	2600	650	18000
白俄罗斯	20760	20291	8875	5651	5529	122	3224
捷克共和国	7887	7724	4229	3240	3164	76	989
法　国	54919	54766	29090	19390	18370	1020	9700
德　国	35713	34857	16719	12075	11875	200	4644
意大利	30134	29414	13933	9321	6800	2521	4612
荷　兰	4154	3373	1895	1079	1042	36	816
波　兰④	31268	30415	14779	11488	11098	390	3291
罗马尼亚	23839	23016	13982	9439	8995	444	4543
俄罗斯⑤	1709824	1637687	215250	123270	121500	1770	91980
西班牙	50560	49880	27534	17210	12512	4698	10324
土耳其	78356	76963	38247	23630	20539	3091	14617
乌克兰⑥	60355	57932	41281	33395	32499	896	7886
英　国	24361	24193	17164	6107	6062	45	11057
澳大利亚	774122	768230	409673	48078	47678	400	361595
新西兰	26771	26331	11371	542	471	71	10829

注：①永久性草场是指条件好及条件一般的牧场，不包括条件差的牧场。②国土面积和陆地面积均包括戈兰高地。③永久性草场包括在耕地中。④农业用地仅包括被农业相关物品占用土地。⑤国土面积不包括白海和亚速海面下土地。⑥国土面积不包括亚速海面下土地。

资料来源：联合国 FAO 数据库。

16—26 农业机械拥有量

（2008 年）

单位：台

国家或地区	农用拖拉机	挤奶机	联合收割机
世　　界①	**29320418**		**4382366**
孟加拉国①	3000		2
印　　度①	3149000		477000
印度尼西亚①	5200		108000
伊　　朗①	308422	24065	10880
以 色 列	21591②	1600①	238①
日　　本①	1877000	160000	957000
哈萨克斯坦①	40228	559	18802
朝　　鲜①	64200		
韩　　国	253531		85338
马来西亚①		44	
蒙　　古	3232		700
缅　　甸	160506②		24391②
巴基斯坦①	470000		1572
菲 律 宾①	63000		1360
斯里兰卡①	21500		10
泰　　国	830000①	620①	48175
越　　南①	163000		223000
埃　　及	110304②		3161
尼日利亚①	24800	35	4
南　　非①	63000		10500
加 拿 大①	733314		81258
墨 西 哥①	238830		22500
美　　国①	4389812		346935
阿 根 廷①	254011	8200	50000
巴　　西①	776905		53621
委内瑞拉①	49000		5800
白俄罗斯	48100②	13500②	12200②
捷　　克①	83813	6794	10442
法　　国①	1135000	200000	76500
德　　国①	681200②	250000	85480
意 大 利①	1913000	150000	54800
荷　　兰①	144000	37500	5600
波　　兰	1577290②	272000①	160000①
罗马尼亚	176841②		25679②
俄罗斯联邦	329980②	33164②	86122②
西 班 牙	1320599②	130000①	52042②
土 耳 其	1052975	183846	13084
乌 克 兰	369131②	10547②	56580②
英　　国①	443000	157000	40000
澳大利亚①	315000	200000	56500
新 西 兰①	76611	13800	3100

注：①2007 年数据。②2009 年数据。

资料来源：联合国 FAO 数据库。

16—27 化肥施用量

（2010 年）

单位：万吨

国家或地区	化肥施用总量	氮 肥	磷 肥	钾 肥
世 界	**17844.4**	**10589.0**	**4544.2**	**2711.2**
孟加拉国	149.8	91.5	33.6	24.7
印 度	2808.0	1655.0	801.7	351.3
印度尼西亚	429.6	278.5	51.2	100.0
伊 朗	90.4	39.0	43.7	7.6
以 色 列	6.1	3.0	0.6	2.4
日 本	112.0	45.6	42.4	23.9
哈萨克斯坦	3.8	2.3	1.3	0.2
韩 国	49.4	21.5	13.7	14.2
马来西亚	210.1	99.8	20.3	90.0
蒙 古	1.1	1.1	0.0	0.0
缅 甸	6.8	5.0	0.9	0.9
巴基斯坦	406.5	327.1	75.7	3.8
菲 律 宾	77.1	58.7	7.0	11.4
斯里兰卡	27.7	16.6	5.2	5.9
泰 国	250.4	158.5	49.2	42.8
越 南	188.8	109.2	50.4	29.2
埃 及	173.8	142.5	28.9	2.4
尼日利亚	10.1	8.0	1.1	1.0
南 非	66.7	39.8	16.2	10.6
加 拿 大	290.4	198.4	62.0	30.0
墨 西 哥	155.5	120.6	15.5	19.4
美 国	1965.6	1148.8	388.3	428.5
阿 根 廷	150.4	91.3	54.9	4.2
巴 西	1013.4	285.5	338.5	389.4
委内瑞拉	46.1	28.5	7.3	10.3
白俄罗斯	149.7	53.0	23.4	73.3
捷 克	35.7	25.5	4.6	5.6
法 国	277.6	205.0	29.5	43.2
德 国	250.7	178.6	28.6	43.4
意 大 利	86.4	49.9	18.0	18.6
荷 兰	30.0	21.8	3.1	5.1
波 兰	214.5	129.4	38.8	46.2
罗马尼亚	48.1	30.6	12.3	5.2
俄罗斯联邦	189.3	119.3	43.7	26.3
西 班 牙	163.7	94.1	33.7	35.9
土 耳 其	194.2	134.4	51.5	8.4
乌 克 兰	111.4	74.8	19.8	16.7
英 国	148.4	102.9	19.2	26.3
澳大利亚	239.9	124.1	94.6	21.1
新 西 兰	63.5	24.6	37.9	1.0

资料来源：联合国 FAO 数据库。

16—28 农业集约化经营程度

(2011 年)

国家或地区	农业经济活动人口(万人)	耕地面积(千公顷)	人均耕地面积(公顷/人)	每千公顷耕地使用农用拖拉机(台/千公顷)	每千公顷耕地使用联合收割机(台/千公顷)	每千公顷耕地化肥施用量(吨/千公顷)
世　界	**131207**	**1396280**	**1.06**	**21.24**	**3.2**	**129**
孟加拉国	3198	7628	0.24	0.38		194
印　度	27271	157350	0.58	19.91	3.0	178
印度尼西亚	4949	23500	0.47	0.24	4.9	182
伊　朗	656	17541	2.67	18.10	0.6	52
以色列	5	302	6.04	70.60	0.7①	200
日　本	133	4254	3.21	435.70	222.1	261
哈萨克斯坦	118	24035	20.35	1.77	0.8	2
朝　鲜	303	2300	0.76	23.78		0
韩　国	120	1492	1.24	163.23	54.9	328
马来西亚	159	1800	1.14			1167
蒙　古	22	612	2.81	3.76	0.8	18
缅　甸	1897	10786	0.57	1.09	2.0	6
巴基斯坦	2502	20714	0.83	23.10	0.1	198
菲律宾	1347	5400	0.40	11.89	0.3	143
斯里兰卡	404	1200	0.30	17.20	0.0	231
泰　国	1910	15760	0.83		3.2	159
越　南	2993	6500	0.22	25.87	35.4	293
埃　及	660	2870	0.43	37.22	1.2	605
尼日利亚	1228	36000	2.93	0.66	0.0	3
南　非	115	12033	10.43	4.34	0.7	53
加拿大	33	42968	131.80	16.26	1.8	67
墨西哥	781	25491	3.27	9.63	0.9	61
美　国	246	160163	65.24	25.75	2.0	123
阿根廷	140	38048	27.26	7.94	1.6	40
巴　西	1076	71930	6.68	12.74	0.9	144
委内瑞拉	71	2600	3.66	18.15	2.1	177
白俄罗斯	42	5529	13.26	8.97	2.3	270
捷克共和国	32	3164	9.95	27.69	3.4	113
法　国	55	18370	33.64	62.16	4.2	151
德　国	63	11875	18.79	64.30	7.2	212
意大利	81	6800	8.41	268.23	7.7	123
荷　兰	21	1042	5.01	135.01	5.3	283
波　兰	288	11098	3.85	124.60	12.7①	196
罗马尼亚	82	8995	10.96	20.04	2.9	53
俄罗斯	610	121500	19.91	3.00	0.8	16
西班牙	98	12512	12.83	82.43	4.2	131
土耳其	796	20539	2.58	48.85	0.6	91
乌克兰	233	32499	13.92	10.33	1.8	34
英　国	47	6062	12.93	73.77	6.7	249
澳大利亚	46	47678	104.10	7.16	1.3	56
新西兰	19	471	2.52	169.09	6.8	1272

注:①2007 年数据。②农用拖拉机和联合收割机数据为 2008 年数据。③化肥施用量为 2010 年数据。

资料来源:联合国 FAO 数据库。

16—29 中国农业主要指标占世界的比重

单位:%

指　　标	1978	1980	1990	2000	2005	2010	2011
农业人口			33.98	32.99	32.30	31.86	31.68
耕地面积	7.20	7.17	8.81	8.75	8.51	8.02	7.99
森林面积			3.77	4.33	4.75	5.13	5.20
谷物产量	17.26	18.08	20.72	19.77	18.93	20.46	20.13
小麦产量	12.13	12.54	16.58	17.00	15.55	17.70	16.68
稻谷产量	36.35	36.00	36.95	31.67	28.70	29.35	28.04
玉米产量	14.24	15.81	20.11	17.92	19.55	21.03	21.84
大豆产量	10.09	9.83	10.15	9.56	7.62	6.62	6.81
油菜籽产量	17.71	22.18	28.48	28.80	26.10	22.15	21.50
花生产量	13.37	21.82	27.86	41.80	37.45	41.73	41.73
籽棉产量	16.80	19.72	25.05	25.05	24.59	26.22	25.57
甘蔗产量	3.80	4.35	6.02	5.51	6.67	6.61	6.42
茶叶产量	16.27	17.35	22.28	23.77	26.30	32.48	35.13
水果产量①	2.82	2.77	5.93	13.62	17.02	20.06	21.16
肉类产量②	8.70	10.81	16.88	26.60	27.43	27.57	27.24
牛奶产量	0.28	0.28	0.91	1.76	5.12	5.66	6.09
羊毛产量	5.19	6.30	7.15	12.66	17.41	18.93	19.79

注:①不包括瓜类。②1990年以前为猪、牛、羊肉产量的比重。
资料来源:联合国FAO数据库。

16—30 中国农业主要指标居世界的位次

指　　标	1978	1980	1990	2000	2005	2010	2011
农业人口			1	1	1	1	1
耕地面积	4	4	4	3	3	4	4
谷物产量	2	1	1	1	1	1	1
小麦产量	2	3	2	1	1	1	1
稻谷产量	1	1	1	1	1	1	1
玉米产量	2	2	2	2	2	2	2
大豆产量	3	3	3	4	4	4	4
油菜籽产量	2	2	1	1	1	1	2
花生产量	2	2	2	1	1	1	1
籽棉产量	2	2	1	1	1	1	1
甘蔗产量	7	5	4	3	3	3	3
茶叶产量	2	2	2	2	1	1	1
水果产量①	9	8	4	1	1	1	1
肉类产量②	3	3	1	1	1	1	1
牛奶产量	34	35	20	17	5	3	3
羊毛产量	5	4	4	2	2	1	1

注:①不包括瓜类。②1990年以前为猪、牛、羊肉产量的位次。
资料来源:联合国FAO数据库。

如何使用《中国农村统计年鉴》

如何使用《中国农村统计年鉴》

为了使广大读者更好地使用《中国农村统计年鉴》，我们编写了《如何使用农村统计年鉴》一章，主要对农村统计改革和发展进行了概述，对各章资料的来源进行说明，对主要统计指标的统计含义和口径作了诠注。

一、农村统计制度方法改革概述

改革开放以来，我国农村统计适应农村经济改革的要求，取得了长足的发展和进步，农村统计范围由农业统计向农村统计转变；农村统计制度方法由以全面统计为主向以普查为基础、抽样调查为主体、辅之以全面报表、重点调查、科学核算等多种方法综合运用的方法体系转变。

1. 抽样调查得到恢复和全面发展。1978 年以后，中国进入改革开放的新时期，国家统计局和地方统计局陆续恢复。从农村开始的中国经济体制改革，带来了两方面的巨大变化。一是在经济结构上，由过去单一的农业经济向农业、工业、商业、建筑业、运输业、服务业等全面发展，农业统计面临向农村统计的转变。二是在经营体制上，由三级所有、队为基础的“一大二公”式的集体经营向以家庭联产承包责任制为主要形式的双层经营体制转变，农村统计的对象由 600 多万个生产队变为 2 亿多农户。面对大量分散的、小规模经营的农户，继续实行全面统计的方法，依靠层层报表的形式搜集数据，越来越困难。1983 年，国务院办公厅转发了国家统计局《关于加强农村统计工作等问题的报告》。提出“根据农村多种经营的新情况，农村统计首先要认真搞准粮食产量和经济作物产量；同时还要调查农村工业、交通运输业、商业等情况，调查农村的人口、教育、文化、卫生等社会情况。今后，除了改进全面报表制度外，一定要大力推行抽样调查”。随后，全国农村抽样调查队在原有 1600 人的基础上扩大到 6100 人，正式成为国家统计局直属的事业单位，并于 1985 年底完成了全国 857 个抽样调查县的建队工作。在进行组织建设的同时，业务建设也加快了步伐。一是农村住户调查由以前的收支调查扩展为全面反映农民社会经济活动，增加了农户生产经营情况、主要生活消费品实物消费量，以及农民家庭基本情况等方面的内容。二是农产量抽样调查增加了“农作物种植意向调查”，“播种面积调查”和“夏收、早稻、秋粮预测和实测产量调查”等，到 1988 年由粮食产量调查发展为种植业调查，全面调查反映粮、棉、油、麻、糖、烟、蔬菜和瓜果的生产情况。三是增加了农村社会经济抽样调查，内容包括农村劳动力、固定资产投资等生产要素和农村社区状况等。

抽样调查网点的抽选也逐步实现了科学化。1979 年采用多阶段、半距起点、等距抽样方法，住户调查抽样框按各单位人均从集体分配的收入排队，参加分配的人口作辅助资料进行编制。农产量调查抽样框按平均亩产排队，以平均播种面积作为辅助资料进行编制。1984 年开始启用多阶段、随机起点、对称等距抽样方法。为了克服样本老化的问题，从 1990 年开始在县以下实施样本轮换制度，每四年轮换一次样本。

2. 全面统计不断完善并发挥了独特的作用。由于全面统计在满足我国政府分层决策和分层管理方面具有优势，所以对于行政记录比较健全、起报单位较高或一时还不具备实施抽样调查条件的统计项目，如农村基层组织状况，农业自然资源、人力资源和机械、电力、化学肥料等物质、技术装备情况，农田水利建设和农业灾害情况等，继续采用全面统计的方法取得数据。此外，还有一部分综合性内容，如农村社会总产值、农业总产值、农业增加值、农业商品产值、经济收益分配等，主要是由县以上综合统计部门根据相关基础资料，按照全国统一方案测算的。

全面统计的源头数据按照村、乡（镇）、县（市）、省（区、市）、国家的顺序层层汇总并逐级上报，它的基础是乡镇统计网络。

3. 第二次全国农业普查取得了圆满成功。根据国务院决定，我国开展了第二次全国农业普查。这次普查的标准时点为 2006 年 12 月 31 日，时期资料为2006年度。普查对象为我国境内的农村住户、城镇农业生产经营户、农业生产经营单位、村民委员会和乡镇人民政府。本次普查共调查了40656个乡级行政单位,656026个村级组织,22592万个住户。普查主要内容包括:农业生产条件、农业生产经营活动、农业土地利用、农村劳动力及就业、农村基础设施、农村社会服务、农村居民生活,以及乡镇、村民委员会和社区环境等方面的情况。农业普查采用全面调查的方法,对所有普查对象由普查员进行逐个查点和填报。全国共组织动员了普查员、普查指导员和各级普查机构的工作人员近700万人,填报普查表近5亿张。通过普查获得了大量数据,掌握了我国有关农业、农村、农民的基本情况,填补了反映我国基本国情国力数据的缺陷和空白,矫正了常规统计数据因各种原因引起的系统性偏差。它不仅为党和政府的决策提供了科学依据,而且为农村统计改革与发展打下了很好的基础。第二次全国农业普查的成功,标志着我国农村统计事业进入了新的发展阶段。

二、资料来源

《中国农村统计年鉴》资料绝大部分是由国家统计局农村司根据《农林牧渔业综合统计报表制度》、《乡村社会经济调查方案》、《农产量抽样调查制度》、《农村住户调查方案》和《县(市)社会经济调查卡片》的有关资料整理提供。

部分章节资料来自于部门统计。农业生态与环境资料主要来源于国家环保总局、水利部和国家林业局统计报表;农村市场与价格资料主要是根据国家工商行政管理局统计报表和国家统计局城市司的价格统计资料整理而成;农产品生产成本资料主要是根据国家发改委农产品成本调查报表整理而成;农产品进出口主要依据海关总署有关资料加工整理的;农村文化、教育、卫生资料是国家统计局社会科技统计司根据文化部、教育部、卫生部有关资料加工整理而成的;国外农业统计资料是国家统计局国际统计中心根据联合国粮农组织提供的资料加工整理而成的。

三、主要统计指标解释

国内生产总值(GDP):指一个国家(或地区)所有常住单位在一定时期内生产活动的最终成果。国内生产总值有三种表现形态,即价值形态、收入形态和产品形态。从价值形态看,它是所有常住单位在一定时期内生产的全部货物和服务价值超过同期中间投入的全部非固定资产货物和服务价值的差额,即所有常住单位的增加值之和;从收入形态看,它是所有常住单位在一定时期内创造并分配给常住单位和非常住单位的初次收入分配之和;从产品形态看,它是所有常住单位在一定时期内最终使用的货物和服务价值与货物和服务净出口价值之和。在实际核算中,国内生产总值有三种计算方法,即生产法(总产出减中间投入)、收入法(由劳动者报酬、生产税净额、固定资产折旧、营业盈余组成)和支出法(由最终消费、资本形成总额、货物和服务净出口组成)。三种方法分别从不同的方面反映国内生产总值及其构成。

劳动者报酬:指劳动者因从事生产活动所获得的全部报酬。包括劳动者获得的工资、奖金和津贴,既包括货币形式的,也包括实物形式的;还包括劳动者所享受的公费医疗和医药卫生费、上下班交通补贴和单位支付的社会保险费等。对于个体经济来说,其所有者所获得的劳动报酬和经营利润不易区分,这两部分统一作为劳动者报酬处理。

生产税净额:指生产税减生产补贴后的余额。生产税指政府对生产单位生产、销售和从事经营活动以及因从事生产活动使用某些生产要素(如固定资产、土地、劳动力)所征收的各种税、附加费和规费。生产补贴与生产税相反,指政府对生产单位的单方面收入转移,因此视为负生产税,包括政策亏损补贴、粮食系统价格补贴、外贸企业出口退税收入等。

固定资产折旧:指为弥补固定资产损耗按照核定的固定资产折旧率提取的固定资产折旧,或按国民经济核算统一规定的折旧率虚拟计算的固定资产折旧。各类企业和企业化管理的事业单位的固定资产折旧是指实际计提并计入成本费中的折旧费;不计提折旧的政府机关、非企业化管理的事业单位和居民住房的固定资产折旧是按照统一规定的折旧率和固定资产原值计算其虚拟折旧。原则上,固定资产折旧应按固定资产的重置价值计算,但是目前我国尚不具备对全社会固定资产进行重新估价的基础,所以暂时只能采用上述办法。

营业盈余:指常住单位创造的增加值扣除劳动者报酬、生产税净额和固定资产折旧后的余额。它相当于企业的营业利润加上生产补贴,但要扣除从利润中开支的工资和福利等。

支出法国内生产总值:指一个国家(或地区)所

有常住单位在一定时期内用于最终消费、资本形成总额,以及货物和服务的净出口总额,它反映本期生产的国内生产总值的使用及构成。

最终消费:指常住单位在一定时期内对于货物和服务的全部最终消费支出,也就是常住单位为满足物质、文化和精神生活的需要,从本国经济领土和国外购买的货物和服务的支出;不包括非常住单位在本国经济领土内的消费支出。最终消费分为居民消费和政府消费。

资本形成总额:指常住单位在一定时期内获得的减去处置的固定资产加存货的变动,包括固定资本形成总额和存货增加。

货物和服务净出口:指货物和服务出口减货物和服务进口的差额。出口包括常住单位向非常住单位出售或无偿转让的各种货物和服务的价值;进口包括常住单位从非常住单位购买或无偿得到的各种货物和服务的价值。由于服务活动的提供与使用同时发生,因此服务的进出口业务并不发生出入境现象,一般把常住单位从国外得到的服务作为进口,非常住单位从本国得到的服务作为出口。货物的出口和进口都按离岸价格计算。

三次产业:指根据社会生产活动历史发展的顺序对产业结构的划分,产品直接取自自然界的部门称为第一产业,对初级产品进行再加工的部门称为第二产业,为生产和消费提供各种服务的部门称为第三产业。我国的三次产业划分是:第一产业为农业(包括种植业、林业、牧业和渔业),第二产业为工业(包括采掘业,制造业,电力、煤气及水的生产和供应业)和建筑业,第三产业为除第一、第二产业以外的其他各业。

当年价格:也称现行价格,指报告期内的实际市场价格。按现行价格计算的各种综合指标可以反映当年国民经济发展水平及比例关系,但因其变化受实物数量增减和价格升降因素的影响,在不同时期之间缺乏可比性。

可比价格:指计算各种总量指标所采用的扣除了价格变动因素的价格,可进行不同时期总量指标的对比。按可比价格计算总量指标有两种方法:一种是直接用产品产量乘某一年的不变价格计算;另一种是用价格指数进行缩减。

不变价格:指以同类产品某年的平均价格作为固定价格,用于计算各年的产品价值。按不变价格计算的产品价值消除了价格变动因素,不同时期对比可以反映生产的发展速度。新中国成立后,随着工农业产品价格水平的变化,国家统计局先后五次制定了全国统一的工业产品不变价格和农业产品不变价格。从 1952 年到 1957 年使用 1952 年工(农)业产品不变价格,从 1957 年到 1970 年使用 1957 年不变价格,从 1971 年到 1980 年使用 1970 年不变价格,从 1981 年到 1990 年使用 1980 年不变价格,从 1991 年开始使用 1990 年不变价格。从 2003 年起使用可比价计算产值,取消不变价产值。

人口数:指一定时点、一定地区范围内有生命的个人总和。年度统计的年末人口数指每年 12 月 31 日 24 时的人口数。年度统计的全国人口总数内未包括台湾省和港澳同胞以及海外华侨人数。

从业人员:指从事一定社会劳动并取得劳动报酬或经营收入的人员,包括全部职工、再就业的离退休人员、私营业主、个体户主、私营和个体从业人员、乡镇企业从业人员、农村从业人员和其他从业人员(包括民办教师、宗教职业者、现役军人等)。

固定资产投资额:指以货币表现的建造和购置固定资产活动的工作量,分为基本建设投资、更新改造投资、房地产开发投资和其他固定资产投资四个部分。

财政收入:指国家财政参与社会产品分配所取得的收入,是实现国家职能的财力保证。财政收入所包括的内容几经变化,目前主要包括各项税收、专项收入、其他收入(如基本建设贷款归还收入、基本建设收入、捐赠收入等)和国有企业计划亏损补贴。

财政收入按财政体制划分为中央本级收入和地方本级收入。1994 年分税制财政体制以后,属于中央财政的收入包括关税、海关代征消费税和增值税,消费税,中央企业所得税,地方银行和外资银行及非银行金融企业所得税,铁道、银行总行、保险总公司等集中缴纳的营业税、所得税、利润和城市维护建设税,增值税的 75%部分,证券交易税(印花税)50%部分和海洋石油资源税。属于地方财政的收入包括营业税,地方企业所得税,个人所得税,城镇土地使用税,固定资产投资方向调节税,城镇维护建设税,房产税,车船使用税,印花税,耕地占用税,契税,增值税 25%部分,证券交易税(印花税)50%部分和除海洋石油资源税以外的其他资源税。

财政支出:国家财政将筹集起来的资金进行分配使用,以满足经济建设和各项事业的需要,主要包括基本建设支出、企业挖潜改造资金、地质勘探费用、科技三项费用、支援农村生产支出、农林水利气象等部门的事业费用、工业交通商业等部门的事业费、文教科学卫生事业费、抚恤和社会福利救济费、国防支出、行政管理费和价格补贴支出。

财政支出按照政府在经济和社会活动中的不同职权，划分为中央财政支出和地方财政支出。中央财政支出包括国防支出，武装警察部队支出，中央级行政管理费和各项事业费，重点建设支出以及中央政府调整国民经济结构、协调地区发展、实施宏观调控的支出。地方财政支出主要包括地方行政管理和各项事业费，地方统筹的基本建设、技术改造支出，支援农村生产支出，城市维护和建设经费，价格补贴支出等。

城镇居民家庭可支配收入：指被调查的城镇居民家庭在支付个人所得税、财产税及其他经常性转移支出后所余下的实际收入。

社会消费品零售总额：指国民经济各行业直接售给城乡居民和社会集团的消费品总额。社会消费品零售总额包括售给城乡居民作为生活用的商品和修建房屋用的建筑材料；售给社会集团的各种办公用品和公用消费品；售给机关、团体、学校、部队、企业、事业单位的职工食堂和旅店（招待所）附设专门供本店旅客食用，不对外营业的食堂的各种食品、燃料；企业、单位和国营农场直接售给本单位职工和职工食堂的自己生产的产品；售给部队干部、战士生活用的粮食、副食品、衣着品、日用品、燃料；售给来华的外国人、华侨、港澳台同胞的消费品；居民自费购买的中、西药品，中药材及医疗用品；报社、出版社直接售给居民和社会集团的报纸、图书、杂志，集邮公司出售的新、旧纪念邮票、特种邮票、首日封、集邮册、集邮工具等；旧货寄售商店自购、自销部分的商品；煤气公司、液化石油气站售给居民和社会集团的煤气灶具和罐装液化石油气；农民售给非农业居民和社会集团的商品。

海关进出口总额：指实际进出我国国境的货物总金额。包括对外贸易实际进出口货物，来料加工装配进出口货物，国家间、联合国及国际组织无偿援助物资和赠送品，华侨、港澳台同胞和外籍华人捐赠品，租赁期满归承租人所有的租赁货物，进料加工进出口货物，边境地方贸易及边境地区小额贸易进出口货物（边民互市贸易除外），中外合资、中外合作、外商独资经营企业进出口货物和公用物品，到、离岸价格在规定限额以上的进出口货样和广告品（无商业价值、无使用价值和免费提供出口的除外），从保税仓库提取在中国境内销售的进口货物，以及其他进出口货物。我国规定出口货物按离岸价格统计，进口货物按到岸价格统计。

农业机械总动力：指用于农、林、牧、渔业生产的各种动力机械的动力之和，包括耕作机械、农用排灌机械、收获机械、植保机械、林业机械、渔业机械、农产品加工机械、农用运输机械、其他农用机械。按能源又分为柴油、汽油、电力和其他动力。总动力按法定计量单位千瓦计算。（注：1 马力＝735.5 瓦特＝0.735 千瓦）

农用大中型拖拉机：指发动机额定功率为 14.7 千瓦及以上的专门用于农作物田间作业和以农作物田间作业为主进行综合利用的拖拉机，包括轮式和履带式两种。不包括用于森工、基建、营林等方面的拖拉机。

小型拖拉机：指专门或主要用于农作物田间作业的不足 14.7 千瓦的拖拉机。包括四轮拖拉机和手扶拖拉机。

农用载重汽车：指主要用于农林牧渔业生产运输的载重汽车。

有效灌溉面积：指具有一定的水源，地块比较平整，灌溉工程或设备已经配套，在一般年景下当年能够进行正常灌溉的耕地面积。在一般情况下，有效灌溉面积应等于灌溉工程或设备已经配备，能够进行正常灌溉的水田和水浇地面积之和。

（1）灌溉工程或设备已经配套，可以灌溉，但由于雨水及时或所种作物不需要灌溉等原因，当年没有进行灌溉的，应统计为有效灌溉面积。

（2）灌溉工程或设备不配套（如只有深水井，没有安装机器）、渠系不健全（如只有水库，没有修渠）、地块不平整，当年不能发挥灌溉效益的灌溉面积，不应统计为有效灌溉面积。

（3）北方地区没有灌溉工程或设备的引洪淤灌的耕地面积，不应统计为有效灌溉面积。

（4）南方地区没有灌溉工程或设备，完全靠雨蓄水的“冬水田”、“屯水田”、“望天田”、“雷响田”等水田面积，不应统计为有效灌溉面积。

（5）没有灌溉工程或设备，遇到旱年临时抗旱点种的耕地面积，不应统计为有效灌溉面积。

（6）原有的灌溉工程或设备，由于受到破坏等原因不能起灌溉作用，这部分耕地面积不应统计为有效灌溉面积。

旱涝保收面积：指在有效灌溉面积中，灌溉设施齐全，抗灾能力较强，土地肥力较高，遇到较大的旱涝灾害能保证遇旱能灌、遇涝能排的耕地面积。灌溉设施的抗旱能力和排涝能力，全国各地根据当地的气候执行不同的标准。一般抗旱能力：南方在50—100天，北方在30—50天；排涝能力达到5年至10年一遇的标准，防洪一般达到20年一遇的标准。旱涝保收面积应小于或等于有效灌溉面积。

化肥施用量：指本年度内实际用于农业生产的化学肥料数量，包括氮肥、磷肥、钾肥和复合肥。施用量要求按折纯量计算数量，即各类化学肥料的实际施用数量按其含氮、含五氧化二磷、含氧化钾的比例折成百分之百计算。

农村用电量：指本年度内，扣除在农村中的国有工业、交通、基建等单位的用电量以后的农村生产和生活的全年用电总量。包括国家电网供电和农村自办电站供电量。

农作物总播种面积：指本日历年度内收获农产品的作物播种面积之和，包括实际播种或移植有农作物面积。凡是实际种植有作物面积，不论种植在耕地上还是种植在非耕地上，均包括在农作物播种面积中。在播种季节基本结束后，因遭受灾害而重新改种和补种的农作物面积也包括在内。

农作物包括范围

(1)谷物包括稻谷、小麦、玉米、谷子、高粱和其他谷物，不包括豆类和薯类。谷类作物一律按脱粒后的原粮计算。

(2)豆类作物是以食用种籽及其制成品的豆科植物，包括大豆和杂豆。大豆包括黄豆、黑豆、青豆三类。产量按去荚后的干豆计算。

(3)薯类作物包括甘薯和马铃薯。不包括芋头、木薯等。芋头一般应作为“蔬菜”计算，木薯作为其他作物计算。城市郊区以蔬菜种植为主把马铃薯产量统计在蔬菜内。

(4)油料作物是以榨取油脂为主要用途的一类作物。种子含油率约达20%—60%。包括花生、油菜籽、芝麻、胡麻籽、向日葵籽等。不包括木本油料和野生油料。花生以带壳干花生计算。

(5)棉花不包括木棉，按去籽后的皮棉计算，3公斤籽棉折1公斤皮棉。棉花产量从1999年起在主产区实行抽样调查（河北、江苏、安徽、山东、河南、湖北、湖南、新疆），非主产区仍按全面统计。

(6)糖料包括甘蔗和甜菜。甘蔗以蔗杆计算，甜菜以块根计算。

(7)药材指人工栽培的各种药材作物，不包括野生药材。

(8)蔬菜包括菜用瓜、茭白、芋头、生姜等在内。

(9)瓜类作物指果用瓜，如西瓜、甜瓜（香瓜）、白兰瓜、哈密瓜、脆瓜等，但不包括菜用瓜。

(10)其他作物包括饲料作物、荸子、莲子、席草等。

(11)饲料作物指人工栽培的主要用于喂养牲畜的作物，如苜蓿等。有些地方在饲料地上种植粮食作物，除了种植目的就是作为青饲料用的可作为饲料作物统计以外，收获主产品以后，副产品不管是否作为饲料的，仍应分别列入谷物，豆类作物，薯类等项下统计产量，不得列入饲料作物内。

粮食总产量：指全社会的产量。包括国营农场等国有经济的、集体统一经营的和农民家庭经营的产量，还包括工矿企业办的农场和其他生产单位的产量。粮食除包括稻谷、小麦、玉米、高粱、谷子、其他杂粮外，还包括薯类和大豆。其产量计算方法，豆类按去豆荚后的干豆计算，薯类（包括甘薯和马铃薯，不包括芋头和木薯）1963年以前按每4千克鲜薯折1千克粮食计算，从1964年以后按5千克鲜薯折1千克粮食计算。其他粮食一律按脱粒后的原粮计算。

粮食比国际上通行的谷物口径大，相当于谷物＋薯类＋大豆。

茶叶产量：指本年度内生产的全部茶叶产量。包括从成片茶园和零星种植的茶树以及荒芜未垦复的茶树上所采摘的全部产量。不论自食的或出售的，都应统计在内。茶叶的产量按经过初步加工的干毛茶的重量计算。由于加工毛茶的方法不同，以分为红毛茶、绿毛茶、乌龙茶、紧压茶、其他茶。紧压茶是指作紧压茶原料的茶叶产量。其他茶是上述四种毛茶之外的毛茶。

水果产量：指本年度内从果树上收获的全部水果产量。不论自食的或出售的，都应计算在内。但不包括果用瓜（如西瓜、甜瓜、白兰瓜、哈密瓜、脆瓜等）和主要作蔬菜食用的藕、西红柿等。不包括采集的野生水果。水果的产量按鲜果计算，干枣、葡萄干、柿饼、桔饼等应统一折成鲜果计算。香蕉不包括大蕉、龙牙蕉、粉蕉、西贡蕉等。

林产品产量指从人工栽培的竹木上，不经砍伐竹木的根而取得的各种林产品数量。包括生漆、棕片、五倍子、松脂、笋干、油桐籽、油茶籽、乌桕籽、核桃、板栗等各种林木果实以及修剪竹木所获得的枝叶（如荆条、柳条、蒲葵叶）等。不包括桑叶、茶叶、水果，也不包括野生的林产品。如果某些林产品人工栽培和野生的混在一起，不易划分，则应根据它的主要来源决定其应计入林产品产量统计中还是其他农业内采集野生植物果实产量统计中，但不要两方面都算，以免重复。

林产品产量的计算方法为：

(1)油茶籽、油桐籽、乌桕籽、核桃、文冠果按去掉果皮、外壳的干籽计算产量。

(2)五倍子以干籽计算产量。

(3)生漆、松脂按从树上割下来的生漆、松脂计算产量。

(4)棕片和竹笋按干片和笋干计算产量。

(5)板栗按除去毛荚的果实计算产量。

(6)油橄榄按果实计算产量。

(7)紫胶(虫胶)按原胶计算产量。

畜牧业生产

猪、牛、羊、禽等主要畜禽的存栏、出栏及产品产量。1999 年畜牧调查和数据采集方式发生变化。非农户生产经营单位按全面统计的组织方式逐级上报；农户(含规模饲养农户)采取抽样调查，全部调查工作在国家调查(行政)村进行。抽中村中规模饲养农户(制定的规模养殖参照标准)要进行逐个调查。非规模饲养农户，应按随机原则，抽选 10 个有代表性的农户进行入户调查访问。同时，在调查村要建立畜牧业统计台账，并按要求定期填报有关资料。根据 1996 年农业普查结果，国家统计局农调总队对猪、牛、羊等主要畜产品存栏、出栏及肉产量等指标常规年报数据与农业普查数据进行衔接。2000 年以后的生猪存栏、出栏和肉产量均为抽样调查数据。

当年出栏的畜禽数：指当年(报告期内)乡村各种合作经济和农民、国有农场、机关、团体、学校、工矿企业、部队等单位及城镇居民饲养的，已屠宰或出售的全部畜禽数，包括交售给国家，集市上出售和农民自食的部分。不包括个别地区习惯吃的“烤小猪”或出口的“乳猪”。

期初(末)畜禽存栏头(只数)指本期(报告期)期初(末)，农村与城市的全部畜禽存栏头(只)数。除科学研究单位专门用于试验研究的牲畜和军马以外，农村各种合作经济组织和国营农场、农民个人、机关、团体、学校、工矿企业、部队等单位以及城镇居民饲养的各种畜禽，不分大小、公母、品种、用途一律包括在内。专业运输组织的运输用牲畜也应包括在内。但商业部门库存的和运输途中的活牲畜不进行统计。

肉类总产量：指当年出栏并已屠宰的畜禽肉产量，即屠宰后除去头蹄下水后带骨肉的重量，也叫酮体重。

牛奶产量、羊奶产量指全社会产量。包括出售给国家、农贸市场交易和农牧民自食部分。无论是纯种牛、杂种牛、黄牛或兼用牛产的奶；无论是奶山羊、绵羊或其他改良羊所产的奶都要计算为产量。牛犊、羊羔直接吮食部分，不统计产量。

细羊毛：指细毛及其改良羊所产的羊毛量。

半细羊毛：指半细毛羊及其改良羊所产的羊毛产量。

禽蛋产量：指鸡、鸭、鹅三种家禽的禽蛋产量，包括出卖和农民自食以及种蛋。

蚕茧产量：指本年度内生产的全部蚕茧产量，无论自用的或出售的，都应计算在内。在计算产量时，要把土茧、改良茧和种茧包括在内，桑蚕茧、柞蚕茧均按鲜茧计算，木薯蚕茧和蓖麻蚕茧等的产量均按茧壳的重量计算。

渔业生产

水产品产量：指当年捕捞的水产品(包括人工养殖并捕捞的水产品和捕捞天然生长的水产品)产量。

海水产品产量：指从海洋和海水养殖水域中捕捞的海水产品产量。包括海水中的鱼类、虾蟹类、贝类、藻类。

内陆水域水产品产量：指淡(咸)水湖泊、水库、河沟和池塘以及其他内陆水域内捕捞的水产品产量。包括鱼类、虾蟹类、贝类，不包括淡水水生植物。

养殖产量：指从海水养殖面积和内陆水域养殖面积中捕捞的产量。

捕捞产量：指捕捞天然生长的水产品产量。

农林牧渔业总产值：指以货币表现的农、林、牧、渔业全部产品和对农林牧渔业生产活动进行的各种支持性服务活动的价值总量，它反映一定时期内农业生产总规模和总成果。1957 年以前的农业总产值中包括了厩肥和农民自给性手工业(如农民自制衣服、鞋、袜，自己从事粮食初步加工等)。1958 年及以后的农业总产值，林业中增加了村及村以下竹木采伐产值；牧业中取消了厩肥产值；副业中取消了农民自给性手工业产值，增加了村及村以下办的工业产值；渔业中增加了海洋捕捞水产品产值。1980 年及以后，在副业中增加了农民家庭兼营工业商品部分产值。从 1984 年起村及村以下工业产值划归工业。从1993年起取消副业，将野生动物的捕猎划入牧业、野生植物采集和农民家庭兼营商品性工业划归农业。从2003年起，执行新的国民经济行业分类标准，农林牧渔业总产值中包括了农林牧渔服务业产值。林业中增加了森林采运业产值。农业中取消了家庭兼营商品性工业产值，将野生林产品的采集划归林业。第一次农业普查以后，由于畜牧业产品年报数据与普查数据之间存在一定的差距，国家统计局农村司对畜牧业年报数据与普查数据进行衔接，相应的畜牧业产值进行调整。

农林牧渔业总产值的计算方法通常是按农、林、牧、渔业产品及其副产品的产量分别乘以各自单位产品价格求得；少数生产周期较长，当年没有产品或产品产量不易统计的，则采用间接方法匡算其产值；然后将四业产品产值相加即为农林牧渔业总产值。

农林牧渔业增加值：用生产法计算的一定时期内农业生产活动的最终成果。其计算方法是用现价计算的农林牧渔业产值扣除各项中间投入。

1996年第一次农业普查以后，由于畜牧业产品产量年报数据与普查数据之间存在一定的差距，国家统计局农村司对畜牧业年报数据与普查数据进行衔接，相应的畜牧业产值、增加值进行调整。

农村固定资产：是指使用年限在一年以上，单位价值在规定的标准以上，并在使用过程中保持原来物质形态的资产。企事业单位所有的使用期限在一年以上、单位价值在200元以上的房屋建筑物、机器设备、器具、工具等资产应作为固定资产统计；不属于生产经营的物品，单位价值在200元以上，并且使用期限超过两年的也应作为固定资产统计。农户所有的使用年限在一年以上、单位价值在50元以上的房屋建筑物、机器设备、器具等资产应作为固定资产统计。

农村固定资产统计调查方式由全面统计改为抽样调查。九十年代初，农村固定资产投资统计进行了初步改革，即集体部分的投资由统计部门中负责投资统计的单位通过全面统计的方式，逐级汇总、层层上报取得数据；农户部分则以抽样调查方式取得数据。由于全面统计数据存在行政干扰，农户抽样调查不太规范等原因，从1999年年报开始，农村固定资产投资全面实行抽样调查。根据农村固定资产投资调查的现实情况，本着“不重不漏、方便调查”的原则，界定了调查范围，即城关镇以下（不包括城关镇，但包括城关镇所辖的行政村）属于农村固定资产投资调查的范围。但为了保持工作的衔接，在此范围内的大中型工矿企业、县级以上直属单位所属的企业和单位的投资活动不列入农村固定资产投资调查的范围。统计原则由按所属统计改革为按所在地原则调查。具体划分为三个层次：一是乡政府所在地或镇区所在地范围内的非农户投资单位；二是行政村范围内的非农户投资单位；三是农户投资。

除涝

（1）易涝耕地面积：是指抗涝能力标准低的低洼涝耕地面积。即经过治理的“除涝面积”和尚未经过治理的或虽经过治理，但抗涝标准尚未达到三年一遇的“现有易涝面积”之和。

（2）除涝面积：指由于兴修治涝工程或安装排涝机械等水利设施（或进行改种），使易涝耕地免除淹涝，除涝标准达到三年一遇以上者。易涝面积虽经过治理，但标准尚未达到三年一遇标准的，不做为除涝面积统计。

易涝面积＝除涝面积＋现有易涝面积（即尚未治理面积＋虽经过治理，标准尚未达到三年一遇的标准）

除涝面积＝三年至五年治理面积＋五年至十年治理面积＋十年以上治理面积

除涝面积＝上年除涝面积（上年基数）＋本年新增除涝面积－本年减少面积

治碱

（1）盐碱耕地面积：是指土壤中含有盐碱，影响农作物生长，成苗率（促苗率）不足70%的耕地面积。盐碱耕地面积包括未改良的老盐碱耕地以及未改良的次生盐碱耕地和盐碱耕地改良面积之和。

（2）盐碱耕地改良面积：是指在老盐碱地、次生盐碱地上进行水利、农业、土壤改良等措施，在正常年景使作物成苗率（促苗率）达到70%以上的盐碱耕地面积。在同一块耕地上，除涝、治碱并举，应分别统计除涝面积和盐碱耕地改良面积。

（3）本年新增改良面积：是指在报告期当年（日历年度），对尚未经过治理的盐碱耕地，采取水利、农业、化学等改碱措施，使其脱盐（碱），达到盐碱地改良标准的面积。不包括在已改良过（已被统计除涝面积）的面积上，采取治碱措施，而被改善、提高的面积。

（4）本年减少改良面积；是指已被改良的盐碱地面积中由于建设占地、退耕养殖、工程老化失修或不合理的人为措施重又退化积盐，沦为严重影响农作物生长的盐碱耕地的面积。

盐碱耕地改良面积＝上年盐碱耕地改良面积（上年基数）＋本年新增改良面积－本年减少改良面积

水土保持

（1）水土流失面积是指自然因素和人为因素，使山丘地区地表土壤及母质受到各种破坏和移动，造成水土流失的面积。水土流失面积应为解放初期实有的水土流失面积和解放后发展的水土流失面积之和。

（2）水土流失治理面积（又称水土保持面积）是指在山丘地区水土流失面积上，按照综合治理的原则，采取各种治理措施，如：水平梯田、淤地坝、谷坊、造林种草、封山育林育草（指有造林、种草补植任务的）等，以及按小流域综合治理措施所治理的水土流失面积总和。

（3）小流域治理面积是以小流域为单元，根据流域内的自然条件，按照土壤侵蚀的类型特点和农业区划，在全面规划的基础上，合理安排农、林、牧各业用地，布置水土保持农业技术措施，林草措施与工程措施，相互协调、相互促进形成综合的水土流失防治体系。凡列入县级以上治理规划，并进行重点治理的，流域面积在 5 平方公里以上的小流域治理面积均进行统计。

（4）本年新增治理面积（也称本年新增水土保持面积）是指在山丘水土流失区，由于采取各种水土措施，或进行小流域综合治理，在报告期年度，新增加的水土流失治理面积。不包括已治理的水土流失面积，以往年度已经统计，而在本年度内又增建或更新改造水保措施，而得到提高改善的面积。

（5）本年减少的治理面积是指在报告期内，由于各种原因，如基建占地、人为破坏、自然灾害、各类生产活动、工程老化失修等，使原已治理的水土流失面积重又产生水土流失的面积。

水土流失治理面积＝上年累计达到治理面积＋本年新增治理面积－本年减少治理面积

水库

（1）已建成水库是指主、副坝、溢洪道、输水洞和专门建筑物，如电站、过船过水建筑物等，已全部建成或基本建成，无重大遗留问题达到设计蓄水能力，经过验收鉴定合格，正式交付使用的水库。

（2）总库容：即校核水位以下的库容。包括死库容、兴利库容、防洪库容（减掉和兴利库容重复部分）之总和，称总库容，它是水库兴建的总规模。

大、中、小型水库的划分标准

大型水库总库容在一亿立方米及以上；

中型水库总库容在一千（含一千）万立方米至一亿立方米；

小型水库库容在十万立方米至一千万立方米。

堤防总长度：指建成或基本建成的河堤、江堤、海堤、湖堤、围堤，包括防洪墙等各类防洪，防潮堤防之总和，包括建国前建成或需要加固加高培厚的老堤防。但不包括单纯除涝河道的堤防和弃土形成的堤防，也不包括子埝和生产堤。所谓基本建成，是指按设计标准已经完成，已能发挥设计效益，但还留有少量尾工的工程。

农场个数：指报告期末实有农场个数。包括农垦系统内全民所有制、集体所有制和合资经营的农、林、牧、渔场个数，不包括家庭农场个数。农场应具备三个条件：进行农林牧渔业生产；设有场部组织结构；实行独立核算。

农村居民家庭基本情况

常住人口：是指全年经常在家或在家居住六个月以上，而且经济生活和本户连成一体的人口。在外劳动的合同工、临时工和其他副业工，他们在外劳动虽然超过六个月，但其收入主要带回家中，仍要计算在内。在家居住，生活和本户连成一体的国家职工、退休人员也要计算在内。但是参军、在外居住的职工等，则不应计入。

常住人口中整半劳动力：整劳动力是指男子 18 周岁到 50 周岁，女子 18 周岁到 45 周岁；半劳动力是指男子 16 周岁到 17 周岁，51 周岁到 60 周岁；女子 16 周岁到 17 周岁，46 周岁到 55 周岁，同时具有劳动能力的人。虽然在劳动年龄之内，但已丧失劳动能力的人，不应算为劳动力；在劳动年龄以外，但能经常参加劳动，能顶上一个整劳动力或半劳动力的人，应计入劳动力数内。常住人口中的职工，若这些职工为劳动力，就包括在本户的整半劳动力中。

总支出：指农村住户用于生产、生活和再分配的全部支出。包括家庭经营费用支出、购置生产性固定资产支出、生产性固定资产折旧、税费支出、生活消费支出、财产性支出和转移性支出。

家庭经营费用支出：指农村住户以家庭为基本生产经营单位从事生产经营活动而消费的商品和服务、自产自用产品。所消费的未计算为住户收入的自产自用产品，不计算为费用支出。库存的化肥、农药也不应该计算费用支出。

现金收入：指农村居民家庭年内所有家庭成员的全部现金收入。包括基本收入(即以工资形式支付的劳动报酬收入和家庭经营现金收入)、财产性收入、转移性收入和储蓄借贷现金收入。

现金支出：指农村居民家庭年内全部现金支出。包括用于承包经营生产的家庭经营费用支出的各项现金，向国家缴纳的各种税金，按承包合同上交的集体提留或承包任务的现金，购买生产用固定资产支付的现金，用于生活消费支出，转移性支出和储蓄借贷支出的现金等。

农村居民家庭平均每人总收入和纯收入

总收入：是指调查期内农村住户和住户成员从各种来源渠道得到的收入总和。按收入的性质划分为工资性收入、家庭经营收入、转移性收入和财产性收入。

(1)工资性收入：指农村住户成员受雇于单位或个人，靠出卖劳动而获得的收入。

(2)家庭经营收入：指农村住户以家庭为生产经营单位进行生产筹划和管理而获得的收入。农村住户家庭经营活动按行业划分为农业、林业、牧业、渔业、工业、建筑业、交通运输邮电业、批发和零售贸易餐饮业、社会服务业、文教卫生业和其他家庭经营。

家庭经营产品的计价：凡是出售部分，按实际出售价格计算；非出售部分(包括自用的和结存的)按出售该产品的综合平均价计算。

转移性收入：指农村住户和住户成员无需付出任何对应物而获得的货物、服务、资金或资产所有权等，不包括无偿提供的用于固定资本形成的资金。一般情况下，指农村住户在二次分配中的所有收入。

财产性收入：指金融资产或有形非生产性资产的所有者向其他机构单位提供资金或将有形非生产性资产供其支配，作为回报而从中获得的收入。

纯收入：是农村住户当年从各个来源得到的总收入相应地扣除所发生的费用后的收入总和。纯收入主要用于再生产投入和当年生活消费支出，也可用于储蓄和各种非义务性支出。“农民人均纯收入”按人口平均的纯收入水平，反映的是一个地区或一个农户农村居民的平均收入水平，反映的是一个地区或一个农户农村居民的平均收入水平。计算方法为：

纯收入＝总收入－家庭经营费用支出－税费支出－生产性固定资产折旧－赠送农村亲友支出。

农村居民家庭平均每人生活消费支出

生活消费支出：指农村住户用于物质生活和精神生活方面的支出。生活消费支出包括：食品，衣着，居住，家庭设备、用品及服务，医疗保健，交通和通讯，文化教育娱乐用品及服务，其他商品和服务等消费支出。各消费类别的具体内容如下：

(1)食品消费支出：指农村居民年内消费各类食品支出。包括主食、副食、其他食品、在外饮食支出和食品加工费支出。其中的主食：是指各种粮食和粮食复制品的消费量折价。粮食复制品：指利用原粮加工而成的食品，如挂面、年糕等。但不包括用粮食加工成豆油、豆腐、粉条、酒。副食：包括蔬菜、豆制品、油脂类、食糖、肉、禽及其制品、蛋类、水产品、调味品等。其他食品：包括烟草类、酒类、饮料类、干鲜果品、糖果糕点、奶和奶制品、罐头类等。在外饮食：包括在外面饭馆、小吃部、小卖部、茶馆、饮食摊内吃饭、喝茶、吃冷饮时消费的各种食品。开会和住院的伙食费也应包括在内。食品加工费：指加工食品所需的费用，包括把原粮加工成副食品和其他食品的费用。

(2)衣着：指农村住户各种穿着用品及加工穿用品的各种材料等支出。包括棉花、丝棉、化纤棉、驼毛、棉布、各种化纤布、绸、缎、呢绒、各类成衣、棉、毛、丝、麻纺织品，背心、汗衫、棉毛衫裤、卫生衫裤、袜子等针织品，毛线、毛线织品、各种鞋、帽等消费品及衣着的加工修理费。但不包括用各种布料做的床上用品，室内装饰品。

(3)居住：指农村住户与居住有关的所有支出，包括新建(购)房屋、房屋维修、居住服务、租赁服务、租赁住户所付的租金、生活用水、生活用电、用于生活的燃料等支出。

(4)家庭设备、用品及服务：指农村住户消费的各种家庭设备、用品及设备、用品的加工修理费用。包括耐用消费品、室内装饰品、床上用品、家庭日用杂品等。

(5)医疗保健：指农村住户用于医疗和保健的药品、医疗器械和服务费用。包括医药卫生保健用品、医疗保健服务费和医疗卫生设备、用品加工修理费等。

(6)交通和通讯：指农村住户用于交通和通讯的工具、各种服务费、维修费用支出。

(7)文化教育娱乐用品及服务：指农村住户用于文化、教育、娱乐方面的支出。包括文化教育娱乐用品支出和文化教育娱乐服务支出。

(8)其他商品和服务:是指上述各类支出以外的商品的服务支出。其中商品性支出:包括化装品、金银珠宝饰品和其他商品。服务支出:指生活消费的服务。包括旅店住宿费、洗澡费、照相费、殡殓费等。

农村居民家庭房屋使用情况

房屋:是指有顶有墙,能遮风避雨,可用于住人放物从事生产等用的房屋。包括住房、仓库、牧区的蒙古包、帐棚,但不包括船屋。它是反映农村住户生活水平的重要标志。

新建房屋:是指全年从无到有"平地起家"的新建筑房屋。包括新址上新建和旧址上新建的房屋。在原来的房屋基础上按原有规模对房屋进行翻修或一般维修的不包括在内。新建房屋仅包括年内建成的新建房屋,未完工的在建房屋不要统计在内。

房屋面积:是指室内面积,从房屋的内墙线算起的面积,不包括房屋结构(如墙、柱)占用的面积。多层建筑,按各层面积总和计算。其中:砖(石)木结构:是指房屋的梁、柱、承重墙等主要部分是用砖、石、木料建造的,如木房架、砖、石墙、木柱、砖柱建造的房屋。钢筋混泥土结构:是指房屋的梁、柱、承重墙等主要部分是用钢筋混泥土建造的。

房屋的价值:购买房屋按购买价格计算。新建房屋价值,可按实际消耗的建筑材料和人工的报酬计算,有的地方,人工不要报酬,只管吃喝,可将吃喝的费用,当作报酬,计入房价内。原有房屋,按房屋质量和新旧程度,根据当地实际情况进行估价。对原有房屋进行大翻修的,也应考虑在内。

生活用房屋面积:指实际住人或可以用来住人的房屋面积。与住房连成一体的起居室或放置灶具的地方、专用厨房,均应包括在内。但不包括专用仓库等生产用房面积。其中的楼房面积:是指二层和二层以上的多层建筑的房屋面积,楼房面积按各层面积总和计算。

农村居民家庭平均每户生产性固定资产原值

生产性固定资产:是指在生产过程中使用年限较长、单位价值较高,并在使用过程中保持原有物质形态的资产,包括厂房、机器设备等。农村家庭使用的固定资产,需同时具备两个条件,即使用年限在两年以上,单位价值在50元以上。在乡村企业及其他部门中,规定单位价值在200元以上,使用年限在一年以上。如果企业的主要设备虽低于200元,但使用年限在一年以上,也划为固定资产。

生产用固定资产原值:是以购入该项固定资产的原始价值量,反映农村住户拥有的生产规模和能力。各类固定资产的原值,也可按开始占有这项固定资产的重新估计的价值计算。

农村居民家庭平均每人经营耕地情况

经营耕地面积:是指农村住户年末经营的全部耕地面积,包括承包集体生产的耕地面积和家庭自营地面积(自留地、饲料地和零星开荒地),经营耕地面积中,应包括因各种原因休闲和抛荒的耕地面积、改种植为养殖的耕地面积。还包括经营他人的转包耕地面积,但不包括代为他人临时耕种的承包地面积。

经营山地面积:是指农村住户年末经营的全部山地面积,包括承包集体的山地面积和家庭自留山面积。还包括经营他人的转包山地面积,但不包括代为他人临时经营承包的山地面积。

经营山地面积中植树造林面积:是按当年造林面积计算。当年造林面积按年末实际成活率达到80%以上的面积,有一亩算一亩。

经营水面面积:是指农村住户年末经营的全部水面面积,包括承包集体的水面和家庭自营水面面积。经营水面面积,包括原水面面积、新挖塘养殖面积,未挖深但已停止种植粮食作物的蓄水养殖面积。

四大地区划分:分为东部、中部、西部和东北四个地区。东部地区:北京、天津、河北、上海、江苏、浙江、福建、山东、广东和海南共10个省市。中部地区:山西、安徽、江西、河南、湖北和湖南共6个省。西部地区:内蒙古、广西、重庆、四川、贵州、云南、西藏、陕西、甘肃、青海、宁夏和新疆共12个省区市。东北地区:辽宁、吉林和黑龙江共3个省。